COMPASSIONATE CAPITALISM
더불어 사는 자본주의

Compassionate Capitalism
by Rich DeVos

COMPASSIONATE CAPITALISM

컴 패 셔 닛
캐 피 털 리 즘

더 불 어 사 는 자 본 주 의

리치 디보스 암웨이 공동창업자 지음
김일두 _ 심원보 _ 조은의 옮김

"PEOPLE HELPING PEOPLE HELP THEMSELVES"

Rich DeVos

아름다운 사회
Beautiful Society

Compassionate Capitalism Forward

리치 디보스의 삶과 철학에 대해 말할 때면 벅찬 감정을 느끼곤 합니다. 그는 다른 사람을 돕는다는 강한 믿음과 열정으로 비즈니스를 이끌어왔습니다. 사업을 통해 선한 영향력을 행사했고 이를 통해 고귀한 자취를 남기셨죠. 쉽게 잊지 못할 분입니다. 제 어린 시절의 추억으로 아버지에 관한 이야기를 시작할까 합니다.

미시건 주의 에이다의 작은 마을에서 소규모로 시작한 Amway가 5년차 되던 1964년에 저는 세상에 나왔습니다. 그리고 American Way-Amway로 이름 붙여진 이 사업을 통해, 제가 자본주의 사회에 살고 있다는 것을 처음으로 느꼈습니다. 우리의 저녁 테이블은 회의실이 되었고 지하실은 창고가 되었습니다. 저에게는 첫 비즈니스 수업이기도 했지만 그 시간들을 통해 '경쟁 우위 확보하기'와 같은 전통적인 비즈니스의 성공 방식을 배우지는 않았습니다. 오직 '사람'에 대한 가르침을 받는 자리였지요. 아버지께서는 이타적 의지로, 부모가 자식을 키우듯 사업을 일구어 내셨습니다. 아버지와 공동 창업자인 Jay Van Andel 두 분은 출신 배경에 관계없이 모인 다양한 사람들과 함께 암웨이를 성공적인 회사로 일구었고 저는 이 과정을 바로 곁에서 지켜보았습니다.

암웨이는 창업자의 도덕성과 신념에 기초하여 설립된 회사이며 기업가 정신과 열심히 일할 의지를 가진 누구에게나 기회를 제공한다는 생각으로 만들어진 회사입니다. 또한 소비자와 ABO(Amway Business Owner), 임직원들을 가장 우선시하는 회사이기도 합니다. 이 모든 것 중 'Compassion'은 회사의 가장 중요한 원칙이자 궁극적인 성공의 열쇠였습니다.

더불어 사는 자본주의 『Compassionate Capitalism』가 발간된 지 30년이 지났고 이 책 속에는 제 어린 시절의 교훈이 담겨있기도 합니다. 비즈니스는 세상에 선한 영향을 끼쳐야 한다고, 아버지는 확고하게 믿으셨습니다. 그는 물론 뛰어난 사업가였지만, 그의 성공을 이끈 것은 단순히 사업 감각이 아니었습니다. 남을 돕는 것이야말로 진정한 행복과 성취감을 얻을 수 있는 유일한 방법이라는 확고한 철학을 지니신 분이었죠.

이 책에서 가장 주목할 만한 것이 있다면 아버지의 확고한 신념일 것입니다. 세월이 흘러도 변치 않고 오늘날까지도 우리에게 전해져 내려오는 아버지의 철학이지요. 지금 우리는 빠르게 변화하는 시대에서 살고 있지만 더불어 사는 자본주의 『Compassionate Capitalism』는 변치 않는 지침 같은 것입니다. 25년 후 제 소망은 이 책이 다음 세대의 기업가들에게 영감을 주고, 사람을 우선으로 생각하고, 모두를 존중하는 사람이 공동체를 만들게 하는 것입니다.

더불어 사는 자본주의 『Compassionate Capitalism』는 상업적인 이익을 위해, 아버지의 영향력을 키우기 위해 발간된 책이 아닙니다. 아버지가 살면서 만났던 특별한 사람들에 대한 존경과 세상을 더 나은 곳으로 만들기 위한 지칠 줄 모르는 헌신이 바탕이 되어 만들어졌습니다. 처음 이 책을 만나는 독자 여러분들, 환영합니다. 개정판으로 나온 이 책이 여러분의 인생에 열정과 자극을 주고 이정표가 되기를 바랍니다. 이전에 나왔던 더불어 사는 자본주의 『Compassionate Capitalism』를 읽으셨다면, 아버지의 말씀을 다시 한 번 접하면서 앞으로의 삶에 어떻게 적용할 수 있을지 생각해 보시기 바랍니다.

아버지의 신념을 나눌 수 있는 기회를 준 한국의 ABO 리더님들과 임직원분들께 진심으로 감사드립니다. 한국암웨이 30주년을 맞이하여 그간 나눔의 힘을 통해 성장하신 리더님들이 생각납니다. 여러분들과 함께 일하게 된 것이 저희에게는 축복이었습니다. 우리 가족의 일원이 되신 여러분들께 감사의 말씀을 드립니다.

Doug DeVos
Co-Chairman of Amway

스스로 돕는 사람들을 돕는 사람들의 신조

1조 우리는 누구인가

우리는 남녀노소 할 것 없이 모든 인간은 하나님의 형상을 따라 창조되었고, 모두에게 인간으로서의 가치와 존엄 그리고 독특한 잠재력이 있다고 믿는다.

그러므로 우리는 우리 자신과 다른 사람들을 위해 원대한 꿈을 꿀 수 있다.

2조 우리는 어디로 가고 있는가

우리는 대부분의 사람들이 자신의 잠재력에 부응하지 못하고 있음을 느끼며, 그들이 더 나은 방향으로 변화할 수 있는 실제적이고 현실적인 도움을 고맙게 여긴다고 믿는다.

그러므로 우리는 모두 지금 어디에 있고 앞으로 어디에 있기를 원하며 그곳에 이르는 데 필요한 것이 무엇인지 솔직하게 살펴보아야 한다.

3조 우리는 어디로 가기를 원하는가

우리는 하나님, 국가, 가족, 우정, 학교, 일터 같이 우리가 가장 소중히 여기는 개인과 사회를 중심으로 우리 삶을 정할 때 더 나은 삶을 위한 변화가 시작된다고 믿는다.

그러므로 우리는 자신이 무엇이 되고 무엇을 하길 원하는지 결정하고 그에 따라 목표를 세워야 한다.

4조 우리가 목표를 이루도록 돕는 데 돈은 왜 그렇게 중요한가

우리는 재정을 정비하는 것, 즉 빚을 갚고 다른 사람들과 나누는 법을 배우며 재정의 한계를 정하고 그것에 맞게 충실히 생활하는 것이 우리 삶을 자유롭게 앞으로 나아가게 하는 시작이라고 믿는다.

그러므로 우리는 지불할 것은 지불하고 재정의 우선순위를 정해야 한다.

5조 일이란 무엇이고 그것은 어떻게 우리 삶을 풍요롭게 할 수 있는가

우리는 일이란 오직 노동자를 자유, 보상, 인정, 희망으로 이끌 때만 좋은 것이라고 믿는다.

그러므로 우리가 하는 일이 재정적, 영적, 심리적으로 만족스럽지 않다면 가능한 한 빨리 그 일을 그만두고 만족할 만한 일을 시작해야 한다.

6조 자본주의는 무엇이고 그것은 왜 일을 하는 데 최선의 체제인가

우리는 자본주의(자유기업)를 믿는다. 자본주의는 우리와 우리 세계의 경제 회복에 하나의 큰 희망을 제공하기 때문이다.

그러므로 자본주의가 무엇이고 그것이 어떻게 작용하는지 모른다면 지금 알아둘 필요가 있다. 우리 재정의 미래가 바로 자본주의에 달려 있으니까!

7조 컴패셔닛 캐피털리즘은 무엇이고 왜 나는 컴패셔닛 캐피털리스트가 되어야 하는가

우리는 컴패셔닛 캐피털리즘을 실천하는 것이 진정한 재정적 성공 비결이라고 믿는다.

그러므로 우리는 매일 자문할 필요가 있다. "동료, 상사, 고용주, 직원, 공급업체, 고객, 경쟁자에게 얼마나 컴패셔닛한가? 그것은 어떤 차이를 만드는가?"

8조 왜 우리는 자기사업을 시작하는 것을 고려해야 하는가

우리는 현재 수입을 보충하거나 대체하기 위해 자기사업을 하는 것이 개인의 자유와 가족의 재정적 미래를 보장하는 가장 좋은 방법이라고 믿는다.

그러므로 우리는 자기사업을 시작하거나 현재 사업 혹은 직업에서 좀 더 기업가다워지는 것을 진지하게 고려해야 한다.

9조 성공하기 위해 필요한 태도는 무엇이고 어떻게 나아지도록 하는가
우리는 목표 달성을 위해 긍정적이고 희망적인 태도를 기르는 것이 필요하다고 믿는다.
그러므로 우리는 멘토의 도움을 받아 우리 삶과 그 잠재력에서 긍정적, 희망적, 생산적인 태도를 기르는 데 도움을 줄 프로그램(책, 테이프 사용, 특별 미팅과 행사, 친구나 동료와의 교제, 레크리에이션)을 설계해야 한다.

10조 멘토란 무엇이고 왜 우리를 이끌어줄 멘토가 필요한가
우리는 컴패셔닛 캐피털리스트로 성공하려면 우리를 이끌어줄 경험이 풍부한 멘토가 있어야 한다고 믿는다.
그러므로 우리는 우리가 이루고자 하는 것을 이미 성취한 우리가 존경하는 사람을 찾아 그에게 우리의 목표를 달성하도록 도움을 요청해야 한다.

11조 목표는 왜 우리의 성공에 그토록 중요하고 그것을 어떻게 세우고 지속해야 하는가
우리는 성공은 목표를 세우고 그 목표를 달성하기 위해 열심히 노력하는 사람에게만 돌아간다고 믿는다.
그러므로 우리는 멘토의 도움을 받아 즉시 단기목표와 장기목표를 설정하고 매 단계마다 진행상황을 검토하며 우리가 성취한 목표를 축하하고 달성하지 못한 목표에서 배워야 한다.

12조 어떤 자세, 행동, 각오가 우리를 성공하도록 도울 것인가 (성공의 기본 원칙)
우리는 목표 달성에 도움을 주고 우리의 임무와 직간접적으로 관련된 특정한 태도, 행동, 각오가 있다고 믿는다.
그러므로 우리는 멘토의 도움을 받아 우리의 성공에 도움을 주는 성공의 기본원칙을 즉시 배워야 한다.

13조 우리는 왜 사람들이 스스로를 돕도록 도와야 하는가

우리는 사람들이 스스로를 돕도록 도와야 한다고 믿는다. 다른 사람을 이끌거나 가르치거나 격려하기 위해 우리의 시간과 돈을 나눌 때 이미 우리에게 주어진 것의 일부나마 돌려주는 것이다.

그러므로 멘토가 되라. 누구를 도와 그가 목표를 달성하고 꿈을 이루는 것을 보겠는가?

14조 우리는 왜 스스로를 도울 수 없는 사람들을 도와야 하는가

우리는 스스로를 도울 수 없는 사람들을 도와야 한다고 믿는다. 어려움에 처한 사람들과 우리의 시간과 돈을 나눌 때 우리의 존엄성과 자존감이 높아지고 세상에 희망과 치유를 가져다주는 긍정적인 힘이 생긴다.

그러므로 주는 사람이 되라. 당신의 이웃과 전 세계에 존재하는 인간의 고통을 끝내기 위해 당신은 무엇을 하고 있는가?

15조 우리는 왜 우리 지구를 보존하고 보호해야 하는가

우리는 우리 섬이자 고향인 지구를 살리는 일을 도와야 한다고 믿는다. 지구를 보존하는 데 보탬이 되기 위해 우리의 시간과 돈을 나누는 것이야말로 진정 우리 자신을 보호하는 일을 돕는 것이다.

그러므로 지구의 친구가 되라. 당신은 오늘 지구를 보존하기 위해 무엇을 할 수 있는가?

16조 우리가 다른 사람들을 돕기 위해 손을 내밀면 무슨 일이 일어나는가

우리는 다른 사람들을 돕기 위해 우리의 시간, 돈, 경험을 나눌 때 우리 자신을 성취와 번영으로 이끄는 사랑이 완성된다고 믿는다.

그러므로 선한 일을 하는 데 지칠 때마다 컴패션 법칙을 기억하라. 장기적으로 당신이 주는 모든 시간, 돈, 에너지는 선물이 되어 당신에게 이익으로 돌아올 것이다.

컴패셔닛 캐피털리즘
- 사람과 세상을 사랑하는 가장 좋은 방법

"컴패셔닛 캐피털리즘?"

한 대학생이 비웃으며 외쳤다.

"단어에 모순이 있는 것 아닌가요? '잔인한 친절'이나 '생지옥'처럼 말이죠. 그 두 단어는 공존할 수 없습니다!"

지난 4~5년간 사람들은 컴패셔닛 캐피털리즘Compassionate Capitalism에 몰두하는 나를 놀려댔다. 나는 자본주의가 그토록 위험하고 분열을 일으키는 말인지 생각조차 하지 못했다. 그것이 악덕 자본가나 잔인한 미성년자 노동착취, 더럽혀진 강과 옅은 푸른빛 하늘에 오염을 뿜어내는 굴뚝을 떠올리게 하는 말이었다니.

내 강연이 끝난 후 교수는 "인정 많은 자본가는 성공할 수 없다."라며 강하게 비판했다. 나는 "남을 생각하는 마음 없이는 자본주의도 없다."라고 응수했다. 그러자 그 자리에 있던 학생들은 마치 내가 '지구는 평평하다'거나 '용으로 가득한 바다'를 주장하기라도 한 듯 도저히 믿을 수 없다는 얼굴로 나를 쳐다보았다.

　잠깐 침묵이 흐르는 동안 나는 '컴패셔닛 캐피털리즘'을 알리는 것이 얼마나 중요한 일인지 새삼 깨달았다. 세상의 많은 사람이 자본주의를 열렬히 지지하고 환영하지만 개중에는 그 혜택을 충분히 누리고 있으면서도 여전히 자본주의의 결함에 난색을 표하고 실패 사례에만 집중하는 사람도 있다. 설상가상으로 수백만 명에 이르는 우리도 컴패셔닛 캐피털리즘이 실제로 어떻게 가능한지, 어떻게 사람들이 더 나은 생활과 더 나은 삶을 살도록 도울 수 있는지 알지 못한다.

　수많은 대학교수와 신문 칼럼니스트는 왜 자본주의의 엄청난 힘과 성공 사례를 인정하려 하지 않는 걸까? 왜 그들은 사회주의와 심지어 공산주의 경제 체제에 부족함이 있음에도 불구하고 이들의 시대착오적 개념에 매달리는 것일까?

　물론 자본주의에도 흠은 있다. 지난 과오를 분명히 알고 있기에 우리는 모두 앞으로 같은 실수를 반복하지 않아야 한다. 완벽하지는 않지만 자본주의는 선택 가능한 세계 경제 체제가 되었고 우리는 그 이유를 쉽게 이해할 수 있다. 이 책은 단순히 Amway 기업이 아니라 지난 60년간 Amway가 이뤄낸 성공이 컴패셔닛 캐피털리즘의 위력을 보여주는 좋은 예라는 것을 말해준다.

　1959년 1월 16일, 피델 카스트로와 그의 공산주의 혁명가들이 한때 부유했던 섬나라 경제를 재건하겠다고 약속하며 쿠바를 점령했다. 바로 같은 주에 제이 밴 앤델과 나는 미시간주 에이다에 있는 우리 집 지하에서 Amway를 설립했다. 당시 사회주의는 세계 경제의 큰 희망으로 추앙받았고 자유기업은 기를 펴지 못했다. 적어도 제이와 나는 그렇다고 들었다. 미국식 자본주의는 몰락의 길을 걷는 데 반해 러시아와 중국이 전파한 마르크스식 공산주의는 승리를 쟁취하는 듯했다.

사람들은 "지금은 자기사업을 시작할 때가 아니야. 그런 시절은 영원히 갔어."라며 경고했고 화난 표정으로 얼굴을 잔뜩 찌푸리며 "자본주의가 우리를 이 꼴로 만들었어. 앞으로도 그럴 것이 뻔해. 사회주의만이 우리의 유일한 희망이야."라고 덧붙였다.

우리는 자유기업을 비판하는 그들의 말을 귀담아들었다. 그들의 충고는 감사했으나 우리는 그냥 흘려버렸다.

나는 내 초창기 연설인 '셀링 아메리카 Selling America'에서 "사유재산을 인정하는 자유기업의 미국적 방식이 최고의 방식이기 때문에 우리는 우리 회사를 Amway라 부릅니다."라고 밝힌 적이 있다.

이후 나는 몇 년 동안 Amway 미팅뿐 아니라 고등학교, 교회, 사교 모임을 가리지 않고 수천 번이나 그 연설을 했다. 미국인은 그들에게 역사상 최고 수준의 삶을 안겨준 경제 체제에 신뢰를 잃어가고 있었다.

나는 내 이야기에 귀를 기울이는 누구에게나 이렇게 말했다.

"우리는 개인이 소유할 수 있고 기업을 자유롭게 운영한다는 토대 위에 이 나라를 세웠습니다. 비록 자본주의는 완벽하지 않지만 이 나라를 계속 부강하게 해주는 유일한 방법입니다."

비평가들은 마오쩌둥, 흐루시초프, 카스트로의 사회주의 경제 정책을 미래 체제 물결로 단정했다. 그렇지만 이제 그들의 비웃음은 사라졌다.

공산주의자의 꿈은 산산조각이 났다. 그들의 꿈은 어떻게 그토록 빨리 하룻밤의 악몽이 되고 말았을까? 마르크스식 사회주의 경제는 자가당착에 빠져 있었다. 카스트로가 번영과 재건을 약속하며 쿠바를 장악한 지 60년이 지났지만 오늘날 쿠바 국민은 대부분 가난과 절망 속에서 살고 있다.

반면 같은 세월 동안 Amway는 전 세계 100개 지역과 국가에서 Amway 사업으로 자기사업을 키워가는 400만 명이 넘는 ABO와 100억 달러 규모의 매출을 달성한 기업으로 성장했다.

더 나은 생활을 향하여 The Rush to Make a Better Living

나는 Amway와 전 세계 ABO들을 사랑한다. 나는 어느 곳에서든 남의 처지에 공감하고 그들을 안타깝게 여기는 긍휼함이 있는 사람과 기업을 만나면 그들의 이야기를 한다. 그렇지만 내가 아는 한 최고는 Amway와 전 세계 ABO들이다.

리 아이아코카는 자신의 책에 포드와 크라이슬러 이야기를 썼고 노먼 슈워츠코프 장군은 자서전을 육군으로서의 자기 삶과 걸프전의 사막폭풍 작전 설명으로 가득 채웠다. 내 친구 맥스 드프리는 허먼 밀러의 최고 경영자로서 경험한 리더십을 바탕으로 아주 사려 깊고 감동적인 작품을 그려냈다. 나 역시 Amway와 함께한 나만의 진실한 경험을 이 글에 담아낼 것이다.

한때 공산권에 있던 국가들의 경제성장은 그들에게 기회만 주어지면 컴패셔닛 캐피털리즘이 제대로 작동한다는 것을 증명하는 예다. 그 국민은 자유롭게 새로운 해결책을 모색하고 아무런 제한 없이 사업을 하며 자유시장에서 맘껏 경쟁하는 한편, 직업을 선택하고 자기사업을 마음대로 할 수 있도록 자유가 있는 나라에서 살기를 원한다. 그들은 텅 빈 선반과 깨져버린 약속에 지쳤다. 그들은 우리가 가진 것, 우리가 당연하다고 여기는 것을 원한다.

동서독 장벽이 무너졌을 때 동독사람만 국경을 넘어 몰려든 것이 아니었다. 서독의 ABO들도 동독인에게 그들만의 Amway 사업을 할 기회를 전하기 위해 동독 지역으로 몰려들었고 사업을 하고자 했던 동독인은 그 기회에 환호했다. 오늘날 10만 명이 넘는 ABO가 생애 처음 동독에서 자유기업의 기쁨을 맛보고 있다.

〈투나잇 쇼〉의 진행자 제이 레노는 동유럽에 자유기업을 심어준 Amway의 활약을 읽고 "그렇게 애쓴다고 공산주의자가 모조리 사라지겠는가." 라며 빈정댔다. 나는 그 말을 전 세계 ABO들의 끈질긴 의지에 경의를 표하는 칭찬으로 받아들였다. 유럽 지역 리더 중 한 명인 닥터 피터&에바는 "우리는 자본주의를 신봉한다. 우리는 민주주의와 자유기업 체제만이 세계 경제의 유일한 희망이라고 확신한다. 그러니 우리가 그 좋은 것을 나누고 공유하지 않아서야 되겠는가."라고 받아넘겼다.

수십만 동독 ABO뿐 아니라 헝가리인 4만 명도 이미 우리 사업에 동참했고 폴란드인 수천 명도 올해 자국에서 사업이 시작되어 ABO가 될 준비를 하고 있다. 이렇게 자유시장 경제에 참여하려고 모여드는 것, 그 결과 새로운 기업가 세대 전체가 자유로워지는 것은 이전 공산주의 국가는 물론 경제 장벽이 무너지는 곳이면 어디서든 일어나고 있다.

1990년 멕시코 살리나스 대통령은 용기를 내 미국과 멕시코 양국의 무역 장벽을 허물어버렸고 그해에 Amway는 멕시코에 진출했다. 덕분에 현재 멕시코에서는 흥이 넘치고 고집이 있으면서 책임감도 강한 멕시코 남녀 10만여 명이 Amway 사업을 하고 있다. 이들 역시 자유기업이 어떻게 수년간의 가난과 절망을 극복하는 데 도움을 주는지 새로 발견하고 있다.

인도네시아에서는 약 5만 명의 ABO가 활동하고 있다. 심지어 일본에서는 직장인들이 자기사업을 쇼군이나 사무라이 같은 상류층으로 진입할 기회로 보고 안정적인 봉급생활을 포기하고 자신만의 Amway 사업을 시작했다. 100만 ABO를 자랑하는 Amway Japan은 일본에서 세 번째로 큰 외국계 기업이 되었다.

일본의 주요 ABO 중 한 명인 나카지마 가오루는 이렇게 말했다.

"나는 8년 동안 한 회사를 위해 샐러리맨으로 일했지만 지금은 내가 사장입니다. 나는 자유롭습니다. 나는 자부심을 갖고 사업을 하며 다른 다섯 나라에서 자기사업을 하려는 사람들을 돕고 있습니다. 수많은 사람이 더욱 풍족한 생활을 하게 되는 것을 보면 흥분을 감출 수가 없습니다. 이것은 일이 아니라 즐거운 놀이입니다."

더 나은 삶을 향하여The Rush to Make a Better Life

그렇지만 오해하지 마시라. 사람들이 돈벌이 때문에 자유기업으로 몰려드는 것은 아니다. 물론 사람들은 자신과 가족의 재정적 안정을 원한다. 왜 아니겠는가? 그러나 그게 전부는 아니다. 사람들은 더 많은 것을 갈망한다.

여느 다른 나라 사람들과 마찬가지로 동독, 헝가리, 폴란드, 체코슬로바키아 그리고 중국 사람들도 더 큰 만족을 원한다. 물질적 자유뿐 아니라 영적 자유도 갈망한다. 완전하고 전인적 인간이 되는 자유, 하나님이 뜻하시는 우리 모습 그대로 되는 자유, 오직 진정한 민주주의 사회에만 존재할 수 있는 사고와 상상의 자유, 간신히 스쳐 지나가는 자유가 아니라 삶에서 진한 만족을 찾는 자유.

마르크스식 사회주의 국가들이 경험한 변화를 향한 간절한 갈망의 중심에는 의외로 간단한 사실이 있다. 바로 공산주의가 겪은 커다란 정신적 위기다. 파산 선고를 받은 것은 공산주의 경제의 붕괴를 불러온 공산주의 가치의 빈곤이었다. 현대 공산주의 운동의 창시자 카를 마르크스가 인간정신에 보인 견해는 빈곤하기 짝이 없었다. 그의 사상은 한 국가나 개인이 삶을 뿌리내리기에 적당한 토대가 아니라는 것은 이미 증명되었다.

1969년 7월 18일, 미시간주 에이다 공장의 폭발과 화염이 우리 꿈을 거의 송두리째 앗아간 그날 내 평생의 친구이자 사업 파트너인 제이 밴 앤델은 컴패셔닛 캐피털리즘 인간관을 몸소 보여주었다. 자정 직전 엄청난 폭발이 있었다. 제이가 현장에 도착했을 때 사무실과 생산라인이 있는 큰 빌딩은 화염에 휩싸여 있었다. 직원들은 목숨을 걸고 트랙터에 올라 불타는 창고에서 세미트레일러와 급유기를 끌어내고 있었고 다른 사람들도 중요한 서류뭉치를 가져오기 위해 14,000피트에 달하는 불타는 건물로 들어가려 하고 있었다. 제이는 지금도 잊히지 않는 한마디를 외치며 이들을 멈춰 세웠다.

"종잇조각들은 잊어버려요! 사람들을 먼저 구해요!"

우리가 사람을 어떻게 생각하는지는 매우 중요하다. 사람을 신성한 영감을 지닌 피조물로, 하나님이 가치를 부여한 하나님의 자녀로 생각한다면 우리는 당연히 모든 사람을 존경과 존엄의 자세로 대해야 한다. 만일 사람을 영혼이 결여되고 오직 국가에 의해서만 가치를 부여받는, 즉 전적으로 유물적인 존재로 여긴다면 어떻게 될 것인가? 공산주의 역사를 보면 그 답을 찾을 수 있다.

또한 지구의 본래 모습을 곰곰이 생각해 보는 것은 지구가 아낌없이 내주는 자원을 어떻게 활용할 것인지 결정하는 데 매우 중요하다. 이 놀라운 행성인 지구와 지구의 보물을 하나님이 우리에게 준 선물로 생각하고 하나님이 우리를 값을 헤아릴 수 없는 귀한 선물을 지킬 수호자로 정했다고 여긴다면 우리는 당연히 지구를 사랑하고 보호할 것이다.

자본주의: 우리가 시작할 단순한 방식

Capitalism: A Simple Formula to Get Us Started

1986년 5월 한 달 동안 42개 주에서 8,000명이 넘는 미국 고등학교 2학년과 3학년을 대상으로 자본주의를 얼마나 아는지(혹은 모르는지) 시험을 실시했다. 집계 결과 전체 수험자의 66%인 5,415명의 학생이 자본주의와 이익의 기본 상관관계조차 충분히 알지 못하는 것으로 나타났다.

전국 신문들은 일제히 '미국 학생, 경제시험에서 낮은 점수'라고 대서특필했다. 일본, 독일 학생과도 비교를 했는데 그들은 고등학교 학과 과정에서 기초 경제 원리를 필수과목으로 배우고 있었다. 결과는 형편없었다. 연방준비제도이사회 의장을 역임한 저명한 미국 경제학자 폴 보커Paul A. Volcker는 전 국민을 대상으로 한 기자회견에서 그 결과를 발표했다. 그때 젊은 기자가 보커 박사에게 고등학교 시절 경제학을 공부했는지 묻자 그는 자신도 형편없었다고 고백했다.

나도 시험을 몹시 싫어했다. 시험에서 낙제했던 기억이 아직도 선하다. 그래서 경제학 시험을 봐야 했던 학생들이 안타깝지만 한편으로 경제계 지도자가 학생들에게 시험을 치르게 한 이유를 이해할 수 있다. 이 나라는 자본주의를 이해하지 못하고 그것이 어떻게 작동하는지도 모르는 또 한 세대의 미국인을 먹여 살릴 여유가 없다.

자, 많은 학생이 틀린 문제에서 시작해 보자. 이익이란 무엇인가? 이 객관식 문제의 정답은 '총수입 − 비용'이다. 미국의 시인이자 의사였던 올리버 웬들 홈스는 이 질문에 아주 짧은 시구로 답을 했다.

행운의 여신에게 나는 빌었네.

내 씀씀이보다 조금 더 주십사고.

여러분이 자본가가 성공을 가늠하는 중요한 방법을 한 가지 알고 싶다면 이 시구를 기억하면 된다. 이익은 소비하는 것보다 더 많은 돈을 벌어야 생긴다. 이익이 생기면 사업에서 성공하고 자본을 축적할 여력이 생긴다. 자본이 있으면 자기사업을 할 수 있고 새로운 사업으로 확장하는 것도 가능하다. 그러면 여러분의 삶의 질이 좋아지는 것은 물론 다른 이들의 삶의 질도 높아진다. 이익이 없으면 사업은 실패하고 돈을 모으려던 꿈도 사라진다.

나는 이익이 어떻게 만들어지는지, 자본주의가 어떻게 제대로 작동하는지 이해를 돕기 위해 간단한 공식 하나를 만들었다.

$$MW = NR + HE \times T$$

이것은 양자물리학 문제를 해결하는 공식이 아니다. 보기보다 훨씬 간단하다. 사실 여러분은 내 이론이 아주 간단하다는 생각에 동의할 것이다. 상관없다. 계속 토론을 하다 보면 때로 가장 간단한 것이 가장 복잡한 것을 이해하는 데 도움을 주기도 한다.

약자를 풀어서 쓰면 공식은 이렇게 읽는다. 물질적 행복MW(Material Welfare)은 도구T(Tool)를 사용함으로써 훨씬 효율성이 좋아진 인간의 에너지HE(Human Energy)를 변형한 천연자원NR(Natural Resources)에서 비롯된다. 공식을 하나씩 살펴보자.

물질적 행복 Material Welfare(MW). 자본주의는 자본, 즉 물질을 생산하고(또는 생산하거나) 분배하는 과정이다. 사람들은 자신뿐 아니라 자신에게 의존하거나 의존할 사람들에게 물질적 행복을 주려고 자본가가 되는 것을 진지하게 고려한다. '물질' 또는 '물질주의'라는 단어를 애써 멀리하거나 여기에 방어적일 필요는 없다. 우리 집과 학교, 교회는 모두 물질로 이뤄졌다. 물질은 지구의 온 인류를 먹이고 입힌다. 물질은 삶의 실체이며 더 편하고 충만한 삶, 더 풍요로운 삶을 위해 물질을 적절히 점유하려 하는 것은 결코 잘못된 것이 아니다.

천연자원Natural Resources(NR). 물질은 대부분 땅이나 바다 또는 하늘에서 얻는다. 모든 자본가는 직간접적으로 천연자원 공급에 의존한다. 방을 한 번 둘러보라. 얼마나 멀리서 왔든 천연자원에서 비롯되지 않은 것이 보이는가? 내가 입은 바지의 섬유는 땅에서 자란 풀을 먹고 흐르는 시냇물을 마신 양에게서 가져왔다. 내 넥타이의 실은 뽕나무 잎을 먹고 하늘에서 내린 빗방울을 마신 작은 누에들이 만들었다. 내 책상은 땅에 뿌리를 내리고 그곳에 흐르는 물과 양분을 먹고 자란 나무로 만들었다. 내가 사용하는 컴퓨터는 플라스틱으로 만들었는데 그것은 석유와 알루미늄, 보크사이트, 강철, 철광석에서 얻은 것으로 이들 천연광물은 모두 땅속 깊이 묻혀 있었다. 이들 각각의 천연자원은 다른 주요한 물질 자원인 인간의 에너지가 더해져 변형된다.

인간의 에너지 Human Energy(HE). 원래의 서식지에 존재하는 있는 그대로의 천연자원은 바로 쓸모 있는 것이 아니다. 양이 양모를 주는 것은 아니다. 인간의 두뇌와 노동력의 도움 없이는 누에의 연약한 실을 섬유로 짤 수 없고 그것을 잘라 엮을 수도 없다. 땅속 깊이 묻혀 있는 석유, 보크사이트, 철광석으로 컴퓨터에서 하듯 작업하는 것은 불가능하며 산에 있는 석탄은 우리 거실을 따뜻하게 해주지 않는다. 인간의 뛰어난 두뇌와 부단한 노동력으로 천연자원을 찾고 채취하고 준비 과정을 거쳐야 마침내 그것은 더 쓸모 있는 형태로 변형된다.

도구Tools(T). 페루에서 나는 적어도 45킬로그램 이상의 목재를 등에 지고 걸어가는 사람을 본 적이 있다. 그가 짐을 옮기는 데 쓰는 도구라고는 그의 마디지고 굳은살이 박인 손과 굽었지만 단련된 등이 전부였다. 오늘날 나는 Amway 운전기사가 큰 트럭에 올라타 시동을 켜고 방음장치가 있는 운전석에서 음악을 들으며 시속 80킬로미터로 22톤 정도의 화물을 운반하는 것을 목격한다. 도구를 개발하고 사용하는 것은 물질적 풍요를 이뤄가는 과정에서 훨씬 더 편하고 안전하고 간단하며 비용 면에서 효율적이고 생산적이기까지 하다.

Amway 성공에 가장 기여한 도구는 기계처럼 만질 수 있거나 모터처럼 작동하는 것이 아니다. 우리 회사의 놀랄 만한 성장 뒤에는 우리의 독창적인 세일즈 앤 마케팅 플랜이라는 주요 도구가 있다. 마르크스식 사회주의에는 천연자원과 인적자원이 있었지만 노동자에게 일할 의욕을 불어넣지 못했다. 우리의 Amway 마케팅 플랜은 독립적인 사업 권한과 다양하고 평생 안정적인 보너스로 전 세계 400만 ABO의 가슴에 열정의 불을 지폈고 이는 충성도와 강한 의지를 불태우게 했다.

마르크스식 사회주의는 많은 이유로 실패했는데 그 경제 체제가 붕괴된 주요 원인은 사람들이 일할 의욕을 상실했기 때문이다. 그들은 지구상 어떤 천연자원도 소유할 수 없었다. 그들이 일할 때 쓰는 도구 역시 자기 것이 아니었고 결과적으로 자신의 에너지마저 소유하지 못했다. 천연자원이나 도구와 마찬가지로 노동자 자신도 국가 소유였던 것이다.

이것이 내가 지난 25년간 미국 전역을 돌며 자유기업과 그것의 네 가지 기둥인 자유, 보상, 인정 그리고 희망을 역설해 온 이유다. 자본가는 천연자원과 그것을 활용하는 데 필요한 도구를 자유롭게 소유하며 자신

또한 자유롭다. 이것은 바로 자유가 만들어낸 차이다.

마르크스의 역사를 보자. 정부가 생산에 필요한 천연자원이나 도구를 하나 탈취할 때마다 생산성은 떨어졌다. 반대로 정부가 사람들에게 소유권을 돌려줄 때마다 생산성은 좋아졌다. 그 이유는 분명하다.

내 아들 딕이 열여섯 살 때 나는 내 자동차를 딕에게 주었다. 내가 연료도 채워주고 타이어도 교환해 주었다. 브레이크도 고쳐주었다. 딕은 길에 까만 바큇자국을 내면서 친구들을 태운 채 온 시내를 휘저으며 쏘다니느라 차를 엉망으로 만들었다. 연료가 바닥나기 일쑤였고 차에 문제가 생기면 내가 고쳐줄 때까지 차고에 처박아두었다. 당연한 일이었다.

딕이 열여덟 살이 되었을 때 나는 딕에게 차 소유권을 넘겨주었다. 그러자 딕이 과속하며 쏘다니는 일은 더 이상 생기지 않았다. 딕은 스스로 바퀴를 사야 했고 차를 오래 타는 일이 줄어들었다. 주유도 딕이 직접 했다. 그제야 딕은 친구들을 태우고 온 동네를 돌아다니는 일을 더는 하지 않았다. 차를 유지하는 것은 온전히 딕의 책임이었다. 지금 그 아들은 자신이 소유한 윈드퀘스트 그룹the Windquest Group의 회장이다. 그는 지역 학교 위원회에서 봉사하고 우리 회사에서 컨설턴트 일을 하고 있으며 지역의 책임감 있는 리더로도 활동하고 있다. 딕은 삶의 과정에서 소유의 자유와 그에 따르는 책임감을 배웠다.

사람들이 천연자원과 도구를 소유하면 항상 두 가지 현상이 발생한다. 하나는 더 오래 소유하려는 것이고 다른 하나는 더 효율적으로 사용하려는 것이다. 땅과 트랙터를 소유한 미국 농부가 땅을 비옥하게 유지 관리하고 트랙터도 잘 정비하는 이유는 그 때문이다. 수확기가 되면 농부는 한밤중에도 트랙터에 불을 밝히고 일한다. 결국 그 농부는 더 효율적으로 일한 것에 따르는 더 큰 보상을 받는다.

공식을 한 번 더 살펴보자.

$$MW = NR + HE \times T$$

몇 년 동안 나는 이 공식을 활용해 자본주의가 어떻게 작동하는지 이해를 돕고자 미국 전역을 돌아다녔다. 나는 지금도 이 공식을 믿는다. 그렇지만 이 공식에는 한 가지 요소가 빠져 있다.

사업에서 실질적으로 성공을 지속하는 비결은 컴패션compassion에 있다. 이 공식을 제시할 때 나는 각 과정에 컴패션 개념을 덧붙인다. 컴패셔닛 캐피털리즘 공식은 다음과 같이 볼 수 있다.

$$MW = (NR + HE \times T) \times C$$

각 항목에 컴패션을 곱하면 놀라운 일이 일어난다. 물질적 풍요를 향한 모든 과정에서 컴패션을 이끌어내고 궁극적으로 그 풍요로운 부를 활용하게 해야 한다. 컴패션은 천연자원과 인간의 에너지 그리고 도구를 사용할 때도 반드시 필요하다.

내가 자본주의의 궁극적인 목표는 이익이 아니라 컴패션이라고 말하면 웃는 사람들이 있다. 무엇이든 말할 수 있지만 이 점은 분명하다. 컴패션이 자유기업 사고를 고취하고 중요한 원리를 알려줄 때, 이익이 따라오고 인간의 삶의 질이 향상되며 지구는 본모습을 찾고 새롭게 변모한다. 컴패션을 주요 요소에서 배제하면 일시적으로 이익이 발생할 수는 있지만 인간이 고통을 겪고 지구가 지쳐감에 따른 장기적 비용이 우리가 감히 지불할 수 없는 지경에 이르고 만다.

다음에 이어지는 내 믿음의 신조로 컴패셔닛 캐피털리즘의 비전을 설명하고자 한다. 이것은 내 기업정신의 근본이고 내가 사업하는 내내 마주했으며 나를 이끈 지침이다. 여러분이 내 친구들을 만날 수 있었으면 좋겠다. 그들은 나를 만났을 때 그랬듯 컴패셔닛 캐피털리즘을 잘 알려주고 의욕을 불어넣어줄 것이다.

오늘날 나는 컴패셔닛 캐피털리즘이 선택 가능한 세계 경제 체제로 부상했다고 자신 있게 말할 수 있다. 그것은 실제로 전 세계 사람들이 이익(비용을 제하고 남은 돈)을 창출할 꿈을 꾸게 하고 그들에게 꿈을 이룰 수단을 제시한다. 자본주의가 훌륭한 것은 소수의 몇몇 사람만 백만장자가 되는 것이 아니라 수백만의 사람들이 누구나 자신이 원하는 모습이 될 수 있기 때문이다.

유감스럽게도 이익 창출 과정에서 사람들이 고통을 받고 지구가 파괴되어도 오로지 이익 추구만 능사로 여기는 탐욕스럽고 무자비하며 냉정한 자본가는 늘 있었고 앞으로도 있을 것이다. 물론 컴패셔닛 캐피털리스트들도 이익 창출을 원하지만 그들은 사람과 지구를 향한 선의가 먼저일 때 진정한 이익이 따라온다고 믿는다.

인간과 지구의 고통을 담보로 한 '이익'은 이익이라 할 수 없다. 진짜 치러야 할 비용은 계산하지 않은 셈이다. 이런 이익은 흑자가 아니라 적자로 기록해야 한다. 품위를 떨어뜨리고 비인간적이며 지구를 황폐하게 하는 '이익'은 결국 미다스 왕이 손에 닿은 모든 게 금으로 바뀌기를 원한 것이 그의 꿈을 파괴하고 그가 제일 사랑했던 이들을 죽음으로 내몬 것과 똑같이 우리 모두를 죽음으로 몰아갈 것이다.

컴패셔닛 캐피털리즘은 진짜 이익과 눈먼 돈을 분명히 구분한다. 컴패셔닛 캐피털리즘은 사람과 지구를 위한 원대한 꿈을 마음껏 꾸게 하고 그 꿈을 실현할 수단을 제공한다.

다음 장에서 나는 내가 이해하는 만큼 컴패셔닛 캐피털리즘의 원리를 보여주고 설명하기 위해 우리 사업 안팎의 이야기를 소개한다. 이 이야기를 하기 위해 나는 위험 비슷한 것을 무릅써야 한다. 첫째, 내가 소개하는 이야기의 실제 주인공들은 이 글에서 소개하는 것보다 훨씬 더 생생한 이야기를 해줄 수 있다. 둘째, 무엇이 더 감동적이라고 말할 수 없을 만큼 수많은 감동적인 이야기가 있지만 그 모두를 담을 공간이 여의치 않다. 혹여 여러분의 이야기가 이 책에 담기지 않더라도 여러분은 여전히 언제나 내 친구라는 것을 부디 기억해 주기 바란다.

컴패셔닛 캐피털리즘 재단 The Compassionate Capitalism Foundation

세상은 아찔할 만큼 급변하고 있다. 전 세계 사람들은 지구가 직면한 난관을 피부로 느끼고 있다. 신문을 들춰보거나 동네 서점에 놓인 책을 훑어볼 때마다 나는 그 어려움의 무게를 느낀다. 우리를 가장 심란하게 하는 것은 경제적 불안이다. 사람들은 대부분의 것을 무시하거나 부정하지만 그들의 지갑 사정은 무시하지 못한다. 적어도 오랫동안 그럴 수는 없다.

대대적인 구조적 변화가 우리 사회를 뒤흔들고 있다. 사회사학자는 우리 시대를 '포스트모던 시대'라 부르고, 미래학자는 우리가 '미래 충격'으로 고통받고 있다고 말한다. 또 사회사학자는 우리가 '패러다임 시프트'를 겪고 있다고 말하고, 과학자는 서양의 가설들이 전환점에 서 있다고 본다. 인구통계학자는 가족 형태의 '거대한 변화'를 보고하고 경제학자는 국가 경제에 '근본적 변화'가 일어나고 있다고 경고한다.

이 모든 것은 우리를 불안하게 만든다. 심지어 최고 환경에서도 변화는 어렵다. 사람들은 변화를 좋아하지 않는다. 그들은 오랜 방식을 고수하려는 경향이 있다. 그래서 긴장이 고조된다. 토머스 쿤은 사람들 사이에 의견이 분분한 '패러다임 변화'라는 말을 만들어냈다. 그는 그의 책 《과학혁명의 구조》에서 새로운 발견을 대하는 과학자들의 반응과 그들이 자신이 믿어온 과학의 기본적인 믿음 변화에 얼마나 완고한지 잘 묘사했다.

쿤은 과학자들이 새로운 이론의 타당성이나 그들의 사고에 변화가 필요하다는 것을 어떻게든 부정하려 한다는 것에 주목했다. 토머스 쿤은 근본 변화와 관련된 과학자들의 증상을 표현하고 있다. 그 증상은 끈질기게 부정하거나 증거를 생각해 보길 거절하거나 오래된 개념을 비평하는 것을 꺼리는 일이다. 새로운 생각을 하는 동료를 비방하고 잘 지켜온 독단적 사고를 포기하는 것에 분노하기도 한다.

우리 역시 그 과학자들과 별반 다르지 않다. 우리도 살면서 사회가 재구성되거나 경제적 불확실성 같은 변화가 생기면 불편해한다. 세상이 예측할 수 없는 변화를 보이면 그것처럼 싫은 것도 없다. 우리는 모두 공산주의의 몰락을 무척 기뻐하면서도 무엇이 그것을 대체할지 걱정한다. 자본주의가 옳다고 믿으면서도 내심 그 결함에 신경을 쓴다.

이 책 출판과 함께 앞으로 출시할 비디오 시리즈, 다양한 안내서, 보충 자료를 토대로 나는 컴패셔닛 캐피털리즘 재단을 설립하려 한다. 내 아내 헬렌과 나 그리고 우리와 이 새 재단 설립을 함께하기로 한 내 친구들에게는 사람들이 자유기업 안에서 신념을 새롭게 하도록 돕고, 우리가 마주하는 변화나 불확실성을 극복하도록 희망을 불어넣는 것과 앞으로 나아가는 모든 과정에 컴패셔닛을 등불로 삼겠다는 비교적 단순한 목표가 있다.

우리는 매년 이 재단에서 수여하는 컴패셔닛 캐피털리즘 상도 제정했다. 1994년을 시작으로 미국뿐 아니라 전 세계에서 컴패셔닛 캐피털리즘의 모범을 보여준 개인과 단체에 크고 작은 상을 수여할 것이다. 나도 열심히 베풀며 살아온 시간이 충분치 않다는 것을 깨닫는다. 그래서 더 많은 시간, 돈, 에너지를 사람들과 이 세상을 돕는 데 쓰겠노라 결심했다. 사실 헬렌과 나는 우리가 살아 있는 동안 이 재단에 모든 것을 바치기로 마음먹었다. 여러분은 후하게 베풀기 위해 죽을 날을 기다릴지 모르지만 다른 누군가는 그들의 이름으로 주는 기쁨을 넘치게 누릴 수도 있다. 수십 년 동안 나는 컴패셔닛 캐피털리즘이라는 물결을 기꺼이 헤쳐 왔다. 그리고 지금 내 인생의 말년에 이르러 전에 없던 높고 깊은 삶을 탐험하고 싶다.

포도주 양조업자는 포도주를 만들 때 통 속에 포도를 넣어 발효시킨다. 현대식 양조장에서는 코르크 마개 대신 큰 병을 마개로 쓰는 통을 사용한다. 시간이 지나면서 숙성된 포도주는 이산화탄소를 배출하기 때문에 통을 코르크 마개로 꽉 닫아놓으면 숙성된 통은 폭발한다. 마개로 사용한 큰 병은 포도주에 '숨 쉴 공간'을 주는 셈이다. 성서시대에 예수님은 새 술은 낡은 부대에 절대 담아선 안 된다고 말했다. 낡은 부대는 굳어져 터져버린다. 예수님이 말했다.

"맞다. 새 술은 새 부대에 담아야 술도 부대도 잘 보존할 수 있다."

이 말처럼 우리의 임무는 오래된 포도에서 최고의 포도주가 나오듯 오래된 포도에서 새로운 자본주의가 성장하도록 돕고 새 포도주를 '새 부대'에 담는 것이다. 내가 생각하는 새 부대가 바로 '컴패션'이다.

우리는 이제 자유다! 무엇이든 할 수 있다!
"Now We Are Free! We Can Do Anything!"

스물세 살의 전 동독 출신인 안드레이 즈바일은 그의 아내 마리아, 쌍둥이 아들 롤프 그리고 하인즈와 함께 라이프치히의 근교에서 살고 있다. 내가 처음 안드레이를 만났을 때 그는 무척 예쁜 아이 둘을 팔에 안고 그의 아내와 함께 복잡한 호텔 연회장을 가로질러 내게로 다가왔다. 내가 베를린의 새 ABO들이 모인 곳에서 막 컴패셔닛 캐피털리즘에 관한 연설을 마쳤을 때였다. 안드레이와 그의 단출한 식구는 천천히 단상으로 왔다. 그는 묵직한 억양이 섞인 영어로 부드럽게 말했다.

"디보스 씨, 저는 안드레이 즈바일입니다. 이쪽은 제 아내와 아들들입니다."

잠시 그 젊은이는 가족을 바라보며 미소를 짓다가 갑자기 시선을 내게로 향했다. 그는 무언가 적당한 단어를 찾으려 애쓰고 있었다. 마침내 말을 시작했는데 그의 입술은 떨렸고 한 줄기 눈물이 뺨을 타고 흘러내렸다.

갓난 아들을 안고 있으면서도 그의 손이 흥분으로 떨고 있는 것이 보였다.

"동독에 자유가 찾아왔을 때 처음엔 무엇을 해야 할지 몰랐습니다. 마리아와 아이들에게 모든 것을 해주고 싶었어요. 지금까지 갖지 못했던 모든 것을요. 하지만 어디서부터 시작해야 하는지 알기가 … 쉽지 않았습니다. 돈도 없었어요. - 아니, 자산이요? - 돈을 빌릴 수도 없고 팔 것도 바꿀 만한 것도 없었습니다. 제 사업을 시작하고 싶었지만, 어떻게요?"

그는 잠깐 말을 멈추고 용기를 달라는 듯 아내를 쳐다봤다. 아내는 미소를 지으며 남편의 허리를 감싸 안아주었다.

"그래서 저는 마리아에게 '우리가 무엇을 할 수 있을까?'라고 물었는데 아내는 '이제 우리에게 자유가 있는데 무언들 못하겠어.'라고 하더군요."

안드레이는 우리 회사가 그에게 기회를 준 것에 우리 모두에게 감사를 표했다. 단 6개월 동안 안드레이와 마리아는 작지만 인상 깊은 사업성과를 냈다. 그러나 안드레이 이야기는 Amway에 관한 것이 아니다. 그의 이야기는 컴패셔닛 캐피털리즘에 관한 것으로 비록 작을지라도 우리 삶에서 컴패셔닛 캐피털리즘이 해낸 커다란 차이를 보여준다.

마리아는 분명히 말했다.

"이제 우리는 자유예요. 무엇이든 할 수 있어요."

부부는 이 단순한 말을 믿었다. 그리고 함께 그 말이 맞는다는 것을 증명하고 있었다.

나는 마리아의 말도 안드레이가 마리아의 말을 내게 전할 때의 그 눈빛도 결코 잊을 수 없을 것이다. 그야말로 역사에 남을 만한 순간이다. 온 세상 벽이 허물어지고 있다. 교도소 문이 열린 셈이다. 남자, 여자, 아이 모두 놀란 발걸음으로 자유의 밝은 새날을 향해 눈을 깜빡이고 있다.

이 황폐해진 경제를 딛고 뛰어오르는 것은 쉽지 않은 일이다. 우리 경제의 방향을 바꾸는 것도 결코 만만치 않다. 그러나 우리에게 자유가 허락되는 한 문제는 얼마든지 풀어갈 수 있다.

우리에게 주어지는 '해결책'이 무엇이든 우리의 자유를 위협하는 것이 누구든 저항해야 한다. 숱한 시간 동안 공산주의 독재는 우리에게 자유가 없으면 모든 것을 잃는다는 것을 가르쳐주었다. 마리아 즈바일의 말을 늘 마음속에 간직하자.

"자유가 있으면 우리는 무엇이든 할 수 있어요."

Rich DeVos

COMPASSIONATE CAPITALISM

1
PART

준비!
GET READY!

1.
우리는 누구인가

신조1

우리는 남녀노소 할 것 없이 모든 인간은 하나님의 형상을 따라 창조되었고, 모두에게
인간으로서의 가치와 존엄 그리고 독특한 잠재력이 있다고 믿는다.
그러므로 우리는 우리 자신과 다른 사람들을 위해 원대한 꿈을 꿀 수 있다.

나스 임란은 워싱턴 주립 교도소의 작은 독방에 있는 철제 침상 가장
자리에 걸터앉았다. 그는 잠을 이룰 수 없었다. 앉아서 꾸벅꾸벅 졸고 있
노라면 그의 꿈은 어둡고 무서운 그림자와 뭐라고 하는지 분명하지 않은
성난 목소리에 사로잡히기 일쑤였다.

그는 "1969년 난 고작 열아홉 살이었습니다. 나는 슬픔과 도심의 공포
에서 도망치려고 풋볼선수로 워싱턴대학교에 입학한 흑인 꼬마에 지나
지 않았어요."라며 과거를 회상했다. 그리고 "그때 하이즈먼 트로피와
선수권 대회, 로즈볼 대회 선발 출전, 프로구단과 계약하는 것이 다 내
꿈이었어요."라고 덧붙였다.

나스는 그곳의 대다수 흑인 수감자가 불안해하며 잠을 자거나 그들의 방을 왔다 갔다 하는 동안 거구의 백인 교도관이 철제 책상에 발을 걸치고 커피를 마시며 TV에 나오는 심야영화를 보고 있는 것을 지켜보았다.

그는 계속 이어갔다.

"나는 질이 나쁜 친구들과 어울렸어요. 법에 저촉되는 일을 저질렀고 어느 날 법정에서 판사 앞에 서 있는 나를 발견했습니다. 주립 교도소에서 2년을 복역하라는 판결이 났습니다."

나스는 기억을 떠올렸다.

"철창 뒤에서 꿈을 지켜내는 것은 무척 어려운 일이에요."

그는 잠시 멈추더니 조용히 다시 얘기를 꺼냈다.

"물론 꿈을 지켜낸다는 건 내 가족에게 한 번도 쉬운 적이 없었어요."

나스 임란의 증조할아버지는 노예였고 외할아버지와 외할머니는 어머니가 다섯 살이 되기 전에 돌아가셨다. 에이브러햄 링컨이 노예해방령에 서명한 뒤였지만 아프리카인이 조상인 미국인은 여전히 우리가 당연하다고 여기는 기본 인권조차 보장받지 못하고 있었다. 그들에게는 선거권이 없었고 연설할 수도, 글을 쓰거나 자유롭게 집회를 열 수도 없었다. 법은 흑인이 자유기업의 이윤을 추구하는 것도, 사유재산과 신용거래의 이익을 취하는 것도 금지했다. 집을 소유하거나 사업을 하는 것은 물론 심지어 읽고 쓰는 것을 배우는 것도 흑인에게는 불법이었다.

오늘날 아프리카계 미국인의 조상들은 자본가가 되겠다는 생각은커녕 자신감과 독립심을 키울 기회조차 얻지 못했다. 노예들은 흑인 소유주와 물납사장들에게 종속돼 있었고 그들에게 빚을 졌다. 흑인은 대부분 그들을 소유한 자들에게 묶여 있었으며 집단 폭행과 KKK(백인우월과격

단체)의 공포 속에서 살아야 했다.

이렇게 얽히고설킨 과거 탓에 미국 흑인 세대들은 절망하고 무기력해졌다. 그들은 계속 꿈을 꾸었지만 그 꿈을 실현할 권리를 행사할 수 없었다. 그렇게 교도소에서 몇 달을 지내는 동안 나스는 이 비극적인 과거가 만들어낸 사람들에게 둘러싸여 있었다.

나스가 회상했다.

"구부정하고 머리가 하얘진 무기수들이 아무런 희망도 없이 또 하루를 보내는 모습을 보았어요. 젊은 무기수들은 풀 죽은 모습으로 눈을 내리깔고 자동차 번호판과 가죽지갑을 만드느라 열심히 망치질을 하고 있었지요. 도시 빈민가 게릴라전에서 막 잡혀온 흑표범 당원과 무함마드를 추종하고 '혁명'을 꾀했다는 흑인 이슬람교도도 있었지만 수감자들은 대부분 자신의 환경을 탓하며 다른 사람들을 계속 비난했어요. 밥을 먹고 잠을 자면서도 복수를 다짐했는데 그때마다 말없는 분노가 치밀어 오르곤 했죠."

교도관이 순찰을 돌며 으르렁댔다.

"이봐, 나스. 그만 좀 왔다 갔다 해. 신경 쓰이잖아!"

처음에 나스는 움직이지 않다가 천천히 몸을 숙여 딱딱하고 더러운 침대에 누워 천장을 응시했다.

잠시 상상력을 최대한 동원해 보자. 만약 교도관실에서 나온 교도관이 나스 임란의 수감실까지 긴 복도를 걸어와 내가 1장 도입부에 소개한 '신조1'을 나스 임란에게 조용히 들려줬다면 나스는 그날 밤 어떻게 반응했을까?

교도관이 이렇게 외쳤다고 상상해 보자.

"어이, 나스. 들어봐. 리치 디보스가 말하길 '모든 인간은 하나님의 형상으로 창조되고 그래서 모두는 가치와 존엄과 독특한 잠재력을 지닌대.' 알아들었어?"

나스가 암울한 웃음을 지었거나 화난 얼굴로 응수했다면 교도관은 그다음 말을 해줄 엄두가 나지 않았을 것이다.

"그러므로 너는 너 자신뿐 아니라 다른 사람들을 위해서도 원대한 꿈을 꿀 수 있다!"

분명 그 흑인 젊은이는 화를 내며 되받아치거나 교도관이 무안할 정도로 비웃었으리라.

신조1을 고려하든 비웃든 아니면 무시하든 괜찮다. 그래도 나는 이 책의 맨 처음 부분에 신조1을 적었다. 신조1을 믿고 실천하면 나와 수많은 내 친구들처럼 여러분 인생에 엄청난 변화가 오리라는 진심 어린 확신이 있기 때문이다.

자신을 어떻게 바라보는가

걱정하지 마시라. 여러분에게 내가 믿는 유대 기독교 전통을 전도하려는 것이 아니다. 여러분은 성공한 자본가가 될 수 있지만 하나님에게는 관심이 없을 수도 있다. 그렇다면 하나님의 능력과 존재에 개의치 않고 진화론을 확고히 믿으면서 여전히 사업에서 성공하고 있을 것이다. 여러분의 사업에서와 마찬가지로 우리 사업에도 ABO와 직원이 있고 그들의 신학과 철학 범주는 제각각이다.

진짜 질문은 이것이다. 여러분은 자신이 누구라고 생각하는가? 여러분은 어떤 목적으로 태어났는가? 여러분의 꿈은 어디에서 비롯되는가? 그 꿈의 실현과 관련해 여러분은 어떤 희망을 가지고 있는가? 여러분의 탄생은 대단한 우연의 일치인가, 아니면 유전적 장난인가? 도저히 알 수 없는 미스터리인가, 아니면 탄생에 목적이 있었는가?

생화학자인 내 친구는 "너 자신을 어떻게 봐?"라는 질문에 놀리듯 대답했다.

"난 60%가 물이지. 아주 작은 욕조를 채우고도 남을 거야. 나머지는 거의 대부분 지방이야. 적어도 4~5개 비누를 만들고 남을 만큼이라고 보면 되고 여러 가지 일반 화학물질로 되어 있지. 큰 분필을 만들 수 있을 정도의 충분한 칼슘과 작은 성냥갑 하나 만큼을 켤 정도의 충분한 인, 전자레인지에 튀긴 팝콘 한 봉지에 간을 할 만큼 충분한 나트륨, 플래시 전구를 켤 만큼 충분한 마그네슘, 소액의 헌금을 할 수 있을 만큼의 구리, 아이들 상처에 발라주면 쓰라려 뛰었다 앉았다 할 만큼의 요오드, 10페니짜리 못을 만들 수 있는 철, 개에 붙은 빈대를 없앨 정도의 유황도 있어."

그리고는 결론을 내렸다.

"모두 다 해봐야 요즘 같은 불경기 시세로 계산하면 물, 지방, 화학물질로 된 나는 1.78달러 정도의 가치에 불과해."

철학자이자 건축가이며 도시계획자인 벅민스터 풀러는 역시 "자신을 어떻게 보는가?"라는 질문에 이렇게 답했다. 다음은 그의 훨씬 더 긴 대답을 내가 의역한 것이다.

"나는 자체 균형을 잡고 28개의 관절을 가진 어댑터 기반의 두 발 동물이야. 수천의 수압식과 기계식 펌프로 계속 동력을 공급하기 위해 또는 축전지에 에너지를 저장하기 위해 통합 혹은 분리된 기능을 갖추고 전기화학 작용을 하는 생물체이기도 해. 각 기관에는 자체 동력이 있고 약 10만 킬로미터의 작은 혈관, 수백만 개의 경고 신호 장치, 그 통로와 운반 장치, 더구나 잘 관리하면 70년 정도는 정비가 필요 없는 분쇄기와 흡수관, 광범위하게 보급된 연락 체계를 갖추었어. 이 모든 것은 망원경, 현미경, 자체 탐지 기능, 분광기 등에 달려 있는 회전 렌즈로 조정이 이뤄져."

심리학자이자 행동주의의 아버지로 불리는 B. F. 스키너는 같은 질문에 이렇게 대답했다.

"나는 내 환경에 배운 대로 반응하며 살아왔어요. 파블로프의 개처럼 신호에 맞춰 침을 흘리도록 내 통제를 넘어선 힘에 따라 훈련이 되어요. 나는 '행동을 개시할 수도 자발적이거나 갑작스레 변화할 수도 없어요.' 모든 것이 조절되고 선택은 환상이에요. 꿈은 자기기만입니다."

이런 말을 들으니 기분이 어떤가? 거울 앞에 서서 눈에 비친 자신을 똑바로 보고 자신에게 물어보라.

"나는 나 자신을 어떻게 바라보는가?"

여러분은 자신을 한 무더기의 화학물질이라거나 자동 조정 장치가 세팅해서 정교하게 만든 기계 혹은 신호에 맞춰 침을 흘리도록 훈련된 유기체 정도로 생각하는가? 나는 잠시도 믿지 않았지만 만약 여러분이 그렇게 믿었다면 1.78달러 가치에 불과한 물, 지방, 마그네슘으로 된 우리에게 미래는 없다. 기계에는 심장도 마음도 의식도 없다. 파블로프의 개는 꿈은 꿀지 몰라도 그 꿈이 실현되는 것을 볼 방법은 없다. 여러분은 이 모든 대답을 합친 것보다 훨씬 가치 있다는 것을 마음으로 믿지 않는가?

그것이 바로 내가 성경의 풍부함과 아름다움을 사랑하는 이유다. 모세는 창세기에서 그 질문에 답을 한다. 그의 시적이고 창조에 관한 매우 감동적인 해석에서 이 나이든 선지자는 우리가 누구이고 왜 우리는 감히 꿈을 꾸는가 하는 질문에 그의 생각을 공유한다.

그는 역사에 남은 가장 유명한 이 문학적 구절을 단순한 단어로 시작한다.

"태초에 하나님이 천지를 창조하시니라."(창세기 1:1)

창조 6일째 되는 날 모세는 쓴다.

"하나님이 자기 형상 곧 하나님의 형상대로 사람을 창조하시되 남자와 여자를 창조하셨다."(창세기 1:27) "여호와 하나님이 땅의 흙으로 사람을 지으시고 생기를 그 코에 불어넣으시니 사람이 생령이 되니라."(창세기 2:7)

모세는 우리가 진화의 사고라고 믿지 않았다. 하나님이 조심스럽게 사랑을 담아 창조하신 존재라고 믿었다(창세기 1-2). 우리는 단지 또 다른 식물이나 동물이 아니다. 우리는 하나님의 "신성한 숨결"을 받았고 그러므로 우리 창조주 그대로의 본질과 목적을 전해 받았다(창세기 2:7).

지구는 무한한 공간에서 끝없는 여행을 하며 태양 주위를 맴도는 그저 그런 또 하나의 행성이 아니다. 지구는 하나님이 주신 우리의 집이다. 우리는 이 지구로부터 양분과 기쁨을 찾도록 되어 있다. 그 답례로 하나님이 우리를 보살피듯 우리에게도 지구와 서로를 보살필 특권과 책임이 있다(창세기 1:28). 우리는 우리의 창조주를 따라 만드신 생명체들과 함께 우정을 나누라고 만들어진 하나님의 특별한 창조물이다(창세기 1:31).

아프리카계 미국인인 시인 제임스 웰든 존슨은 창조에 관해 고무적이고 기발하게 해석한 〈신의 트럼본〉에서 모세 이야기를 그만의 독특한 방법으로 표현한다. 창조 6일째 날 하나님은 잠시 멈추고 깊은 생각에 잠긴다.

그런 후 하나님은 걸어 다니시며

그리고 하나님은 주위를 둘러보셨다.

그분이 지으신 모든 것을

그분은 태양을 보셨고

그리고 그분은 달을 보셨고

그리고 그분은 작은 별을 보셨다.

그분은 그분의 세상을 바라보셨고

모든 살아 있는 생물들과 함께

그리고 하나님은 말씀하셨다. 나는 혼자구나 여전히.

그런 후 하나님은 생각하실 수 있는 산허리에 앉으셨다.

깊고 넓은 강가에 그분은 앉았다.

손을 머리에 얹으신 채

하나님은 생각하고 또 생각하셨다.

생각이 드실 때까지: 나를 인간으로 만들겠노라!

강바닥에서

하나님은 진흙을 푸셨다.

그리고 강둑 옆에

그분은 무릎을 꿇으셨다.

그리고 전지전능하신 하나님께서

태양을 밝히시어 하늘에 두시고

밤의 저 멀리 구석구석까지 별들을 흩뿌리시고

이 땅을 손 가운데에 두고 둥글게 빚으신

이 전지전능하신 하나님

허리를 굽혀 아이를 바라보는 엄마처럼

땅에 무릎을 꿇고

진흙을 빚으신다.

그분의 형상대로 인간을 지으실 때까지.

그런 후 생기를 그 코에 불어넣으시니

사람이 생령이 되었다.

아멘. 아멘.

나는 누구인가? 여러분은 누구인가? 우리의 관습은 지극히 개인적인 방식으로 답한다. 우리는 "아이에게 허리를 굽히는 엄마"처럼 땅에 무릎을 꿇고 하나님의 꿈을 우리 마음에 심어준 사랑하는 창조주의 자녀다. 창조에 관한 그 기록이 함축하는 것은 나스 임란과 우리 모두에게 엄청난 결과를 가져온다.

우리는 창조된다. 우리는 그저 화학물질의 집합체도, 사고하지 않는 기계도 아니다. 우리는 우리 창조주의 형상대로 빚어진 인간이다. 우리가 태어났을 때 하나님은 한 사람, 한 사람을 품에 안고 속삭였다.

"내가 너를 만들었고 내가 만든 것은 좋은 것이다."

우리가 자동차에 붙이는 범퍼 스티커를 떠올려보자.

'하나님은 쓸모없는 것은 만들지 않는다!'

이것은 사실이다. 삶이 힘겹게 느껴질 때도 있으리라. 분노가 치밀어 오르고 자신이 불운하게 느껴질 때도 있으리라. 자신이 낙오자나 패배자 처럼 보이기도 하리라. 기회를 날려버렸다고 생각하기도 하고 다시는 재 기할 수 없을 거라는 생각이 들지도 모른다.

바꿔 생각하자. 하나님이 여러분을 바라보는 것처럼 자신을 바라보려 고 애써보자. 잘했든 못했든 하나님은 여러분을 자신의 자녀로 바라보신 다. 살면서 무슨 일이 있었든 하나님은 마치 돌아온 탕아의 아버지처럼 여러분이 집으로 돌아와 하나님의 선물을 받고 하나님의 성찬에 자리 잡 기를 인내하며 기다리고 계신다.

여러분은 꿈을 꾸도록 창조되었다. 우리의 꿈은 하나님 꿈의 형상대로 지어졌다. 여러분이 하나님 꿈과 같은 꿈을 꾸기 시작한다는 것은 하나 님이 여러분과 이 땅을 위해 꿈꾼다는 의미라고 상상해 보자. 헨리 데이 비드 소로는 말했다.

"꿈은 사람의 인격을 판단하는 기준이다."

여러분의 꿈은 여러분이 누구인지 그리고 여러분이 무엇에 관심이 있 는지 말해준다. 여러분의 꿈의 크기는 곧 여러분의 영혼의 크기를 결정 한다.

감히 꿈을 꾼다는 것이 얼마나 어려운 일인지 나는 잘 안다. 나스 임란 처럼 여러분은 쓰라린 유산을 물려받았을지도 모른다. 어린 시절에 학 대를 받았거나 희롱을 당했을 수도 있고 가난과 공포, 무관심 속에서 자 랐을 수도 있다. 죄를 짓거나 빚에 몰리고 병마나 장애 같은 끔찍한 짐을 끌고 다녔는지도 모른다. 패배한 전쟁과 깨져버린 꿈의 상처를 안고 살 았을 수도 있다.

그럼에도 불구하고 옛말처럼 꿈을 꾸는 데 너무 늦은 때란 결코 없다. 만약 너무 두렵거나 상처가 깊어 지금 당장 원대한 꿈을 꾸는 것이 불가 능하다면 소소한 꿈을 꾸어도 좋다. 소로 역시 말했다.

"나는 누군가가 자신이 꿈꾸는 방향으로 당당히 나아간다면 또 그가 상상한 대로 삶을 살고자 노력한다면 어느새 기대하지도 않은 성공과 만 나게 된다는 것을 배워가고 있다."

대부분의 사람들은 한 달에 몇 푼 더 벌어볼 목적으로 사업을 시작한 다. 홀로 부유해지려고 시작하는 사람은 극히 드물다. 꿈은 조금씩 사업 의 크기와 함께 점점 커간다. 작은 꿈은 시작하기에 좋다. 자, 오늘은 어 떤 작은 꿈을 꾸어보겠는가?

우리는 하나님의 사랑을 받고 하나님은 우리가 꿈을 실현하도록 해준 다. 하나님은 우리를 만들어놓고 사라진 게 아니다. 하나님은 우리를 만 든 날 그랬던 것만큼이나 우리 삶에 열렬히 관심을 기울이고 있다. 아무 도 여러분을 사랑하지 않는다고, 여러분 혼자 이 세상에서 고군분투하고 있다고 느낄 수도 있다. 하지만 그렇지 않다. 하나님은 여러분과 함께 있 고 삶의 여정에서 여러분을 인도할 꿈을 마음에 심어주었다. 여러분의 꿈 은 머릿속에서 잠음만 내는, 즉 스스로를 비웃고 조롱할 만큼 황당하게 불가능한 것이 아니다. 그 꿈들은 진짜이므로 조심스럽게 고려해야 한다.

물론 여기에도 위험은 있다. 살다 보면 우리는 현실적이지 않은 시나 리오를 그려보기도 한다. 파바로티처럼 노래를 잘 부르고 싶다거나, 조 몬태나처럼 미식축구를 잘하고 싶다거나, 매직 존슨처럼 멋진 슈팅을 하고 싶다거나, 토니 모리슨처럼 글을 잘 쓰고 싶다는 생각 말이다. 우리가 사랑하고 믿는 사람들이 보통의 현실성 여부를 체크하는 것은 매우 중요하다. 때로 비현실적인 꿈은 망상에 빠지게 하고 상담자의 도움이 필요할 때도 있다. 그러나 가장 '비현실적인' 꿈은 대부분 계속 꿈을 꾸는 데 가장 중요한 꿈이다. 어떤 때는 완전하지도 온전하지도 않은 꿈이 여러분을 하나님이 여러분의 마음속에 심어놓은 꿈으로 회귀하게 할 것이다.

로즈볼 출전이라는 꿈이 산산조각 나고 노예제도와 불공평 속에서 자란 나스 임란은 외로운 교도소 독방에 앉아 계속 꿈을 꾸었다. 처음엔 분노했지만 나스는 교도소에서 석방되자 흑인 이슬람 단체의 일원이 되었다. 그는 엘리자 무함마드가 죽고 시카고가 리더십 과도기에 놓였을 때 도움을 주었고, 마침내 시애틀에서 규모가 큰 흑인 이슬람 조직의 수장이 되었다.

나스는 당시를 회상했다.

"그 후 나는 이 나라에서 내 민족에게 일어난 일에 복수하는 것은 아무 소용이 없다는 걸 깨달았어요. 그것은 치유해야 하는 것이었습니다. 흑인 이슬람교도의 꿈은 증오 위에, 그러니까 다른 사람들을 향한 비난 위에 세워졌어요. 증오와 비난이 마음속에 자리 잡고 있는 한 치유란 없습니다. 누군가가 제게 크리스챤의 꿈은 사랑 위에 세운다고 하더군요. 사랑은 치유합니다. 제 경우에는 예수님 덕분에 과거를 용서하는 법을 배웠고 흑인과 백인 모두에게 미래가 있는 원대한 꿈을 꾸는 법을 배웠습니다."

오늘날 나스와 비키 임란은 매우 성공적으로 Amway 사업을 하고 있다. 그는 아내와 여덟 아이 그리고 자신의 사업을 성공적으로 하고 있는 수백 명에게 자유기업의 꿈을 전해주었다. 나스는 새로 얻은 재정적 안정 덕분에 시간과 부와 창의성을 자신이 몸담은 곳의 사람들에게 봉사하는 데 자유롭게 쓰고 있다.

사실 나스 임란을 위시해 아프리카, 아시아, 라틴아메리카에 깊이 뿌리를 내린 Amway 가족 같은 수백만의 ABO 덕분에 회사가 발전하고 변화하는 중이다. 우리는 한때 멸시받고 무시당하던 사람들을 위해 제품을 개발하고 시장을 개척하고 있다. 우리는 한때 소외되었던 사람들에게 문을 활짝 열어놓고 있다. 또 나스 임란 같은 사람들이 자신과 우리를 위해 용기를 내 원대한 꿈을 펼쳤기에 우리도 흑인연합대학재단 같은 아주 훌륭한 기관에 장학금을 지원하는 데 회사의 기금을 운용하고 있다.

당신은 다른 사람들을 어떻게 바라보는가

우리 각자에게 영감을 불러일으키는 신조1은 그 나름대로 의미가 있다. 그 뜻을 정말로 알게 될 때 우리는 비로소 우리의 여정을 시작할 준비가 된 것이다. 그런데 신조1에는 중요한 윤리적, 도덕적 고려사항이 있다. 여러분이 자신을 어떻게 바라보는가는 단지 시작에 불과하다. 오랜 시간에 걸쳐 여러분이 다른 사람들을 어떻게 바라보는가는 여러분의 꿈 실현에 훨씬 더 중요할 수 있다. 여러분과 내가 진정 하나님의 형상대로 창조되어 자신을 위한 큰 꿈을 꿀 수 있다면, 다른 모든 이들 역시 하나님의 모습 그대로 창조되었으므로 우리의 꿈은 그들의 꿈이 현실이 되도록 돕는 데까지 이르러야 한다.

한 발 더 나아가 신조1을 살펴보자. 사랑하는 하나님이 내가 원대한 꿈을 꾸도록 나를 창조하셨다고 믿는 것으로는 충분치 않다. 나는 여러분 또

한 똑같은 목적을 위해 똑같은 방법으로 창조되었다고 믿어야 한다.

1681년 미국에는 주로 버지니아주에 단지 2,000명 정도의 노예가 있었다. 하지만 19세기 중반까지 400만 명이 넘는 아프리카인이 마을에서 납치되어 마치 가축처럼 배에 실려 대서양을 건너왔다. 이 낯선 새로운 땅에서 노예들은 가족과 헤어져 최고가로 입찰한 사람에게 사유재산처럼 경매 처분되어 쇠사슬에 묶인 채 실려 갔다. 그들은 극심한 노동에 삶을 저당 잡혀야 했고 굶주림과 채찍질에 시달리며 가난과 불안 속에서 살도록 강요받았다. 존엄과 자존심은 내팽개쳐졌고 생을 마감하면 묘비도 없는 곳에 묻혔다.

인간을 향한 잘못된 견해는 또다시 비극으로 이어졌다. 히틀러는 피부가 까만 사람들은 '좋은 인종'이 아니며 면(cotton)을 뽑고 밭을 가는 기계와 같다고 말한 적이 있다.

우리는 여태껏 이 나라의 노예제도와 그것의 오랜 폐단을 진지하게 다루지 않았다. 여성과 아이를 포함해 모든 인간은 평등하게 창조되었다는 것을 아직도 믿지 않는 것처럼 보인다.

우리가 자신을 보듯 다른 사람을 바라보는 것이 성공적인 사업을 하는 선결조건이다. 그것이 우리나라와 세상을 병들게 하는 모든 문제의 해답을 찾는 실마리다.

예수님은 십자가에 못 박히기 직전에 짧고 설득력 있는 말로 생을 마감하셨다.

"이것은 내 명령이다. 너희는 서로를 사랑하라."

여러분은 이웃과 고객, 상사, 방랑하는 이방인, 그 밖에 여러분을 격분케 하는 사람들을 어떻게 보는가? 여러분이 성공하길 원한다면 자신을 바라보듯 그들을 보아야 한다. 그들도 꿈을 꾸도록 창조되고 하나님이 사랑하는 존재이며 하나님은 그들이 꿈을 실현하는 것을 보고 싶어 한다.

오랜 편견은 좀처럼 사라지지 않는다. 우리에게는 사랑하는 시간보다 증오하는 시간이 훨씬 더 많다. 그렇지만 하나님이 우리 이웃을 대하듯 우리도 그렇게 이웃을 대할 수 있다. 우리 모두는 노력할 필요가 있다. 우리의 아주 작은 시도로도 달라질 수 있다.

토머스 제퍼슨은 이렇게 말했다.

"용기 있는 한 사람이 다수를 대신한다."

나는 링컨이 그의 각료들에게 노예해방령을 내놓았을 때 제퍼슨의 얘기를 들은 적이 있었는지 궁금하다. 그들은 노예를 해방시키려는 링컨의 계획에 반대투표를 했지만 대통령은 손을 들어 말했다.

"찬성 다수로 가결되었습니다."

Amway에서 만난 내 친구는 내게 많은 것을 가르쳐주었다. 데이빗과 잰 서번은 내게 이런 명언을 들려주었다.

"먼저 다른 사람들이 자신이 원하는 것을 이루도록 기꺼이 도와주면 당신은 삶에서 원하는 것을 무엇이든 가질 수 있습니다."

신조1을 어찌 이보다 더 잘 설명할 수 있겠는가?

사랑하는 하나님이 우리를 창조하셨기에 우리는 자신과 타인을 위해 원대한 꿈을 꿀 수 있다. 그 이상을 실천한 것이 ABO로서 서번 부부가 성공한 열쇠다.

데이브 서번은 아이다호주 보이즈에서 자랐다. 미 육군에 입대하기 전 아이다호주립대학교를 졸업한 그는 학사장교 후보생(R.O.T.C.)이었다. 졸업 후 그는 국제회계법인 에른스트&에른스트에서 일했다. 잰 서번은 인구가 대략 20,000명 정도인 아이다호주 트윈 폴스에서 자랐다. 1969년 잰과 데이브는 결혼했고 데이브가 미 육군에 현역병으로 입대한 뒤 이 신혼부부는 자국에 봉사하며 신혼생활 3년을 유럽에서 보냈다. 첫아이를 독일에서 낳은 그들은 데이브가 제대하자마자 미국으로 돌아왔다.

데이브가 내게 말했다.

"그때는 재정적으로 참 힘든 시간이었습니다. 잰은 갓 태어난 아이를 돌보며 집에 있고 싶어 했지만 생계유지를 위해 개인 보험회사 안내원으로 일해야 했어요."

그는 조용히 덧붙여 말했다.

"현실이 얼마나 빨리 우리가 꾸었던 꿈에 찬물을 끼얹었던지, 재밌었어요."

잰이 이야기를 이어갔다.

"우리에게는 더 많은 돈이 필요했어요. 그래서 추가수입을 벌어보려고 낡은 집을 보수하는 일을 했지요."

잰이 과거를 떠올리며 씁쓸하게 웃었다.

"우리가 시도한 다른 많은 일처럼 그 일도 우리에게 더 많은 빚만 안겨 주었어요."

데이브가 거들었다.

"자영업을 하는 사람들의 세무 업무를 봐준 적이 있어요. 그들이 나머지 다른 사람들보다 얼마나 더 많은 돈을 버는지 알고 깜짝 놀랐죠. 그 즉시 개인 공인회계사무실을 열겠다는 꿈을 꾸기 시작했어요. 그러나 창업비용이 엄청나 그 꿈을 포기했습니다."

잰이 웃으며 말했다.

"이후 우리는 Amway 사업을 발견했어요. 그리고 그 이야기는 역사가 되었지요."

성공 비결을 묻자 데이브는 조금도 망설이지 않고 대답했다.

"우리는 부자가 되겠다는 오직 한 가지 목표만 가지고 시작했어요. 우리 꿈을 실현하려면 돈이 필요했고 'go-go-go' 자세로 밀어붙였습니다. 나는 누구에게나 말했어요. '당신은 돈을 벌 것입니다. 당신은 부자가 될 거예요.' 내가 사람들을 후원하고 교육하는 일에 뛰어들었을 때 처음엔 그들을 수입원으로만 보았어요. 나는 밝고 용모가 단정한 사람들을 열심히 후원했습니다. 그렇지 않은 사람들은 떨어져 나가게 그냥 두었어요. 나는 그들에게 '당신이 성공하면 우리 모두 함께 성공합니다.'라고 말했지만 속으로는 '당신이 그만두면 그건 당신 문제죠. 잘 가요.' 하고 덧붙였어요."

잰이 계속 이어갔다.

"그 뒤 우리는 이 사업에서 진짜 성공하는 사람들을 보기 시작했습니다. 그들은 우리에게 사업을 정말 크게 하는 사람과 작게 하는 사람의 차이는 우리가 자진해서 돕는 사람의 수로 판가름이 난다고 가르쳐주었어요."

데이브가 말했다.

"나는 롼 페리어가 우리에게 했던 말을 절대 잊지 못할 거예요."

롼은 이렇게 말했다.

"우리가 또 다른 인간을 건전한 정신을 가졌든 아니든 하나의 신체로만 보는 것은 위험해요. 그런 생각은 사람을 이용만 하고 결국 못쓰게 된 사람은 버리고 말죠. 반면 모든 사람을 하나님의 창조물이자 돌아다니는 형체를 지닌 마음으로 보면 그 마음에 봉사할 수 있고 그 마음이 하나님의 뜻대로 위대한 피조물로 성숙해 가는 것을 볼 수 있습니다."

잰이 이어갔다.

"이 사실을 처음 깨달은 것은 그 랠리에서였어요. '먼저 다른 사람들이 원하는 것을 이루도록 도와주면 당신은 삶에서 원하는 모든 것을 얻을 수 있어요.' 우리가 이 이상을 실천하고 다른 사람들을 자신의 꿈을 가진 하나님의 창조물로 바라보기 시작했을 때 우리가 도울 수 있는 꿈을 실현하고 우리 사업이 번창하기 시작했어요."

켄 스튜어트가 우리 사업을 처음 접했을 때 그는 스물일곱 살이었다. 그는 미주리주 스프링필드에서 성공한 주택건설업자로 한창 번창하던 중서부 지역에서 연간 50채 이상의 집을 지어 팔고 있었다. 켄과 그의 아내 도나는 성공가도를 달리고 있었다.

켄이 기억했다.

"우리는 젊고 야망에 차 있었어요. 하지만 우리 역시 30만 달러의 빚이 있었고 물 쓰듯 빠져나가는 돈을 메울 일이 살짝 두려워지고 있었어요."

도나가 말했다.

"ABO가 되는 것이 해결책이라고 생각했죠. 우리는 두 발로 완전히 뛰어들어 우리처럼 야심에 찬 부부들로 이뤄진 그룹을 찾아 후원하기로 했어요. 먼저 이 사업에서 우리가 제일 존경하는 리더들의 말에 귀를 기울이기 시작했습니다."

그녀가 계속 말을 이어갔다.

"우리는 곧 그들이 사람들을 독특하고 훌륭한 방법으로 바라본다는 것을 깨달았어요."

켄이 계속했다.

"첫 대화를 마치고 우리 멘토 중 한 명인 덱스터 예거는 애칭으로 나를 '아기'라고 불렀어요. 나는 젊고 야심차고 에너지가 넘쳤거든요. 나는 스스로를 승리자라 생각했고 내 팀에 많은 승리자가 있길 원했습니다. 그렇지만 나는 사람들을 하나님이 그들을 보는 것처럼 보지 않았어요. 승자 - 패자로 나누는 것이 위험하고 잘못된 것임을 그때는 미처 깨닫지 못했습니다. 오랜 시간이 지난 뒤 누가 진정 성공하고 실패할지 알 수 없으니까요."

도나는 이렇게 설명했다.

"시간이 좀 걸리긴 했지만 수년을 거치면서 사람들을 판단하지 않는 법을 배웠어요. 환한 웃음을 띠며 자신들을 강하게 드러낸다고 똑똑한 부부로, 다소 약하고 수줍어 보이면 멍청한 부부로 구분할 권리가 우리에겐 없습니다."

켄이 이어갔다.

"많은 사람처럼 지나치게 혹사하며 너무 빨리 알아내려다 사람들의 숨은 재능을 알아내지 못하고 그들의 잠재력을 발견하는 것마저 놓칠 수 있어요."

도나가 말했다.

"이 사업에서 우리가 성공하기 시작한 것은 첫인상으로 사람들을 평가하지 않고 하나님이 주신 달란트를 진정 믿기 시작했을 때부터였습니다."

켄이 결론을 내렸다.

"우리는 사람들을 있는 그대로 받아들이고 그들이 어디에 있고 싶어 하는지 발견하는 한편, 그들이 그곳에 도달하도록 돕기 위해 최선을 다하는 법을 알아야 했습니다. 그 과정을 이해하고 우리 삶을 그것에 바치니 우리 삶에 새로운 기쁨이 찾아왔고 우리 사업에도 진정한 성공을 가져왔어요."

옛날 격언에 "꿈을 성취하길 바라는 사람은 우선 잠에서 깨어나야 한다."는 것이 있다.

내가 제대로 충분히 설명했는지 모르겠지만 우리 모두 깨어나야 한다는 것이 신조1의 요점이다. 여러분이 컴패셔닛 캐피털리스트로 성공하려 할 때 최대 관건은 여러분이 자신과 타인을 어떻게 생각하는가 하는 점이다.

여러분은 자신을 하나님의 사랑하는 자녀로 바라볼 수 있는가? 여러분은 제임스 웰든 존슨이 한 것처럼 여러분의 탄생을 그릴 수 있는가?

> 이 전지전능하신 하나님
> 허리를 굽혀 아이를 바라보는 엄마처럼
> 땅에 무릎을 꿇고
> 진흙을 빚으신다.
> 그분의 형상대로 인간을 지으실 때까지.
>
> 그런 후 생기를 그 코에 불어넣으시니
> 사람이 생령이 되었다.

여러분이 가치와 존엄과 잠재력을 가지고 꿈을 꾸는 것처럼 인종을 막론하고 모든 창조물을 꿈을 갖도록 창조된 하나님의 사랑하는 자녀로 볼 수 있는가?

그렇다면 여러분은 이미 자신과 타인을 위해 세상을 올바로 되돌려놓는 꿈을 실현해 가고 있는 셈이다.

2.
우리는 어디로 가고 있는가

신조2

우리는 대부분의 사람들이 자신의 잠재력에 부응하지 못하고 있음을 느끼며, 그들이
더 나은 방향으로 변화할 수 있는 실제적이고 현실적인 도움을 고맙게 여긴다고 믿는다.
그러므로 우리는 모두 지금 어디에 있고 앞으로 어디에 있기를 원하며 그곳에 이르는
데 필요한 것이 무엇인지 솔직하게 살펴보아야 한다.

조 폴리오는 캘리포니아주 콜로라도의 한 정박지 위에 위치한 바다가
보이는 저택 주방에서 잔뜩 화를 내며 걸어 나왔다. 그는 뒷문을 세차게
쳐서 열었고 사막의 태양빛이 내리쬐는 바깥으로 뛰어나와 고함을 치며
찌는 듯한 아스팔트 차도를 가로질러 갔다.

"조! 가지마. 제발, 지금 가지마."

그는 잠시 뒤돌아서서 열려 있는 현관문에 서 있는 아내 노마를 바라
보았다. 그녀의 두 손은 떨고 있었고 눈에는 눈물이 글썽였다.

차 문을 열며 그가 대답했다.

"여기서 나갈 거야!"

그는 아내를 똑바로 쳐다보기가 두렵고 당혹스러웠다. 자신을 붙잡아 주었으면 하면서도 한편으론 그럴까 봐 두려웠다.

그의 방향으로 찻길을 가로질러가며 노마가 말했다.

"언제 돌아올 거야?"

그녀는 한때 그랬듯 두 사람에게 모든 것이 괜찮은 것처럼 그가 안아주길 바랐다. 하지만 조는 화가 나 차 문을 세게 닫으며 소리쳤다.

"몰라도 돼."

그는 돌아보지도 않고 시동을 걸고는 반대쪽으로 떠났다.

잠시 동안 노마는 눈물을 참으며 꼼짝 않고 그대로 서 있었다. 아이들이 창문으로 지켜보고 있었다는 걸 안 노마는 천천히 집으로 들어왔다. 열아홉 살과 열여섯 살 된 아들 비키와 조이 그리고 열일곱 살 된 딸 체리는 부모의 계속되는 다툼 속에 오늘 벌어진 일로 좌절감과 두려움을 느끼고 있었다. 그때 노마는 깊은 한숨을 내쉬며 아이들 쪽으로 돌아섰다.

'왜 조가 그렇게 차 문을 닫고 소리를 지르며 가버렸는지 난 알아.'

그녀가 가만히 말했다.

"아빠는 끔찍했을 거야. 우리 둘 다 그래. 아무리 열심히 일해도 조금도 앞으로 나아가지 못하고 거의 매일 뭔가가 잘못되고 있는 것 같아. 최악은 무력감이야. 우리가 사랑했던 모든 것이 다 빠져나가고 있는데 그걸 막을 방법이 없어."

조는 콜로라도 베이 다리를 건너 멕시코 국경을 향해 5번 고속도로를 달려 내려갔다. 그는 멕시코 로사리타 해변에 주택 단지를 건설하고 있었고 그의 직원들은 그를 기다리고 있었다. 또다시 불같이 화가 난 그는 자신에게 분노가 치밀어 올라 고통스러웠다. 자신의 인생이 깊은 암흑

속으로 빨려 들어간다고 상상하는 순간 오래된 익숙한 공포가 엄습하기 시작했다.

조가 회상했다.

"10년간 코티손(류마티스관절염 치료약)에 의지해 살았던 적이 있어요. 여러 가지 다발성 경화증과 싸우면서요. 몸무게가 불어났고 이미 두 건의 파산을 겪은 후 해외에 고층건물을 짓는 사업은 자금이 바닥 난 상태였습니다. 며칠 전 멕시코는 통화가치를 떨어뜨렸고 경제적 혼란으로 빠져들었어요. 내 순자산이 제로로 떨어졌죠. 다시 한번 파산 위기에 처했습니다."

노마는 커피를 마시며 마음을 진정시키려고 주방에 가만히 앉아 있었다. 딸 체리가 엄마를 어떻게 위로해야 할지 몰라 옆에 와 앉았다. 조이는 방으로 돌아가 헤드셋을 단단히 끼고 음악을 요란하게 틀어댔다. 큰아들 니키는 우울하고 화가 나 오토바이를 타고 나가버렸다.

조는 은색 재규어를 몰고 외딴 멕시코 해변에 이르는 좁고 더러운 도로로 향했다. 태양은 태평양을 가로지르며 반짝이는 길을 만들었다. 문득 저 빛나는 길이 어디로 향하는지 궁금했던 기억이 떠올랐다. 조는 두 손으로 머리를 감싸 쥔 채 핸들에 처박고 울음을 터트렸다.

"나는 이제 파멸이야. 내 육체, 감정, 정신, 재정 모두!"

그는 아내와 가족을 잃게 될까 두려운 마음에 우울함이 머릿속에서 거대한 먹구름처럼 커져갔다. 이런 비슷한 얘기를 들어본 적 있는가? 나는 여러분의 꿈이 조와 노마가 그날 겪은 정도까지 좌절하지 않기를 바란다. 우울함이 그들의 인생을 괴롭힌 것처럼 여러분의 인생을 괴롭히는 일이 없길 바란다. 하지만 누구나 꿈이 흔들리거나 결국 파멸하는 순간을 맞이

할 수 있다. 미국 극작가 맥스웰 앤더슨은 그것을 완벽하게 표현했다.

"만약 처음에 당신이 성공하지 못했다면 당신은 중간쯤 달리고 있는 겁니다."

모든 실패 뒤에 우울함이 찾아오는 것은 당연하다. 결국 태초부터 그런 식이었다. 거의 3,000년 전 다윗 왕은 자신의 우울함을 고백했다.

> 오, 여호와여 어느 때까지이니까.
> 나를 영원히 잊으시나이까.
> 주의 얼굴을 나에게서 어느 때까지 숨기시겠나이까.
> 나의 영혼이 번민하고
> 종일토록 마음에 근심하기를 어느 때까지 하오며
> 내 원수가 나를 치며 자랑하기를 어느 때까지 하리이까.
>
> (시편 13:1-2)

소로는 1854년에 쓴 글에서 이것을 몇 글자로 간단히 표현했다.

"사람들은 대부분 많은 것을 포기하고 살아간다."

지금껏 사람들은 자신의 분노와 좌절을 내면으로 돌려왔다. 우리 시대에 우울은 하나의 전염병처럼 번지고 있다. 국립정신보건원에 따르면 "끊임없이 찾아오는 슬픔 또는 공허함, 성욕과 즐거운 활동에 보이는 흥미 상실, 피로, 불면증, 과민함뿐 아니라 과도하게 눈물이 나고 죽음이나 자살을 생각"하며 시달리는 사람들의 숫자가 늘고 있다.

웨스팅하우스 일렉트릭 연구원들은 이렇게 말한다.

"미국에서 건강관리 사업에 소비하는 1달러 중 약 20센트는 정신건강과 약물에 의존한 치료에 쓰인다."

그들은 이 흥미로운 내용을 덧붙였다.

"예방의학 프로그램에서 비용 효율이 높은 분야 중 하나가 정신건강 분야다."

다시 말해 우리가 더불어 살아가면 우리 신체도 스스로 치유할 수 있다. 이런 생각은 기원전 1000년쯤에 쓴 구약성서 중 솔로몬의 지혜에 완전히 새로운 의미를 부여한다.

"대저 그 마음의 생각이 어떠하면 그 위인도 그러한즉."

우울뿐 아니라 우울과 관련된 질병은 미국 근로자에게 연간 170억 달러의 비용을 지불하게 만든다. 우울이 더 젊은 층으로 번져갈수록 버려지는 시간, 돈 그리고 만성질환과 그로 인해 피폐해진 삶에 치러야 하는 비용은 헤아릴 수 없이 막대해진다.

코넬대학교 의과대학 뉴욕 병원의 제럴드 클러먼 박사는 그것을 이렇게 말했다.

"사람들은 대체로 지금 더 비관적이에요. 그들은 기대와 성취 사이에 간격이 생기면 우울해하지요."

내가 신조2를 들고 나온 이유가 여기에 있다. 현실은 늘 우리 꿈에 미치지 못한다. 그래서 우리는 우울해진다. 우리는 우울증에 대처하기 위해 파괴적으로 생각하고 행동하기 시작한다. 결과적으로 우리 삶은 스스로를 다시 끌어올릴 방법이 보이지 않을 때까지 한없이 나락으로 떨어지고 만다.

우리 꿈이 죽고 우울한 상태가 시작되면 무슨 일이 생길까? 어떤 사람들은 상당히 예측 가능한 방법으로 실패와 우울한 상태를 반복하는 반응을 보인다. 처음에 그들은 그것을 부정하거나 외면하려 한다. 그리고는 자신에게 책임을 지우거나 다른 이들을 탓한다. 나아가 반드시 그것을 피하려고 애쓴다. 어떤 이들은 우울증으로 움직일 수 없게 되고 다른 이들은 그것을 끝내기 위해 자포자기식의 파괴적인 행동을 한다. 누군가는 평생 우울증을 안고 살아가며 또 다른 이들은 그럴 필요가 없음에도 그냥 가만히 앉아 죽음에 이르기도 한다.

선택: 우울증을 부정하거나 무시해 버리기

조 폴리오는 늦게 저녁식사를 위해 로사리타 해변에서 다시 집으로 돌아왔다. 노마는 아무 일도 없던 것처럼 문에서 그를 맞았다. 조와 아내, 아이들은 다 괜찮은 척 식탁에 둘러앉아 무의미한 대화를 나눴다. 노마는 오븐과 식탁을 바쁘게 오갔고 얼굴에 억지웃음을 지었다. 모두 상냥하고 정중했지만 고통은 거의 두 배가 되었다. 소로는 왜 많은 것을 포기하며 산다고 했을까? 미국 초창기 시인 소로는 월든 폰드에서 사람들이 내면 깊이 비참함을 느낄 때 괜찮아 보이려고 가짜 웃음을 지으며 감추는 것을 보았다고 말한 바 있다.

사람은 남몰래 혼자 고통을 겪고 싶어 한다. 자존심 때문에 진실을 인정하려 하지 않는다. 우리는 남들이 자신의 실패를 아는 것을 원치 않는다. 예를 들어 동양에서는 '체면 유지'가 전부다. 영국 속담 중에는 "어려움에도 꿋꿋하게 버텨라."라는 말이 있고 진짜 사나이는 울지 않는다며 남자다움을 강조하는 미국 속담도 있다. 과연 갈등에 대처하는 것을 좋아하는 사람이 있을까 싶다. 적어도 처음엔 모든 것이 잘되고 있는 척하는 것이 훨씬 쉽다. 이때 우리의 고통은 끔찍한 비밀이 된다. 그리고 자기 주변에 벽을 쌓은 채 함께 공감하고 심지어 자신을 도와줄 사람들을 차단한다.

여러분도 그런가? 여러분의 꿈이 위협받고 우울이란 안개 속에서 길을 잃고 헤맬 때 여러분은 침묵하고 방황하는가? 아니면 실은 여러분의 삶 전체가 주위에서 무너져 내리고 있어도 모든 것이 괜찮은 듯 씩씩하게 웃으며 버티는가?

노마가 회상했다.

"조가 파산하기 전까지 우리는 부유하게 잘살았어요. 아름다운 집과 보트, 화려한 차들을 가지고 있었죠. 모든 것이 거덜 났을 때 아무도 모르길 바랐어요. 그래서 우리는 계속 화려한 삶을 살려고 노력했어요. 그럴 여력이 없었음에도 불구하고요."

조는 자조적인 웃음을 지으며 머리를 좌우로 흔들면서 말했다.

"한 부자 친구가 내게 은색 XJS 재규어 승용차를 보증금 없이 매달 갚을 수 있을 정도의 헐값에 팔았어요. 그리고 샌디에이고에서 콜로라도 베이를 가로질러 본연의 아름다움을 잘 간직한 케이섬에 바다가 보이는 캘리포니아 대저택을 빌렸죠."

노마는 수줍어하며 인정했다.

"성공의 환상을 간직하며 사는 것은 어렵지 않아요. 적어도 얼마 동안은요. 완전히 빈털터리가 되어 절망하고 우울해 하면서도 우리는 가면을 쓰고 잘 지내는 척했어요."

교회, 학부모-교사 모임, 사무실, 은행, 식료품점에서 그들은 항상 웃었으며 기분 좋은 척했다. 조와 노마 폴리오는 이중생활을 했고 그럴수록 점점 더 우울해졌다. 그렇게 바깥세상에서 악화하는 관계를 숨기려고 가면을 쓰고 다녔지만 그들의 지인 중에 무언가 잘못되었다고 의심하는 사람은 거의 없었다.

익숙한 이야기인가? 아무렇지 않은 척하면 우리는 자신조차 도울 수 없다. 또한 우리에게 도움이 필요하다는 것을 인정하지 않으면 그 누구도 우리를 돕지 못한다.

"삶은 완벽해요. 건강하고요!"

사랑이 충만해야 하는 교회와 예배당에서 아주 많은 사람이 천사의 얼굴을 하고 있지만 현실에서 그들은 지옥에 살고 있다. 우울증은 우리가 그것을 부정하거나 무시하는 것을 멈추기 전에는 치유할 수 없다. 그 사투를 끝내는 시작은 먼저 자기 자신과 회복으로 가는 길을 함께 걸어가기 위해 여러분이 신뢰할 수 있는 사람들에게 여러분이 고통받고 있음을 조금씩 인정하는 것이다.

선택: 탓할 사람 찾기

저녁 설거지를 하고 조와 노마가 그들의 침실로 돌아올 때까지도 그들은 여전히 그대로였다.

"당신이 그렇게 하지 않았다면…"

"당신은 항상 그러지 않아…"

그들은 언성을 높였다. 분노가 얇은 벽을 뚫고 아이들의 방 주변까지 전해졌다.

노마가 고백했다.

"우리는 더없이 높은 데시벨로 서로에게 소리를 질렀어요. 우리 아이들의 록 음악이 들리지 않을 정도였죠. 우리 문제를 놓고 서로를 비난하지 않을 때는 다른 누군가를 비난했어요."

조가 조용히 말했다.

"부모님이나 선생님을 비난했어요. 친구 혹은 동료를 비난했고 심지어 미국 정부도 비난했어요. 사업하는 사람으로서 세금과 끝없는 공문서에 지쳤거든요. 온갖 규제와 내가 하는 것마다 걸고넘어진 감독 기관을 끔찍이도 싫어했어요. 결국 나는 진저리가 났고 이 나라를 떠나기로 결심했죠. 로사리타 일이 풀리지 않기 시작했던 때 나는 이미 미국 시민권을 포기하고 멕시코 시민권을 얻기 위한 7년 요건으로 가는 5년째였어요."

노마가 기억을 떠올렸다.

"곧이어 멕시코 정부가 통화가치를 떨어뜨렸고 우리의 순자산은 바닥으로 곤두박질쳤어요. 멕시코 대통령이 우릴 파멸시키려고 그만뒀다고 확신할 정도였죠. 사실 우리는 비난할 새로운 누군가가 있으니 꽤 좋았지요."

비난하는 것은 종종 가족의 소통을 완전히 차단한다. 서로에게 소리를 지르고 욕을 하는 것은 곧 물리적 폭력으로 확대된다. 실제로 가정 내 폭력은 이 나라에서 주요한 건강 위기를 야기한다. 노마가 부끄러워하며 인정했다.

"심지어 한 번은 조에게 총을 쏘려 했어요. 엽총으로 차고 안에 있는 차를 맞혔고 침실 창문이 깨졌지만 조를 완전히 피해갔어요. 제대로 겨낭했으면 그는 죽었을 거예요."

오랫동안 생각에 잠긴 뒤 그녀는 다시 말을 꺼냈다.

"좋지 않던 시기에 그를 그렇게 죽였다면 우리가 함께 놓쳐버렸을 모든 소중한 시간을 생각해요."

가정에서 벌어지는 육체적 학대, 특히 아내를 구타하는 사건은 매 15초마다 희생자를 만들어낸다. 대부분 가족 간 불화에서 생기는 신체 상해를 치료하는 의료비용은 연간 대략 1,800억 달러에 달한다.

그렇게 절망적인 시기에 사람들은 광기 어린 위험천만한 일을 많이 저지른다. 노마 폴리오는 한밤중에 남편에게 걸려온 특별한 장거리 전화를 생생하게 기억했다. 조가 멕시코 교도소에서 수신자부담 전화를 걸어온 것이다. 그녀는 점점 더 불신하며 들었다.

"문제가 생겼어."

그는 힘이 없고 떨리는 목소리로 말했다. 노마는 남편에게 있었던 일을 설명하는 내용을 들으려고 애를 썼다. 들어보니 조금이라도 더 필요했던 돈을 벌기 위해 안간힘을 쓴 남편은 몇몇 아는 이들이 미국 국경을 넘어 마약을 밀수하는 것을 자진해서 거들었다고 했다.

조가 아내에게 말했다.

"일을 하기도 전에 멕시코 당국이 우리 계획을 알아챘고 나를 체포했어. 끔찍하게도 나흘 밤낮 동안 꼬박 문초를 당했어. 엄청난 벌금을 내야 해. 그렇지 않으면 나를 풀어주지 않겠대."

어쨌든 노마는 남편을 석방하기 위해 필요한 돈을 구했다. 그때는 두 사람 모두에게 너무 고통스럽고 끔찍한 시간이었다. 하지만 지금 그때를 돌아보는 폴리오 부부는 그 위험하고 당혹스러운 사건을 사람들이 절망하고 우울해질 때 쉽게 저지르는 광기 어리고 무책임한 일의 완벽한 예로 본다.

때로 우리는 자신을 책망하고 죄책감을 느낀다. 또 때로 우리는 죄책감에서 벗어나려고 남을 비난한다. 남을 탓하는 행동은 위험하고 끝나지 않는 악순환을 되풀이하고 폭력과 범죄를 저지르는 것으로 확대된다. 버튼 힐리스는 이렇게 이야기한 적이 있다.

"좋은 이유와 좋게 들리는 이유 사이에는 어마어마한 차이가 있다. 우리 꿈이 죽고 우울한 상태가 시작되는 그때가 바로 비난하기를 멈추고 우리를 혼란에서 건져 올릴 좋은 이유를 찾기 시작할 때다. 또 그때가 우리를 혼란에서 벗어나게 할 좋은 계획을 세우기 시작할 때다."

선택: 우울증에서 도망치기

갈등과 우울의 시기에 조와 노마 폴리오는 스트레스 많은 그들의 삶에서 도망치려 술을 마셨다. 조는 인정했다.

"우리는 고통을 잠재우고 둘 사이에 일시적인 평온을 얻으려 알코올에 의존했어요."

노마가 한마디 거들었다.

"우리 둘이서만 나가서 식사할 때는 술을 아주 많이 마셔야 했어요. 둘이 같이 있는 것을 참아야 했거든요."

조가 말을 이었다.

"그래도 마약에는 절대 손대지 않게 해줘서 하나님께 감사해요! 물론 밤에 잠을 자려고 마리화나를 굉장히 많이 피웠어요. 지금 그때를 돌아보면 우리가 그렇게 술을 마시고 내가 마리화나를 피우는 것을 우리 아들 니키가 따라 했고 어쩌면 그것 때문에 몇 년 후 그 애가 죽은 것인지도 모른다는 생각이 들어요."

우울증에서 벗어나게 해주는 것은 이 나라와 전 세계에서 최고의 성장 산업이다. 이 사실이 끔찍하지만 고통을 다른 데로 돌리거나 그걸 잊기 위해 즐기려는 사람들이 매년 소비하는 돈이 몇조 달러에 달하는지 정확히 아는 사람은 없다.

예를 들어 이 나라의 과일과 샐러드 볼이라고 불리는 캘리포니아에서 주요 현금 작물은 오렌지나 포도, 상추, 토마토가 아니다. 그것은 마리화나다. 고통에서 벗어나기 위해 혹은 마약 사용자들이 그럴 듯하게 말하는 것처럼 "피워 없애기" 위해 소비하는 마리화나는 미국 제일의 마약이다. 대략 2,250만 명의 남성과 여성 그리고 젊은이, 즉 미국 전체 인구의 약 10%에 달하는 사람이 '가끔 혹은 상습적' 사용을 인정한다.

근래에 일반 사용자는 그 질에 따라 담배로 돌돌 말았거나 브라우니로 구운 얇고 푸른 잎에 약 28그램당 100~150달러까지 지불한다. 만약 '기분전환용 사용자'가 1년에 170그램 정도를 경험한다면(600~3,000달러의 비용) 미국에서만 연간 700억 달러가 마리화나 연기와 함께 사라지는 셈이다. 그들이 기운 없이 처져 있을 때 높이 끌어올리는 걸 도와주기 위해서 말이다.

또한 이 나라에서는 코카인과 헤로인 남용도 유행이다. 수백만 명이 이런 마약이 만들어내는 위험하고 치명적인 도취감에 빠져 도망치고 있지만 그들이 얼마나 많은지 우리는 알지 못한다. 그러나 거의 50만 명에 이르는 미국인이 최근 미국과 유럽에서 선택의 도피약이라 불리는 헤로인에 중독되었다는 것을 우리는 잘 안다. 예를 들어 이탈리아 밀라노에서는 거리를 벗어나면 하루 3천~4천 개의 사용한 주사기를 줍는다.

뉴욕에서 샌프란시스코까지 빈민가의 쓰레기통이나 고급 고층건물 쓰레기 압축기에서 발견한 쓰고 버린 주삿바늘을 누가 셀 것인가? 해변, 국립공원, 중고등학교 야외 스탠드 뒤, 심지어 회사 중역들의 회의실과 미국 전역의 5성급 호텔에서 발견한 빈 플라스틱 약병은 누가 거기에 더할 것인가? 미국에서 약물 남용으로 치료 중인 20만 2,000명은 룩셈부르크의 국가 전체 노동력보다 많다.

영국 내분비학자이자 혈액학자인 리처드 애셔는 영국 의학저널 〈랜싯〉에 기고한 글에서 "절망은 마약이 아니라 희망으로 가장 잘 치유된다."라고 썼다. 나는 그의 경구가 좋다. 그것이 진리라고 믿기 때문이다. 그것은 아이들에게 마약을 경고하기 위해 사용한 자동차 범퍼 스티커이기도 하다. 동시에 그는 알코올 남용이 헤로인이나 코카인, 마리화나보다 훨씬 더 치러야 할 비용이 크고 치명적이라는 것을 잊지 말라고 경고하고 있다.

요즘 떠들썩하면서도 위험한 이야기 중 하나는 미국인의 음주 습관이 줄고 있다는 점이다. 아마도 알코올음료가 칼로리와 지방을 더한다는 것을 알고 있고 폭음은 단시간에 기분이 좋아졌다가 오래도록 처지는 억제제임을 배웠을 것이다. 우리는 맥주, 와인 그리고 각종 술이 개인과 가계 예산에서 얼마나 많은 비중을 차지하는 비용인지 보아왔다. 그래서 우리는 이 나라가 음주를 멈췄다고 생각했지만 천만의 말씀이다.

술 남용은 미국, 유럽, 일본에서 유행성이라 할 만한 비율에 이르렀다. 예를 들어 미국에서는 지난 30년 동안 술 남용이 반 이상 증가했고 독일에서는 술 소비가 64%까지 늘어났다. 그리고 일본에서는 음주가 73.5%로 믿기 어려울 만큼 늘어났다.

최근 몇 년 동안 나는 일본 국민을 사랑하고 존경하게 되었다. 술 남용 문제가 일본에서 얼마나 커져 가는지 지켜봐온 나로서는 신경이 쓰인다. 더 심각한 것은 그들이 그 사실을 모르거나 공개적으로 인정하지 않으리라는 점이다. 최근 세계적인 연구에 따르면 일본은 이 문제를 가장 신경 쓰지 않으며 단지 조사 대상의 17%만 술을 심각한 문제로 보는 것으로 나타났다. 한편 조사에 참여한 미국인의 74%는 술 남용과 중독을 '매우 심각하게 우려하는' 것으로 밝혀졌다.

가령 미국에서는 평균적으로 연간 184만 4,000건의 음주 관련 교통사고가 일어난다. 1989년에는 상당수가 10대인 2만 208명의 미국인이 음주 운전자 때문에 사망했다. 10만 명 이상의 추가 희생자가 평생 불구가 되거나 부상을 당했다. 나는 '음주 운전을 반대하는 엄마들Mothers Against Drunk Driving'의 분노와 슬픔을 공유한다. 음주 운전을 반대하는 엄마들은 자기 아이들이 음주 운전자로 인해 사망하거나 평생 불구로 살아가야 하는 걸 경험했다.

걱정하지 마시라. 나는 여러분 동네 술집의 바를 부러뜨리고 쪼개려는 운동가가 아니다. 그렇지만 우리는 익명의 알코올 중독자Alcoholics Anonymous 모임과 다른 치료 프로그램을 지원할 필요가 있다. 그들에게는 금주가 유일한 방법이기 때문이다. 또한 우리는 누구나 압박을 받으면 알코올 남용과 중독에 취약하다는 것을 깨달을 필요가 있다.

로마의 철학자이자 그리스도 시대에 비극을 쓴 작가인 세네카는 말했다. "술에 취하는 것은 단순히 자발적 광기다."

거의 2,000년 후 영국 철학자 버트런드 러셀은 이렇게 덧붙였다.

"술에 취하는 것은 일시적 자살 행위다. … 그것이 주는 행복은 오직 부정적이고 불행한 순간의 정지일 뿐이다."

알코올 남용은 국가적 비극이 되었지만 나는 그것이 더 큰 병폐의 징후라고 생각한다. 폭음은 우울증에 용기와 창의성으로 정면 대응하는 방법을 찾는 대신 도망치는 것에 불과하다.

지난 몇십 년 동안 처방약 역시 우울증 증상을 조절하는 데 널리 쓰였다. 평판 좋은 내과의사와 정신과의사는 바리움, 자낙스, 프로작 같은 약을 불안 증세 치료에 안전하고 도움을 줄 수 있다며 처방을 내린다. 그러나 이런 약들의 유명세가 가파르게 상승하는 것을 멈추게 해야 한다. 우울함을 피하기 위해 사람들은 정신안정제나 기분전환제, 항우울제를 마치 M&M 초콜릿을 먹듯 섭취하고 있다.

바리움을 예로 들어보자. 1970년대에 스위스 기반의 제약회사 호프만-라로슈가 바리움과 그의 자매 정신안정제인 리브리움을 북미시장에 출시했을 때 그 회사 주식은 로켓을 발사하듯 급상승했다. 1989년 중반 그것은 주당 16만 달러에 팔리면서 월가에서 가장 비싼 주식이 되었다. 그해에 호프만-라로슈는 50 대 1 주식분할을 선언했다. 이 믿어지지 않는 성공 비결은 무얼까? 한 의사가 내게 1970년대 후반에서 1980년대 초반 사이 미국에서는 종류를 막론하고 다른 모든 약을 합친 것보다 더 많은 바리움이 팔렸다고 말했다.

이러한 처방약은 특히 술 같은 다른 약물과 결합했을 때 광범위한 부작용이 있을 수 있음을 우리는 잊지 말아야 한다. 유명 인사들이 처방약 의존 치료를 위해 캘리포니아 팜스프링스의 베티포드 클리닉을 드나드는 것이 일종의 어떤 지표라면 우리는 우울증을 이겨내기 위해 고군분투하는 와중에 그런 약을 사용할 때 매우 조심할 필요가 있다.

한 관찰자는 "안정제가 위험한 것은 그것이 주는 마음 안정이 어떤 종류든 패키지 상품 같은 마음 안정이라는 점이다. 약을 사고 그 약으로 안정을 찾다 보면 당신은 정말 필요한 치료를 하는 대신 값싼 해결 방법에 길들여진다."라고 썼다.

우울함에서 벗어나는 더 값이 싸면서도 마찬가지로 마음이 무뎌지게 만드는 것은 TV다. 통계를 조금이라도 믿는다면 온 세상이 TV에 중독되고 있음을 알 수 있다.

나는 이것이 어떻게 가능한지 모르겠지만 한 믿을 만한 소식통에 따르면 일본인은 TV 시청에 하루 평균 9시간 12분을 소비한다고 한다. 미국인은 TV 앞에서 경이롭게 하루 7시간을 보내며 소파에서 감자칩을 먹는 이 올림픽에서 2위를 차지하고 있다. 나는 TV를 믿는다. TV는 정보와 즐거움을 주는 좋은 원천임에 틀림없다. 하지만 이들 데이터는 무언가가 감당할 수 없는 지경임을 보여준다. 나는 이러한 TV 중독이 우울증에서 벗어나려는 인간의 간절함과 우울증의 원인에 정면 대응하기를 미루는 것에서 직접 비롯된다고 믿는다.

나는 여러분이 이 모든 숫자에 무감각해지지 않기를 바란다. 나는 요점을 말하기 위해 지나치게 강조하고 있다. 온 세상이 우울해 보인다. 그리고 우리는 여기서 벗어나려 몸부림을 치느라 인생을 허비하는 중이다. 밖에서 벌어지는 일은 여러분의 인생과 마음속에서 일어나는 일만큼 중요하지 않다. 여러분은 어떻게 여러분의 실패한 꿈과 뒤에 분명 함께 따라올 우울함을 감당하고 있는가?

선택: 우울증 인정하기

프랭크와 바바라 모랄레스 부부는 캘리포니아 샌 후안 카피스트라노 출신으로 우리 사업을 하는 친구들이다. 그들이 내게 감동적인 일화를 들려주었다. 바바라는 겨우 열일곱 살에 캔자스시티의 한 은행에 신입사원으로 들어갔다. 그녀는 기억을 떠올렸다.

"그 은행 쿠폰부서 직원과 고객에게 성의 있게 조력하는 데 평생을 바친 연륜 있는 여직원이 있었어요. 그분이 정년이 되자 은행은 깜짝 파티와 케이크, 감사선물로 그녀에게 존경을 표했지요. 지금도 파티장 한가운데에 서서 눈물을 흘리던 그녀의 모습과 두 눈에 지난 시간들이 떠오르는 듯 '마지막이구나' 하는 모습이 기억나요."

바바라는 슬프게 말했다.

"그다음 날 아침, 그러니까 그녀의 정년 파티를 해준 다음 날 그녀는 은행에 나타났고 창문으로 안을 들여다보며 서 있었어요. 마침내 그녀는 안으로 들어와 그녀의 낡은 책상 쪽으로 걸어가더니 후임자로 온 젊은 여성 앞에 섰어요. 그리고는 그녀가 은행에 근무하는 동안 해온 일을 어떻게 하는지 젊은 후임자에게 설명하려 했습니다."

바바라는 계속 이어갔다.

"나중에 알았어요. 재직하는 동안 그녀가 휴가를 가거나 병가를 내거나 개인적인 용무로 회사를 빠진 적이 단 한 번도 없었다는 걸요. 그 은행은 그녀 삶의 전부였어요. 그러니 정년을 맞았을 때 그녀의 삶도 끝이 난 거죠. 그녀는 매일 그녀의 책상이 있는 곳으로 와서 점점 더 무기력하고 절망적인 모습으로 서 있었습니다. 결국 매니저는 은행 경비원에게 그녀가 건물에서 나가도록 바래다주라고 했고 다시는 그녀를 보지 못했어요. 그녀의 꿈이 끝난 뒤 그녀가 생을 마감하기까지 얼마나 더 살았는지 가끔 궁금했어요."

얼마나 많은 사람이 그들의 꿈이 끝나는 동시에 죽는가? 혹은 얼마나 많은 사람이 실패와 우울증이 초래한 생지옥 같은 삶 속에서도 계속 존재하는가? 버트런드 러셀은 꿈을 실현할 수 없다고 확신하면서도 꿈을 꾸는 사람들의 처절한 고뇌를 표현했다. 그는 이렇게 썼다.

"간결하고 무력하기 짝이 없는 것이 인간의 삶이다. 인생에서 서서히 그러나 확실하게 다가오는 무덤 같은 우울함은 우리를 무자비하고 어두운 나락으로 떨어뜨린다."

셰익스피어의 작품에 등장하는 리어 왕은 자신의 아이와 나라를 위해 그의 꿈이 죽는 것을 보자마자 소리친다.

"우리가 태어날 때 이 거대한 바보들의 세상으로 오게 된 것을 울며 슬퍼한다."

조와 노마 폴리오는 그런 고뇌를 잘 안다. 자신의 죄로 아들 압살롬을 죽음으로 몰아간 다윗 왕처럼 폴리오 부부는 외쳤다.

"오, 내 아들아. 사랑하는 내 아들아, 너 대신 내가 죽었어야 했는데. 무심하신 하나님."

1988년 2월 11일 큰 아들 니키는 오토바이 사고로 세상을 떠났다. 그는 청소년기부터 술 그리고 약물 남용과 싸웠다. 그 겨울 늦은 밤 그의 사투는 끝이 났다. 마약으로 기분이 좋아져 힘이 넘친다고 느낀 니키 폴리오는 그의 야마하 오토바이의 가속페달을 밟았고 모퉁이를 돌아 굉음을 내며 해안 고속도로를 질주하다 죽음에 이르렀다.

우리는 인생에 커다란 비극도, 무시무시한 고통의 순간도 있다는 것을 안다. 슬플 때 '행복한 척하는' 것은 아무 소용이 없다. 우울증을 부정하기 위해 그것을 가리거나 평생 도망가려 애쓰는 것은 고통만 초래할 뿐이다. 어떤 꿈은 한번 죽으면 다시는 결코 꿈꿀 수 없다. 그것이 죽으면 우리가 할 수 있는 유일한 것은 울면서 눈물이 마를 때까지 기다리는 것뿐이다. 어쨌든 하나님은 우리에게 한 번 더 꿈꿀 용기를 준다.

하지만 슬픔에 굴복하거나 실패와 실망이 우리를 희생자로 만들게 하지 않아야 한다. 비관주의는 인간의 잠재력을 억누르거나 죽일 수 있는 위험한 질병이다. 나는 절망이 아닌 희망을 전해줄 것을 믿는다. 슬픔이 아니라 기쁨을 나누자. 나는 일터에서 모든 남성과 여성에게 하나님의 이야기를 전하고 또 전할 것을 믿는다. 나는 다시 사랑하고 꿈꾸기 위해 깊은 우울증에서 벗어난 사람들을 알고 있다.

우리 꿈을 실현하지 못해도, 우울증이 우리가 나아가는 것을 방해해도 항상 희망은 있다는 것을 우리는 기억해야 한다. 친구들이 내게 들려준 조와 노마 폴리오의 실화 그리고 다른 이야기들은 우리 사업(또는 다른 사업, 종교나 치료하는 그룹, 기타 일)을 시작하는 것이 우울증 치료를 보장한다는 것을 의미하지 않는다. 여러분에게도, 내게도 현실을 꿈으로 측정해서 확인할 수 있는 확실한 방법은 없다.

그렇지만 우리 친구와 동료의 대다수가 그들의 꿈이 실현되는 것을 못 보고 그로 인해 우울했던 바로 그 이유로 제이가 내가 하는 사업에 동참했다는 것은 확실하다. 그들은 한없이 아래로 빨려 들어가는 대신 부정적인 감정을 끝이 아닌 시작으로 보았다. 이제 그들은 그 '어두웠던 시간'을 감사하는 마음으로 돌아본다. '좋은 시간'은 그 힘들었던 순간이 없었다면 올 수 없었을 것이다.

일출이 채 몇 시간 남지 않았는데 암울한 밤 동안 마약을 탐닉하거나 심지어 우리 자신을 죽이는 것은 얼마나 낭비인가. 나는 다음 말이 지나치게 한없이 낙천적으로 들리지 않기를 바란다. 왜냐하면 내 인생을 살면서 터널 끝에는 대부분 정말로 빛이 있음을 깨달았기 때문이다. 무지개는 거의 모든 폭풍우가 몰아친 후 틀림없이 나타난다. 울음은 십중팔구 웃음에 양보하게 마련이고 슬픔은 언젠가 기쁨에 항복한다. 지금까지 이 땅에서 63년 동안 매일 길고 어두운 밤이 지나면 지구를 따뜻하게 해 주려고 다시 태양이 떠올랐다.

예수님의 부활은 십자가에 못 박힌 후에 왔다. 삶은 죽음 뒤에 오고 희망은 절망 뒤에 온다. 우울증은 그것이 절대로 끝나지 않을 것이라고 생각할 때 우리를 속인다. 실제로 여러분의 우울함의 끝은 바로 코앞에 와 있다.

나는 어떤 식으로든 우울증이나 그것의 공포를 과소평가하고 있지 않다. 나는 절망과 상실 같은 개인적인 악몽으로 고통받는 이들에게 깊은 안타까움을 느낀다. 내게도 우울증으로 한바탕 연타를 당하며 괴롭고 쓰라리던 날들이 있었다. 때로 우리에게는 외로운 밤을 견디기 위해 바리움이나 프로작이 필요하다. 카운슬러와 정신과의사, 정신병원도 큰 선물이다. 그 과정에서 걱정해 주는 가족이나 친구도 하나님의 선물 같은 존재다. 그러나 만약 우울증에 굴복해 버린다면, 만약 자살을 하거나 생지옥 같은 끔찍한 삶에 정착한다면, 우리는 우울증이 선사하는 기회를 놓치고 말 것이다.

조와 노마 폴리오는 우울증에 굴복하지 않았다. 대신 그들은 그것을 경고 신호로 보았다. 아주 훌륭한 '멈춰! 전방 위험!' 표지로 말이다. 부부는 그들의 우울증을 심각한 변화가 필요하다는 신호로 해석했다. 나아가 하나님의 사랑과 친구들의 도움으로 우울증에서 벗어나 과거를 새롭게 이해하고 현재를 새로운 기쁨으로 여기는 동시에 미래를 위한 전혀 새로운 꿈을 꾸며 살고 있다.

조와 노마의 이야기는 여러분의 불만족이 희망적인 신호가 될 수 있음을 보여주는 수백 개가 넘는 이야기 중 단 하나에 불과하다. 우울증은 끝이 아니라 시작이다. 기분이 가라앉는 것은 여러분을 완전히 새로 오르게 할지 모른다.

1988년 서울 올림픽에서 3관왕에 오르고 1992년 금메달과 은메달을 딴 스무 살의 자유형 수영선수 재닛 에번스는 이렇게 말했다.

"인생에는 힘든 시간도 있고 좋은 시간도 있어요. 그런데 힘든 시간은 좋은 시간을 더 좋게 느끼게 해요!"

조와 노마 폴리오에게 물어보자. 그들도 한동안 다시는 결코 꿈꿀 수 없을 거라고 생각했다. 조가 회상했다.

"니키가 죽었을 때 내가 느끼는 슬픔과 죄책감이 나를 못살게 굴었어요. 샌디에이고의 장지에서 아들의 관 옆에 서서 왜 니키가 나 대신 죽어야 했는지 생각했어요. 노마와 체리, 조이도 거기에 있었죠. 슬퍼한 우리 가족은 우리와 함께 고통 속에 서 있기 위해 미국 전역에서 날아오거나 운전을 하고 온 친구들에게 둘러싸여 있었어요."

그는 인정했다.

"그 순간 소름끼치는 정적 속에서 나는 정말 절박하게 기도했어요. '하나님, 제게 한 번 더 기회를 주세요.' 작게 속삭였습니다. 나는 니키와 함께 실패했어요. 니키의 유년기와 청소년기에 내가 저지른 엄청난 실수를 만회하고 싶었습니다. 조이와 체리는 우리에게 자랑스럽고 감사한 성년으로 자라주었지만 난 니키의 자리를 대신할 다른 아들을 원했어요."

조는 눈에 빛을 내며 흥분해서 말했다.

"몇 주 후 나는 강하고 용기 있는 해군 특수부대NAVY SEAL 대원 중 한 명인 젊은 항해사에게 Amway 플랜을 설명했습니다. 그 숙련된 대원들은 테러리스트에게 납치된 인질을 구하거나 침몰한 잠수함에서 승무원을 구하는 등 무엇이든 하려고 전 세계를 날아다니고 있었어요. 그 첫 번째 젊은 대원은 우리 사업에 관해 들은 것을 그의 동료 대원과 그들의 아내 그리고 친구에게 전했어요. 오래지 않아 나는 내 아들 니키만큼이나 건장하고 잘생긴 특수부대원 전체 소함대의 대부가 되었습니다."

조와 노마 폴리오는 재정적, 영적으로 파탄이 났을 때 다시 시작할 용기와 지혜를 얻었다. 오늘날 폴리오 부부는 놀랄 만한 수입을 올리며 성공적인 사업을 하고 있다. 그들은 파산으로 잃은 모든 것을 회복했을 뿐 아니라 훨씬 더 많은 것을 얻었다. 당연히 그들은 각종 청구서를 모두 지불한다. 또 콜로라도 케이섬에 아름다운 집을 소유하고 있고 교회와 소아마비 치료 모금 운동March of Dimes 같은 아주 중요한 목적을 지원하기 위해 시간과 돈을 기부하고 있다. 그중 최고는 새로운 친구들을 얻은 일이다. 조는 이렇게 말했다.

"내 차가 움직이지 않을 때 전화 한 통이면 이 사업에서 내가 사귄 500명의 친구가 나를 태워 목적지에 데려다주기 위해 달려올 겁니다."

훨씬 더 중요한 것은 조가 그의 사랑하는 니키를 대신할 또 다른 아들을 갖고 싶은 꿈을 실현했다는 점이다. 그것도 단 한 명의 아들이 아니라 그가 그의 아이들만큼이나 사랑하는 수백 명의 젊은 해군 특수부대 대원과 다른 젊은이들이다. 여러분의 꿈이 죽었을 때, 우울증이 여러분의 미래를 위협할 때, 조와 노마 폴리오를 기억하라.

노마가 내게 슬프게 말했다.

"몇 주 전에 이 사업을 하면서 만난 두 친구, 빌과 애니 시밍턴에게 전화를 한 통 받았어요. 어린 아들이 끔찍한 교통사고로 심각하게 부상을 당했다는 거예요. 아이는 피닉스 병원에서 죽어가고 있었어요."

그녀는 회상했다.

"조는 샌디에이고 공항으로 달려가 친구들이 고통받고 있는 시간을 함께하기 위해 피닉스로 날아갔습니다. 시밍턴의 아들이 죽었을 때 빌은 조에게 카폰으로 전화해 짧게 물었어요. '조, 이걸 어떻게 견뎠어요?' 남편은 잠시 말을 멈추고 무겁게 침을 삼키며 자신이 겪은 슬픔과 고통의 시간을 떠올렸죠. 그리고는 짧게 대답했어요. '좋아질 거야, 빌. 자네와 애니는 곧 괜찮아질 거야.'"

그 통화를 떠올리던 조 폴리오의 눈에는 여전히 눈물이 가득했다. 그가 말했다.

"갑자기 모든 것이 어떻게 돌아가는지 깨달았어요. 우리가 겪은 고통의 시간에 하나님은 우리가 살면서 만날 다른 사람들을 돕도록 우리를 준비시키고 있었어요. 우리 꿈이 죽었을 때 하나님은 우리를 강하게 단련시키고 있었어요. 우리의 형제자매들이 꿈을 잃었을 때 그들을 위해 그곳에 서 있도록 단련시키고 있었던 거예요. 그 시기는 힘든 시간이에요. 우리 꿈은 우리의 통제를 넘어선 힘의 위협을 받아요. 때로 우리는 싸움에서 지지요. 그러나 우리는 함께 이길 겁니다. 서로의 도움으로 다시 꿈꾸는 것을 배우고 언젠가 전혀 예상치 못한 때에 우리는 그 꿈들이 실현되는 걸 보며 놀랄 거예요!"

3.
우리는 어디로 가기를 원하는가

신조3

우리는 하나님, 국가, 가족, 우정, 학교, 일터 같이 우리가 가장 소중히 여기는 개인과 사회를 중심으로 우리 삶을 정할 때 더 나은 삶을 위한 변화가 시작된다고 믿는다.
 그러므로 우리는 자신이 무엇이 되고 무엇을 하길 원하는지 결정하고 그에 따라 목표를 세워야 한다.

1955년 늦은 봄 워싱턴주 야키마 계곡에서 체리 재배업자들이 비상회의를 소집했다. 빙앤퀸 체리 농장의 풍작인 체리를 수확할 일꾼들이 필요했던 것이다. 도리 가족은 수확으로 얻는 연간 수입이 터무니없이 적었다. 그래서 그들은 얼마 되지 않는 짐을 꾸려 남부 워싱턴으로 달려갔다. 봄이면 야키마 계곡의 구불구불한 언덕들은 체리와 사과 꽃으로 덮여 온통 새하얗게 변한다. 바람이 불면 벤튼와 야키마 지역 전체에서 그 연약하면서도 향기로운 꽃들의 향기를 맡을 수 있다.

 잭 도리는 겨우 열 살이었지만 스네이크강 근처의 달콤한 향기가 가득한 과수원에서 이미 다섯 번의 뜨거운 여름을 맞으며 일했다. 체리를 수확하던 첫날 새벽 잭은 어머니가 가족을 위해 요리용 레인지에 준비한 팬케이크로 아침식사를 마쳤다. 일꾼용 판잣집 계단에 앉은 반짝이는 눈을 가진 그 아이는 아버지가 라드가 들어 있던 빈 깡통의 하얀 기름 층을 닦아내는 모습을 바라보았다. 잭의 아버지는 가죽처럼 질기고 붉어진 손에 들린 날카로운 칼로 깡통 옆면에 구멍 두 개를 뚫고 그 구멍으로 녹슨 철사 하나를 꿰었다. 그리고 캔이 잭의 목에서 허리춤 바로 아래까지 내려와 매달리게 하려고 충분히 길게 고리를 만들었다. 그의 아버지는 자신의 손재주에 만족한 듯 뒤돌아서서 말했다.

"완벽해."

재배업자들이 모는 트럭의 시끄러운 경적소리가 이른 아침의 고요함을 깨뜨렸다.

잭의 어머니는 아들의 손을 잡고 근처 과수원으로 향하는 자갈길로 데려갔다. 잭은 짙은 자줏빛 과일이 주렁주렁 풍성하게 매달려 아래로 고개를 숙인 듯 굽어 있는 체리나무 가지 밑을 걸어 다니던 때를 아직도 기억한다.

"나는 그때 키가 1미터도 안 될 정도로 작았어요. 그렇지만 발끝으로 서면 내 자그마한 기름통을 채울 만큼 체리를 딸 수 있었죠. 처음 며칠은 그렇게 딴 체리의 반은 통으로 들어가고 나머지 반은 내 입속으로 사라졌어요. 밝은 붉은빛을 띤 체리즙이 턱으로 흘러내렸고 내 얼굴과 손은 온통 체리즙으로 물들었어요. '아들아, 너를 저울 위에 올릴 수는 없어.' 우리가 딴 체리의 무게를 재고 선별하려고 둔 큰 상자에 붓기 위해 줄을 서 있는 동안 아버지가 좋게 타이르듯 말했지요."

잭이 설명했다.

"우리는 떠돌이 일꾼이었어요. 과일을 수확하거나 캘리포니아 콜링가부터 캐나다 접경지역 내 밭까지 곳곳에서 일해 번 돈에 전적으로 의지해 살았습니다. 무게를 재 파운드당 임금을 받았으니 내가 먹은 체리는 가족의 수입에 영향을 주었겠지요."

그는 계속 말했다.

"우린 자주 판잣집이나 텐트 또는 푹푹 찌고 통풍이 안 되는 트레일러에서 호스 샤워를 하고 이동식 변기를 가지고 다니면서 살았어요. 어머니는 우리를 깨끗이 씻기고 해진 옷을 기워 입혔지만 우리는 다 떨어진 청바지와 낡은 면 작업 셔츠를 입고 닳아빠진 신발을 신었어요. 식사는 밭이나 길가에서 했고 중고 캐러밴과 온갖 살림살이를 실은 오래된 트럭을 타고 이 농장에서 저 농장으로 내달리며 '체리 딸 사람 구함' 광고만 찾아다녔습니다. 대부분 먼지투성이의 남루한 행색에다 초라하고 지쳐 있었어요."

잭은 자신이 언제 더 나은 삶을 꿈꾸기 시작했는지 정확히 기억나지 않는다. 그러나 아이였어도 현장 감독자와 '돈 많은' 농장주를 증오했던 것은 분명히 기억한다.

그가 우울한 기색으로 말했다.

"캘리포니아에서 한 번 경험했던 일이 기억나요. 동료들과 내가 섭씨 43도 정도 되는 뜨거운 날씨에 체리를 따고 있었는데 농장주의 아이들은 그들 저택 뒤에 올림픽을 치를 만한 큰 수영장에서 수영을 했어요. 당시 나는 열두세 살이었을 거예요. 체리 밭에 서서 도우미가 농장주 아이들에게 점심을 가져다주는 걸 보며 분노하고 질투했던 게 기억나요."

"그 10대에도 내 가족이 내리쬐는 태양 아래서 체리나 사과를 딸 필요가 없게 하겠다고 결심했어요. 어디엔가 더 나은 삶이 있고 내가 그것을 기필코 찾고야 말겠다고요. 떠돌이 일꾼으로 살아온 내 부모님은 존경할 만하고 삶을 성실하게 산 좋은 분들이었어요. 하지만 나는 그 이상의 무언가를 원했어요. 농장주와 그 가족을 보면서 처음엔 화가 났어요. 그런 다음 서서히 나도 내 가족을 위해 같은 기회를 원한다는 것을 깨닫기 시작했습니다. 그때가 내 사업을 하겠다고 꿈꾸기 시작한 순간이에요."

'나는 그 이상의 무언가를 원한다!', '내 사업을 하겠다는 꿈'이라는 말이 익숙하게 들리는가? 그 느낌을 알기 위해 여러분이 떠돌이 일꾼의 아이가 될 필요는 없다. 어떤 이에게 무언가를 더 원하는 것은 아주 어린 시절 우리에게 주어진 꿈과 같은 것이다. 내 아버지는 내게 몇 번이고 말씀하셨다.

"리치, 너는 언젠가 네 사업을 하게 될 게다."

여러분의 아버지는 이렇게 말했는가?

"딸아, 언젠가 너는 미국 최초의 여성 대통령이 될 게다."

또는 여러분의 어머니가 다음과 같이 말하는 걸 들었는가?

"아들아, 난 언젠가 네가 오스카상, 에미상, 퓰리처상, 노벨상을 탈 때 맨 앞자리에 앉아 있을 거라고 기대한단다."

어떤 아이들은 부모님, 선생님, 목사님 또는 친구에게조차 이런 희망적인 말을 단 한 번도 듣지 못한다. 그래서 그 아이들은 세계를 다니는 여행가나 천주교 사제, 영화배우 또는 〈포천〉지가 선정한 500대 기업의 최고경영자가 될 수 있다는 꿈을 절대 꾸지 않는다. 물론 그들도 여전히 매달 몇백 달러를 추가로 벌거나, 그들 소유의 차와 집을 사거나, 고등학교 졸업장 혹은 부동산중개 자격증을 취득하거나, 별 두 개 등급의 호텔에서 휴가를 보내거나, 비가 올지 모를 앞날을 위해 은행에 예금통장을 개설하는 꿈을 꾼다.

여러분이 최초의 여성 대통령이 되기를 바라든 때로 혼자만의 저녁시간을 보내고 싶어 하든 여러분이 세운 목표는 여러분의 미래를 만들수도 있다.

기억하라, 이렇게 말하는 것은 오직 시작에 불과하다.

"나는 그 이상의 무언가가 되기를 원한다."

"나는 무언가 더 좋은 것을 하기를 원한다!"

미국 작가 벤 스위트랜드는 이렇게 썼다.

"성공은 여정이지 목적지가 아니다."

꿈을 꾸는 것은 평범함과 실패로부터 멀어져 성취와 충족감, 자존감을 얻어가는 평생 여행의 첫 단계다. 그리고 그 여행을 가능케 도와주는 것은 바로 컴패셔닛 캐피털리즘이다.

자본주의가 위대한 이유는? 소수의 사람을 백만장자로 만들어주어서가 아니라 수백만의 사람들이 자신이 원하는 모습이 될 수 있도록 돕기 때문이다! 이것이 신조3 이면의 핵심이다. 여러분은 무엇이 되고 싶은가?

신조1은 우리가 원대한 꿈을 꾸도록 창조되었다고 주장하고 신조2는 아주 많은 사람이 그 원대한 꿈이 실현되는 것을 보지 못한다는 것을 인정한다. 그리고 신조3은 굉장히 중요한 문제를 제기한다. 어떻게? 만약 우리 꿈이 탈선한다면 그것을 어떻게 다시 제자리로 돌려놓을 것인가? 노먼 빈센트 필은 이런 말을 했다.

"생각을 바꿔라 그러면 당신이 세상을 바꿀 것이다."

만약 자신이 꿈꾼 것을 하지 못했거나 꿈꾼 대로 되지 않았다면 그것을 이루기 위해 생각을 어떻게 바꿔야 하는가?

너무 많은 사람이 명확하지 않은 꿈을 갖고 있다. 우리가 어디로 가는지 우리도 모른다. 그러면서 왜 우리는 거기에 이르지 못하는 것을 놀라워하는가? 앨프리드 노스 화이트헤드는 다음과 같이 썼다.

"우리는 보편적으로 생각한다. 그러나 우리는 구체적으로 산다."

그림의 떡 같은 꿈으로는 충분치 않다. 구체적이어야 한다. 여러분의 꿈을 어떻게 더 구체화할 수 있을까?

또 다른 사람에게는 전혀 꿈이 없다. 고등학교 때 나는 어떤 모임에서 자기 인생을 위해 20개의 '거의 불가능한' 목표를 세웠다는 한 젊은이 이야기를 다룬 영화를 본 적이 있다. 겨우 열여덟 살 무렵 그는 자신의 영웅인 필리어스 포그처럼 세계를 일주할 목표를 세웠다. 그는 기어코 그 목표를 달성했고 자신의 여행을 기록한 '80일간의 세계일주'라는 제목의 슬라이드를 학교 강당에서 보여주었다.

나는 그 딱딱한 강당 의자에 앉아 내 목표는 무엇인지, 왜 나는 목표를 세우지 않았는지 궁금해 했다. 나는 간신히 학교를 마쳤다. 성적은 그저 그랬고 출석률도 평균이었다. 내 선생님과 교장선생님은 내게 깊은 인상을 받지 못했고 사실 그것은 나도 마찬가지였다. 강당에서 그 슬라이드를 본 날 밤 나는 나 자신을 위해 목표를 써 내려가기 시작했다.

우리는 대부분 방어적으로 산다. 왜 우리는 매일 아침 목표 없이 일어나고 아무것도 이룬 것 없이 그냥 잠자리에 드는지 궁금하다. 이렇게 복종하기만 하는 인생은 고역에 불과하다. 우리는 부모가 요구하고 선생님이 부여하며 상사가 지시하고 가족이나 친구가 우리에게 기대하는 것 그리고 교회나 정부가 요구하는 것을 그저 할 뿐이다. 우리는 우리 도덕성을 법이 결정하게 하고 세금 공제가 우리의 자선 기부를 제한하게 놔둔다.

작가이자 배우이고 제작자이자 자선가인 빌 코스비는 그것을 이렇게 말했다.

"나는 성공 비결을 모릅니다. 하지만 실패 비결이 모든 사람을 만족시키려 노력하는 것임은 알고 있습니다."

여러분은 토요일 밤 라이브로 나오는 이 표현을 기억하는가?

"인생을 찾아요!"

나쁜 생각은 아니다. 그것은 신조3의 중심에 있는 단순하지만 파격적인 두 가지 질문과 함께 시작한다. 여러분은 무엇이 되기를 원하는가? 여러분은 무엇을 하기를 원하는가?

여러분의 삶이다. 시간이 가고 있다. 시계를 읽는 동안에도 초는 사라지고 있다. 멈추자. 종이와 펜을 꺼내 첫 장 맨 위에 쓰자. 내 삶의 목표는 무엇인가? 나는 어떤 종류의 사람이 되기를 원하는가? 나는 지구에서 사는 짧은 시간 동안 신나고 만족스러우며 이익이 되는 어떤 일을 하기를 원하는가? 나는 그 목표를 성취하기 위해 오늘과 다음 주, 다음 달 또는 다음 해에 무엇을 할 것인가?

하자! 정말로. 바로 지금 멈추고 여러분의 삶을 이끌 목표를 생각하는 데 몇 분만 써보자. 이제 그것을 적어보자. 잠깐! 펜이나 연필을 치워버리지 말자. 아직 좀 더 남았다. 여러분이 적은 것을 훑어보고 그 장에서 가장 중요한 목표에 동그라미를 치자. 여러분이 들을 수 있게 큰 소리로 그것을 읽어보자. 그런 다음 여러분 자신에게 이 질문을 해보자. 저 목표를 달성하기 위해 나는 오늘 무엇을 할 것인가? 확실하지 않다면 생각해 보고 정하자! 이제 여러분의 삶에서 가장 중요한 목표를 이루기 위해 오늘 적어도 한 걸음을 내딛기 전까지는 쉬지 말자.

만약 여러분의 첫 번째 목표가 더 많은 돈을 버는 것이고 두 번째, 세 번째 그리고 네 번째 목표도 돈을 더 많이 버는 것이며 적어놓은 마지막 여섯 번째 목표까지 모두 '앞과 동일하다면' 여러분은 시작부터 어려움을 겪을 수 있다. 내 경험으로 볼 때 단지 더 많은 돈을 벌겠다는 목표를 세운 사람들은 거의 성공하지 못한다. 반면 왜 더 많은 돈을 필요로 하고 그 돈으로 무엇을 하길 원하는지 아는 사람은 자신의 목표에 도달할 가능성이 크다.

스튜어트 멘 박사가 그 좋은 예다. 1968년 의과대학 수련 과정을 마친 그는 공군에서 2년간의 현역 복무를 마치고 내과를 개원해 주로 폐질환을 치료했다. 그런데 그가 매우 짧은 시간에 발견한 것이 있다. 매달 고정비용과 의료과실보험료를 지불하면서 병원을 운영하다 보니 어느새 그는 환자를 도움이 필요한 사람이 아니라 고객으로 보고 있었다.

멘 박사는 인정했다.

"내 환자에게 경제적으로 무리한 치료를 밀어붙이지 않으려면 두 번째 수입원이 필요했어요."

5년간 부업으로 한 Amway 사업에서 멘 박사는 길고 힘들었던 의대 4년, 인턴 1년, 레지던트 1년 그리고 수년간의 수습기간에 필요했던 수십만 달러의 두 배에 이르는 수입을 올렸다. 마침내 그는 자신이 원하던 일을 하게 되었다. 시간을 내 두 번째 수입을 만든 덕분에 그는 누가 치료비를 낼지 걱정하지 않고 환자를 치료할 수 있었다. 더 여유롭게 환자를 볼 수 있었으며 그가 특별히 관심을 기울인 수면장애의학 분야를 연구하기 위해 병원을 비울 수도 있었다.

멘 박사는 얘기했다.

"사람들이 자기 삶의 목표를 이루는 데 에너지를 쏟으면 놀라운 일이 일어난다."

마가렛 하디는 자메이카 킹스턴에서 미국으로 이주했다. 그녀는 남편 테럴 하디를 만나 결혼했고 법률 비서로 일하며 테럴이 뉴욕대학교에서 건설기술 전공 공부를 마치도록 뒷바라지를 했다.

테럴은 사우스캐롤라이나주 스파르탄버그 외곽에서 태어났다. 그는 편견과 편협한 차별을 경험했지만 인상적이고 취득하기 어려운 공학사 학위를 가진 아름답고 지적인 아내와 함께 언젠가 자신도 아메리칸 드림을 이루리라고 마음속으로 믿고 있었다.

권위 있는 뉴욕 엔지니어링 회사에서 16개월간 일한 테럴은 백인 동료들과 함께 승진할 위치에 있었다. 그는 당시를 기억했다.

"의심의 여지가 없었어요."

그는 이렇게 덧붙였다.

"나는 승진할 만했지만 상사가 나를 그의 사무실로 불러 내가 승진하지 못하는 이유를 설명할 때 놀라거나 실망하지 않아야 했어요."

테럴이 말했다.

"상사는 유감도 없이 말했어요. '자네는 이 회사에서 오를 수 있을 만큼 올라왔어. 테럴, 나도 이렇게 말하긴 싫네.'라며 그가 진지하게 말하더군요. '하지만 우리가 백인을 감독하는 흑인을 둘 수는 없지 않나, 안 그래?' 그날 무너져 내린 것은 비단 내 꿈만은 아니었어요. 그 순간 내겐 모든 아메리칸 드림이 죽었어요."

물론 테럴과 마가렛 하디는 돈이 필요했지만 그들은 그보다 훨씬 더 많은 것을 원했다. 그것은 룰이 공평하고 생산성만 바탕으로 평가받으며 노력한 만큼 공정하게 보상받는 사업이었다. 오늘날 하디 부부는 그들이 전에 꿈꾸던 것보다 더 많은 돈을 벌고 또 남을 도우며 성공적인 Amway 사업을 하고 있다.

레이프 존슨은 Amway 사업을 시작했을 때 검안사였다. 그는 커가는 여섯 아들을 위해 삶의 질을 보장받고자 8년을 들여 필수인 의학학위를 취득했다. 또한 도움이 필요한 사람들을 도와주면서 추가수입을 더 올리길 바랐다. 그렇지만 더 높아진 보험료율과 늘어난 정부 간섭 그리고 올라간 고정비는 존슨 박사를 더 오래 더 열심히 일하도록 내몰고 있었다. 기부는 고사하고 심지어 가족을 위해 쓸 시간과 돈마저 줄어들었다.

레이프의 아내이자 재능 있는 음악가인 베벌리는 사업을 시작할 때까지 아주사퍼시픽대학교의 음악교수로 재직하고 있었다. 그녀는 기억했다.

"크리스챤 학교에서 가르치는 사람은 수입이 그다지 많지 않아요. 아이들을 키우는 데 보탬이 되려면 수입을 보충할 필요가 있었어요. 재정적으로 보조를 하면서 재능 있는 음대 제자들을 돕고 싶었어요."

바쁘게 살면서 아이들을 키우며 사업을 성공적으로 잘하기란 쉽지 않았지만 가장 힘들던 시기에 베벌리와 레이프 존슨은 큰 도움이 필요한 사람들을 위해 놀라운 양의 시간과 돈을 쓸 수 있게 되었다. 레이프와 베벌리는 음대생과 운동선수에게 장학금을 주었고 로스앤젤레스 남부 지역 와츠에 운동장비 할인점을 설립했다. 그들은 동구권 나라 출신의 젊은 지휘자들이 서구에서 공부하도록 지원했고 오리건대학교 바흐 페스티벌에 유럽 음악가가 참여하도록 후원했으며 비영리단체 이스터실

EASTER SEAL과 동참을 약속한 여러 좋은 운동을 위해 수십만 달러를 모금하는 데 참여했다.

스튜어트 멘 박사와 테럴-마가렛 하디 부부, 레이프-베벌리 존슨 부부 이야기는 돈을 버는 것에 관한 것이 아니다. 앞서 말했듯 컴패셔닛 캐피털리즘이 위대한 이유는 몇몇 사람을 백만장자로 만들어서가 아니라 수백만의 사람들이 스스로 원하는 모습이 되도록 돕기 때문이다.

멘 박사는 단순히 돈을 더 많이 벌기를 원한 것이 아니었다. 그는 환자들의 아픔에 공감하면서 치료하는 의사가 되기를 바랐고 희귀병으로 고통받는 사람들을 돕는 임상연구를 하길 원했다. 불공평과 편협으로부터 자유롭기를 원한 마가렛과 테럴 하디 부부는 스스로를 자랑스럽게 여길 수 있고 안정적이면서도 행복을 주는 일을 원했다. 베벌리와 레이프 존슨 역시 단지 돈을 더 벌기 위해 Amway 사업을 시작한 게 아니다. 그들에게는 돌봐야 할 아이들과 오리건주뿐 아니라 전 세계에 지원하고자 한 선한 목적의 일이 있었다. 컴패셔닛 캐피털리즘은 돈을 버는 것이 아니라 우리가 꿈꾸는 모습이 되고 꿈꾸는 것을 하기 위해 자유로워지는 것을 의미한다.

이 짧은 성공담으로 우리 회사를 홍보하려는 것이 아니다. 컴패셔닛 캐피털리스트가 이 나라와 전 세계에서 성공할 수 있는 기회는 Amway 말고도 셀 수 없이 많다. 테럴 하디는 우리에게 상기시켰다.

"기회는 언제나 있습니다. 포기하지 마세요. 당신의 시간이 오고 있어요. 그러니 그때를 위해 준비해야 합니다."

그는 미소를 지으며 이어갔다.

"그 시간이 오면 그냥 가버리게 내버려두어서는 안 됩니다. 우리 부부는 스스로 믿은 무언가를 아주 꽉 잡았고 그것에 매달렸으며 그것이 주겠다고 약속한 것을 우리에게 주도록 만들었어요. 그게 전부입니다."

멘 박사와 하디 부부는 지극히 개인적인 목표를 이루기 위해 경제적으로 여유롭길 원했다. 여러분은 왜 더 많은 돈을 벌기를 원하는가? 삶을 살면서 여러분은 무엇이 되기를 원하고 무엇을 하기를 원하는가? 위대한 목표는 위대한 믿음에서 나온다. 여러분은 무엇을 믿는가? 여러분의 삶에 동기를 부여하고 이끌어줄 가치는 무엇인가?

한 세대 전 여러분이 길을 가던 행인에게 그(혹은 그녀)가 가장 소중하게 여기는 것이 무엇인지 물었다면 아마 다음 대답을 들었을 것이다.

"하나님, 국가, 가족, 친구, 교육, 일!"

분명 이 순서였으리라. 베트남 전쟁, 워터게이트, 월스트리트 그리고 TV 복음부흥사의 추문에 이어 최근 더욱 떠들썩하고 냉소적인 시기에 들어서면서 많은 것이 변했다. 여론 조사자들은 동의하지 않겠지만 한때 국민의 두터운 신임을 받던 기관이 사람들의 신뢰를 잃고 있다는 것은 점점 더 많은 증거가 보여준다. 전체 미국인의 98%가 여전히 하나님을 믿음에도 불구하고 주요 종파는 가파르게 쇠퇴하고 있다. 예를 들어 〈성공회 뉴스 서비스〉는 이렇게 보고한다.

"재정 위기는 성공회의 모든 교단을 전율케 하고 오늘날 세상에서 교회의 미션 이행을 심각하게 재고할 것을 강요하고 있다."

성공회는 최근 교회의 국가 예산을 5% 삭감했고 채용과 급여를 동결했다. 장로(미국)교파 역시 채용을 동결하는 중이고 비용 지불을 위해 예비금을 꺼내 쓰고 있다. 관계자들은 1994년까지 예비금이 바닥날 것이고 줄어드는 헌금과 지역구 의무를 다하려다 역시 자금난을 겪고 있는 신도 모임 탓에 미국 내 현금흐름이 바짝 말라버렸다는 것을 인정한다.

1,490만 신도가 있는 남침례교협의회마저 연간 8~13% 성장에서 국내 물가상승률에도 미치지 못하는 최근 수준까지 수입 하락을 보이고 있다.

교회가 신도와 헌금 수입을 잃어가는 중이라면 정치 단체는 훨씬 더 큰 신뢰 상실과 싸우고 있다. 최근 갤럽 조사에서 조사 대상의 단 35%만 의회를 "대단히 크게" 신뢰한다고 응답했다. 상원의원과 하원의원의 정직이나 윤리 기준을 평가하는 질문에는 조사 대상자의 76%가 상원의원을, 79%가 하원의원을 "평균 이하"라고 대답했다.

미국인은 정치에 무척 관심이 있다고 말하는 것에서는 전 세계 민주주의 국가 중 첫 번째지만 실제 투표율은 꼴찌다. 등록된 유권자의 50%를 투표소로 보내면 행운일 정도다. 반면 예를 들어 스위스에서는 평균적으로 유권자의 80%가 투표에 참여한다.

전통적인 미국 가족 역시 쇠퇴하고 있다. 한때 우리 사회의 버팀목으로 여기던 것이 예외가 되고 보통 상태가 아닌 것이 되었다. 1960년과 1980년 사이 이 나라의 이혼율은 100%까지 상승했다. 그 수치가 그대로 간다면 놀랍게도 모든 초혼의 50%가 이혼으로 끝날 것이다. 그것은 미국 아이들의 50%가 적어도 삶의 일부를 한부모 가정에서 지내야 한다는 의미다.

결혼은 더 이상 신성불가침의 영역이 아니다. 실제로 결혼을 꼭 해야만 하는 것으로 보지도 않는다. 1970년에는 미국 신생아의 5%가 혼외에서 태어났고 1988년까지 그 수치가 26%로 증가했다. 1970년에는 미국 아이들의 12%가 한부모 가정에서 자랐으나 1992년에는 그 수치가 25%로 두 배가 되었다.

내 요점은 도덕적 판단을 내리거나 비판하거나 비난하려는 게 아니다. 비록 나는 전통적인 가족의 가치를 중요하게 생각하지만 때로 이혼은 지속되는 갈등이나 폭력, 성적 학대로부터 배우자와 아이를 보호하는 최선의 방법이다. 나는 모든 아이가 강인하고 사랑이 넘치는 부모 밑에서 성장하길 바라지만 용기 있고 헌신적인 한부모가 아이들을 잘 키워내는 것도 보아왔다. 또한 나는 부모의 이혼에 따른 고통을 최소화하기 위해 돌아가며 아이의 양육을 부담하는 애정 많고 효과적인 합의를 이끌어낸 부모들도 알고 있다.

결혼뿐 아니라 친구 간 우정도 미국 사회에서 설 자리를 잃고 있다. 필립 아리에스는 그의 책《여러 세기의 아동기: 가족생활의 사회적 역사 Centuries of Childhood: A Social History of Family Life》에서 이렇게 주장했다.

"직장생활과 가족생활 모두 한때 우리 삶 전체에 스며들어 있던 다른 활동[우정]을 못하게 억압한다. 우리는 분명 우정을 믿지만 여기서 다시 생각해 보면 우리의 믿음을 실천할 시간도, 에너지도 충분하지 않다."

하나님과 교회, 국가와 국가를 통치하는 지도자들 그리고 부모와 전통적인 미국 가족이 미국인에게 신뢰를 잃어가면서 남아 있는 다른 두 커다란 사회인 학교와 일터도 신뢰를 잃고 있다. 전 교육부장관은 다음과 같이 말했다.

"미국에는 세 종류의 결손이 있습니다. 바로 무역적자, 재정적자, 교육 부족입니다."

2,700만 미국인은 기능적으로 읽고 쓸 줄 모른다. 안타깝게도 많은 사람이 기능적 문맹으로 가는 중에 고등학교 졸업장을 '받았다.'

한 교육자는 이렇게 기고했다.

"비우호적인 외국 세력이 오늘날 존재하는 평범한 교육적 성과를 미국에 강요하려 했다면 우리는 그것을 전쟁 행위로 보았을 것이다."

학교가 실패하고 있는 것뿐 아니라 현재 국내 중퇴자 비율이 20%를 넘어 더 올라가고 있다. 남아 있는 학생들도 그들이 받은 교육에 보통 수준의 결과를 보인다. 예를 들면 고등학교 3학년생은 대부분 수학에서 중학교 2학년 수준보다 낮은 성과를 내고 있고, 최근 학생들의 대학진학능력기초시험(SAT) 점수는 25년 전 학생들보다 훨씬 낮다.

우리가 소중하게 여기는 사회의 목록에서 전통적으로 가장 마지막에 오르던 일터는 이제 아예 순위에 오르지도 못한다. 최근 조사에서 노동자의 33%가 딱 잘라 대답했다.

"나는 내가 하는 일이 정말 싫고 당장이라도 그만두고 싶습니다."

미국에서 가장 '신뢰받는' 사회로 알려진 교회와 군대도 인구의 절반을 아주 조금 넘기는 정도의 사람들에게 신뢰를 받을 뿐이며 대기업은 미국인 4명 중 단 한 명만 신뢰한다.

모든 것을 종합하건대 한때 이전 세대들의 삶의 바탕이던 하나님, 국가, 가족, 친구, 교육 그리고 일이라는 전통 사회가 일반 대중의 신뢰를 잃고 있다면 우리는 적어도 두 가지 중요한 문제를 안고 있는 셈이다.

첫째, 역사를 통틀어 이 주요한 사회는 인간 가치의 중요한 원천이었다. 그런 사회가 없다면 우리는 어디에 가서 지도를 받을 것인가? 둘째, 우리가 문제에 직면했을 때 언제나 힘을 주고 지지해 준 중요한 존재였다. 그들이 필요할 때 우리는 어디에 가서 도움을 요청할 것인가?

신조3의 이면에는 '세상을 살아가면서 여러분은 어디로 가고 싶은가?'라는 물음이 있다. 여러분은 컴패셔닛 캐피털리스트로 진정 성공하기 전에 이 질문에 솔직히 대답할 필요가 있다. 어쩌면 여러분은 가치 문제를 깊이 생각해 본 적이 없을지도 모른다. 어쩌면 여러분은 이전 세대에게 중요했던 것이 여전히 여러분에게도 중요하다고 생각하는지도 모른다. 또 어쩌면 여러분은 아직도 그들을 존경받을 만한 사회로 가치 있게 여기고 그들에게 단점이 보일지라도 변화하도록 힘쓰고 있을지 모른다. 그게 아니면 기존의 이 가치들을 아예 포기하고 여러분을 이끌어줄 어떤 새로운 신조를 찾고 있는지도 모른다. 그것도 아니면 너무 혼란스러워 이 모든 토론에 신경을 끈 채 몇 푼 더 벌어 청구서를 해결하고 가끔 여행을 떠나겠다며 여러분을 그냥 혼자 내버려두기를 원할지도 모른다.

나는 지금 여러분에게 내 가치관을 주입하거나 내 목표를 확신시키려고 이 책을 쓰는 게 아니다. 그건 궁극적으로 여러분의 일이다. 그리고 매우 개인적인 문제다. 전혀 다른 이념을 갖고도 성공한 컴패셔닛 캐피털리스트들은 분명 있다. 그러나 여러분 삶의 핵심에 긍정적인 가치가 없다면 여러분의 목표는 불충분하고 신뢰할 수 없을 것이다. 실제로 그런 목표는 삶에서 여러분이 성공하도록 돕기보다 여러분을 위험한 파멸의 길로 몰아갈지 모른다.

어린 시절 내가 미시간주 그랜드래피즈에서 자랄 때 어머니는 주일마다 가족의 아침식사를 차려준 다음 우리를 문으로 향하게 했다. 어머니는 주일학교나 교회에 갈 생각이 없는 누군가에게 그 사실을 상기시켜주었다.

"일요일은 하나님의 날이란다. 좋든 싫든 우리는 교회에 가서 다 같이 맨 앞줄에 앉을 거야."

어린 시절 내게 무슨 일이 있었는지 나는 도무지 기억나지 않는다. 어릴 적에 나도 온 마음과 영혼을 담아 그 주일아침 전통에 반항한 적이 있다. 가끔은 엄마와 싸워서 이겼지만 주일 아침에는 엄마의 말대로 비가 오나 눈이 오나 가족과 함께 교회에 갔다. 그렇게 영원히 끝날 것 같지 않던 주일학교 수업과 찬송가, 설교가 매주 진행되는 동안 내 삶을 영원히 바꿀 씨앗 하나가 내 안에 심어져 자라기 시작했다. 부모님을 비롯해 그 많은 목사님, 선생님, 집사님 그리고 이름조차 기억나지 않는 많은 평신도 봉사자는 내게 가장 중요한 삶의 선물을 남겨주었다. 그것은 내 여정을 따라갈 지침이자 가는 과정에 힘과 위안을 줄 원천이었다.

어머니 덕분에 내 가치 체계는 크리스챤 전통에 바탕을 두고 있다. 한 번은 젊은 변호사가 예수님께 물었다.

"위대한 계율은 무엇인가요?"

그는 무엇을 묻고 있는가? 신조3의 이면에 있는 바로 그 질문이다. 삶에서 의미를 찾기 위해 나는 무엇을 해야 하는가? 내 목표는 어떤 계율이나 가치 위에 세워야 하는가?

예수님의 대답은 단순했지만 쉬운 것이 아니었다. 예수님은 말했다.

"하나님을 사랑하라. 그리고 이웃을 너 자신처럼 사랑하라."

내 모든 가치는 이 계율에서 비롯된다. 내 모든 목표는 그 강렬하고 선명한 대답 안에서 검토해야 한다. 크리스챤 전통에 따라 내가 이 땅에 존재하는 이유는 하나님을 사랑하고 나 자신을 사랑하며 내 이웃을 사랑하기 위해서다. 내가 지나치게 단순화하고 있다는 것을 알지만 이것이 바로 내 결정의 토대가 되는 가치다. 때로 나는 성공하지만 때로는 실패한다. 그러나 언제나 내가 행하고 말하는 성공은 이 단순한 질문으로 평가해야 한다.

"나는 얼마나 사랑했는가?"

미국 계관시인 로버트 프로스트는 그의 역작 〈검은 시골집The Black Cottage〉에 다음과 같이 중요한 문구를 적었다.

"삶에서 우리가 생각하고 보는 대부분의 변화는 선호도에 따라 결정되는 진리에 근거하고 있어요."

바로 지금 사랑은 호의적이지 않다. 만약 우리가 몸담고 있는 사회가 실패했거나 실패하는 중이라면 그것은 사랑이 최우선이라는 사실을 잊었기 때문이다.

교회에 개혁이 필요하다면 그 개혁은 우리가 '하나님을 사랑하고 우리 자신을 사랑하며 우리 이웃을 사랑하라'는 말이 무엇을 의미하는지 재발견할 때 시작된다. 정부가 자신의 일을 하지 않는다면 그것은 통치하는 지도자들이 모든 예산과 법은 사랑을 바탕에 두고 집행해야 한다는 것을 잊었기 때문이다. 실패한 가족과 우정은 그들의 중심에 더 이상 사랑이 존재하지 않기 때문이다. 여러분의 점수를 높이고 생산성이 증대하기를 원한다면 학교와 시장에 찾아오는 기회에 애정을 주라. 한 국민으로서, 한 국가로서 우리가 필요로 하는 위대한 재건은 이 나라의 위대한 사회를 구성하는 각 개인이 다시 서로 사랑하기 시작할 때 비로소 시작될 것이다.

시인 W. H. 오든은 말했다.

"우리는 서로 사랑해야 한다. 그렇지 않으면 죽는다."

나는 서로 사랑한다는 것이 어떤 의미인지 정확히 알지 못한다. 여러분은 알고 있는가? 거의 2,000년 전 사도 바울은 여태껏 쓰인 가장 아름답고 교훈적인 구절 중 하나에 사랑을 상세히 묘사했다.

내가 사람의 방언과 천사의 말을 할지라도

사랑이 없으면 소리 나는 구리와 울리는 꽹과리가 되고.

내가 예언하는 능력이 있어 모든 비밀과 모든 지식을 알고

또 산을 옮길 만한 모든 믿음이 있을지라도

사랑이 없으면 내가 아무것도 아니요.

내가 내게 있는 모든 것으로 구제하고 또 내 몸을 불사르게 내줄지라도

사랑이 없으면 내게 아무 유익이 없느니라.

사랑은 오래 참고 사랑은 온유하며 시기하지 아니하며

사랑은 자랑하지 아니하며 교만하지 아니하며

무례히 행하지 아니하며 자기의 유익을 구하지 아니하며

성내지 아니하며

악한 것을 생각하지 아니하며

불의를 기뻐하지 아니하며 진리와 함께 기뻐하고

모든 것을 참으며 모든 것을 믿으며

모든 것을 바라며 모든 것을 견디느니라.

사랑은 언제까지나 떨어지지 아니하되

예언도 폐하고

방언도 그치고

지식도 폐하리라.

우리는 부분적으로 알고 부분적으로 예언하니

온전한 것이 올 때에는 부분적으로 하던 것이 폐하리라.

내가 어렸을 때에는 말하는 것이 어린아이와 같고 깨닫는 것이
어린아이와 같고
생각하는 것이 어린아이와 같다가 장성한 사람이 되어서는
어린아이의 일을 버렸노라.
우리가 지금은 거울로 보는 것같이 희미하나
그때에는 얼굴과 얼굴을 대하여 볼 것이요.
지금은 내가 부분적으로 아나 그때에는 주께서 나를 아신 것같이
내가 온전히 알리라.
그런즉 믿음, 소망, 사랑, 이 세 가지는 항상 있을 것인데
그중의 제일은 사랑이라.
- 아멘.-

(고린도전서 13:1-13)

사랑을 배우는 데는 한평생이 걸린다. 살면서 얼마나 비틀거리고 실패하는가. 우리가 세우는 모든 목표와 우리 행동을 평가할 토대이자 위대한 가치인 사랑을 갖는 것은 정말 굉장한 선물이다. 컴패셔닛 캐피털리즘은 바로 여기서 시작된다. 컴패셔닛 캐피털리즘은 사랑을 토대로 한 자본주의다. 컴패셔닛 캐피털리스트는 최선을 다해 하나님을 사랑하고 자기 자신을 사랑하며 서로를 사랑한다. 사랑은 나머지 모든 것을 세우는 기초 가치다.

이 옛 속담을 기억하는가?

"가난이 문으로 들어올 때 사랑은 창문 밖으로 날아가 버린다."

많은 사람이 배고프고 집이 없고 불행할 때 사랑에 관한 이런 말을 엉

터리라거나 허튼소리로 여기지만 컴패셔닛 캐피털리즘은 어떤 이유로든 도움이 필요한 사람들에게 사랑으로 손을 내밀며 말한다.

"들어오세요. 여러분을 위해 많은 것이 있어요!"

잭 도리는 회상했다.

"어렸을 때 뜨거운 태양 아래서 하루 10시간 동안 체리를 따면서 그 돈 많은 농장주와 현장 감독을 증오했던 걸 기억해요. 그리고 내가 농장주의 예쁜 아이들이 조랑말을 타는 것을 볼 때 남루한 옷에 지저분한 얼굴을 하고 있는 나 자신이 너무 싫었어요. 그때 내가 하나님을 많이 생각했다면 아마 어린 시절 내내 부모님과 내가 고통받은 부당함과 불공평함을 이유로 하나님도 원망했을 거예요."

열네 살 때 잭은 부모님과 함께 워싱턴주 그랜드뷰에 있는 거대한 감자 가공공장으로 일하러 다녔다. 잭이 회상했다.

"내가 처음 했던 일은 오래된 목조 관개수로 주변의 밭에서 잡초를 뽑는 것이었어요. 쥐와 방울뱀이 긴 목조 여물통 밑에 숨어 있기도 했지요. 잡초를 뽑고 쓰레기를 주우려고 손을 뻗을 때마다 쥐가 내 손가락을 물거나 방울뱀이 내 팔을 물을까 봐 무서웠죠."

"열대여섯 살이 되어서는 45킬로그램짜리 감자포대를 어깨에 들어 올려 적재하는 곳에 던져주었죠. 감자농장과 가공공장 일을 닥치는 대로 하고 나니 마침내 관리자로 승진시켜 주더군요. 곧 나는 리타와 결혼했습니다. 그녀는 네브래스카 평야에서 자란 농부의 딸이었어요."

"그 공장의 관리자가 되는 것은 내 가족 어느 누구도 내게 기대하지 않던 성취였어요. 마치 공장이 내 소유인 것처럼 맡아서 그곳을 운영했습니다. 일찍 나와 늦게까지 머무르면서요. 다른 모든 사람은 5시 정각 호각에 맞춰 문을 나섰지만 나는 네댓 시간을 더 머물며 이른 아침 교대조를 위해 만반의 준비를 갖췄는지 확인했어요. 결국 나는 이주 노동자의 자식이었어요. 새벽부터 어두워질 때까지 일해야 한다는 생각을 하고 있었던 거죠."

"얼마 지나지 않아 리타의 말이 옳다는 것을 인정해야 했어요. 그녀를 거의 볼 수 없었어요. 매일 12시간씩 떨어져 있었죠. 그녀는 미용사로 두 배의 일을 하고 있었고 나는 공장에서 거의 살다시피 했으니까요. 깊은 곳에서 나는 점점 불만을 키우고 있었어요. 남편으로, 아빠로 제대로 하지 못하고 있는데 어떻게 내가 나를 사랑할 수 있겠어요? 하루 12시간에서 14시간씩 일을 해도 공장주나 내 담당인 노동자들이 내 노고를 몰라주는데 어떻게 내가 그들을 사랑할 수 있겠어요? 하나님과도 점점 거리가 멀어지고 있었어요. 내겐 하나님을 사랑하거나 원망할 시간도 없었어요. 하나님이 내 생활에서 사라진 거죠."

잭과 리타는 그들만의 삶을 되찾기 위해 자기사업을 찾기 시작했다. 자기사업을 찾았을 때 그들은 그것을 끌어안고 모든 시간을 사업에 쏟아부었다. Amway 사업에서 만난 그들의 스폰서들은 잭과 리타에게 체리 농장 감독이나 감자 가공공장 공장주에게서 전혀 경험하지 못한 사랑을 보여주었다. Amway 사업에서 만난 친구와 동료는 도리 부부에게 다가와 그들의 성취를 축하하고 상실의 시간을 위로해 주었다.

새로운 사업에서 성공하는 것은 쉽지 않았다. 그들은 곧 소비자와 그들의 새 그룹 파트너 ABO들에게 그들이 받은 것과 같은 종류의 사랑을 보여줘야 한다는 것을 배웠다. 초반에 그들은 새로운 사업에 예전만큼이나 많은 시간과 에너지 그리고 희생을 쏟아부었다.

리타가 기억을 떠올렸다.

"우리는 조그만 원룸 아파트에 살았어요. 주방 식탁에 앉으면 모든 것이 손에 닿을 정도였지요. 우리는 꿈을 실현하기 위해 29달러(Amway ABO 가입비)를 투자했고 몇 년 동안 집중해서 열심히 사업을 했어요. 처음에 우리 부부는 낮 시간에 정규직으로 일했고 우리의 작은 사업은 밤과 주말에 했어요. 그러다 결국 둘 다 우리 사업에 모든 시간을 쏟아부었어요. 처음에는 힘들었지만 그래도 우리는 함께였지요. 이제 그 '작은' 사업은 연간 수백만 달러의 수입이 들어오는 사업으로 성장했어요. 훨씬 더 중요한 것은 그 작은 사업이 다른 누군가의 소유가 아니라 바로 우리의 것이라는 점입니다. 이제 우리는 마음껏 우리 자신을 도울 뿐 아니라 우리가 전혀 꿈조차 꾸지 않던 방법으로 마음껏 다른 사람들을 도울 수 있어요."

여러분의 목표는 무엇인가? 여러분은 평생 어디로 가기를 원하는가? 잭과 리타는 스스로를 사랑했으며 그들의 사랑은 목표를 세워 위기를 넘기고 변화를 만들어낼 만큼 충분했다. 그 과정에서 그들은 하나님을 사랑하고 이웃을 사랑하는 법을 배웠다. 그 이주 노동자의 아이는 지금 연간 수백만 달러의 수입을 올리고 있고 그의 아이들은 자기 집 수영장에서 수영하고 있다. 그의 교회와 이웃, 마을 그리고 그의 세상도 훨씬 좋아졌다. 잭과 리타 도리에게 실질적이고 삶을 바꾸는 방법으로 그들을 사랑할 자유로운 시간과 돈이 생긴 덕이다.

냉전이 한창 격렬해지던 1959년의 한 연설에서 존 에프 케네디는 이렇게 말했다.

"한자로 쓰면 위기라는 단어는 두 가지 문자로 되어 있습니다. 하나는 위기를 뜻하고 다른 하나는 기회를 의미합니다."

우리는 중요한 사회를 새롭게 변화하고 재창조해야 하는 시대에 살고 있다. 지금은 기회의 시대다. 우리는 새로운 해결책과 사회 그리고 우리가 직면한 문제에 접근하는 방법을 만들어갈 수 있다. 과거에도 큰 위기는 큰 기회를 만들었고 그렇게 문명은 새로운 활력으로 전진해 왔다.

만약 우리가 교회와 정부, 가정, 학교, 공장, 사무실에서 다시 사랑을 발견하고 실천하려 노력한다면 경제는 호전되고 국민은 삶을 바꿀 목표를 세우며 서로의 도움으로 그 목표를 이루려 맘껏 노력할 것이다.

잭 도리를 기억하자. 이주 노동자의 아들로 어린 시절에 뜨거운 태양 아래서 체리를 따며 더 나은 무언가를 갈망했던 잭 도리를 기억하자. 리타 도리를 기억하자. 네브래스카의 농장에서 자랐고 언젠가 자기사업을 할 수 있을 거라는 희망을 가졌던 리타 도리를 기억하자. 컴패셔닛 캐피털리즘은 도리 부부에게 손을 내밀었고 더 나은 삶을 위한 그들의 희망은 이뤄졌다.

4
우리가 목표를 이루도록 돕는 데
돈은 왜 그렇게 중요한가

신조4

우리는 재정을 정비하는 것, 즉 빚을 갚고 다른 사람들과 나누는 법을 배우며 재정의
한계를 정하고 그것에 맞게 충실히 생활하는 것이 우리 삶을 자유롭게 앞으로 나아가게
하는 시작이라고 믿는다.

그러므로 우리는 지불할 것은 지불하고 재정의 우선순위를 정해야 한다.

1968년 가을 노스캐롤라이나의 상쾌한 저녁에 헬과 수잔 구치는 토머
스빌 마을 가운데에 있는 핀치 저택 옆으로 천천히 차를 몰고 있었다. 헬
은 스물다섯 살로 갓 군복무를 마친 젊은이였다. 수잔은 스물두 살로 그
들이 사는 아파트 근처 산업단지에 있는 큰 거울 제조공장의 컴퓨터 오퍼
레이터였다. 헬은 가정용 가구 사업을 하는 아버지를 돕고 있었다. 그 젊
은 커플은 가끔 차로 1만 4,700평에 이르는 핀치 사유지를 지나며 자신들
은 아주 큰 집과 가족을 갖고 싶은 꿈을 언제나 이룰 수 있을까 물었다.

헬이 기억했다.

"핀치 일가는 토머스빌 퍼니처의 소유주였어요. 우리 작은 마을에는 고작 1만 6,000명이 살았는데 그중 6,000명이 핀치 일가의 회사에서 일했어요. 그가 그런 저택을 소유하는 건 당연했지요."

수잔이 회상했다.

"아마 우리 마을에서 가장 부자였을 거예요. 노스캐롤라이나의 따뜻한 저녁에 약 420평이나 되는 그들의 집 옆을 운전해 지나면서 우리도 그런 멋진 집에 살 만큼 돈을 벌 수 있을까 생각했어요."

헬이 설명했다.

"아버지의 작은 가구 사업을 도우면서 버는 내 수입도 괜찮았어요. 많은 돈은 아니었지만 생활할 정도는 되었죠. 수잔도 우리 수입을 보충하는 데 보탬이 될 만큼 시급이 좋은 편이었고요. 그렇지만 매달 말일까지 낼 것을 다 내고 나면 남는 게 거의 없었어요."

헬과 수잔 구치는 꿈을 꾸었지만 대저택은 고사하고 55달러 월세 인생에서 벗어날 만큼 돈을 벌 수 있을까 하고 생각했던 오래전 그 밤들을 아직도 기억한다. 그 무렵 묘하면서도 놀라웠던 어느 날 밤 헬과 수잔의 마음속에 꿈 하나가 자라기 시작했다.

헬이 아내에게 속삭였다.

"언젠가 좀 더 큰 집을 장만하는 것으로는 충분치 않아. 우린 토머스빌에 있는 바로 여기 핀치 저택을 소유하게 될 거야."

수잔이 웃으며 젊은 남편의 손을 꼭 쥐었다. 그녀는 수백만 달러짜리 저택을 소유하기는커녕 날아오는 청구서를 다 지불할 수 있을지, 그들의 재정 상태를 정리할 수 있을지 의문이었다.

여러분도 이 느낌을 아는가? 꿈은 있지만 그 꿈을 꿀 여력이 있기는 한 걸까 하고 의심하는 그 느낌 말이다. 만약 여러분이 고용된 봉급생활자라면 또 다른 30일에 맞춰 월급을 늘려서 쓰는 것이 점점 더 어려운 일이라는 것을 알지 않는가? 여러분이 고용주라면 우편집배원이 찾아올 때마다 공포가 느껴지는가? 여러분의 꿈은 새 집, 새 차, 가족휴가 중 하나인가? 아니면 매달 우편함에 범람하는 청구서 홍수를 해결해 줄 잔액이 줄어가는 비상금 통장인가?

수잔이 설명했다.

"우리에게는 대학졸업장이 없었고 주변 사람들도 부유하지 않았어요. 물론 우리를 기다리는 부자 친척도 없었습니다. 은행을 턴다거나 위조지폐를 만드는 생각을 한 적도 있어요. 하지만 그 생각은 일찌감치 흘려보냈어요. 노스캐롤라이나에는 복권제도도 없었어요. 설사 우리에게 행운이 찾아왔어도 어쨌든 그것은 우리 몫이 아니었을 거예요. 비용은 계속 올라갔고 남는 건 자꾸 줄었어요."

헬이 기억했다.

"우리 꿈을 실현하려면 더 많은 돈을 벌어야 했어요. 도무지 다른 방법은 없어 보였죠. 돈만이 우리에게 유일한 해답으로 보였습니다."

돈! 프랑스의 실존주의 작가 알베르 카뮈는 그의 작품 《작가수첩: 1935~1942년Notebook: 1935~1942》에 이렇게 썼다.

"사람들이 돈 없이 행복할 수 있다고 생각하게 만드는 것은 일종의 영적 속물이다."

미국 작가 도로시 파커는 한 동료 기자에게 영어에서 가장 아름다운 두 단어는 "수표 동봉"이라고 말한 적이 있다. 전 영국 수상 마거릿 대처는 다음과 같이 말했다.

"단지 좋은 의도만 가졌다면 어느 누구도 좋은 사마리아인이라는 말을 기억하지 않을 것이다. 그는 돈도 가졌다."

돈! 여러분이 사도 바울이 디모데에게 쓴 편지 내용 "돈을 사랑하는 것은 모든 악의 근원이다"에 동의하든, 아니면 조지 버나드 쇼의 대답 "돈이 부족한 것은 모든 악의 근원이다"에 박수를 치든, 여러분은 아마 우리가 돈을 벌고 쓰는 일(혹은 돈을 벌거나 쓰는 것을 걱정하는 것)에 매일 깨어 있는 시간의 상당 부분을 쓰고 심지어 그것이 우리가 밤새 잠을 이루지 못하게 하는 요인이라는 데 동의할 것이다.

좋은 소식은 돈을 많이 버는 다양한 방법이 있다는 사실이다. 반면 나쁜 소식도 따라온다. 여러분은 새로운 사업을 시작하거나 기존 사업에서 앞서가기 전에 재정을 정비해야 한다. 너무 많은 사람이 귀담아 듣지 않으려 하는 오랜 격언이 하나 있다.

"당신이 번 돈으로 꾸려가지 못하면 더 많은 돈을 벌어도 잘살지 못할 것이다."

예수님은 이것을 다음과 같이 말했다.

"당신이 적은 것에 충실할 때 많은 것에도 충실할 것이다."

Amway에서 크게 성공한 ABO 중 한 명이자 북미 전역과 전 세계에서 수십만 ABO가 속한 그룹의 톱 리더인 빌 브릿은 이렇게 조언한다.

"사람들은 해묵은 금전 문제를 처리하지 않은 채 새로운 문제에 뛰어든다."

그는 덧붙였다.

"먼저 생긴 일이 먼저다."

캐나다에서 크게 성공한 ABO 중 한 명인 짐 잰스는 말했다.

"재정 문제가 있는 사람은 오래된 것부터 먼저 갚아야 한다. 아니면 적어도 그것을 갚아 나갈 계획과 일정이라도 세워야 한다. 그래야 다시 시작할 준비를 하고 새로 위험을 무릅쓰며 새로운 모험을 시작할 수 있다."

솔직해지자. 사람들은 대부분 돈을 다루는 데 엉망이다. 문제는 간단하다. 그들이 버는 것보다 더 많이 소비하기 때문이다. 그렇지만 문제를 해결하는 것은 그리 간단하지 않다. 특히 일이 터지고 난 후에는 더욱 그렇다. 일단 눈사태 같은 청구서가 여러분이 파묻힐 만큼 밀려들면 다시 빠져나갈 길을 찾기란 불가능해 보인다. 그렇게 엉망이 되어버리면 두려움, 죄책감 그리고 그 무엇도 할 수 없을 것 같은 무력감이 여러분의 모든 사고와 행동을 괴롭히려 한다.

영국 작가 서머싯 몸은 자신의 작품 《인간의 굴레Of Human Bondage》에서 "돈이란 인간의 육감a sixth sense과 같아서 이것 없이는 다른 오감을 완전히 쓸 수 없다."라고 썼다. 불행히도 너무 많은 사람이 몸이 말하는 육감을 키우는 데 실패했고 그들의 삶에서 그 결과는 분명 충격적이다.

다음 숫자를 보자. 전문가에 따르면 미국의 평균 가정은 주택담보대출을 포함해 가구당 총 7만 1,500달러의 빚을 지고 있다. 여러분에겐 많은 액수로 보이지 않는가? 미국의 이런 사정을 가구당 평균 2만 7,700달러의 채무를 진 독일과 비교해 보자. 혹은 이 경우는 어떤가? 스위스의 평균 가계부채는 놀랍게도 총 800달러에 지나지 않는다.

신용카드 중독과 남용은 미국 소비자에게 새로운 채무의 주요 원천이다. 단지 미국 내에서 유통되며 돌아다니는 신용카드만 13억 장 이상이고 미국 성인의 80%가 적어도 한 장 이상의 신용카드를 가지고 있다. 그럼 법인 카드는 어떤가! 최근 1년 동안 아메리칸 익스프레스 한 곳만 해도 연간 청구액이 약 1,000억 달러에 달했다. 이는 적어도 7,500만 명의 미국인이 이들 신용카드 사용의 이면에 있었다는 의미다. 일반적인 카드 소지자는 한 명당 2,474달러의 카드 채무를 지고 있는데 평균 이자율 18.8%로 따지면 연간 465달러의 금융비용을 지불하는 셈이다.

1895년 초반 미국은 처음 무역흑자를 기록했고 그 흑자는 1988년까지 계속되었다. 수십 년 동안 우리는 전 세계 신용의 원천이었지만 지금은 돌연 채무가 가장 많은 나라가 되었다. 1990년만 해도 우리의 무역적자는 1,000억 달러를 넘었고 1991년에는 거기에 다시 2,790억 달러가 증가했다. 오늘날 미국 정부의 총채무액은 3조 5,000억 달러가 넘는 것으로 추정하고 있다. 만약 아이들을 포함한 모든 미국인에게 워싱턴으로 보낼 1만 2,000달러의 여윳돈이 있다면 우리는 그 빚을 갚을 수 있다. 그렇지만 우리에게는 그럴 여유가 없다. 너무 많은 미국인이 신용카드에 너무 많은 빚을 지고 있다.

그럼 각자의 재정 회복으로 가는 길에서 우리는 어떻게 시작할 것인가? Amway의 가장 성공한 ABO들과 인터뷰를 하는 동안 나는 그들이 다음 다섯 가지 방법에 대체로 동의하는 것을 알게 되었다. 첫째, 빚을 갚아라. 둘째, 나누는 것을 배워라. 셋째, 매달 조금이라도 저축하라. 넷째, 엄격하게 소비 한도를 정하라. 다섯째, 그 제한된 범위 내에서 생활하는 것을 배워라.

아리스토텔레스는 "우리가 해야 할 일은 그 일을 함으로써 배운다."라고 말했다. 빚을 갚고 재정을 정비하는 가장 좋은 계획은 여러분이 직접 그것을 실행하면서 발견하는 계획이다. 그러나 그 과정에서 아마 한두 가지 아이디어가 여러분을 도와줄 것이다.

곤경에 처한 한 영국신사 이야기가 있다. 빚을 받으려고, 적어도 빚의 이자만이라도 받으려고 그의 양복점 주인이 찾아오자 그 신사는 어처구니없는 말을 했다.

"원금principal을 갚는 것은 내 관심사interest가 아닐 뿐더러 이자interest를 갚는 것도 내 원칙principle이 아니다."

그 영국신사가 했던 것처럼 여러분이 채권자를 떼어내는 것은 쉽지 않은 일이다. 차라리 빚을 갚고 여러분의 재정 상태를 정리하는 것이 생각보다 더 쉬울지 모른다. 최근 나는 그랜드래피즈에 있는 한 백화점의 신용 담당자와 긴 대화를 나누었다. 그녀는 카드대금을 연체 중인 대부분의 고객이 자신의 빚을 처리하는 방법에 굉장히 긍정적이었다.

그녀가 내게 알려주었다.

"좋은 고객은 연체될 것 같으면 우리에게 알려줍니다. 그리고 신용을 증명하기 위해 연체된 금액의 적어도 일부를 지불한다는 메모와 함께 돈을 보냅니다. 우리는 이런 고객을 신뢰할 만한 책임 있는 고객으로 보고 이들이 재정적으로 어려운 시기를 잘 넘기도록 우리의 여력 안에서 최선을 다해 돕습니다. 반면 고객이 서면통지나 전화도 없고 매달 적은 액수라도 보내지 않으면 우리도 어쩔 수 없이 전문 추심회사에 알립니다. 추심회사 사람들은 인정사정 봐주지 않아요."

빚을 갚기 위해 밟아야 할 단계가 무엇인지 그녀에게 조언을 부탁하자 그녀는 다음과 같이 대답했다.

"첫째, 빚진 것을 모두 더한다. 둘째, 주 단위와 월 단위로 갚을 수 있는 금액을 정한다. 셋째, 신용 담당자에게 정한 금액이 적당한지 확인하도록 꼭 알린다. 넷째, 성실히 갚아나갈 것을 상기한다. 다섯째, 수입 내에서 생활하기를 시작해 다시는 이 같은 곤경에 빠지지 않도록 한다. 이 정도입니다."

나는 이것이 좋은 조언이라고 생각한다. 여러분은 어떻게 생각하는가? 여러분에게 상당한 빚이 있는가? 그것을 갚아나갈 계획을 세웠는가? 여러분의 형편을 이해시키기 위해 신용 담당자에게 연락해 보았는가? 성실하게 빚을 갚고 있는가? 수입 내에서 생활하고 있는가? 이 소소한 계획이 단순해 보인다는 것을 안다. 그러나 이것이 계획이다. 어떠한 계획도 아무것도 없는 것보다는 낫다.

론 러멀은 텍사스공과대학 건축학 학위를 받고 로터리 장학생으로 캠브리지대학교를 다녔으며 1년간 외국생활을 한 뒤 미래를 향한 흥분과 이제 시작이라는 열망을 안고 미국으로 돌아왔다. 론은 곧 권위 있는 건축회사에서 좋은 일자리를 갖게 되었고 비슷한 시기에 론의 아내 멜라니도 5, 6학년에게 언어학을 가르치기로 계약했다. 그런데 그때 경고도 없이 세계 원유시장이 붕괴됐다. 댈러스의 건축 붐은 순식간에 사그라졌고 론과 멜라니는 실직해 빚더미에 올라앉은 자신을 발견했다. 멜라니의 마스터 카드는 사용이 정지되었으며 그녀의 다른 신용카드도 한도를 모두 쓴 상태였다.

론이 회상했다.

"건축가로 어떻게 한 달에 800달러를 버는지 내게 보여준 교육을 잘 받은 많은 사람들과 함께 학교를 다니며 대학을 졸업하기까지 6년이 걸렸어요. 모든 것이 산산조각 난 그때 나는 스물여섯 살 중퇴자의 Amway

사업설명을 듣고 있는 나 자신을 발견했습니다. 그리고 Amway에 사인했어요."

론이 인정했다.

"두 가지 목표밖에 없었어요. 시어스에 진 빚을 갚는 것, 가족과 더 많은 시간을 함께 보내는 것이었죠."

그는 농담을 한 게 아니다. 신용카드 빚을 갚는 것은 수천만 미국인의 주요 목표다. 그 목표를 달성하려고 부업을 하는 것도 흔한 일이 되었다. 론이 설명했다.

"내가 다른 일을 했던 것처럼 내 Amway 사업을 했어요. 우리가 원한 것 심지어 필요한 것을 사는 일도 미뤘고 빚을 갚기 위해 일주일에 7일 밤, 하루 12시간 사업을 했습니다."

그 과정에서 론과 멜라니 러멀은 지불할 것을 모두 지불하고 신용카드를 정상으로 사용하도록 하는 것 이상으로 많은 것을 성취했다. 그들은 사업에서 아주 크게 성공한 덕에 아이들과 함께 좋은 시간을 보내고 있고 그들 주변과 전 세계에 도움이 필요한 사람들에게도 힘이 되어주고 있다. 또 신용카드나 다른 어떤 종류의 빚으로도 다시는 절대 스트레스를 받지 않을 자유를 얻었다.

우리가 미래로 한 발 더 나아가려면 그 전에 과거에 내딛은 것을 책임져야 한다. 만약 여러분이 빚을 갚는 데 더 복합적인 계획이 필요하다면 은행이나 신용 담당자가 여러분을 도와줄 것이다. 과거를 청산하는 과정에 여러분을 도와줄 온갖 책과 테이프, 세미나, 상담자가 있다. 지불 능력을 회복하는 것은 다른 어떤 목표를 성취하는 것과 다르지 않다. 계획이 있어야 하고 그것을 실천에 옮겨야 한다.

그런데 미국 유머작가 아티머스 워드는 이렇게 말했다.

"우리는 다 같이 행복하고 우리 수입만으로 충분히 살 수 있다. 다만 그럴 돈을 빌려야 하지만 말이다."

돈을 빌리는 것은 빚을 갚는 게 아니다. 또 다른 빚을 지는 것뿐이다. 신용카드는 개인채무를 늘리는 국가의 주요 요인이다. 개인의 신용카드 문제를 해결할 지불 능력은 개인채무를 갚기 위한 만병통치약은 아니어도 문제 해결의 시작에는 훌륭한 방법이다.

신용카드 빚을 모두 더하자. 만약 여러분이 각각의 카드에 빚이 얼마나 있는지 모른다면 은행에 전화해 현재의 빚 잔액을 확인해야 한다. 그런 다음 여러분이 가진 모든 카드의 빚을 다 합해보자. 그렇게 더한 금액에 담보대출금과 자동차할부금, 학자금대출 등 액수가 큰 다른 채무를 다시 합하자.

우리 지갑 속에 넘쳐나는 신용카드 때문에 총채무액을 계속해서 추적하기는 어렵다. 그러나 그 많은 액수가 적힌 것을 한번 머릿속에 넣고 다시 한번 최종 적자가 정말 분명해지면 여러분은 전에 없이 카드 사용을 멈출 테고, 이는 빚을 갚기 위한 현실적인 계획을 세우는 데 동기부여가 될지 모른다.

지불해야 하는 총채무액을 마킹테이프에 적어보자. 그것을 여러분이 가지고 다니는 모든 신용카드에 붙이자. 포스트잇을 사용해 총금액을 적고 냉장고나 알림판에도 붙이자. 비누로 욕실 거울에 쓰거나 수표책 가죽 표지에 펜나이프로 새길 수도 있다.

모르는 게 약일지 모르지만 그것 역시 파산 전 마지막 단계다. 일단 여러분의 빚이 얼마인지 알면 여러분은 지출을 억제하고 빚의 끝을 향해 나아갈 수 있다. 그냥 재미로 하는 얘기지만 다음에 여러분이 조그만 플라스틱 카드를 쓰고 싶으면 카드 표면에 붙은 문구를 읽어보자(또는 기억에서 그것을 인용해 보자).

'나는 이 카드에만 4,321달러, 다 합해서 7만 4,000달러의 빚을 지고 있다.'

다시 카드를 쓰기 전에 눈을 감고 자신에게 다음 질문을 해보자.

"이 구매는 가치가 있는가? 내가 이미 진 빚에 더하고 싶은가, 아니면 이것 없이도 잘 지낼 수 있는가?"

현재 가지고 있는 모든 신용카드를 찾아내 확인해 보자. 거실 바닥에 그것을 일렬로 늘어놓자. 그중 유효기간이 만료된 카드를 잘라버리자. 기간이 만료된 카드라도 소지하고 있는 것은 위험하다. 나쁜 사람들은 다른 사람의 플라스틱을 만지작거리는 것을 좋아한다. 그런 카드들은 폐기하자.

실제 사용 가능한 카드 중 이자율이 가장 낮은 카드를 찾아보자. 가끔은 여러분이 지불하는 이자율을 정말로 살펴봐야 하는데 은행에 전화해서 물어볼 수도 있다. 가장 낮은 이자율로 쇼핑할 경우 앞으로 10년 동안 수천 달러를 절약할 수 있다.

테레사 트릿치는 잡지 〈머니〉에 기고해서 만약 신용카드 잔액을 유지하는 경우, 즉 매달 카드대금을 다 지불하지 않을 경우 "당신은 높은 이율에 연회비가 없는 카드에 비해 연회비가 있더라도 낮은 이율의 카드를 선택함으로써 연중 거의 항상 더 많이 절약할 수 있다."라고 우리에게 알려주었다.

신용카드 빚을 유지하기 위한 비용을 다 더하면 비용은 어마어마해진다. 트릿치는 이렇게 지적했다.

"평균 잔액이 1,200달러인 경우 19.8%에 달하는 주요 은행카드에 지불해야 하는 연간 이자비용은 237.60달러다."

그녀는 덧붙였다.

"더구나 아마 연회비로 18달러에서 20달러를 더 지불하고 있을 것이다."

연회비 지불을 거절하자. 걱정하지 마시라. 은행은 여전히 사업자들로부터 돈을 벌고 있다. 카드명세서에서 연회비를 발견한다면 고객센터에 전화해 연회비를 면제해 달라고 요청하자. 들어주지 않는다면 카드를 취소하겠다고 말하자. 그러면 무슨 일이 일어나는지 보라. 그럼에도 불구하고 연회비 징수를 고집한다면 그런 카드 역시 폐기하자.

두세 개 이상의 신용카드를 가지고 다니지 말자. 뉴스레터 〈램 리서치의 은행카드 업데이트〉의 발행인 로버트 맥킨리는 매달 전액을 결제할 계획으로 구매할 때는 유예기간이 있고 연회비가 없는 하나의 카드를 사용하고, 돈을 융통하려 할 때는 가능하면 연회비가 없고 낮은 이자율을 적용하는 카드를 사용하라고 추천한다. 그리고 세 번째로 이자율이 낮은 카드는 사업용으로만 쓰라고 권한다.

잉여 카드를 모조리 잘라버리진 말자. 빚을 갚고 은행에 카드 취소를 알리자. 또 명세서를 주의 깊게 살펴보자. 카드를 중지해 달라고 요청한 후에도 혹여 카드가 살아 있도록 월간 청구금에 연회비를 더하진 않는지 확인하기 위해서다. 카드를 자른 다음 카드사에 반환하자.

내가 신용카드 문제에 지나친 생각을 하고 있다고 보는가? 물론 여러분 인생에 관한 건 아니다. 여러분의 지역신문 경제면을 펼쳐 머리기사를 읽어보자. 신용카드 연체 30% 증가. 신용카드 연체 4년간 최고치 기록. 뉴욕에 있는 세계적인 투자자문 신용평가회사 〈무디스 인베스터스 서비스〉는 전체 신용카드 사용자의 6.13%는 적어도 30일 이상 연체한다고 최근 보고했다. 이것은 미국에 있는 18억 장의 신용카드 가운데 대략 8,200만 장이 연체한다는 의미다.

무디스의 분석가는 연체가 계속 증가하는 이유 중 하나를 설명했다.

"최근 실업 상태에 있는 많은 사람이 다음 일자리를 구할 때까지 신용카드를 사용하고 있다."

그들의 신용한도가 바닥나고 새 일자리를 구할 수 없을 때 채무자들은 어쩔 수 없이 개인파산에 이른다.

무디스는 "연체와 개인파산 관련 서류의 급격한 증가가 은행이 회수 불가능으로 보고 손실 처리한 카드 부채를 42%나 증가하도록 재촉했다."라고 경고했다. 신용카드 사업부는 보증은행에 막대한 금액의 손실을 입힌다. 국가뿐 아니라 세계의 금융 전망에 관한 결론은 매우 위협적이다. 은행 감독관들은 6,000억 달러 이상의 고객 지불연체가 있는 수백 개 미국 은행이 파산 직전에 있다고 경고하고 있다.

여러분은 신용카드 중독자인가? 여러분이 사는 지역에 무명의 신용카드 사용자협회가 필요한가? 궁할 때 동네 현금지급기에서 신용카드로 며칠마다 100달러의 현금서비스를 받는 건 매우 쉬운 일이다. 그러나 매일 쌓여가는 18~20% 이자는 두고라도 빚을 갚을 방법이 없을 때는 무슨 일이 일어날까? 은행이 담보권을 행사하려 할 때 여러분과 여러분 가족에게는 무슨 일이 일어날까?

은행이 나쁜 부채를 회수불능으로 손실 처리하면 여러분을 뒤쫓지 않을 것이라는 생각은 잠시도 하지 말자. 그들은 끝까지 여러분 뒤를 쫓는다! 일단 은행이 여러분을 적으로 판단하면 그들은 여러분 인생을 비참하게 만들어버릴 것이다. 은행이나 추심회사는 여러분이 가진 모든 것을 되찾아오려고 한다. 여러분의 신용을 망가뜨리는 것은 물론 때로는 삶마저 엉망이 되고 결국 법적인 문제로 큰 곤경에 빠져 수감생활을 할 수도 있다.

현명한 자에게 한마디 하자면 어떻게 갚을지 모르는데 물건을 구매하거나 현금서비스를 받기 위해 신용카드를 쓰는 것은 은행을 터는 것과 같다. 우리 것이 아닌 돈을 쓸 때는 우리의 미래뿐 아니라 아이들의 미래를 두고 끔찍한 위험을 무릅써야 한다. 개인으로서 또는 국가로서 우리가 무엇을 하든 빚을 진다면 책임 있게 마주해야 한다. 그 빚을 갚을 때까지 사실상 우리는 앞으로 나아갈 수 없다.

다른 사람들과 나누어라

우리 사업에서 만난 대부분의 친구와 동료는 빚을 갚는 것은 컴패셔닛 캐피털리스트로서 성공하기 위해 밟는 첫 번째 단계 중 하나라는 데 의견을 같이한다. 놀랄 일이 아니다. 더구나 그들 중 상당수는 재정적으로 여력이 있기 전, 심지어 빚을 갚는 동안에도 컴패셔닛 캐피털리스트는 다른 사람들과 나누는 것을 배운다는 데 역시 의견을 같이한다.

미국 사람의 90%가 예순다섯 살이 되면 재정적으로 끝나버린다고 믿는다. 이 사업에서 만난 노스캐롤라이나주 롤리 출신의 친구 폴 밀러는 웃으며 말했다.

"우리는 '획득증후군'의 희생자예요. 우리가 사람들에게 가르쳐주어야 하는 첫 번째는 빚에서 벗어나는 것입니다."

그리고는 그의 얘기를 들은 거의 모든 사람을 깜짝 놀라게 한 말을 덧붙였다.

"빚에서 벗어나는 첫 단계는 십일조는 내는 것이에요."

요점을 설명하기 위해 그는 책상에 기댄 채 다소 해져 보이는 성경을 들어 진하게 표시한 부분을 훑어보며 구약의 마지막 부분을 펼쳤다. 그는 막 읽으려고 하는 부분의 맥락을 들어가며 말했다.

"하나님은 사람들에게 화가 났어요."

그가 설명했다.

"그들이 가난한 사람들을 먹이거나 오갈 데 없는 사람과 아이의 거처를 마련해 주지도, 학대받는 이를 돌보지도 않았기 때문이에요."

"말라기 세 번째 장에 나이 든 예언자는 듣고 하나님이 말합니다. '너희 온 나라가 나의 것을 도둑질하였다!' 사람들이 하나님께 '우리가 어떻게 주의 것을 도둑질하였나이까?'라고 물었을 때 하나님은 '이는 곧 십일조와 봉헌물이라.'라고 대답합니다."

그때 폴은 위대한 유대 기독교 전통에서 비롯된 약속과 경고의 말을 읽어 내려갔다.

"만군의 여호와가 이르노라. 너희의 온전한 십일조를 창고에 들여 나의 집에 양식이 있게 하고 그것으로 나를 시험하여 내가 하늘 문을 열고 너희에게 복을 쌓을 곳이 없도록 붓지 아니하나 보라."(말라기 3:10)

데비 밀러는 말했다.

"우리가 살면서 무슨 일이 있었는지 공유하고 우리 수입의 10%를 교회와 우리가 몸담고 있는 사회에서 하는 선한 목적의 일에 기부한다고 말하면 사람들은 자신의 귀를 의심해요."

나중에 폴과 데비 밀러 그리고 그들의 사업 성공 이야기를 공유하겠지만 지금은 그들이 기부에 관해 이야기한 것을 진지하게 받아들일 만큼 충분히 시간을 가져보는 것이 중요하다. 폴은 우리에게 상기시켰다.

"여유가 있을 때까지 관대해지기를 기다리지 마세요. 지금 베푸세요. 그러면 반대로 여러분이 받는 것에 놀라게 될 겁니다."

사도 바울은 우리에게 나눔에 관해 다음과 같이 중요한 말을 남겼다.

"각각 그 마음이 정한 대로 할 것이요, 인색함으로나 억지로 하지 말지니 하나님은 즐겨 내는 자를 사랑하시느니라."(고린도후서 9:7)

여러분도 그럴지 모르지만 나도 나눔이란 식탁에 일용할 양식과 은행에 돈이 충분할 때 그 과정의 끝에서 이야기하는 것이라는 유혹을 받았다. 그러나 폴과 데비 밀러는 우리에게 나눔이란 자본주의의 끝이 아니라 시작이라는 것과 그것은 전 과정의 어떤 단계에서나 발견할 수 있음을 알려주었다.

나눔과 컴패션을 말할 때 우리는 이윤의 일정 분량을 나누는 이야기를 하는 게 아니다. 우리가 하는 모든 것에 영향을 미치는 더불어 사는 자세를 이야기하는 것이다. 개발과 거래를 위해 우리가 선택하는 제품, 우리가 세운 공장과 그 안의 기계, 우리가 사용하는 원료와 배출하는 폐기물, 우리가 승인하는 광고와 마케팅 캠페인 그리고 무엇보다 중요한 우리와 닿아 있는 사람들의 삶과 우리 가족과 직원과 고객 심지어 우리의 경쟁자까지 우리는 모든 것과 모두에게 영향을 미친다.

우리가 나눌 만큼 많은 돈이 생기는 그날을 기다린다면 우리 삶에는 결코 나눔이 없을 것이다. 시작부터 베풀어야 한다는 폴과 데비의 생각은 길게 보면 우리가 마찬가지로 돌려받을 것이니 매우 진지하게 받아들여야 한다.

나눔의 기술을 실천하기 위해 여러분이 꼭 유대인이나 크리스챤이 되어야 하는 것은 아니다. 나눔이 받는 사람과 주는 사람에게 똑같이 가져다주는 선을 경험하기 위해 구약이나 신약 성서를 읽어야 하는 것도 아니다. 미국 시인 엘라 윌러 윌콕스는 다음 글을 쓸 때 예수님을 인용하지 않았다.

> 그 많은 신들, 그 많은 신조들,
>
> 굴곡지고 굴곡진 그 많은 길들,
>
> 슬픔 많은 이 세상이 필요로 하는 것은
>
> 오직 자선의 실천인 것을.

내 경험에 비춰보면 종교적 배경이 어떻든 사업을 시작할 때부터 후하게 나누는 사람은 그 사업에서 성공한다. 그들은 고객과 경쟁자를 똑같이 애정과 감사함으로 대한다.

결국 모든 것이 다 끝났을 때 여러분이 어떻게 기억되는지가 모든 차이를 만드는데 그 기억은 처음부터 결정된다.

알베르트 슈바이처는 "인간 삶의 목적은 봉사하는 것이고 동정과 남을 돕겠다는 의지를 보여주는 것이다."라고 썼다.

여러분은 슈바이처 이야기를 기억하리라. 그는 성공한 의사이자 연구 과학자였다. 그는 세계적인 바흐 해설가 중 한 명으로 유럽 전역의 대성

당에서 오르간 연주회를 열기도 했다. 그의 철학적 연설과 글은 생전에도 찬사를 받았다. 그럼에도 불구하고 그는 선교 의사로서 프랑스령 적도 아프리카 가봉 지방의 랑바레네라는 작은 마을에서 그의 삶의 대부분을 보냈다. 슈바이처 박사는 나이지리아의 오고웨강 둑에 그의 '잊힌 사람들'을 위해 병원을 지었다. 세상은 그를 음악적 업적이나 그가 쓴 저서 또는 그가 수상한 노벨평화상이 아니라 도움이 필요한 사람들과 그의 삶 전체를 아낌없이 나눈 사람으로 기억한다. 그러기 위해 여러분이 선교 의사가 될 필요는 없다. 컴패셔닛 캐피털리스트는 매일 일상에서 그와 같은 기회를 갖는다.

영국 시인 워즈워스는 "좋은 사람의 삶은 작고 알려지지 않은, 잊힌 친절과 사랑의 행동으로 가득하다."라고 썼다. 우리 중에 슈바이처의 명성이나 워즈워스의 화려한 필력을 그대로 성취할 사람은 거의 없을 것이다. 그렇지만 문제없다. 그들도 명성은 환상이라고 지적했다. 정말로 중요한 것은 나눔의 기쁨 그 자체를 위한 나눔이다. 우리가 하는 작은 나눔은 대부분 잊히겠지만 우리는 여전히 나눔을 실천한다. 그것이 좋은 사업이어서가 아니라 창조주 하나님께 영광을 드리는 일이기 때문이다. 그러한 나눔은 도움이 필요한 사람들에게 희망과 도움을 주고 우리에게는 기쁨과 자긍심을 준다. 급진적 사회비평가 이반 일리치는 이런 잊을 수 없는 말을 남겼다.

"인간은 물질로 부자가 될 것인지 아니면 물질을 사용할 자유를 얻을 것인지 선택해야 한다."

모든 작은 나눔의 행동은 특별히 '그럴 만한 여유가 없을 때' 우리를 자유롭게 한다!

매일 조금씩 저축하라!

어머니는 내 첫 번째 은행을 만들어주셨는데 그것은 손으로 칠한 예쁜 철제 통에 움직이는 부분이 있는 저금통이었다. 동전을 굴려 작은 홈통에 떨어지게 하거나 새의 부리에 동전을 넣을 수 있었고 작은 구멍 속으로 동전을 굴려 보내는 손잡이를 누를 수도 있었다. 어머니와 나는 한 달에 한 번 하교 후 '퍼스트 켄트 뱅크' 지점에 당당히 방문해 오직 나만의 저금통장에 예금을 했다. 나는 은행직원이 내 예금에 돈을 더해 조그만 빨간색 통장에 적는 것을 보는 게 참 좋았다. 그녀가 통장에 서명하고 도장을 찍어주었다.

어릴 때 여러분만의 은행이 있었는가? 아마 그것은 구멍을 낸 금속 뚜껑이 있는 장식한 유리통이거나 아니면 바닥에 자줏빛 잉크로 프린트한 '메이드 인 멕시코' 라벨이 붙은 화려한 석고 돼지저금통이었을 것이다. 당시만 해도 우리는 저축하는 세대였다. 아무리 적어도 어느 집이든 예금통장을 가지고 있었고 매달 월급날이면 아버지는 저축하러 은행에 갔다. 가장 힘들었던 시기에도 어느 집이나 매달 어느 정도는 따로 챙겨두려고 했다.

이제 시대가 변했다. 미국인은 어떤 산업 국가보다 저축률이 낮다. 단한 세대 만에 우리의 평균 저축률은 6%나 떨어졌다. 일본이 월수입의 평균 19.2%, 스위스가 평균 22.5%를 저축하는 반면 미국은 2.9%에 지나지 않는다. 이것은 비가 올지도 모르는 만약을 대비해 미국 평균 가정은 약 4,000달러를 따로 준비해 둔 반면 스위스는 1만 9,971달러, 일본은 4만 5,118달러를 따로 두었다는 의미다.

여러분은 매달 수입의 얼마를 저축하는가? 비상시를 대비해 여러분은 은행에 얼마를 비축하고 있는가? 기본적인 저축의 룰을 기억하자. 재난을 대비해 여러분은 적어도 통장에 한 달 급여를 가지고 있어야 한다. 그것을 기준으로 여러분은 더 많이 저축했는가, 아니면 더 적은가?

〈우리의 위상Where We Stand〉 편집자는 "장기적으로 줄어드는 저축은 가족의 안전을 위협할 뿐 아니라 국가의 미래에 투자할 수 있는 돈을 심각하게 줄인다."라고 결론짓고 있다.

빚을 지고 있고 현금흐름이 매일 늘어날 때는 저축하는 것이 쉽지 않다. 특히 빚을 지고 있고 써야 할 돈이 매일 늘어날 때 저축하는 것은 정말 어렵다. 그래도 길게 보면 매달 충실히 적은 액수라도 은행에 넣을 경우 최악의 시기에 여러분이 얼마나 많은 돈을 저축했는지 알고 놀랄 것이다.

잡지 〈블랙 엔터프라이즈〉의 편집자들은 모든 가족이 적어도 석 달 치 비용의 현금을 비상준비금으로 갖고 있어야 한다고 권장한다. 또 아이가 있는 가정은 매년 약 10%의 수익을 내는 '안정적인 장기 투자신탁'으로 매주 20달러를 모아 대학등록금 마련을 시작하도록 제안하면서 그렇게 15년이 지나면 3만 5,000달러를 받을 것이라고 말한다.

불행하게도 여러분의 예금통장에 모아둔 돈은 아이들이 대학을 가기 전이나 여러분이 은퇴하기 전에 필요할지도 모른다. 건강관리 비용도 상당하고 집이나 차 수리에 들어가는 비용도 매일 늘고 있다. 또 여러분에게 찾아올지 모를 경제적 위기를 겪어내기 위해 얼마나 더 많은 돈이 필요할지 누가 알겠는가? 그 필요가 무엇이든 사람들은 대부분 그것을 마주할 준비가 되어 있지 않다. 그들의 수입을 초과해서 살아왔고 은행에 저축한 돈이 아무것도 없기 때문이다.

여러분은 S. S. 크레스지라는 이름을 기억하는가? 그는 남북전쟁 직후 펜실베이니아 더치 컨트리 지역 중심부의 한 가난한 가정에서 태어났다. 그는 철물제품을 취급하는 회사에서 영업사원으로 일을 시작했다. 크레스지는 미국 전역의 작은 가게들에 배달하지 않고 점주가 직접 찾아와 물건을 선택하고 현금으로 지불하는 방식의 현금판매를 해보자는 프랭크 울워스의 제안에 신이 났다. 1932년 무렵 크레스지는 수백 개가 넘는 상점을 소유해 운영했다.

크레스지는 강력한 저축 옹호론자였다. 그의 전기를 쓴 작가에 따르면 그는 "평생 돈을 벌겠다는 야망을 불태웠고 그것을 쓰지 않으려 집착"했다고 한다. 인생 마지막에 그는 미국에서 돈이 매우 많은 사람 중 한 명이었지만 골프공을 잃어버리는 것을 참다못해 골프 치는 것을 포기했다. 그는 구두가 해질 때까지 신었고 구두창이 너무 얇아져 물이 스며들면 날짜 지난 신문으로 구두에 대었다. 그와 결혼한 처음 두 여성은 그의 구두쇠 노릇 때문에 이혼했다.

오늘날 크레스지 재단은 미국의 자선단체 사이에서도 거대 재단으로 아낌없는 관대함과 비전 평판에서 어디에도 뒤지지 않는다. 크레스지가 죽은 지 여러 해가 지났지만 지금도 그의 기부는 진행 중이고 미국 전역의 대학교, 병원, 봉사단체는 생전 그의 검소함 덕에 오늘날 혜택을 받고 있다. 그렇지만 여전히 나는 묻지 않을 수 없다. 미스터 크레스지가 살아 있는 동안 나눔을 배우고 그 기쁨을 얻었다면 더 만족하지 않았을까? 적어도 이것은 우리 모두가 자신에게 물어야 할 질문이다. 특히 많은 개개인과 자선단체가 궁핍한 이 어려운 때에.

재정 한도를 정하고 그 안에서 충실히 살자!

언젠가 영국 수상 마거릿 대처는 하원에서 한 연설에서 간결하게 이런 말을 했다.

"나는 수중에 돈이 있기 전까진 쓰지 않는 세대에 속하는 사람입니다."

수상의 정치를 어떻게 생각하든 그녀의 말 속에 담긴 지혜를 진지하게 생각해 봐야 한다. 여기에는 두 가지 문제가 따라온다. 첫째, 사람들은 대부분 자기 수중에 돈이 있는지 없는지 모른다. 어떻게 그럴 수 있는가? 그들은 보통 자신이 소유하고 있는 것은 고사하고 은행잔고도 정확히 모른다. 둘째, 그들은 절대 개인 또는 가족의 예산을 편성하는 일이 없고 혹시 한다고 해도 그 한도 내에서 살지 않는다.

예산을 짜보지 않았기 때문에 그들은 수중에 돈이 있어도 그 돈은 대부분 빚을 갚거나 기부하거나 저축할 몫으로 이미 정해져 있다는 것을 기억하지 못한다. 그래서 흥청망청 진탕 마시고 떠드는 데 취한 사람들처럼 계속 소비한다. 그런 다음 아침이면 왜 그렇게 끔찍한 두통이 있는지 궁금해 한다.

짜놓은 예산이 없다면 금요일 밤이나 토요일 오후 시간에 예산 파티를 해보지 않겠는가? 룰은 간단하다. 재정 한도 정하기와 그 범위 내에서 생활하기다.

가족과 함께 앉아보자(미혼이라면 혼자 놀 수도 있고 아이가 없는 부부라면 커플게임을 해보자). 창의력을 발휘해 재밌게 만들어보자. 다과도 먹고 상도 주자. 게임이 끝나면 영화를 보러 가거나 바닷가에 놀러가기 같은 특별한 이벤트로 참여한 사람들(또는 자신)에게 보상하자(물론 예산 내에서

라는 것을 기억하자). 돈 얘기가 고문이 될 필요는 없다. 얼마든지 재밌게 할 수 있다. 시작해 보자!

1단계. 매월 고정비용을 모두 더하자. 보험이나 세금은 6개월에 한 번 또는 1년에 한 번 지출 하지만 이 예산에 포함할 필요가 있다.

2단계. 과거 빚을 갚아야 하는 돈, 여러분보다 훨씬 더 큰 도움이 필요한 사람들과 나눌 돈 그리고 저금할 돈을 더하자.

3단계. 월수입에서 1단계와 2단계의 총합을 빼자. 남는 돈이 있으면 가족 구성원에게 재량껏 지출하거나 빚을 더 빨리 갚거나 혹은 도움이 필요한 사람들과 나누도록 분배할 수 있다.

다 빼고 나니 아무것도 남지 않거나 비용을 충당할 충분한 돈이 없다면 지출을 줄이기 위해 허리띠를 졸라맬 시간이다. 이 시점에서 여러분은 더 많은 돈을 벌려는 생각을 할지도 모른다. 그 유혹에 지지 말자. 아직 벌지도 않은 돈을 쓰고 싶은 유혹에 빠질 것이기 때문이다.

4단계. 온 가족이 둥그렇게 둘러앉아 오래된 가족 성경을 가져오자. 모두가 성경 위에 손을 얹고 오른쪽을 들자. 그다음 한 사람씩 돌아가며 다음 문장을 반복하자.

"나 OOO는 이 달에 오직 이 예산에 동의한 것만 소비할 것을 맹세합니다. 그러니 하나님 도와주세요."

월말에 모든 지출을 다 하고 총합이 나오면 이 놀이의 다음 단계인 후속조치를 위해 가족을 다시 소집한다. 예산을 짜는 것은 쉽지만 한도 내에서 살기를 제대로 끝까지 해내는 것은 쉽지 않다.

5단계. 가족에게 한도 내에서만 소비하겠다고 한 약속을 잘 지킨 구성원에게 상을 주자. 초과 소비한 이들에게는 이유를 묻자. 모든 가족 구성원이 만족할 때까지 그 이유를 토론하자. 한도를 초과해 소비한 이들에게는 다음 달 분배에서 페널티를 주자. 어떤 예산을 더하거나 빼야 할지, 증액하거나 감액해야 할지 함께 결정하자. 다음 달에는 약속에 충실하겠다고 다시 한번 맹세하자.

월말의 갈등을 피하도록 예산에 포함하지 않고 발생한 지출을 의논하고 일종의 절충과 합의를 위해 여러분은 그달 중에 비상 가족회의 소집을 고려할지도 모른다.

좋다. 나도 부부나 심지어 한 가족 전체의 생각을 월 예산에 이렇게 긴밀하고 세심하게 반영한다는 것은 다소 환상이라는 것을 인정한다. 그럼에도 불구하고 우리의 한도를 함께 정하고 어떻게든 정한 한도 내에서 사는 것을 관철하기 위해 무언가를 해야 한다.

너무 늦어져 일이 커질 때까지 우리는 가급적 돈 얘기를 하지 않는다. 쓰고, 쓰고 또 쓰면서 갑자기 빚과 이자가 우리 미래를 위협할 때까지 쓴다. 그런 뒤 너무 많이 썼다고 서로를 비난하기 시작하고 소리를 지른다. 서로의 이름을 외치며 저주하고 방을 나가버리거나 난투극을 벌이기도 한다. 돈 얘기는 일찍 시작해야 한다. 너무 늦어지면 우리가 가장 아끼는 관계가 끝나버릴지 모른다. 심지어 폭력으로 또 죽음으로 이어질지 모른다. 데이터는 성적 불륜을 포함해 다른 어떤 이유보다 돈 때문에 더 많은 관계가 망가지고 나아가 파멸로 끝나는 것으로 분명하게 나타난다.

헬과 수잔 구치가 기억나는가? 난 이번 장을 그들의 이야기와 함께 시작했다. 참나무 아래 서서 핀치 저택을 올려다보며 저런 대저택에 사는 건 고사하고 날아오는 청구서를 다 지불할 만큼 벌 수 있을까 의심하던 두 사람이었다. 그로부터 불과 20년 후인 지금 나는 여러분이 그들의 모습을 볼 수 있기를 바란다. 그들은 지불할 것을 모두 지불하는 것은 물론 재정도 잘 정비했다. 그들은 작게 Amway 사업을 시작했고 사업을 키우기 위해 열심히 뛰었다. 오늘날 그 작던 Amway는 미국 전역 50개 주 전체를 비롯해 100 여개 지역국가에 퍼져 있다. 그리고 토머스빌 퍼니처의 소유주들을 위한 작은 여름 별장으로 시작해 널찍한 대저택으로 성장한 그들의 꿈의 저택은 지금 헬과 수잔 구치 그리고 그들의 열여덟 살 난 아들 크리스의 집이다.

그들의 이야기는 특별하지 않다. 나는 이런 일이 일어나는 것을 보고 또 보아왔다. 사람들은 큰 꿈을 꾸면 돈을 진지하게 대하기 시작한다. 그들은 버는 것보다 더 많이 소비하지 않고 청구서를 지불하며 재정을 정비한다. 또 예금통장을 만들어 무언가 적은 액수라도 매주 따로 모아둔다. 나아가 그들이 받은 축복을 나누고 쉽지 않을 때도 도움이 필요한 사람들에게 기부하는 것을 배운다. 바로 그들은 자신의 꿈이 실현되는 것을 보게 된다.

물론 그 과정에는 희생이 따른다. 헬 구치는 내가 아는 그 누구보다 낚시를 좋아한다. 초기에 작은 낚싯배는 그에게 하나밖에 없는 소중한 소유물이었는데 그와 수잔은 주 전역을 왔다 갔다 하고 미국을 돌아다니며 사업을 뿌리내리고 성장시키기 위해 그것을 중고 이동주택과 바꿔야 했다.

수잔이 기억을 떠올렸다.

"그가 그 보트를 팔았을 때 헬의 친구들 모두가 그를 비웃었어요. 그들은 사업에 실패할 거라고, 헬이 다시는 낚시를 하지 못할 거라고, 적어도 그의 배로는 절대로 하지 못할 거라고 예단했어요. 하지만 우리에게는 이동주택이 필요했지요."

그녀는 설명했다.

"우리는 어린 아들과 함께 다닐 수도, 정기적으로 머물 만한 곳도 없었습니다. 호텔과 모텔은 너무 비쌌어요."

헬도 기억을 떠올렸다.

"한동안 해변에서 낚시를 했어요. 당시에는 가자미나 농어 정도로 만족해야 했죠. 작지만 소중했던 그 배를 파는 것은 쉽지 않았어요. 그러나 그만한 가치는 있었습니다. 현재 수잔과 크리스, 나는 다이아몬드 레이디라는 이름의 18미터짜리 캐롤리나 순항정을 소유하고 있어요. 지금 우리 가족은 함께 220킬로그램이 넘는 청새치 낚시를 하는 중이에요. 우린 큰 꿈을 꾸었고 그 꿈이 실현되는 것을 보려고 그만한 대가를 지불했으니까요."

구치 부부처럼 래리와 팸 윈터는 노스캐롤라이나주 롤리에 살았는데 그들이 꿈꾸기 시작한 시기에 돈이 없었다. 래리는 세차장을 운영했고 팸은 세차장에서 계산을 담당했다. 그들은 아직도 오래전 점심시간에 쉬던 순간을 기억한다. 두 사람은 세차장이 내려다보이는 벤치에 앉아 달걀 샐러드 샌드위치를 먹으며 롤리의 가난한 동네에 있는 225달러짜리 월셋집에서 벗어날 돈을 모을 수 있을지, 지불할 것을 신경 쓰지 않고 재정을 정리할 수 있을지 고민하고 있었다.

그 뒤로 7년도 지나지 않은 작년 크리스마스에 팸 윈터는 롤리의 아름다운 주택가에 위치한 그녀의 새 집 주방에 서 있었다. 그녀의 여덟 살된 딸 타라와 네 살 난 아들 스티븐은 그녀가 갓 오븐에서 구운 브라우니를 12개로 잘라 포장하는 것을 돕고 있었다. 래리가 한 손에는 새 겨울옷을 잔뜩 들고 다른 한 손에는 두 살짜리 아들 리키를 안고 주방으로 들어

왔다.

래리가 근래에 우리에게 얘기했다.

"지난 5년 동안 팸과 나는 크리스마스 시즌에 기부하려고 장갑과 따뜻한 양말, 내복, 청바지, 카키팬츠, 플란넬셔츠, 썰매를 모아왔어요. 팸은 크리스마스 음식 바구니 위에 내가 특별히 집에서 손수 만든 브라우니를 얹고 아이들은 우리가 모은 선물 꾸러미를 밴에 싣는 것을 도와줘요. 그런 다음 우리 사업을 하는 다른 친구, 가족과 함께 롤리나 샬럿 시내로 가서 크리스마스이브에 실내에서 잠을 잘 수 없는 사람들을 찾아다녀요."

세차장 시절에서 10여 년 뒤 팸과 래리 윈터는 재정적으로 독립했다. 지금 그들은 자기사업을 하고 있고 크리스마스 때 시간과 돈을 마음껏 쓸 수 있을 뿐 아니라 1년 내내 그들이 꿈꿨던 것을 하고 있다.

그녀가 말했다.

"우리가 세차장에서 일하던 때는 누구도 도울 수 없었어요. 우리에겐 너무 많은 돈 문제가 있었거든요. 그리고 다른 사람들처럼 우리도 심야 TV나 일요일 광고에서 볼 수 있는 빠르게 부자가 되는 계획이 실린 광고에 휩싸여 있었어요. 우리는 실패할 여지가 없다는 키트와 말을 팔아 즉각적인 부를 약속하는 그런 인간들을 피하는 방법을 배웠지요! 조심하세요! 그 약속은 절반의 진실이고 과장이며 심지어 거짓말일지 몰라요. 더구나 키트는 너무 비싸고 사용하기 어려울 뿐더러 환불도 거의 불가능해요."

래리가 이어갔다.

"우리가 Amway 사업 이야기를 처음 들었을 때 드디어 우리도 추가수입을 좀 벌 수 있는 빠르고 쉬운 방법을 찾았다고 생각했어요. 우리는 제품과 마케팅 플랜이 좋았어요. 그래서 사람들이 제품을 사고 우리 사업을 함께하겠다고 너나없이 달려올 거라고 생각했죠. 우리는 장비와 필요한 물품을 구매하는 데 돈을 썼어요. 작은 사무실을 마련했고 새로 전화선도 들였죠. 그런 다음 오랜 세차장 일을 그만두고 몇 군데에 사업설명을 하고는 전화벨이 울리기를 기다렸어요."

팸이 계속 얘기했다.

"우리는 1980년에 작게 사업을 시작했어요. 그리고 1985년 즈음 전보다 재정 상태가 악화되었지요. 즉각적인 성공은커녕 전화비조차 낼 수 없었습니다."

그녀가 계속 말했다.

"우리가 재정적 목표에 도달할 때까지 스폰서의 말을 더욱 주의 깊게 들어야 했어요. 스폰서들로부터 우리는 Amway 사업이나 다른 새로운 사업도 돈 문제에서 쉽게 벗어날 수 있는 방법이 아니라는 것과 쉬운 탈출구는 없다는 것을 배웠어요. 더 많은 것을 보유하고 살 수 있다고 우리가 스스로 믿을 수 있을 때까지 벌고 있던 돈으로 사는 법을 배워야 했지요. 우리는 예산을 짜야 했고 지불할 것을 해결해야 했습니다. 재정도 정리해야 했는데 스폰서들이 우리가 그것을 할 수 있게 도와주었어요."

래리가 회상했다.

"두렵고 의욕이 떨어질 때면 Amway 사업을 하는 새로운 친구들과 스폰서를 만나러 갔어요. 그들은 우리에게 세 가지 놀라운 원칙을 가르쳐주었죠. '첫째, 우리는 무엇이든 가능한 나라에서 살고 있다. 둘째, 당신이 찾으려고만 하면 기회는 있다. 셋째, 하나님은 사람을 차별하지 않는다.' 만약 당신이 후하게 베풀고 열심히 일한다면 그리고 사람들을 바르게 대한다면 하나님의 번영의 법칙이 당신을 위해 작동할 겁니다. 당신이 흑인이든 백인이든, 뚱뚱하든 말랐든, 부자든 가난하든, 키가 크든 작든, 못생겼든 잘생겼든 상관없어요. 만약 밖으로 나가 자신을 드러낸다면 그리고 선행을 한다면 당신에게 좋은 일이 생길 겁니다."

그가 말했다.

"우리는 다른 사람이 우리의 재정적 어려움을 도와줄 거라고 바라지 않기로 했어요. 그리고 우리 자신을 구하기 위해 일을 하러 갔지요. 1988년쯤 우리는 모든 빚을 다 갚았어요. 1989년에는 새 차를 장만했고 롤리에서 가장 좋은 동네에 있는 우리의 새 집으로 이사를 했습니다. 1990년쯤 우리는 재정적으로 독립했고 우리가 원하던 방식으로 시간과 돈을 마음껏 쓸 수 있게 되었어요."

팸이 이야기했다.

"우리가 자신을 돕는 방법을 배웠을 때 다른 사람에게도 그들을 도울 수 있게 가르칠 수 있었어요. 친구들은 우리가 정말로 누군가를 돕길 원한다면 그에게 돈을 주지 말아야 한다고 우리에게 다시 가르쳐주었어요. 우리는 그가 자신을 돕도록 도와야 해요. 지난 몇 년 동안 우리는 '세차장' 단계에 있는 수백 명, 아마도 수천 명의 커플이 재정적 독립을 위한 자신만의 방법을 찾도록 도울 기회를 누렸어요."

그녀가 우리에게 상기시켰다.

"여전히 도움이 필요한 사람들이 밖에 있어요. 그래서 돈이 있다는 것은 정말 멋진 일이죠. 당신은 자신을 도울 수 없는 사람들을 도울 수 있어요!"

1991년 크리스마스이브에 팸과 래리 그리고 그들의 세 아이들은 롤리

시내로 나왔다. 그들은 화려하고 조명이 잘 켜진 동네를 차로 지나고 있었는데 두꺼운 장식 판을 댄 문에 걸어놓은 성스러운 화관과 아름답게 주름이 잡혀 멋지게 늘어진 커튼이 있는 창가에 장식한 크리스마스트리도 보였다. 그들은 자신의 고층 콘도로 재빨리 이동하면서 금색과 은색 종이로 포장한 선물을 가득 든 마지막 손님을 지나쳤다. 높은 건물이 태양을 가리고 절망의 어두운 구름이 드리워져 그늘진 시내 한구석으로 들어서자 마침내 래리는 천천히 밴을 세웠다.

팸이 기억을 떠올렸다.

"작고 허름한 차림의 남자들이 불을 피워놓은 드럼통 주변에 서 있는 것을 아이들이 먼저 알아차렸어요. 그들은 차가운 맨손을 주황색 불꽃 쪽으로 내민 채 꽉 쥐고 있었습니다."

어린 타라가 흥분하며 "장갑." 하고 말했다.

"장갑."

래리가 브레이크를 세게 밟아 서둘러 밴 뒤쪽으로 가며 대답했다. 그가 군수품(잉여물자) 매장에서 구매한 가죽장갑이 든 가방을 꺼내기 위해서였다. 스티븐이 도와주려고 차에서 내리며 말했다.

"브라우니도 잊지 마세요."

래리가 사람들이 크리스마스 저녁식사로 먹을 음식이 든 가방을 꺼내며 몇 번 반복했다.

"브라우니."

몇 시간 동안 래리 가족은 도움이 필요한 사람들에게 크리스마스 선물 꾸러미를 전해주기 위해 롤리의 빈민가를 오르내리며 여기저기에 차를 세웠다. 그때 그들은 한 흑인 여성이 두 아이와 함께 중국인이 운영하는 세탁소의 김이 나오는 하수구 뚜껑 위에 몸을 움츠리고 있는 것을 보았다. 팸이 기억했다.

"우리는 잠시 그곳에 가만히 앉아 그 가엾은 여성과 아이들을 바라보았어요. 추운 밤이었죠. 세 사람은 체온을 유지하려고 서로를 꼭 안고 있었지요. 내가 그녀의 입장이라면 내 마음은 어땠을까 생각했어요. 크리스마스이브에 거기에 앉아 내 아이들에게 아무것도 줄 것이 없다면, 아이들을 따뜻하게 해줄 방법이 없다면, 그랬다면 내 마음은 어땠을까. 이런 식의 고통이 바로 이 세계에서, 가장 부유한 나라에서 계속되고 있다는 것에 너무 화가 났어요. 그때 우리 어린 딸이 아빠에게 다시 한번 속삭였어요."

어린 딸 타라는 목이 메어 말했다.

"장갑."

래리는 딸의 말을 반복했다.

"장갑."

아빠와 딸은 밴 뒤로 걸어가 팔에 먹을 것과 옷가지를 잔뜩 얹고 그 차가운 철제 뚜껑 쪽으로 다가갔다. 그 여성은 그냥 거기에 앉아 가져온 것을 푸는 모습을 빤히 지켜보고 있었다. 그러더니 그녀는 마치 꿈에서 깬 것처럼 재빨리 두 아이를 입히고 먹이기 시작했다. 래리는 딸을 팔에 안고 뒤돌아 밴으로 걸어가기 시작했다.

여성은 조용히 말했다.

"고마워요."

잠깐 동안 누구도 움직이지 않았다. 타라가 "별 말씀을요."라고 말하자 그녀는 미소를 지었다. 래리는 황혼의 마지막 한 줄기 빛이 그녀의 지치고 촉촉한 두 눈에 반사되는 것을 보았다. 기쁨과 슬픔이 뒤섞인 그 순간은 그의 아이들의 표정에도 그대로 드러나 있었다.

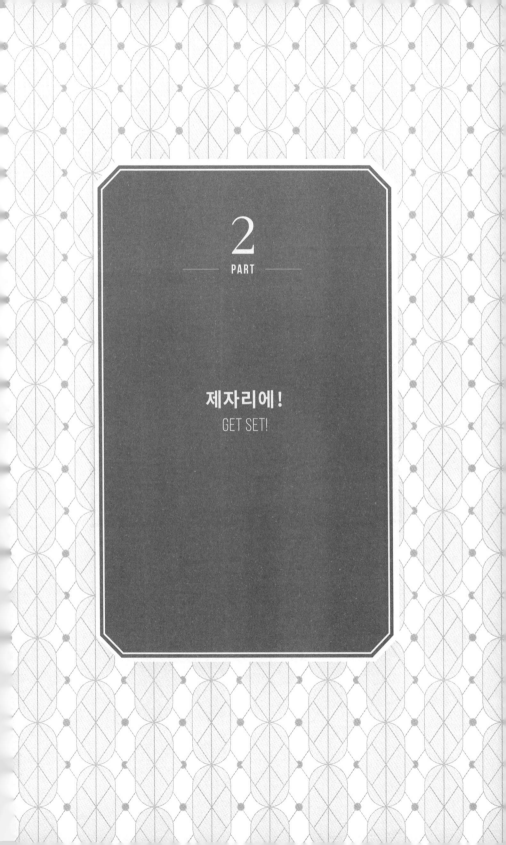

2
PART

제자리에!
GET SET!

5
일이란 무엇이고 그것은
어떻게 우리 삶을 풍요롭게 할 수 있는가

신조5

우리는 일이란 오직 노동자를 자유, 보상, 인정, 희망으로 이끌 때만 좋은 것이라고 믿는다.

그러므로 우리가 하는 일이 재정적, 영적, 심리적으로 만족스럽지 않다면 가능한 한 빨리 그 일을 그만두고 만족할 만한 일을 시작해야 한다.

핸포드 핵 처리장Hanford Nuclear Reservation 위에 짙은 비구름이 낮게 드리워져 있었다. 여름 폭풍이 곧 몰아칠 모양이었다. 론 페리어는 마치 아침 하늘에 번개가 번쩍이고 멀리서 우렛소리가 들리는 것처럼 1963년식 램블러 스테이션 웨건을 몰고 경비실 쪽으로 향했다. 클립보드를 손에 들고 유니폼을 입은 경비원이 론의 초록색 출입 스티커를 보고 확실히 육안으로 확인하기 위해 몸을 굽히더니 그에게 들어가라고 손을 흔들었다.

론은 회상한다.

"나는 워싱턴주 트라이시티 지역에 있는 정부와 계약을 맺은 회사의 회계사였어요. 꾸준히 승진해 책임 있는 중간관리자 위치를 맡았죠. 사는 내내 나는 성공과 안정은 좋은 교육을 받고 좋은 일자리를 찾아 그 일을 열심히 하면 찾아오는 것이라고 배웠어요. 그 거대한 핵 연구 시설 내 주차장으로 운전해서 갔던 그날 아침에도 나는 지금껏 열심히 잘 살아왔고 아메리칸 드림도 이뤘다고 확신했어요."

그 금요일 아침 대규모 사무 단지로 들어섰을 때 론은 충격을 받은 동료들의 얼굴을 보았고 분노에 찬 목소리를 들었다. 금요일엔 대부분 친근한 인사를 주고받는 소리가 길고 반짝이는 복도까지 울려 퍼졌다. 주말을 기대해 온 직원들은 보통 가슴 높이의 사무실 칸막이를 사이에 두고 손을 흔들며 미소를 나누었다. 그런데 그날 아침에는 직원 몇몇이 작게 그룹을 지어 모여 있었고 마치 대통령이 사망했거나 전쟁이 선포되기라도 한 것처럼 서로 소곤대고 있었다.

"갑작스레 밀려오는 불안감에 내 책상으로 가서 앉았던 것을 기억해요. 인사과에서 온 긴 봉투가 책상 위에 놓여 있었고 봉투에는 내 이름이 두꺼운 글씨체로 타이핑되어 있었지요. 그 옆에는 사랑스러운 내 아내 조지아 리와 우리 두 아이 짐, 브라이언이 사진 속에서 나를 보며 웃고 있었죠."

그날 아침 론 페리어는 그의 동료 2,100명과 함께 회사가 자신의 능력은 '높이 평가하지만' 더 이상 자신을 필요로 하지 않는다는 것을 알았다. 핵 관련 사기업이 정부와 맺은 계약이 끝나버린 것이었다. 어느 누구도 언젠가 그런 날이 오리라는 생각은 추호도 하지 않았다. 핵 에너지는 미래의 물결이었고 론은 그렇게 안정적인 일자리를 가졌다는 것은 특별한 축복이라고 느껴왔었다.

그는 슬픈 기억을 떠올렸다.

"그때 돌연 현실이 다가왔어요. 수년 동안 열심히 일했는데 그들은 그저 해고 통지서 한 장을 건넸고 그것으로 끝이었습니다. 나는 내 일에 능력을 발휘했고 또 충실했어요. 수백 시간의 초과근무도 마다하지 않았을 뿐더러 마감시간을 맞추기 위해 일을 집에 가져가 처리하기도 했지요. 하지만 그 어떤 것도 부질없는 짓이었어요. '친애하는 페리어 씨, 당신에게 다음을 알리게 되어 유감입니다.'로 다 끝이었으니까요."

그날 퇴근하며 롼은 오랜 동료들에게 가슴 아픈 작별인사를 한 뒤 퇴직수당을 받아들고 마지막으로 사무실 복도를 걸어 나왔다. 그리고 그 소식과 함께 아내와 가족이 있는 집으로 차를 몰았다.

롼은 그렇게 25년 전 해고 통지를 받았다. 내가 글을 쓰는 지금도 미국 우정성은 3만 명을 해고한다는 발표를 했고 제너럴 일렉트릭은 또 다른 4만 5,000명의 노동자에게 해고 통지서를 건넸다. 미국의 실업은 노동력의 약 80%에 이르렀고 이 나라 인구의 14% 이상이 빈곤선 아래서 살고 있다.

지난달보다 이달에 더 많은 미국인이 실업수당을 신청하고 있는 지금 '우리는 일은 오직 그것이 그 일을 하는 사람을 자유, 보상, 인정 그리고 희망으로 이끌 때만 좋은 것이라고 믿는다.'는 신조5를 제시하는 것이 이상하게 보일지 모른다. 누가 지금 일의 질을 상관하겠는가? 여러분이 실업 상태라면 어떤 일에도 기뻐할 것이다.

이 곤란한 시기에 이런 신조를 완수하는 행동을 전제하는 것이 너무 터무니없어 보일지 모른다. 만약 내가 정기적으로 급여를 받고 있고 매달 날아오는 청구서를 꼬박꼬박 지불하고 있다면 누가 일이 '재정적, 영적,

심리적으로 만족스럽지 않은지' 상관하겠는가? 매우 많은 노동자가 실업 상태에 있고 또 매우 많은 일자리가 사라지는 상황에서 누가 감히 '할 수 있는 한 그 일을 빨리 그만두고 만족스러운 일을 시작'하겠는가? 여러분은 "나는 일을 하고 있고 그게 중요한 전부다."라고 말할지도 모른다.

비단 그것이 중요한 전부는 아니다. 행복하지 않은 일을 한다면 장기적으로 오늘 여러분 급여의 가치보다 훨씬 더 많은 비용을 치러야 할지도 모른다. 그렇지만 걱정하지 마시라. 여러분은 만족스럽지 않은 일을 하면서 거기에 매달려 있는 이 나라 대다수 노동력 가운데 하나다.

〈인더스트리 위크〉가 최근 실시한 조사에 따르면 응답자의 63%가 그들의 일에 만족하지 않는다고 한다. 인기 있는 자동차 범퍼 스티커에는 이런 문구도 있다.

'해변에서 보내는 형편없는 날이 직장에서 보내는 좋은 날보다 낫다.'

1989년 저널 〈미국 인구통계American Demographics〉는 전체 일자리 만족도가 5%포인트 떨어졌다고 보고했다. 조사 대상인 사무직 노동자의 단 41%만 그들의 일에 "매우 만족스럽다."고 답했다. 우리의 미시간 이웃 가운데 하나인 〈스틸케이스〉가 발행한 1989년 사무실 환경지수에 따르면 만족도가 가장 낮은 사람들은 "노조에 가입한 노동자, 비서직과 사무직 노동자, 젊은 노동자 그리고 급여가 낮은 노동자"였다.

태초부터 일이란 많은 사람에게 삶에서 끔찍하고 피할 수 없는 것이었다. 고대 그리스인은 일해야 하는 것을 신이 그들을 증오한다는 증거로 여겼고 이는 로마인도 마찬가지였다. 양대 문명에서 일이란 단어는 '슬픔'을 의미하는 어원에서 비롯되었다. 로마인은 일은 지성인의 품위를 떨어뜨리며 오직 명상하는 삶(노동이 아닌 사고)만 존경받을 가치가 있다고 생각했다.

중세에 일은 더럽고 어려운 것이었다. 소작농은 흙을 일구고, 신발 위에 흙을 묻히고, 손톱 밑에 흙이 끼고, 몸에서 흙냄새를 풍기고, 머리에서 흙을 떼어내며 평생을 보냈다. 사람들은 보통 그렇게 흙을 일구면서도 제대로 보상받지 못했다. 그들은 어쩔 수 없이 일을 했다. 삶이 일이었고 일이 삶이었다. 태어날 때부터 물려받은 일을 내버려두고 다른 곳으로 갈 수도 없었다. 그들은 대개 같은 땅, 그러니까 삽질은 할 수 있지만 소유할 수는 없는 땅에서 태어나 일했고 그곳에서 죽음을 맞이했다.

르네상스 시대 들어 일에 관한 생각이 변하기 시작했다. 로마 가톨릭 신학에 바탕을 둔 스콜라 철학자 토마스 아퀴나스 같은 사람은 결국 일은 그렇게 나쁜 것이 아니라고 생각하기 시작했다. 그는 아마 하나님은 노동자를 증오하지 않았을 것이라고 생각했다. 일은 확실히 의무이자 짐이었다. 그렇지만 그것은 타고난 권리일 수도 있었다. 사람들이 오랫동안 생각해 온 일에 관한 부정적인 사고는 점차 변화하기 시작했다.

종교개혁 시기와 그것이 끝난 후 일을 대하는 자세는 더욱 빨리 변했다. 마틴 루터는 일은 하나님의 저주가 아니라 정말로 하나님을 섬기는 방법, 즉 예배와 비슷한 행위라고 과감하게 주장했다. 루터는 일에 존엄을 부여하는 것을 도왔고 일을 의미 없고 고된 것 이상으로 인식하게 했다.

스위스 제네바의 종교개혁가 장 칼뱅은 일에 관한 생각에 혁명을 일으켰다. 실제로 그는 일 개념에 상당한 영향을 미쳤기에 자본주의의 첫 씨앗을 심은 공로를 인정받아왔다. 칼뱅에게 일은 사역과 같았다. 일은 좋은 것이었다. 그는 사람은 일을 해야 하고 일로써 자기 능력을 최대로 발휘해야 한다고 생각했다.

루터와 칼뱅 시대에 등장한 일이 좋을 수 있다는 것은 전에 없던 새로운 생각이었다(우리 대부분의 사람들에게 그것은 여전히 새로운 생각이다). 일이 좋다는 것을 믿기 어렵다면 사람들이 의미 있는 일, 그들이 즐기고 자존감을 갖는 일을 하는 것이 하나님이 부여하신 권리라는 것을 들었을 때 얼마나 놀랐을지 상상해 보라!

사람들은 자기 가족이나 사회 계층이 종사하기로 되어 있는 직업에서만 일할 수 있다고 생각했다. 칼뱅은 일 개념을 속박에서 해방시켰고 사람들이 최대한 가능한 주도권을 갖고 그들의 재능과 능력을 탐구해 그것을 일에 적용하도록 격려했다.

우리가 원하는 직업을 선택할 자유를 포함해 일에 관한 우리의 많은 생각은 상당히 새로운 것이다. 나는 일, 특히 의미 있는 일은 사람들에게 단순히 의식주 해결을 위해 돈을 버는 차원을 훨씬 뛰어넘는 혜택을 제공한다고 확신한다. 그리고 나는 아퀴나스, 루터, 칼뱅 그리고 내가 의미 있는 일은 우리 삶을 풍요롭고 고귀하게 만든다고 생각할 수 있게 해준 다른 이들에게도 감사한다.

러시아 작가 막심 고리키는 이렇게 썼다.

"일이 즐거울 때 삶은 기쁘다! 일이 의무가 될 때 삶은 노예가 된다."

의미 있는 일이 우리 자신에게 좋은 감정을 느끼도록 해준다면 무의미하고 고된 일은 노동자에게 생기는 비참한 실업 상태에서 한 단계 위일 뿐이다.

예를 들어 롼 페리어를 생각해 보자. 해고 통지를 받은 뒤 끔찍했던 몇 달 동안 그는 끝도 없이 이력서를 썼다. 일 없이는 의미가 있든 없든 남녀 모두 소중한 자기 가치를 상실할 수 있다. 자기 가치가 사라졌을 때

문제를 마주하고 해결할 힘도 사라진다. 또한 의미 없는 일과 그것에서 오는 고통스런 값을 치러야 한다.

란이 마침내 공공시설의 회계와 사무 관리자로서 또 다른 회계 일을 찾았을 때 그것은 잘해도 만족스럽지 않다는 것이 곧 드러났다. 심지어 그는 두 배 더 많은 시간을 일하면서 30% 급여 삭감을 받아들여야 했다. 란은 정기적인 주당 40시간 일 외에 야근뿐 아니라 주말과 연휴에도 '작업에 꼭 필요한' 컴퓨터 프로그램을 설치하기 위해 20~30시간을 추가로 일해야 했다.

조지아 리가 회상했다.

"란은 계속 되풀이되는 그 일을 몹시 싫어했어요. 단지 가족이 고통받지 않게 하려고 오랜 시간 일하고도 줄어든 급여를 감수한 것뿐이었죠. 불행하게도 란의 길고 괴로웠던 실업과 새로운 일터에서 힘들고 불만스럽던 일을 한 첫 1년 동안 빚이 극심하게 쌓이고 있었어요. 더 이상 끌어댈 수 없을 정도로 빚이 컸어요. 우리는 신용카드를 한도까지 썼고 한 달 청구서를 지불하고 나면 먹을 것을 살 돈이 거의 남아 있지 않았어요. 그렇다고 우리가 돈을 부주의하게 함부로 썼다고는 생각하지 않아요."

그녀가 이어갔다.

"아무리 열심히 노력해도 란의 수입은 매달 지불해야 하는 것을 거우 해결할 정도였어요. 나는 집에서 아이들을 돌보고 싶었지만 일을 해야 한다는 게 점점 더 분명해졌어요."

란이 슬픈 표정으로 말했다.

"나는 맞벌이를 하는 집에서 자랐어요. 조지아 리와 결혼한 초기에 나는 내 아이들이 절대로 빈집에 들어오게 하지 않겠다고 다짐했어요. 엄마가 집에서 아이들을 맞을 수만 있다면 어떤 대가라도 치르겠다고 했어요. 조지아 리에게 약속했죠. 아이들이 자란 후 그녀가 일을 원해서 선택하는 것이 아니라면 다시는 그녀가 일할 필요가 없게 하겠다고요."

론이 계속 이어갔다.

"내가 해고 통지를 받고 예금통장이 먼지가 날릴 것처럼 말라버리자 조지아 리는 스스로 데니스(패밀리 레스토랑)에서 웨이트리스로 일했습니다. 그 결정으로 너무 가슴이 아팠어요."

조지아 리가 수긍했다.

"우리는 새로운 일을 하면서 돈을 벌고 있었지만 여러모로 우리가 버는 것보다 더 많은 비용이 들어가고 있었어요. 우리 둘 다 우리가 하는 일을 좋아하지도 않았죠. 우리는 아이들은 물론 서로 거의 만나지 못했어요. 늘 피곤에 지쳐 있었고 성격이 종종 급해졌어요. 스트레스가 몸에 증상으로 나타났죠. 론은 위장약을, 나는 아스피린을 마구 복용했어요. 둘 다 고된 일은 크게 신경 쓰지 않았지만 만족스럽지도 않고 심지어 품위도 없는 직장에서 매일 일하는 것은 너무 큰 고통이었어요."

페리어 부부의 역경은 미국에서 매우 흔한 일이다. 1991년 조사에서 25~49세 미국인의 64%가 자신의 "일을 그만두고 무인도에서 살거나 세계 일주를 하거나 다른 즐거운 일을 하는 상상을 한다."라고 대답했다.

론과 조지아 리도 그들의 새 직장을 몹시 싫어했다. 일자리를 얻어 매달 급여를 받는 것은 감사했지만 그들은 의미 있는 일, 즐거운 일을 할 기회를 간절히 원했다. 여러분도 그런 느낌을 느껴본 적 있는가? 지금 그렇게 느끼는가? 어쩌면 지금은 여러분이 자신에게 이런 질문을 할 때인지도 모른다. 내 일터에서 나는 행복한가? 여러분에게는 어떤 종류의 일이 더 의미가 있는가?

1981년 연구에서 조사 대상이던 미국인의 43%가 '많은 돈'은 일을 할 만하게 만들어주는 주된 요소라고 대답했다. 1992년 같은 질문을 다시 한 후속 연구는 그 수치가 62%로 껑충 뛰었음을 보여주었다. 일을 의미 있게 만드는 것은 정말 돈뿐일까, 아니면 그 이상의 무언가가 더 있을까?

미시간대학교는 수천 명의 노동자에게 의미 있는 일의 가장 중요한 요소를 나열해 달라고 부탁했다. 그들은 다음과 같이 중요한 순서대로 여덟 가지 항목을 답했다.

1. 흥미로워야 한다.
2. 일을 완수하기 위한 충분한 도움과 장비를 제공받아야 한다.
3. 일을 완수하기 위한 충분한 정보
4. 일을 완수하기 위한 충분한 권한
5. 좋은 급여
6. 특별한 능력을 계발할 기회
7. 직업 안정성
8. 자신이 한 일의 결과를 보아야 한다.

여러분은 목록에 무엇을 추가하겠는가? 여러분의 일을 더 의미 있게 만들기 위해 무엇을 바꾸고 싶은가?

의미 있는 일은 우리가 그것에 열정과 각오를 가지고 임하면 급여 이상의 보답이 온다. 프로이트는 "의미 있는 행동을 하려는 충동은 우리가 현실 감각을 살리게 한다."라고 말했다. 그는 우리가 의미 있는 일로 세상이나 다른 이들과 접촉하고 연락을 지속한다고 생각했다. 그는 또 의미 있는 일에 참여하려는 충동은 인간 본성의 본질적인 무언가에 반응한다고 가르쳤다. 실제로 프로이트의 후계자들은 의미 있는 일에 관한 이런 충동은 인간을 동물과 구분짓는 요소라고 계속 주장했다.

심리학자는 일은 우리가 음식과 주거와 필요한 물건을 얻으려는 것을 도와준다고 말한다. 아울러 그들은 자존감을 키우는 데 의미 있는 일의 이점을 지적한다. 성공한 사람은 자신의 두려움과 자기불신을 극복함으로써 스스로를 단련하는 감각을 얻고, 독립심과 결핍에서 해방되어 환경을 터득해 가는 감각을 배운다. 이처럼 일은 한 사람의 정체성을 형성하는 중요한 요인이다.

또한 의미 있는 일은 사람들이 세상에서 차이를 만들고 국가의 부와 복지를 증진하며 그들 자신과 아이들을 위해 더 나은 수준의 삶을 성취한다는 인식을 갖게 한다.

의미 있는 일은 사람들에게 성장하고 시야를 넓힐 기회를 제공한다. 여행을 비롯해 예술과 음악을 접하고 흥미로운 사람들을 만나며 일하지 않으면 할 수 없는 경험을 제공하는 것이다.

신학자는 의미 있는 일을 수행하는 이유는 하나님이 부여한 열망에서 비롯된다고 말한다. 우리가 사는 세상을 살기 좋게 만들고 인간을 위해 봉사함으로써 우리는 이 땅을 창조하신 하나님 활동의 일부를 공유한다. 그러므로 우리 일에는 일상의 가장 평범한 활동조차 일종의 거룩함이 스며들어 있다고 말할 수 있다.

사회과학자는 의미 있는 일은 사회의 요구에 반응하는 것이라고 말해 왔다. 일하는 사람들은 우리가 원하는 재화와 용역을 얻을 수단을 제공한다. 다시 말해 우리가 일한다는 것은 다른 사람들을 위해 무언가 가치 있는 것을 제공한다는 의미다. 같은 맥락에서 성공한 사람들은 그저 대중을 이용하는 기회주의자가 아니다. 그들이 성공한 이유는 기회주의를 넘어서는 가치관으로 일했기 때문이다. 그들은 그들의 요구보다 시야가 더 넓고 그 과정에서 자신에게 더 좋은 감정을 갖는다.

기업가는 의미 있는 일의 즐거움은 종종 어떤 취미나 다른 것을 추구하는 데 보이는 깊은 관심에서 일어난다고 말한다. 세상에 무언가가 부족하다는 것을 알면 행동에 박차를 가한다. 즉, 그 공간을 채우기 위한 계획이나 사업에 착수하려는 생각을 한다. 현대 사업가는 가끔 의미 있는 일이 곧 놀이라는 것을 발견한다. 그들은 새로운 것을 발견하거나 세상에 봉사하기 위해 행동을 취하고 그 과정에서 세상을 변화 혹은 향상시킨다.

특히 미국 기업가들은 자유기업 정신과 우리가 즐기는 선택의 자유, 우리의 야심, 열심히 일해서 얻는 최대한의 기회로 의미 있는 일을 하는 데 동기를 부여받는다. 론과 조지아 리 페리어도 그들의 삶에서 재정적으로 가장 궁핍했던 시기에 자신들의 기업가적 기질을 발견했고 그것은 모든 것을 바꿔놓았다.

론이 웃으며 회상했다.

"그 시기에 5년 동안 만나지 못한 몇몇 오랜 친구가 느닷없이 전화를 했어요. 그들은 우리에게 사업기회를 보여주고 싶어 했지요. 나는 그것이 '한 사람의 삶에서 성공은 기회와 준비가 동시에 만났을 때 비로소 가능해진다.'는 오랜 격언의 증거라고 생각해요."

조지아 리가 덧붙였다.

"그들이 다른 때에 전화를 했다면 아마 듣지도 않았을 거예요. 그렇지만 우리는 절실히 필요했고 그들은 우리가 필요로 할 때 전화한 겁니다."

론이 이제 수긍했다.

"나는 진심으로 아내를 다시 집에 있게 하고 싶었어요. 내 약속을 내가 깼으니까요. Amway 세일즈 앤 마케팅 플랜을 보고 우리 수입에 보탬이 될 수 있다는 말을 듣고는 해보기로 결심했어요. 조지아 리가 데니스를 그만두고 다시 우리 아이들과 함께 집에 있을 수만 있다면 무엇이든 할 작정이었습니다."

조지아 리가 웃으면서 말했다.

"나는 비누를 파는 것도 세일즈 앤 마케팅 플랜 설명도 모두 마음에 들지 않았어요. 내게 필요한 것은 일을 더 많이 하는 것이었지요. 그렇지만 이미 충분히 지쳤어요. 하루 8시간 웨이트리스로 일하는 것도 많이 힘들었지만 아내와 엄마와 학부모 역할에 요리, 빨래, 청소 같은 집안일까지 하느라 완전히 녹초가 되어 있었죠. 나는 여기에다 어떻게 하나를 더 끼워 넣는 것이 가능한지 도무지 길이 보이지 않았어요. 론이 잠시 하다가 흥미를 잃을 거라고 생각했어요."

하지만 그 사업설명은 론의 기업가적 기질을 깨웠다. 그는 이 사업기회가 아내를 데니스에서 영원히 집으로 데려올 수 있는 방법이 될 수 있음을 확신했다. 그는 하던 일을 계속하면서 일주일에 하루 또는 이틀 밤 시간을 내 새로운 사업을 했다. 한 달에 추가수입 400달러만 벌어도 만족하겠다는 현실적인 목표도 세웠다.

론이 기억했다.

"내가 그 목표를 이뤘을 때 조지아 리에게 웨이트리스 일을 그만두고 나랑 같이 사업을 하자고 했어요."

그녀가 말했다.

"많이 두려웠어요. 하루에 받는 팁이 꽤 컸는데 남편이 못 가게 했죠. 하지만 론은 매우 설득력이 있었어요. 함께 일하면 론의 수입에다 한 달에 1,000~2,000달러 정도 보탬이 될 거라고 생각했죠."

조지아 리가 덧붙였다.

"나는 영업사원은 아니었지만 론은 내게 소비자들을 만들어달라고 부탁했고 나는 해냈어요."

론이 회상했다.

"우리의 첫 목표를 달성했고 이제 우리 삶에서 두 번째로 큰 문제를 해결해야 했어요. 신용카드와 할부금 빚을 갚는 것이었죠. 그래서 조지아 리와 나는 우리 사업을 시작하고 처음으로 날아온 모든 청구서를 지불하고 빚을 다 갚자는 목표를 함께 세웠죠. 그 목표를 달성한 뒤 가족 휴가를 생각했고 다녀왔어요. 우리 저축은 그다음이었죠. 하룻밤이 아니었어요. 한 번에 조금씩 그렇게 모아 나갔어요. 그러다가 우리의 작은 사업이 크게 성장할 조짐을 보였어요."

조지아 리가 기억을 떠올렸다.

"우리는 캐딜락을 구입했어요. 그 캐딜락을 운전해서 회사에 간 것이 론이 공공시설로 출근한 마지막 날이었죠. 그는 회사에서 능력을 인정받고 있었지만 사장은 론이 우리의 새 사업과 그의 일 사이에서 선택하도록 했어요."

론이 재빨리 말했다.

"나는 자유를 선택했죠. 비교적 안정적인 일을 그만두고 내 발로 걸어 나오기가 쉽지는 않았어요. 하지만 나는 그만두었습니다. 두려움과 떨림에도 우리는 안정된 생활을 버리고 우리 꿈을 따랐습니다."

　그렇게 만족스럽고 사람들이 커다란 위험도 기꺼이 감수하도록 감흥을 주는 의미 있는 일이란 무엇인가? 냉소주의자는 그것은 단지 돈을 사랑하는 것, 물질적 소유에 따른 욕망이라고 할지도 모른다. 그들은 틀렸다. 의미 있는 일은 인간의 기본 욕구에 근거를 두기에 만족스럽다. 미국을 순회하며 했던 내 연설에서 나는 자유, 보상, 인정 그리고 희망이라는 네 가지 욕구를 이야기하는 것을 좋아했다.

　'나는 자유를 선택했다.'라고 한 뢴의 말을 기억하자. 그는 아내가 좋아하지 않는 일에서 자유롭게 해주었고 그의 가족을 끌어내리는 빚에서 자유롭게 했다. 그들은 함께 가족의 수입을 늘려갔다. 가족 휴가를 위해 자유롭게 시간을 낼 수 있었고 미래를 대비한 저금통장에도 자유롭게 돈을 넣을 정도가 되었다.

의미 있는 일은 자유를 안겨준다

　한번은 공자와 그의 몇몇 제자가 중국의 외딴 지역을 걸어서 지나가다가 우연히 무덤 옆에서 울고 있는 한 나이 든 여인을 만났다. 그녀가 말했다.

　"호랑이가 하나뿐인 내 아들을 죽였어요. 지금 아들이 여기 내 남편 옆에 누워 있어요. 남편도 아들을 죽인 그 끔찍한 야수가 죽였어요."

　공자가 물었다.

　"당신은 왜 이런 야만적인 곳에서 살고 있나요?"

　그녀가 대답했다.

"여기엔 강압적인 정부가 없거든요."

공자가 그의 제자들에게 말했다.

"우리 아이들은 억압하는 정부가 호랑이보다 더 나쁘다고 기억한다."

런과 조지아 리가 낡은 공산주의 체제 아래 살았다면 그들은 기업가적 역량을 발휘할 자유를 얻지 못했을 것이다. 사람들은 소련, 중국, 쿠바 그리고 다른 공산주의 국가에서 거의 권리를 누리지 못한다. 그들에게는 자기사업을 소유할 권리가 없다. 심지어 그들은 사업을 가능하게 만들어 주는 사유재산을 소유할 권리조차 누리지 못한다. 사적 소유는 자유의 기본이다. 그것을 박탈하면 경제는 실패할 운명에 놓인다. 사람들에게서 그들이 원하는 것이 되고 원하는 것을 할 자유를 박탈하면 경제는 무너진다.

경제적 자유를 정치적, 사회적 자유와 분리해서 이야기하는 것은 쓸모가 없다. 그것은 별개가 아니다. 헝가리, 폴란드, 루마니아, 리투아니아, 체코슬로바키아, 동독, 러시아, 중국 사람들은 시장에서 자유를 누릴 수 있는 정도가 다른 모든 삶의 영역에서 자유를 누릴 수 있는 정도와 연관이 있음을 알고 있다. 여러분이 원하는 곳에서 일할 자유는 다른 모든 종류의 자유와 결부된다.

의미 있는 일과 자유기업은 자유와 책임이라는 하나의 큰 덩어리의 일부다. 자유에는 표현의 자유, 집회의 자유, 투표와 정치활동의 자유, 여러분이 선택한 기도와 예배의 자유, 간섭이나 박해를 두려워하지 않고 살고 사랑할 자유 등이 있다.

의미 있는 일은 권한이 널리 분배되고 모두에게 기회가 있는 곳, 모두에게 앞으로 나아갈 기회가 있는 곳에서 번창한다. 옛 공산주의 국가 국민은 사실상 그들의 삶 어느 부분에서도 자유를 누리지 못했다. 기업가가 되는 것? 수만 명의 우리 친구와 동료가 그래왔듯 집에서 사업을 시작하는 것? 그것은 사실상 불가능했다. 우리가 당연하게 여기는 개인의 모든 경제적 선택이 공산주의 국가에서는 다른 누군가에 달려 있었다.

자유기업 시스템은 포괄적이고 모든 사람을 포용한다. 우리에게는 모두 우리의 인종, 국적, 피부색, 지역 또는 종족 배경, 종교적 신념, 나이, 신체적 질병이나 장애, 성별, 성적 지향과 상관없이 일할 권리가 있다. 누구든 불공평하거나 부당한 이유로 자유를 침해받는 곳에서는 자본주의가 번창할 수 없다.

의미 있는 일을 선택할 자유는 아주 기본적인 것이라서 우리는 이것을 별로 깊게 생각하지 않는다. 그러나 그 자유가 없는 사람들은 언제나 그것을 생각한다. 학창시절 나는 두 종류의 자유를 배웠다. 어른이 되어서는 개인적인 방법으로 그 추상적인 원칙의 중요성을 보기 시작했다. 자유의 원칙은 단지 교과서에 있는 단어만은 아니다.

나는 자유 중 하나는 '~로부터의 자유'라고 배웠다. 이것은 권리장전에 있는 자유다. 모두는 그들 정부의 억압으로부터 자유로워야 한다는 사상이다. 정부는 우리에게 어떤 중요한 행위를 하라고 강요하거나 또는 하지 말라고 막을 권리가 없다.

두 번째는 '~할 자유'라고 배웠다. 진정한 자유는 우리가 목표와 꿈을 성취할 자유를 누릴 때만 존재한다. '~할 자유'는 우리에게 계획을 주도적으로 실행하고 우리 삶에서 무언가를 할 권리를 준다. 기업가가 될 자유나 직업을 선택할 자유는 가치를 측정할 수 없는 자유다.

진정한 자유는 기회와 함께 일하고 우리 노동의 결실을 향유하는 능력을 포함한다. 진정한 자유는 우리 꿈을 실현할 수단을 제공한다. 이것은 우리의 성공을 보장하는 것이 아니라 우리의 노력이 헛되지 않을 것이라는 약속을 말한다. 정부가 모든 재화와 용역을 법적으로 독점 공급하는 나라에는 국민이 자신의 일과 자기주도권의 혜택을 누릴 기회가 거의 없다.

자유는 '꾸준한 자기주도 능력'이라고 말하기도 한다. 더 간단하게 말하면 우리가 진정 자유로울 때 우리 꿈을 실현하기 위해 무엇인가를 할 수 있다는 의미다. 론과 조지아 리에게는 꿈이 있었다. 그들은 마음껏 꿈을 추구할 수 있는 나라에서 살았고 꿈을 추구하는 과정에서 개인의 자유를 찾았다.

론이 기억했다.

"우리 사업의 수입이 내 급여 실수령액의 두 배가 넘었을 때 우리는 새로 시작한 사업의 무한한 가능성을 깨달았어요. 조지아 리와 나는 우리의 '작은 사업'을 한때 우리 일을 했던 것처럼 생각하고 우리의 모든 꿈, 시간, 에너지를 다 쏟아부었어요."

조지아 리가 말했다.

"우리는 사업을 우리가 했던 일들처럼 생각했어요. 일주일에 4~5일 밤 사람들에게 세일즈 앤 마케팅 플랜을 설명했고 그 노력을 2년 반 동안 꾸준히 했어요. 그 짧은 기간 동안 우리 수입은 급상승했지요. 충격을 받았어요. 우리는 이것이 그렇게 좋으리라고는, 제품과 우리를 당당하고 자랑스럽게 만들어주는 플랜을 나누는 것으로 우리가 그렇게 많은 보상을 받을 수 있으리라고는 생각하지 못했으니까요."

약간의 돈을 버는 것으로 우리의 기업가적 정신을 맘껏 펼칠 수 있다는 것이 놀랍지 않은가? 명확히 하자. 나는 어느 누구에게도 우리 사업을 해보라고 설득하는 것이 아니다. 사람들은 자신의 기업가적 정신이 그들을 이끄는 곳으로 가야 한다. 여러분의 꿈에 시간과 에너지 그리고 노력을 집중하면 어떤 종류의 보상이 따라오는가?

의미 있는 일은 보상을 가져다준다

1920년대 미국의 유명한 법률가 클래런스 대로에게 그가 법적 문제를 해결해 준 적 있는 한 여성 의뢰인이 다가와 물었다.

"대로 씨, 내 감사한 마음을 어떻게 보여줄 수 있을까요?"

대로가 대답했다.

"페니키아인이 돈을 발명한 이후 그 질문에는 오직 하나의 대답만 존재해 왔지요."

사람들은 언제 열심히 일을 하는가? 돈을 받을 때다. 사람들은 언제 열심히 일하지 않는가? 돈을 받지 않을 때다. 그렇게 간단하다. 보상은 의미 있는 일을 하는 데 두 번째로 주요한 기둥이다. 사람들에게 그들의 노동에 보상하면 그들은 생산을 계속한다. 반대로 그 보상을 빼앗으면 생산은 중단된다. 가장 효과적인 보상은 돈이다.

개인에게는 재정적 필요가 있다. 가족에게도 재정적 필요가 있다. 그러나 그것을 상기시킬 필요는 없다. 우리는 개인적인 경험상 우편함의 청구서가 얼마나 순식간에 홍수처럼 불어나는지 알고 있다. 세금, 주택

담보대출, 자동차할부와 신용카드 명세서, 대출원금과 이자, 식비, 의류, 가스, 전기, 보험, 집수리와 개조, 학비, 학생 숙식비, 십일조, 헌금, 자선단체 선물, 휴가, 심지어 심야 영화까지 말 그대로 넘쳐난다.

주니어가 말한다.

"아빠, 금융천재가 뭐예요?"

잔뜩 시달린 아빠가 대답한다.

"아들아, 금융천재란 가족이 돈을 쓰는 것보다 더 빨리 돈을 벌 수 있는 사람을 말한단다."

재정적 필요를 적어보면 끝이 없다. 그것은 상이나 약속, 등을 토닥이는 것으로는 해결되지 않는다. 돈이 있어야 해결된다.

여러분은 원하는 만큼 이상주의적일 수 있다. 물론 일을 하는 다른 중요하고 삶을 향상시키는 이유가 있을 수 있다. 자신에게 물어보자. 내가 일을 하는 주된 이유는 무엇인가? 돈 때문이다. 공산주의는 그 기본 진리를 간과했고 체제는 붕괴되었다.

사람들은 보상 때문에 일을 한다. 그 보상이 공정하지 않거나 너무 적고 너무 늦어질 때 혹은 모두 함께 다 말라버릴 때 사람들이 일에 열정을 지속하는 것은 불가능하다. 충분한 보상이 없으면 일하는 사람들의 불만이 커진다. 결국 그들은 하던 것을 내려놓고 떠나버린다. 그리고 그런 일이 발생하면 체제 전체가 불길에 휩싸인다.

일하는 사람들은 그들의 일에 따라 보상을 받아야 한다. 공산주의 체제 아래서 당 간부들은 말했다.

"열심히 일해!"

잠시 동안 국민은 복종했다. 그러던 어느 날 누군가가 물었다.

"왜? 왜 우리가 열심히 일해야 하죠? 일을 해도 우리에게 남는 게 없는데요. 이렇다 할 보상이 없는데 왜요?"

오, 그 간부들은 이미 대답을 준비해 두었다.

"국민을 위해서 일한다!"

"국가를 위해서 일한다!"

"미래를 위해서 일한다!"

그러나 국민은 눈이 멀지도 않았고 바보도 아니었다. 그들이 일한 노동의 혜택은 국민에게도, 국가에게도, 미래로도 가지 않았다. 노동자에게 돌아갔어야 할 보상은 공산주의 간부에게로 갔다. 노동자가 고통받고 희생되는 동안 당 간부들은 간혹 왕과 왕비 같은 생활을 했다. 그들은 개인 집과 아파트, 국가의 토지, 화려한 식당, 매장을 소유했다. 의미 있는 일은 모든 단계에서 성과 보상 원칙을 기반으로 한다. 우리의 위대한 체제 역사에도 탐욕스럽고 이익을 공정하게 나누기를 거절하며 일한 사람들의 노동에 보상하길 거부한 자본가들이 있었다.

이것은 우리를 의미 있는 일의 첫 번째 기둥인 '자유'로 되돌려놓는다. 자유기업 하에서 노동자는 필요하다면 조직을 구축할 권리를 누리고 불공정한 보상과 건강하지 않은 작업 환경에 대항해 싸울 권리를 갖는다. 나는 그 권리를 믿는다.

작년에 제이와 나는 총 수백만 달러의 보너스를 ABO와 직원들에게 나눠주었는데 그 보너스는 예정에 없던 것이었다. 그것은 다양하고 대단히 뛰어난 성과를 달성한 것에 따른 특별한 보상이었다. 우리 보상 체계 안에 구축한 다른 모든 보상보다 훨씬 큰 것이었다.

왜 제이와 나는 그 엄청난 추가수익을 다시 사업에 쏟아붓지 않았을까? 그것은 그 이익을 창출하는 데 도움을 준 모든 남녀에게 공평하지 않기 때문이다. 작년은 우리 회사에 아주 각별한 한 해였다. ABO들은 우리 제품을 전달하는 데 많은 노력을 기울였다. 우리 직원들 역시 제품을 생산하고 효율적으로 분배하는 데 많은 노력을 기울였다. 그러므로 ABO와 직원들은 그들의 성공에 보상받을 자격이 충분히 있다. 그렇게 기대하지 않던 보너스로 그들을 놀라게 하는 것은 얼마나 신나는 일인가! 그것이 바로 자본주의가 작동하는 방식이다.

보상은 완성된 일의 양과 질에 따라 주어져야 한다. 의미 있는 일은 보상 원칙을 기반으로 하지만 그 보상을 동등하게 분배하지는 않는다. 우리가 올해 특별 추가 보너스를 배분할 때 다 같은 양으로 지급하지 않았다. 어떤 보너스는 두둑했고 또 다른 보너스는 소박했다.

보상은 여러분이 태어났다는 이유로 받는 무언가가 아니다. 보상은 여러분이 성취한 일에 따라 받는 무언가다. 공산주의는 표면적으로 모든 노동자에게 똑같이 보상하려고 한다. 이론상으로는 그럴 듯하지만 현실 세계에서 그것은 작동하지 않는다.

그렇기 때문에 일하지 않으면 여러분은 보상받지 않아야 한다. 물론 이 기본 규칙에 예외가 있다는 것을 안다. 우리 사회에는 일할 수 없어서 돌봄이 필요한 사람들도 있다. 그런 면에서 자유기업은 세계 역사에서 가장 컴패셔닛 시스템임을 증명해 왔다. 그런데 너무 많은 사람이 일할 수 있는 신체와 정신을 소유하고 있으면서도 단순히 살아 있다는 이유만으로 돌봄받기를 원한다. 그것은 보상 원칙의 전부가 아니다.

나는 자유기업 체제가 나와 내 가족에게 제공하는 보상에 매일 감사한다. 나는 열심히 일했고 내 노동에 주어지는 보상을 즐겨왔다. 미국인은 열심히 일하는 것이 주는 이점을 믿는다. 그것은 미국인 정신의 한 부분이다. 그리고 우리는 대체로 사람의 노력에 비례해 보상을 받는다고 믿는다.

만약 여러분이 열심히 일하는데 주변에서 "그렇게 하지마!"라고 말한다면 어떨까? 그것이 바로 공산주의 하에서 일어나는 현상이다. 여러분이 너무 열심히 일하면 다른 사람들은 여러분 때문에 자신이 나쁜 사람이 된다며 화를 낸다. 열심히 일해도 보상이 없다면 왜 열심히 일하겠는가? 이런 식의 상황은 빈곤의 평등만 조장할 뿐이다.

마리아 산도발과 그녀의 남편 엘리세오는 멕시코 살티요 근처 산맥에 있는 작은 마을에서 살았다. 결혼생활 첫 7년 동안 산도발 부부는 경제적으로 매우 어렵게 살았다. 엘리세오는 큰 주가 운영하는 공장에서 쥐꼬리만 한 월급을 받고 일했다. 마리아는 가정과 가족을 돌보며 가족이 필요로 하는 것을 충족해 주기 위해 돈을 벌려고 애썼다. 하지만 그들이 살던 침체되고 통제받는 경제 체제에서는 일자리가 거의 없었고 그들은 그들보다 앞서 산 부모와 조부모를 짓누른 가난의 악순환을 피할 방법이 없었다. 그때 살리나스 대통령은 자유기업에 문호를 개방했고 마리아와 엘리세오는 기꺼이 그 문 안으로 들어섰다.

마리아는 우리의 새로운 멕시코 ABO들로 가득 찬 연회장을 바라보며 부드럽게 말했다.

"우리가 산도발 부부입니다."

엘리세오는 그의 젊은 아내가 그들이 어떻게 Amway 멕시코에서 첫 ABO가 되었는지 얘기하는 동안 활짝 웃고 있었다. 불과 18개월 전 그들은 몬테레이에 있는 친구의 후원을 받았다. 그리고 그 짧은 시간에 산도발 부부는 고향 마을 사람들, 산간 지대에 드문드문 있는 초가의 농민들과 사업을 키우기 위해 밤낮으로 매진했다.

마리아와 엘리세오가 짧지만 감동적인 경험담을 끝내자 400명의 멕시코 ABO가 일제히 일어나 환호하기 시작했다. 마리아의 눈에는 눈물이 가득 고여 있었다. 그녀는 엘리세오의 손을 꽉 잡았고 두 사람은 함께 무대를 가로질러 내 쪽으로 걸어왔다.

마리아가 내 손을 잡고 흔들면서 말했다.

"안녕하세요. 디보스씨."

이어 그녀는 신경 써서 연습한 서툰 영어로 내가 결코 잊지 못할 한마디를 말했다.

"이것은 나의 첫 새 드레스입니다."

그녀가 말했다.

"오늘을 위해 이것을 샀습니다."

마리아는 소박한 무명 드레스를 입고 샌들을 신고 있었다. 나는 웃으며 고개를 끄덕였다.

"정말 아름다워요."

나는 그녀와 악수하며 말한 뒤 그녀의 남편에게로 몸을 돌려 인사를 했다. 마리아는 내 눈의 멍한 표정을 보고 내가 자신의 말을 제대로 이해하지 못했음을 알아차렸다. 그녀는 내 통역사를 보며 진지하게 스페인어로 몇 마디를 얘기했다. 마리아가 얘기를 마치자 그녀와 엘리세오는 통역사가 통역하는 동안 나를 쳐다보았다.

통역사가 설명했다.

"그녀는 이 옷이 그녀가 평생 처음 산 새 드레스라는 것을 당신이 알아주었으면 합니다. 그리고 고맙다고 전해주길 원합니다."

마리아와 엘리세오는 손을 잡고 나를 보며 웃고 있었다. 비로소 나도 이해했다.

숱한 세대가 지나는 동안 수백만 명의 다른 멕시코인과 마찬가지로 산도발 부부도 억누르는 빈곤과 박탈로 고통받아왔다. 그때 돌연 자유기업이 그들의 삶으로 들어왔다. 마침내 산도발 부부는 그들의 노동에 주어지는 보상을 경험하고 있다. 평생 처음 마리아는 가게에 들어가 그녀가 직접 번 돈으로 자신을 위해 아름다운 무언가를 살 만큼 충분한 돈을 갖게 되었다. 그리고 마리아는 그녀가 새로 경험한 자유의 화려한 상징이자 그것이 가져다준 보상인 밝은 노란색 드레스를 입고 내 앞에 섰다. 더이상 아무 말도 필요 없었다. 나는 가만히 다가가 그 부부를 안아주었다.

의미 있는 일은 인정을 가져다준다

노력에 주어지는 보상 개념과 밀접한 관련이 있는 것이 바로 인정이다. 보상 없이는 우수성에 따른 인정도 없다. 우리는 모두 심리학자들이 '긍정적 강화'라고 부르는 인정을 필요로 한다. 마리아 산도발의 지갑에 있던 돈은 그녀 자신을 자랑스럽고 독립적이며 자유롭게 느끼도록 해 주었다. 그러나 그녀의 리더 400명이 일제히 보낸 기립박수의 힘을 과소평가해서는 안 된다.

나는 그녀가 생애 처음 아주 잘한 일을 진정으로 인정받을 때 그녀의 눈에서 한없이 흐르던 눈물을 보았고, 그녀가 우리의 인정을 받으며 우리 사이를 걸을 때 미소짓던 얼굴도 보았다. 이렇게 보상과 인정은 함께 가야 한다는 것이 내 확고한 믿음이다. 둘 중 어느 것도 다른 하나 없이는 충분하지 않다.

롼 페리어가 설명했다.

"Amway 회사의 성공 핵심에는 좋은 마음으로 대접받고 싶어 하는 사람의 욕구가 있습니다. 우리는 서로의 입장에 서서 서로의 승리를 축하해 주는 사람들이에요."

그가 웃으며 덧붙였다.

"우리의 응원은 가식이나 위선이 아닙니다. 우리는 각자가 얼마나 열심히 노력하는지 알고 있어요. 집에 앉아 TV를 보는 것이 훨씬 더 편하지만 스스로 동기를 부여하며 매일 밖에 나가 일한다는 게 어떤 것인지 알고 있습니다. 우리는 사업 초반의 힘든 시기에 시간과 에너지 그리고 각오를 다지는 데 어떤 대가를 지불해야 하는지 알고 있어요. 그렇기에 우리는 사람들이 성취했을 때 손바닥이 아프고 목이 쉬도록 그 성취를 인정하는 것이 마땅하다고 생각해요."

롼과 조지아 리가 가장 높은 수준의 성취를 이룬 것도 그들이 어떻게 사람들에게 감사하고 그들을 인정해야 하는지 알았기 때문이다. 재정적 보상은 우리가 일을 하는 일차적 이유지만 누군가가 가끔 우리를 칭찬해 주지 않으면 아무리 큰 부가 따르더라도 우리를 계속 일하게 하진 못할 것이다. 우리는 모두 인정을 필요로 한다.

몇 달 전 나는 지역의 축구 경기장에서 열린 ABO 행사에 참석하기 위해 태국 방콕에 갔었다. 그날 밤 우리는 새로운 ABO들을 환영하고 새로 핀을 달성한 기존 리더의 새로운 성취를 인정해 주었다. 우리가 행사를 시작하기 6시간 전 방콕에는 거센 폭우가 쏟아졌다. 나는 그렇게 억수 같은 폭우를 뚫고 참석할 사람들은 없을 거라고 생각했다. 그러자 Amway태국의 임원들이 웃으며 말했다.

"걱정 마세요. 모두 올 겁니다."

행사 시작 한 시간 전 나는 무대 위에 서서 수천 명의 사람들이 속속 도착하는 것을 지켜보았다. 그들은 경기장 바닥이 진흙이라 신발이 푹푹 빠지는 것을 발견하고는 아예 신발을 벗고 바지를 걷어 올린 뒤 경기장으로 걸어갔다. 나중에 이름을 호명한 사람들이 무대를 가로질러 친구와 이웃들이 힘차게 환호하는 쪽으로 걸어갈 때, 나는 왜 그들이 물난리가 난 거리와 진흙탕이 된 경기장을 마다하지 않고 그 행사에 참석했는지 분명히 알게 되었다. 그들은 서로의 성취를 박수로 인정해 주고 또 그들이 성취한 것에 박수를 받기 위해 거기에 있었다. 엄청난 열대성 폭우도 그들을 막을 수는 없었다.

나는 사람들의 성취를 인정해 주는 것의 힘을 믿는다. 오늘날 전 세계 사람들은 누군가가 자신이 하는 일을 알아봐주고 칭찬해 주기를 바란다. 그 이유를 이해하기는 어렵지 않다. 인정은 자존감과 자신감을 세워준다. 그것은 단지 과장된 칭찬이 아니다. 인정받고 싶은 것은 인간 본성의 일부다. 그리고 사람들은 인정받지 못하면 대부분 성공하지 못한다.

우리는 인정해 줄 때 다른 사람에게 이렇게 말한다.

"당신은 중요해요. 당신은 무언가 중요한 일을 하고 있어요."

인정받지 못하면 사람들은 성공에 흥미를 잃는다. 또 인정받지 못하면 사람들은 개성을 잃고 존재 가치도 잃는다.

최근 말레이시아 정부 관료와 만났을 때 나는 그에게 몇 주만 있으면

400명의 말레이시아 ABO가 회사 경비로 태평양을 건너 디즈니랜드로 리더십 여행을 떠날 것이라고 말했다. 그는 "왜 그렇게 하시죠?"라고 물었다. 나는 말했다.

"우리는 성취한 사람들을 인정합니다. 그것이 우리의 성장 비결이에요."

잠시 그는 다소 당황한 표정으로 나를 가만히 응시하더니 곧 머리를 끄덕이며 말했다.

"우리가 배워야 할 것이 많군요."

여러분이 직원이든 고용주든 그것은 그다지 중요하지 않다. 우리는 모두 서로 성취자가 되도록 도울 필요가 있다. 짤막한 감사카드나 전화 한 통의 위력을 상상해 보라. 여러분의 동료 직원의 성취에 관심을 보이자. 그들을 응원하자. 그들의 승리에 박수를 보내자. 그러면 다음에는 그들도 여러분이 필요로 하는 보상과 인정을 여러분에게 안겨줄 것이다.

의미 있는 일은 희망을 불러온다

자유도 보상도 인정도 없다면 여기에 무엇을 더해야 하는가? 희망이 없다! 공산주의가 실패한 것처럼 만약 사람들에게 자기 꿈을 실현하게 할 능력을 주지 않으면 자본주의는 힘을 잃을 것이다. 여러분은 이룰 수 없는 꿈에 얼마나 오래 매달릴 수 있겠는가? 우리 꿈이 도저히 실현될 가망이 없을 때 희망은 죽는다. 반면 희망이 있는 곳에서는 어떤 일이든 일어날 수 있다. 희망만큼 좋은 약은 없다고 한다. 그렇게 훌륭한 인센티브도 그만큼 강력한 원기회복제도 없다. 자유기업과 희망은 불가분의 관계에 있다. 자유기업의 중심에는 바로 여러분의 삶의 질을 향상시킬 수 있다는 희망, 재정적으로 더 나아질 수 있다는 희망, 급여가 오르거나 승진할 수 있다는 희망, 내 사업을 시작할 수 있다는 희망이 있다.

만약 모두가 앞으로 나아간다는 현실적인 희망 없이 한낱 컴퓨터 인쇄물의 숫자처럼 취급된다면 어떤 일이 일어날까? 사람들은 들고 일어날 것이다. 우리가 최근 수년간 봐온 것처럼 사람들은 혁명을 일으켰다. 이는 카를 마르크스가 예견한 그런 종류의 혁명이 아니다. 그것은 반공산주의 혁명이었다. 사람들은 희망을 필요로 했지만 공산주의는 희망을 가져다주지 못했다.

사람들에게는 내일을 위한 희망이 필요하다. 그렇지 않으면 그들은 효율적으로 일하지 않는다. 여러분에게 미래를 위한 희망이 있을 때 불확실한 현재를 극복하기가 더 쉬워진다. 만약 현재가 위태롭고 미래를 위한 희망이 없다면 여러분에게 무엇이 남아 있겠는가? 절망뿐이다.

나는 중국 베이징에서 생중계한 TV 방송을 기억한다. 그 거대한 나라의 젊은이들이 민주주의와 자유기업을 위해 시위를 하고 있었다. 내가 본 트럭 뒤에 올라탄 중국의 10대를 결코 잊을 수 없을 것이다. 이마에 흰색 띠를 두른 그는 손을 뻗은 열광적인 군중 속으로 전단지를 뿌리고 있었다.

한 미국인 기자가 "왜 시위를 하고 있죠?"라고 소음 이상으로 큰 소리를 질렀다. 그 청년이 소리쳤다.

"우리는 자유로워지기를 원합니다."

갑자기 그 트럭이 천안문 광장을 향해 거칠게 돌진했다. 그 청년은 나무 난간을 꼭 붙잡고 기자를 향해 아래로 몸을 굽혔다. 그는 "우리는 당신이 미국에서 자유롭게 사는 것처럼 우리도 그렇게 살기를 원해요."라고 소리쳤다. 그런 다음 그는 먼지 구름 속으로 사라졌다.

곧 그 용감한 젊은이와 그의 친구들은 탱크, 총알, 총검을 맞닥뜨렸을 것이다. 이어 벌어진 유혈 참극에 그도 희생되었을까, 아니면 투옥되었을까? 혹시 홍콩으로 탈출하지 않았을까? 짧은 순간 그 용감한 중국 청년은 중국의 모든 국민을 위한 그의 희망을 부르짖었다.

우리는 희망이 살아 있게 해야 한다. 여전히 전체주의 정권 하에서 살아가는 사람들의 가슴속에서뿐 아니라 꿈을 실현하기 위해 고군분투하는 모든 이의 가슴속에서 희망은 살아 있어야 한다. 더 이상 우리는 제1세계, 제2세계 또는 제3세계 국가라고 말할 수 없다. 어디든 빈곤, 무주택, 실업, 절망이 있다면 우리는 현실적이고 실질적이며 생명을 주는 희망을 가져다주어야 한다. 그렇지 않으면 자본주의 역시 실패할 것이다.

1세기 철학자 플리니우스는 다음과 같이 썼다.

"희망은 세상을 떠받치는 기둥이며 모든 깨어 있는 사람의 꿈이다."

우리의 미래, 세계의 미래는 젊은이든 노인이든 사람들이 절망의 가장자리에 서 있는 곳이면 어디에서든 얼마나 많은 희망을 자유롭게 불어넣는가에 달려 있다.

유럽, 아시아, 북남미의 호텔 연회장과 커다란 컨벤션 센터 혹은 경기장에서 나는 희망의 소식을 환영하는 많은 사람의 응원의 목소리를 들어왔다. 우리는 모두 자유, 보상, 인정 그리고 특별히 희망을 갈망한다. 이것은 의미 있는 일을 떠받치고 자유기업 체제를 강력하게 만들어줄 기둥이다. 이 초석 위에서 컴패셔닛 캐피털리즘은 등대처럼 떠오른다.

거의 25년 전 뢴과 조지아 리 페리어는 그들의 인생 계획이 난파되었음을 알았다. 두렵고 절망적이던 그들은 한 불빛을 향해 헤엄쳤다. Amway가 그 불빛은 아니다. 미국도 그 불빛이 아니다. 그 빛은 민주주의이고 자유기업이다. 그 빛은 가장 드문 곳에서 점점 더 밝게 빛난다. 어떤 특정 국가도 컴패셔닛 캐피털리즘을 독점하지 못한다. 어떤 특정 국민도 그 길을 보여주는 지도를 독점 소유하지 못한다.

어쩌면 여러분은 아직 자유로 가는 길을 발견하지 못했을지도 모른다. 또 어쩌면 여러분의 노고와 창의성을 충분히 보상받거나 인정받지 못할지도 모른다. 만약 여러분의 미래가 희망적이지 않다고 느낀다면 론과 조지아 리 페리어의 예를 따라해 보라. 여러분의 꿈은 무엇인가? 어떤 종류의 일이 여러분에게 그 꿈을 실현할 기회를 주겠는가? 그 일을 시작하기 위해 여러분은 삶에서 무엇을 변화시킬 필요가 있는가? 여러분이 그렇게 변화할 만큼 용기를 내거나 (혹은 절망적이게) 하는 것은 무엇인가?

오리건주 포틀랜드에서 있었던 대규모 랠리가 끝난 후 조지아 리는 텅 빈 무대 가까이에 서 있는 어느 젊은 부부를 보았다. 랠리가 있었던 곳은 조용했다. 거의 1만 4,000명의 사람들이 다녀갔다. 론과 조지아 리와 포옹하고 악수를 하려고 길게 줄지어 있던 부부들이 자랑스럽게 웃으며 무대를 가로질러 걸어갔다. 잠시 있었던 기립박수가 끝났고 환호와 박수도 끝이 났다.

조지아 리가 거기 서 있던 두 젊은이에게 말했다.

"무얼 도와드릴까요?"

잠깐 동안 두 낯선 이들은 가만히 거기에 서서 손을 잡고 애써 눈물을 참으려고 눈을 깜빡거렸다. 조지아 리는 망설임 없이 자신의 손으로 그들의 손을 잡고 부드럽게 말했다.

"괜찮아요. 나는 이해해요."

다시 한번 긴 침묵이 지나고 젊은이가 얘기하기 시작했다. 그는 조지아 리에게 모두 익숙한 산산조각 나버린 꿈과 커가는 두려움에 관한 이야기를 들려주었다. 비싼 학비를 내고 대학을 다녔고 큰 규모의 엔지니어링 회사에 입사해 집을 사고 가정을 꾸렸는데 바로 그날 오후 우편함에서 해고 통지서를 발견했다고 했다.

갑자기 그는 실망과 분노의 감정에 휩싸여버린 것 같았다. 그의 아내는 그를 위로하려고 손을 뻗었다. 롼 페리어는 무슨 일이 일어나고 있는지 알아차리고 그들에게로 가까이 다가갔다.

젊은이가 힘없이 말했다.

"이제 어떻게 해야 할까요? 어떻게 다시 시작하죠?"

롼이 조지아 리를 바라보며 웃었다. 그들의 눈도 어느새 눈물로 촉촉해져 있었다. 하지만 그들의 눈물은 기쁨과 감사의 눈물이었다. 롼은 그의 팔로 젊은이의 어깨를 감싸며 조용하면서도 자신 있게 자신의 이야기를 들려주기 시작했다.

6.
자본주의는 무엇이고
그것은 왜 일을 하는 데 최선의 체제인가

신조 6

우리는 자본주의(자유기업)를 믿는다. 자본주의는 우리와 우리 세계의 경제 회복에 하나의 큰 희망을 제공하기 때문이다.

그러므로 자본주의가 무엇이고 그것이 어떻게 작용하는지 모른다면 지금 알아둘 필요가 있다. 우리 재정의 미래가 바로 자본주의에 달려 있으니까!

켄과 도나 스튜어트 부부는 미주리주 스프링필드의 트랜스월드항공 TWA 공항 티켓 카운터에서 수속을 위해 길게 줄지어 기다리는 여행객들 쪽으로 다가갔다. 그때 한 직원이 켄에게 걸어와 활짝 웃으며 말했다.

"아버지는 좀 어떠신가? 여기서 함께 있었던 일이 지금도 기억나는군."

그는 탑승권을 인쇄하고 스튜어트 부부의 짐을 확인하면서 켄의 아버지와 지난 25년간 있었던 일에 관해 두 사람과 대화를 나눴다.

켄이 기억을 더듬어 말했다.

"그분은 아버지와 거의 같은 시기에 오자크 항공사로 와서 일한 분이었어요. 내가 어렸을 때 두 분은 함께 항공사 카운터에서 일했죠. 두 분다 젊었고 가정을 꾸려 아내와 가족이 있었어요. 분명 두 분에게는 언젠가 자기사업을 하고 싶은 꿈이 있었을 거예요."

켄이 덧붙여 말했다.

"내 아버지는 꿈을 이룬 반면 그분은 탑승권을 인쇄하고 짐을 부치는 일에 남은 평생을 보냈어요."

오자크에서 몇 달 일한 뒤 켄의 아버지는 잘 관리해 온 돈을 모두 긁어모아 집 근처의 코인빨래방을 계약했다. 대략 1년 후 그 빨래방에서 번돈으로 길 건너 공터를 샀다. 켄의 아버지는 가족에게 물었다.

"남는 시간에 우리 집을 지으면 어떻겠니?"

켄은 웃으며 회상했다.

"우리 모두 그 집을 짓는 일에 힘을 모았어요. 나는 고작 여섯 살이었지만 어쨌든 아버지는 나까지 무언가 일을 거들게 했어요."

집 한 채로 시작한 일은 그다음 집으로 이어졌다. 켄의 아버지는 사업을 배우며 서서히 신중하게 일했다. 결과적으로 그것은 아주 잘 지어졌고 가격도 좋아 금세 팔려 나갔다. 1년 뒤 켄의 아버지는 빨래방 근처에 체인점 데어리 퀸을 살 만큼 충분한 수익을 올렸다. 그렇게 더 많은 집을 계속 지었고 불과 몇 년 만에 켄의 아버지 스튜어트 씨는 오자크 항공사를 그만두었다. 자기사업을 한 그는 몇 개의 작은 사업체와 마을 전체에 생기고 있던 주택을 여러 채 소유한 건축업자였다.

켄이 회상했다.

"내가 아버지 동료였던 그분에게 아버지의 성공을 얘기하자 그분은 웃으면서 말했어요. '나도 자네 아버지가 했던 것처럼 용기를 냈다면 좋앉을 텐데.' 그리고는 악수를 하고 가버렸어요."

두 사람에게는 자신과 가족을 위한 꿈이 있었다. 그러나 둘 중 한 사람만 용기를 냈고 그는 자신의 꿈을 실현하는 데 자본주의가 어떻게 작동하는지 충분히 이해했다. 이것은 오래된 이야기다. 어쩌면 여러분도 지금 기로에 서서 어느 쪽으로 가야 할지 망설이고 있을지도 모른다. 여러분은 하고 싶지 않은 일을 하면서 삶을 보내버릴 것인가?

자본주의가 무엇이고 그것이 어떻게 작동하는지 아는 한 가지 방법은 직접 시도해 보는 것이다. 아마 켄의 아버지도 제이와 내가 그랬던 것처럼 그것을 힘들게 배웠으리라. 우리는 경영학 석사학위는커녕 고등학교에서도 경제학을 공부하지 않았다. 물론 지금 나는 명예학위를 수십 개가지고 있지만 대학을 마치지 않은 것을 아직도 후회하고 있다. 제이와 나는 젊고 열정이 넘쳤다. 우리는 우리 키보다 더 깊은 물속으로 그냥 뛰어들었다. 우리는 헤엄치는 것을 배워야 했다. 그렇지 않으면 물에 빠져 죽을 수밖에 없었으니까! 그렇게 쌓아온 경험이 우리의 멘토였다. 만약 내가 시간을 돌이켜 그 모든 것을 다시 할 수 있다면 자유기업 역사와 그 역사를 이끈 용기 있는 사람들의 이야기를 읽는 데 더 많은 시간을 보내고 싶다.

아마 여러분은 오늘 아침 자본주의가 무엇이고 그것이 어떻게 돌아가는지 알 필요를 느끼지 못한 채 눈을 떴을 것이다. 톨스토이는 이렇게 말했다.

"역사가는 모두 그들에게 묻지 않은 질문에 계속 대답하는 귀먹은 사람들 같다."

어쩌면 여러분도 늘 역사를 싫어했거나 지겹다고 생각했을지 모른다.

역사는 마치 노란 전화번호부 같다. 여러분이 무언가를 급히 찾을 필요가 있을 때까지는 사뭇 지켜우니 말이다. 미국이 처한 경제적 혼란을 보고 있노라면 지금 우리에겐 일종의 지침서가 필요하고 그것도 아주 빠른 시일 내에 필요하다는 것이 여실히 느껴진다. 이 위대한 경제 체제 역사를 되돌아보는 것은 우리가 자본주의 게임 룰을 이해하는 데 도움을 주고, 그 게임 룰을 이해할 경우 게임을 성공적으로 해내기가 훨씬 더 쉬워진다.

만약 우리가 계속해서 자본주의를 잘못 운영하면 개인 재정이 파탄 나고 국가 부도에 이르는 것처럼 좋지 않은 상황을 맞이할 수 있다. 자본주의 운영 체계를 무시한 탓에 이미 수백만의 사람들이 자신의 재정적 꿈이 무산되는 대가를 치러왔다.

미국 철학자 조지 산타야나는 "과거를 기억하지 못하는 사람은 그것을 반복할 수밖에 없다."라고 경고했다. 그러니 미래를 장담하려 하기 전에 우리의 과거를 이해하려 노력하자.

라틴어에서 유래한 캐피털capital이라는 단어는 '부'를 의미한다. 자본주의는 자본 혹은 부의 자유로운 축적을 기반으로 하는 경제 체제다. 켄의 아버지는 2,000달러를 모아 빨래방을 인수했다. 그리고 그 나머지는 역사다. 물론 돈이 유일한 자본은 아니다. 물질 자본도 있다. 천연자원과 제조한 물품, 예를 들면 다른 재화를 생산하는 데 사용하는 기계가 대표적이다. 금융 자본도 있다. 이는 현금, 주식, 채권 등 다른 자본재와 교환할 수 있거나 투자 가능한 것을 말한다. 여기에 덧붙여 나는 여러분이 자본의 세 번째 종류를 생각해 보길 바란다. 이것은 항상 책 안에 있지는 않다. 바로 정신 자본이다. 아이디어idea나 독창성ingenuity은 물질 자본과 금융 자본을 생산하는 데 필요한 인적 요소다.

자본주의의 주요 특징은 자본의 사적 소유와 기업 경영의 자유freedom of enterprise다. 간단히 말해 자본가는 부를 소유하는 자유와 그 부를 사용하는 자유를 누린다. 켄의 아버지는 몇 달러를 저축했고 그것으로 공터를 샀다. 만약 여러분이 부를 창출하는 데 쓸 수 있는 어떤 자본을 소유한다면 여러분은 이미 반은 자본가가 된 셈이다. 주택, 차, 약간의 돈, 컴퓨터, 망치, 전화기, 주식이나 채권, 바이올린, 축구공, 페인트 붓, 삽, 노트패드 그리고 펜은 모두 부를 창출하기 위한 잠재적 도구다.

누구나 자본가가 될 수 있다는 것은 역사적으로 상당히 새로운 생각이다. 몇 세기 전까지만 해도 단지 아주 소수의 특권층만 그 권리를 누렸다. 한참 전이었다면 켄의 아버지는 땅을 사는 데 돈을 투자하거나 자신과 가족을 위해 삶의 질을 개선하기는커녕 자기 노동의 대가를 못 받는 것은 물론 저축하는 것도 불가능했을 것이다. 어떻게 평범한 사람들이 그토록 값진 타고난 권리를 물려받게 되었는지 더 잘 이해하기 위해 대단히 흥미로운 자본주의 진화 과정을 살펴보자. 우리가 살아가는 세기 동안 모든 국가와 국민은 자유기업 체제에 참여할 권리를 잃어버린 적이 있다. 역사를 돌이켜보면 어느 누구도 다시는 우리에게서 그 권리를 빼앗을 수 없게 할 것이라고 장담한다.

자본주의의 광범위한 정의를 적용할 경우 고대 문명에서도 자본주의의 예를 찾을 수 있다. 이집트, 바빌로니아, 그리스, 로마에는 모두 일종의 사유지와 자유기업 형태가 존재했다. 자본주의의 초기 예는 널리 퍼지지 않았지만 문명 초기부터 존재하긴 했던 것으로 보인다. 재능, 인센티브, 자원, 기회는 어느 사회나 어느 시대를 막론하고 자본주의자를 탄생시킨다.

봉건주의. 우리에게 익숙한 오늘날의 자본주의 형태가 발전하기 시작한 것은 중세 시대 말부터다. 봉건주의는 중세 시대에 세계의 대부분을 특징지었다. 작은 공동체 안에 살던 사람들은 자신이 소작농으로 일하는 땅을 소유한 봉건 영주의 권한 아래 전국 각지로 흩어졌다. 이 공동체 안에 있는 사람들은 자급자족해야 했다. 그들이 필요로 하는 것은 대부분 직접 재배하거나 만들었고 이를 교환했다.

봉건 후기에 사람들은 도시로 이주하기 시작했고 물물교환보다 돈에 기초한 경제가 발전하기 시작했다. 사람들이 도시로 이주하면서 일어난 여러 가지 일 중 하나는 그들의 일이 전문화하기 시작했다는 점이다. 예를 들어 사람들은 직접 양을 기르고 실을 잣고 천을 짜고 옷을 꿰매 완성하는 대신 하나의 특정 작업을 하기 시작했다. 즉, 그들은 방직업자, 재단사, 양모 상인이 되었다.

사람들이 흩어져 살았고 중앙정부가 없었다는 점에서 봉건주의를 무질서한 상태로 정의한다면 도시로의 이주는 조직화 과정이었다. 도시가 스스로 조직된 여러 방법 중 두 가지는 통치위원회를 설립한 것과 주화를 발행한 일이었다. 교역에 사용한 동전은 일종의 통화 체계로 이것은 자본 축적을 훨씬 쉽게 해주었고 자유 교역을 크게 촉진했다.

당시에는 빨래방이나 데어리 퀸 같은 체인점이 없었다. 예를 들어 켄의 조상이 벨기에산 림버거 치즈를 전문으로 만드는 낙농업자라고 해보자. 화폐 제도 아래 그는 자신의 치즈를 상인에게 돈을 받고 팔 수 있다. 그 상인은 다시 치즈를 다른 사람에게 팔 수 있다. 스튜어트 씨는 더 이상 자기가 필요로 하는 특정 물건, 가령 우유 통을 가진 사람이나 그의 림버거 치즈를 원하는 사람을 찾을 필요가 없다. 그가 원하는 건 어떤 것이든 동전으로 구입이 가능하고 그것도 언제든 원할 때 살 수 있었다. 이 것은 오랜 물물교환 방식과 비교가 되지 않는 이점이었다.

중상주의. 도시와 그들의 화폐 제도에 힘입어 도시국가가 형성되고 그 것이 다시 국가 형태로 더욱 조직화하면서 중상주의라고 불리는 경제 체제가 발전했다. 이 체제의 이름은 치즈 상인, 직물 중개인, 곡물 판매상 같은 소규모 사업을 하는 사람들에게서 따왔다. 이 중상주의는 대략 16세기부터 18세기까지 유럽 경제 체제를 지배했다.

모든 중상주의자, 특히 새로 탄생하는 국가의 통치자들 목표는 금과 은을 축적하는 것이었다. 이들 군주는 권력을 유지하는 데 필요한 금과 은을 모아야 한다는 걱정이 늘어갔다. 권력 유지는 무기와 직업군인을 충분히 보유하는 데 달렸고 이는 많은 자본을 요하는 일이었다. 그리고 그 자본을 축적하는 방법은 우호적인 무역수지, 즉 수출 초과를 유지하는 것이었다. 중상주의 체제 아래 수출이 수입을 초과할 때 그 차액은 금과 은(동전이나 괴의 형태)으로 지불했고 수출국은 자본이 늘어났다. 결국 통치자는 사람들에게 수출용 재화를 생산하도록 독려했으며 수입을 억제하기 위해 높은 관세를 고안해 냈다.

중상주의는 봉건주의보다 개선된 체제다. 대체로 중상주의는 삶의 질을 높였고 더 많은 상품을 사용하게 했으며 중산층을 양산하기 시작했다. 그러나 중상주의에서는 대부분의 이익이 권력을 가진 엘리트와 귀족계층에게 돌아갔으며 대다수 사람들은 빈곤 속에 살았다. 켄의 조상뿐 아니라 여러분과 내 조상도 자유기업을 실행하거나 삶의 질을 개선해 줄 그 어떤 권리도 누리지 못한 채 수 세기를 살았다. 이처럼 중상주의는 분명 컴패셔닛 시스템이 아니었지만 적어도 그 방향을 향해 나아가고 있었다.

그런데 중상주의에 무슨 일이 일어났는가? 중상주의 체제 내의 자체 결함 외에 당시 일어나고 있던 여러 사회 역사적 변화로 중상주의는 서서히 쇠퇴했다. 중상주의의 주요 결점은 실질적인 부의 척도가 개인과 공동체의 삶의 질 향상이 아닌 돈 축적에 있었다. 금을 소유하는 것만 중요한 것이었고 그것을 소유해 어떤 유익한 일을 했는지(또는 하지 않았는지)는 중요하지 않았다.

이 배금사상은 성경만큼이나 역사가 깊고 지속되었으며 성경은 오래 전에 그 사상을 경고했다. '금이 전부'라고 한 극단적 황금만능주의 신봉자들은 농산물은 국내에서 소비되고 외화를 벌어들이지 못하므로 담배 같은 수출용 작물만 재배하도록 농업을 제한해야 한다고까지 주장했다. 어떤 사람들은 '만약 담배만 재배하면 우린 무얼 먹고 살지?'라는 질문조차 하지 않았다. 진정한 부는 인간의 욕구를 충족해 줄 때 얻는다. 인간의 행복은 경제활동의 궁극적 목표다. 인간의 욕구를 충족해 주지 못하는데 금고에 얼마나 많은 금이 있는지 뭐 그리 중요한가! it doesn't matter how much gold is in the treasury if people's needs are not met!

근대 자본주의를 구축한 사람은 누구이고 그 사상은 무엇인가

최초의 경제학자 애덤 스미스 Adam Smith. 자유기업을 형성하고 켄의 아버지를 인도했으며 우리 사업을 성공으로 이끈 사상은 괴짜 스코틀랜드인 애덤 스미스가 그 출발점이다. 그는 위대한 사상가였으며 특징적이었다. 그는 모든 것에, 심지어 외모조차 평범한 구석이라고는 없었다. 커다란 코와 튀어나온 눈 그리고 아랫입술이 두드러진 그는 카리스마는커녕 발음이 분명치 않았고 신경성 경련과 언어장애를 가지고 있었다. 스미스 자신도 "나는 내 책들 말고는 멋진 데가 하나도 없는 사람이다."라고 말했을 정도였다.

스미스는 1723년 에딘버러 근처 커콜디라는 이름의 작은 스코틀랜드 항구도시에서 태어났다. 그는 열네 살 때 글래스고대학교에 입학했고 이후 옥스퍼드대학교에서 장학금을 받으며 2년을 더 공부했다. 옥스퍼드대학교를 졸업한 후에는 글래스고대학교 교수로 임명되었다.

아직 10대였던 스미스는 "왜 어떤 나라는 다른 나라보다 부유하지? 어떻게 그 부유한 나라들은 그렇지 않은 나라들보다 먹고 입고 쓸 것을 더 많이 생산할까?" 하고 곰곰이 생각하기 시작했다. 이 질문에 내린 그의 답은 세계가 자유기업 체제로 발전하는 시발점이 되었다. 스미스는 한 국가의 부는 돈 축적이 아니라 분업the division of labor으로 증가한다고 말했다.

그는 수백만 명의 세상 사람들이 갖춘 에너지, 아이디어, 기술이 금보다 더 가치 있다는 것을 깨닫기 시작했다. 스미스의 말을 바꿔보면 분업은 공공의 부를 증대하는 주요 요인이다. 그 이유는 국가의 부는 금 보유량이 아니라 사람들이 갖춘 각자 다른 독창적 능력에 비례하기 때문이다. 이것은 정확히 무엇을 의미하는가? 의심의 여지없이 지금껏 출판된 경제학 서적 중 단연 가장 유명하고 영향력 있는 스미스의 저서《국부론 Wealth of Nations》에서 그의 사상을 찾아볼 수 있다. 책 서두에서 스미스는 분업이 무엇을 의미하는지 설명하기 위해 이야기 하나를 소개했다.

그 유명한 이야기의 주제는 핀이다. 이야기는 이렇게 진행된다. 핀을 만드는 훈련을 받지 않은 한 사람은 아무것도 모르는 상태로 아주 성실하고 조심스럽게 일을 시작해 하루에 하나의 핀을 만드는 데 성공한다. 조금 숙련된 사람도 기껏해야 하루에 핀 20개를 만든다. 그러나 심지어 스미스 시대에도 그렇게 일하지는 않았다.

핀 제조업체는 보통 어떤 특수한 작업에 전문성이 있는 노동자들로 구성이 되어 있었다. 스미스의 설명에 따르면 첫 번째 사람은 철선을 만들고, 두 번째 사람은 그것을 곧게 펴고, 세 번째 사람은 길이에 맞게 자르고, 네 번째 사람은 한쪽 끝을 뾰족하게 하고, 다섯 번째 사람은 머리 부분을 붙이기 위해 다른 끝을 준비한다. 또 다른 두세 사람은 핀의 머리 부분을 만들고 붙이는 일을 한다. 평범한 핀 하나는 각자 구체적인 임무를 맡은 여러 노동자의 작업 결과다. 1700년대에는 노동자 10명 규모의 작은 회사에서 하루 4만 8,000개의 핀을 생산할 수 있었다. 한 사람이 4,800개를 생산한 셈이다. 만약 모든 노동자가 따로 하나씩 핀을 만들었다면 그 공장은 10개에서 최대 200개를 생산했을 것이다.

스미스의 이 간단한 이야기는 그의 요점을 명확히 설명한다. 임무를 완수하거나 제품을 생산하는 데 필요한 노동을 구체적이고 구별되는 작업으로 구분하면 생산성은 크게 올라간다. 그리고 생산성이 올라가면 국가의 부는 증가한다. 이것이 분업이 국부를 증대하는 방법이다. 물론 이게 전부는 아니다. 노동자가 전문화하면 그들은 문제 해결 능력이 좋아지고 생산성 향상에 도움을 주는 기계를 고안할 가능성이 커진다. 다시 말해 분업은 신기술을 개발하는 핵심 요소이기도 하다.

이 모든 것을 두 단어로 말하면 이렇다.

'사람이 중요하다.'

사람은 생산 공정에 기여하는 다양한 재능을 갖추고 있다. 그들이 마음껏 재능을 계발하고 활용하게 하자. 스미스의 통찰력은 기본적인 것이었고 그는 사람들이 실제로 잘 이해하지 못했던 복잡한 시스템을 이해했다. 그의 통찰력은 핀 공장에서 멈추지 않았다. 그는 국가와 국가 경제뿐 아니라 사람과 경제활동이 일어나는 과정에서의 사람의 중요성에 관해 할 말이 훨씬 더 많았다.

스미스는 사람들이 어떻게 경제적 결정을 내리는지에 호기심이 많았다. 그 호기심은 그가 사람들이 어떻게 도덕적 결정을 내리는지 궁금해한 데서 비롯되었다. 당대 분위기에 따라 진지했던 대부분의 사람들처럼 스미스도 사역을 위한 공부를 시작했다. 그는 경제학자가 될 생각이 없었다. 사실 그 시대에는 경제학자가 아예 존재하지도 않았다. 애덤 스미스가 지금 우리가 경제학과 심리학이라고 부르는 학문에 관심을 보였을 때 그는 사람들이 '도덕 철학'이라고 부른 것을 전공하고 있었다.

애덤 스미스의 보이지 않는 손. 그는 시장에서 경제학과 심리학이 어떻게 상호작용하는지와 관련해 이론을 세웠다. 바로 '보이지 않는 손'이라고 불리는 이론이다. 스미스는 이기심과 자기 보존 같은 강력하고 상충하는 동기에 직면했을 때 사람들이 어떻게 올바른 도덕적 판단을 내릴 수 있는지 염려했다. 또한 같은 종류의 압력 아래 사람들이 어떻게 좋은 경제적 판단을 내릴 수 있는지도 우려했다.

그는 사람들이 대부분의 경우 자기 행동을 인정하거나 부인하는, 즉 '공정한 관찰자' 역할을 하는 '내면의 사람'을 가지고 있어서 올바른 판단을 한다고 주장했다. 스미스는 이 공정한 관찰자를 일종의 큰 소리로 말하는 양심처럼 강력한 목소리로 간주하며 그것을 무시하기 힘들다고 생각했다. 그는 사람들이 자신의 열정에 이끌리지만 이성적으로 판단하는 능력과 컴패션이라는 인간 고유의 능력에 따라 스스로 조절하는 것을 보았다.

더구나 자신의 이익을 추구하는 사람들도 자기도 모르는 사이 종종 보이지 않는 손에 이끌려 사회의 이익을 증진한다. 스미스는 도덕적 영역과 반대되는 경제 영역에서 공정한 관찰자를 또 다른 '조절하는 힘'으로 대체했다. 그 힘은 바로 경쟁이다. 자유시장에서 앞서 나가려는 사람의 열정은 경쟁이 통제한다는 의미다.

경쟁의 역할. 스미스는 경쟁 욕구를 인간 본성의 일부로 간주했다. 만약 표현의 자유를 허용한다면 경쟁 욕구는 사회적으로 유익한 힘으로 작용하므로 나쁘지 않다고 봤다. 그 이유는 무엇일까? 한 사람의 이기심이 다른 사람의 이기심과 상충할 때 보이지 않는 손이 작용하기 때문이다. 보이지 않는 손은 어떤 제품을 얼마에 생산할 것인지에 영향을 미친다. 스미스는 보이지 않는 손은 사회가 원하는 제품을 그들이 지불 가능한 가격으로 구매하도록 보장하는 강력한 목소리라고 주장했다.

스미스는 사회가 앞서 나가고자 하는 모든 이의 욕구에 자유 통치권을 주어야 한다고 믿었다. 즉, 경쟁이 자유롭게 이뤄지도록 허용해야 한다고 믿었다. 무엇보다 스미스는 정부가 국민의 사익 추구에 간섭해서는 안 되며 선함이나 관대함을 입법화하려 해서도 안 된다고 주장했다. 사람들은 만일 그들 각자가 개인적 혜택을 볼 수 있으면 올바른 일을 하려는 경향이 훨씬 커진다는 얘기였다. 그는 경제적 인센티브를 굳게 믿었다.

자유시장의 필요성. 스미스는 상당히 양심적인 사람이었고 착취적 사업 관행에 관대하지 않았다. 그는 순진하지도, 당시 일부 상인과 제조업자의 탐욕스런 관행을 눈감아주지도 않았다. 실제로 그는 같은 무역을 하는 사람들이 함께 모이면 심지어 파티장에서조차 대화가 항상 대중을 속이려는 음모로 변질되는 것 같다고 말한 적이 있다. 그렇지만 그는 여전히 보이지 않는 손의 힘이 정직하지 않은 사업가들이 꾸민 '악의적 협정'을 압도한다고 믿었다.

사업가들이 지나치게 과도한 이익을 남겼을 때 스미스는 정부가 어떤 종류의 법이나 규제로 그들을 지원하는 역할을 했는지 보았다. 그는 간혹 탐욕스런 사업가들이 그들의 사업적 위치를 유지하기 위해 정부에 도움을 요청하는 것을 보았다고 했다. 정부는 보이지 않는 손을 무력화할 수 있는 위치에 있었다. 가령 정부는 무역에 제한조치를 취하거나, 일부 산업에 독점을 허용하거나, 보호법을 이용해 특정인에게 우호적일 수 있었다.

스미스는 어느 누구도 예외적으로 특권을 누려서는 안 된다고 믿었다. 만약 사업가들이 함께 공모해 자신들 사업에 우선적 특권을 부여하거나 정부가 그들에게 입법상의 특혜 혹은 경쟁에 어떤 식으로든 간섭하는 것을 용인하면 보이지 않는 손은 제 역할을 할 수 없다. 보이지 않는 손은 '자연적 자유natural liberty' 맥락에서 작동해야 모든 사람에게 최선의 이익을 제공한다. 정부는 사업에 관여해서는 안 되었고 그 반대도 마찬가지였다. 이것이 우리가 재발견할 필요가 있고 또 빨리 재발견해야 하는 애덤 스미스의 또 다른 이론이다.

스미스는 유독 사업자와 정부 간의 불미스런 유착을 두려워했다. 그는 정부가 "인간의 통치자가 되어서는 안 되며 상인과 제조업자 그 누구의 비열한 탐욕이나 독점하려는 성향"에도 귀를 기울여서는 안 된다고 말했다. 스미스는 인간 본성에는 현실적이었지만 시장에 양심적 행동이 필요하다는 점에서는 이상주의적이었다.

스미스와 자유방임 Laissez-Faire. 그는 말 그대로 '행동하게 맡겨두어라.'라는 의미의 자유방임 정책을 옹호했다. 다시 말해 경제 문제는 혼자 내버려두어야 한다는 주장이었다. 그의 경제 철학은 보이지 않는 손이 공정하고 효율적으로 사람과 사업, 산업 전체를 이끈다는 가정에 기반을 두고 있는데 이것은 '오직 그 주체들이 홀로 남겨질 때만'이라는 전제를 포함한다. 그러나 정부의 간섭이 없다면 어떻게 폭주하는 탐욕을 막을 것인가?

가령 한 힘 있는 상인이 개발한 바나나맛 아이스바가 상업고에서 엄청난 히트상품이 되었다고 해보자. 그 상인이 아이스바 이름을 '바나나스틱'이라 부르기로 했다고 하자. 그 상업고 학생들이 이 바나나스틱을 아주 좋아해 오후만 되면 상인이 공급한 물건이 완전히 동이 났다고 가정해 보자. 이때 힘 있고 탐욕스러운 그 상인은 수요를 충당할 만큼 충분한 아이스바를 만드는 수고를 하지 않기로 결심한다. 그래서 그가 만드는 아이스바를 비싸게, 더 비싸게 받기 시작한다. 그는 아이스바를 만드는 유일한 공급자라 원하는 만큼 값을 받을 수 있다.

켄의 가상의 조상을 떠올려보자. 그는 가난하고 힘도 없지만 이 욕심 많은 상인이 별로 만들기 어렵지 않은 무언가를 비싼 값에 팔아 아주 많은 돈을 벌고 있다는 것을 알아차린다. 무슨 일이 벌어질까? 경쟁이다! 켄의 조상이 그 상인에게 도전장을 내미는 것이다. 켄의 조상은 욕심 많은 그 상인보다 많이 받을까 아니면 적게 받을까? 물론 적게 받는다. 이 새로운 경쟁자는 학생들을 상대로 한 사업에 뛰어든다. 결국 스미스가 말했듯 자신의 탐욕을 통제하지 못하는 사람은 곧 그의 경쟁자 때문에 자신이 사업에서 밀려나리라는 것을 알게 된다.

자, 그럼 다시 자유방임을 생각해 보자. 만약 그 학교 교장선생님이 오직 한 상인만 바나나맛 아이스바를 팔 수 있다고 결정했다면 어떻게 될까? 바나나스틱이 상업고의 공식 아이스바가 된다. 그리고 스튜어트 씨의 상품인 '침팬지의 선택'은 판매가 금지된다. 교장선생님이 한 상인만 판매하도록 제한한 데는 여러 가지 이유가 있을 수 있다. 어쩌면 교장선생님은 상업고 앞 보도가 상인들로 붐비고 아이스바를 실은 카트가 교문을 막는 것을 우려하는 것인지도 모른다. 아니면 그 욕심 많은 상인과 개인적으로 친분이 있을 수도 있다.

안전, 특혜, 이타심 등 그 동기가 어떻든 결과는 같다. 바로 가격 상승이다. 보이지 않는 손을 말할 때 기억해야 할 한 가지는 이것이다. 시장 간섭에서 좋든 나쁘든 그 이유는 중요하지 않다. 결과는 동일하기 때문이다. 스미스의 관점에서 보이지 않는 손은 도덕적 문제와 무관하며 오히려 전혀 편견이 없다. 스미스는 사람들이 스스로 도덕적 선택을 해야 한다고 믿었다. 시장에서의 선의를 입법화하려는 시도는 무엇이든 실패할 것이다. 개인의 이익 추구가 너무 강하게 개입하는 탓이다. 사익 추구를 통제하는 유일한 방법은 경쟁이다.

자본주의 시대는 사실상 《국부론》 출판 이후 시작되었다. 스미스는 합리적 근거를 제공했고 그것은 기존 사상을 바꾸는 개념적 돌파구로 작용했다. 이때까지 사람들은 언제나 자신을 개별 행위자로 생각하지 않았으며 자신을 마음껏 결정할 수 있는 존재로 여기지도 않았다. 그들은 자신을 공동체나 계층의 구성원으로 생각했다. 또한 그들은 예전 방식처럼 합의나 명령으로 결정을 내렸고 개인은 그다지 중요시하지 않았다. 뉴턴 이전 세상에서는 알 수 없는 신비한 이유로 가끔 어떤 사건이 일어나는 것처럼 보였다. 세상은 혼란스러워 보였다. 만약 누군가가 부자였거나 부를 취득했다면 그것은 하나님의 뜻이었기 때문이다.

사람들은 어떻게 경제가 제 기능을 하는지, 즉 부를 축적하고 얻는 과정을 이해하지 못했다. 이에 따라 사람들은 성경과 거의 또는 전혀 관련이 없는 잘못 공식화된 종교적 설명을 기꺼이 받아들였다. 가난한 사람들은 자신의 경제 상태를 단순히 하나님의 뜻으로 받아들였고 힘 있는 사람들은 조심스럽게 보호받는 그들의 특권을 하나님이 부여한 권한이라고 주장했다. 이러한 설명은 현상을 합리화한 변명에 지나지 않았다.

이익이 동기를 부여한다는 것이 옳다는 생각, 다시 말해 일이 목적 그 자체가 아니라 목적을 위한 수단일 수 있다는 개념은 비교적 새로운 것이다. 사회와 교회는 이윤 동기를 죄악시하고 잘못된 것으로 비난하곤 했다.

미국 작가 찰스 밴 도렌은 "놀랍게도 아주 최근까지 대부분의 인간은 우리 자신과 마찬가지로 지금 우리에게 아주 명백한 돈 버는 방법에 관한 개념이 부족했다. 그들은 '생계를 위해 벌다'라는 문구를 이해하기 힘들었을 것이다."라고 말했다. 그들이 받은 유일한 돈은 스스로 생산한 것의 일부를 마을 사람에게 팔아서 얻은 것이다. 그 돈은 소금처럼 그들이 직접 생산할 수 없는 품목을 구매하는 데 사용했다. 계몽으로 생각이 바뀌기 전까지 여러분이 팔거나 가치를 더할 수 있는 종류 중 하나인 노동 개념조차 없었다. 사실 사람에게 부여하는 가치는 소나 상품의 값을 매기는 것과 같은 종류다. 한때 여러분의 '가치'는 신분으로만 결정했다. 예를 들어 만약 누군가가 살해되었다면 그 살인자는 처형당할 수도 있고 피해자의 '몸값'이라고 부른 것을 지불했을 수도 있다. 이때 귀족의 몸값은 1,200실링, 자유 농부(기술자도 마찬가지)는 200실링이었고 노예는 아예 값을 매기지 않았다.

사람들은 일터에서 일터로, 회사에서 회사로 옮겨 다닐 수 있는 자유로운 주체가 아니었다. 만약 여러분이 노예라면 여러분의 의무는 땅에 속박되어 일하는 것이었다. 만약 여러분이 예술가이거나 장인이면 여러분의 아버지가 하던 직업을 이어받았다. 또 만약 여러분이 여성이라면 그런 기회조차 얻지 못했다.

스미스는 자기 이익을 중심으로 구축한 놀랍도록 간단하고 강력한 개념으로 여러 가지를 한데 모았다. 그의 이론은 뉴턴의 만유인력 이론이 그런 것처럼 정밀하다. 스미스는 자유방임의 옹호자로서 도덕 입법화 정책을 반대한 반면 도덕과 품행을 인간 최고의 규범이라고 주장했다. 그는 부패나 탐욕에 관대하지 않았다. 자본주의 체제를 악용하는 사람들을 합리화 내지 변호하기 위한 수단으로 스미스의 사상을 이용하는 것은 실수다. 양심이야말로 그의 관심사에서 가장 중심에 있었다. 그는 사람들의 내면에는 옳은 것을 하려는 욕망, 즉 내면의 목소리가 있다고 생각했다. 그리고 자본주의는 바로 그 전제 위에 구축되었다.

자본주의 비판

애덤 스미스 시대에 일어나기 시작한 서구 세계 변화는 흥미로웠고 대단히 긍정적이었다. 불행히도 오늘날과 마찬가지로 자본주의에는 어두운 일면이 있었고 일부 사람들이 자본주의는 사악한 것이고 파괴해야 한다고 생각했을 만큼 충분히 어두웠다. 카를 마르크스는 자본주의를 가장 설득력 있게 비판한 사람 중 하나였다. 그가 보았던 대로 자본주의를 잠깐 살펴보자.

우리는 양심이 없는 자본주의를 애덤 스미스 탓으로 돌릴 수 없다. 그는 자유방임을 주장했지만 우리는 그가 행동의 자유에 관한 권리와 노동자 착취, 부도덕한 사업 관행을 일삼는 행위를 혼동하지 않았음을 알고 있다. 일부 자본주의자는 이 메시지를 이해하지 못했다. 사실 몇몇 자본가는 자신의 직원들이 어떤 환경에서 일하는지 전혀 상관조차 하지 않았다. 그들이 탐욕에 사로잡혀 있었기 때문이다. 이것이 바로 우리가 경계해야 할 고통스런 유산이다. 나아가 그것은 우리가 관심을 기울여야 할 역사의 또 다른 교훈 중 하나다.

도시 위기. 자본주의와 산업혁명 출현으로 인구는 유례없이 폭발적으로 증가했다. 1750~1850년까지 유럽 인구는 1억 4,000만 명에서 2억 6,600만 명으로 거의 두 배가 되었다. 위생 개선과 질병 통제는 전반적으로 사망률을 낮췄고 새로운 인구 성장은 대부분 도시에서 일어났다. 수백만 인구가 도시로 이주하거나 공장이 위치한 신흥공업 단지에서 태어났다. 이 때문에 많은 사람이 지독한 악조건에서 살아가는 끔찍한 빈민가가 생겨났다. 도시가 일하러 들어오는 다수의 사람들을 모두 수용할 수는 없었다.

도심 주택은 전적으로 불충분했다. 더구나 주택 건설 기술은 산업 기술보다 뒤처져 있었다. 사람들은 낡고 파손된 건물이나 금방이라도 무너질 것 같은 집이 즐비한 판자촌 또는 허술하게 지은 새 주택에 가득 들어차 있었다. 도시로의 이주는 그 자체가 스트레스일 수밖에 없었다. 많은 사람이 실제로 더 잘살게 되더라도 그들이 이사 온 곳은 더 나빴고 심리적, 영적인 면에서도 더 나아진 것 같아 보이지 않았다. 오히려 옛 고향이 친근했으며 안정감을 주었다. 교구 교회와 오래전에 설립한 사회단체(길드 같은)가 있고 대가족이 모여 사는 조그만 마을 출신도 종종 있었다. 사람들은 낯선 사람으로 둘러싸인 익숙하지 않은 환경에서 살아가는 것에 불편함과 상실감 그리고 혼란을 느꼈다. 찰스 디킨스의 소설들은 이 시대 사람들이 직면한 끔찍한 어려움을 감동적으로 묘사했다.

예전에 도시는 문명과 문화의 중심지로 여겨졌다. 어떤 사람들은 시골 마을의 편협함에서 탈피하고 마음의 자유를 경험하기 위해 도시로 이주했다. 그러나 산업혁명 동안 사람들은 도시를 소외의 장소로 생각했다. 어떤 이들은 자신을 도시의 많은 노동자 속에 존재하는 하찮은 개미처럼 느꼈다. 도시는 점차 가치관이 파괴되고 이름도 얼굴도 모르는 존재들이 뒤엉켜 사는 곳이 되어갔다.

기술은 대다수 사람들의 삶의 질을 높여주는 한편 삶을 부정적으로 변하게 만들기도 했다. 한 예를 들면 도시는 많은 사람이 자연, 공동체, 심지어 하나님과의 단절을 느끼게 했다. 당대 작가들은 공장이 어떻게 노동자를 비인간화했는지 이야기했다. 어떤 사람들은 기계가 그들에게 새로운 폭군 같은 힘을 행사한다고 느꼈다. 기계가 사람에게 쓸모 있는 대신 마치 사람이 기계를 섬기기 위해 존재하는 것 같았다.

프랑스 역사가 알렉시스 드 토크빌은 작업의 전문화가 증가하는 현상은 폭군의 독재 정책보다 노동자를 더 비참하게 만든다고 생각했다. 애덤 스미스 역시 전문화에 노동자 가치를 하락시킬 잠재 요인이 있다고 생각했고 도덕 기준이 없을 때 노동자가 악용 내지 착취될 수 있음을 깊이 우려했다. 그의 우려는 때로 현실로 드러났다.

미성년 노동. 처음으로 아이들을 포함해 많은 사람이 일터로 나갔다. 그들은 하루에 12시간, 14시간 심지어 16시간까지 아주 오래 일을 했다. 주당 평균 노동은 거의 80시간에 달했고 일은 몹시 고되거나 정신이 멍해질 정도의 지루함을 견뎌내야 하는 것이었다. 때로 노동자들은 가족이 함께 사는 곳을 떠나 비참한 기숙사 생활을 하기도 했다.

특히 몇몇 방직 공장은 여성과 아이들을 착취하기로 악명이 높았다. 열 살도 안 된 어린아이들이 낯선 사람의 감시 아래 오랜 시간 일하는 것은 흔한 일이었다. 아이들은 엄격한 회사 규정을 사소하게라도 위반하면 매질을 당하는 것이 일상이었다. 때로 아이들은 깨어 있게 한다는 미명 아래 구타를 당했다. 미성년 노동자였던 로버트 블링코는 공장장에게 심하게 학대를 당했는데 그의 이야기는 1820년대에 글로 쓰여 널리 알려졌다. 공장은 보통 더럽고 조명이 희미했으며 겨울에도 난방이 되지 않았다. 노동자의 안전을 보장하는 법이나 규제는 거의 없었고 산업 재해는 빈번했다.

노동자 동요. 사람들이 도시, 공장, 빈민가에서 함께 시달리다 보니 오랜 유대는 무너졌다. 교구 교회, 귀족 영주, 장인들의 길드에 보이던 충성심은 사라지고 일부 사람들은 비참한 작업 환경에서 함께 겪는 동병상련의 정서로만 유대감을 느꼈다. 사람들은 점차 정치적으로 활발해졌다. 1800년대 초 사람들은 불만을 터트리거나 폭동을 일으켰고 조직을 결성했으며 공장을 파괴했다.

이 모든 활동이 정점에 이르렀을 때 장군 혹은 왕이 될 것이라고 지목된 네드 러드라는 인물이 노동자 군중을 선도한다는 소문이 영국 노동자 사이에 퍼져갔다. 이것은 사실이 아니었지만 폭도들은 곧 '러다이트 Luddites'로 알려졌다. 그들은 자신의 일터, 즉 마치 교도소 같던 공장을 향한 증오로 함께 연대했다. 이 모든 것이 한창일 때 일부에서는 그들의 분노를 가슴에 품고 신문기사, 팸플릿, 책을 썼다. 그렇게 분노한 사람들 중 가장 널리 알려진 사람이 바로 카를 마르크스다.

카를 마르크스는 누구이고 왜 그는 자본주의에 그토록 분노했는가

온갖 논란 없이 카를 마르크스를 얘기하기는 어렵다. 어떤 사람은 그를 악의 화신이라 하고 또 어떤 사람은 위대한 사회비평가라고 생각한다. 오늘날 새로운 사회에서 그의 꿈은 황폐해졌지만 자본주의에 관한 그의 비평은 여전히 진지하게 숙고할 가치가 있다.

그럼 카를 마르크스는 과연 누구였는가? 우선 그는 애덤 스미스처럼 그 시대를 풍미한 사람이자 산업혁명의 산물이었다. 카를 마르크스는 애덤 스미스가 죽고 28년 뒤 독일의 조그만 마을에서 태어났다. 성년 초기까지 마르크스는 종교를 억압의 도구로 여겼다. 조직화한 교회의 뒤에는 비양심적인 자본주의자들이 숨어 있었지만 마르크스는 그들의 행위와 성경의 교훈을 구분하지 않았다.

만약 애덤 스미스가 얼빠진 교수의 완벽한 본보기라면 마르크스는 외골수 혁명 지식인의 완벽한 본보기였다. 그는 연구하고 생각하고 글 쓰는 삶을 살았다. 특히 그는 생활환경, 외모, 사회 편의시설 같은 것에 조금도 개의치 않았다. 한 사복 경찰이 런던 소호 거리에 있는 마르크스의 아파트를 이렇게 묘사한 적이 있다.

"그는 런던에서 가장 열악하고 값싼 동네 중 한 곳에 산다. 방이 2개인데 둘 중 어디에도 깔끔하거나 쓸 만한 가구가 하나도 없다. 모두 망가지고 너덜거리도록 뜯어져 있으며 먼지가 수북한데다 집 안 곳곳이 엉망진창이다."

마르크스는 아주 너저분한 아파트에 살았던 것 같다. 하지만 그의 마음까지 뒤죽박죽은 아니었다. 그의 사상은 도전적이며 우리에게 반응할 것을 요구한다. 그리고 그는 정말로 아주 많은 반응을 받아왔다. 마르크스의 사상에 관한 의견에는 중간 정도의 입장이 거의 없다.

우선 마르크스는 애덤 스미스가 옹호한 경제 사상을 정면으로 반대했다. 마르크스의 세계관은 변증법적 유물론dialectical materialism이라고 부르는데 그는 영적 세계를 믿지 않았다. 그는 여기 그리고 지금을 믿었다. 마르크스는 하나님이나 창조, 천국 같은 얘기에는 어떤 것에도 관심이 없었다. 그는 "사람에게는 사람이 최고 존재다."라고 말했다. 마르크스는 독일 철학자 헤겔G. W. F. Hegel의 철학 논증법 중 하나를 빌렸는데 그것이 바로 변증법dialectical method이다.

변증법dialectic은 그리스어에서 유래한 말로 '문답하는 기술'이라는 뜻이다. 헤겔에 따르면 세상은 발전과 변화가 끊임없이 지속되는 과정에 있다. 이것은 하나의 특정 관점이 다른 관점에 도전하면서 새로운 아이디어가 생기고, 그 새로운 아이디어들이 서로 충돌한 결과이기도 하다. 가령 공동체 이익이 항상 개인보다 가치 있어야 한다는 생각(정the thesis)은 개인의 권리가 항상 우선한다는 생각(반the anti-thesis)과 충돌하고 그 결과 공동체와 개인의 권리를 모두 가치 있게 생각하는 사회, 즉 합synthesis이 만들어진다.

헤겔에게는 생각이 물질적인 것보다 더 진정한 것이었고 그는 마음 또는 사고가 우주의 본질이라고 믿었다. 반면 마르크스의 물질주의적 사고방식은 직접 보고 만질 수 있는 것에 초점을 맞췄다. 헤겔에게는 생각이 우선이었고 마르크스에게는 행동이 우선이었다. 마르크스는 헤겔의 변증법을 대학에서 가지고 나와 길 위에 올려놓았다. 그는 학문적 사색은 시간 낭비라고 생각했다. 나아가 기존의 지배적인 경제 질서는 도전받아야 하고 그 충돌로 일어나는 갈등에서 벗어나면 새로운 세계 질서가 탄생할 것이라고 생각했다.

마르크스는 산업혁명과 자본주의를 혁명적 비평가의 눈으로 보았고 자신이 본 것을 좋아하지 않았다. 그는 화가 났다. 자본주의가 여기를 약간 조정하고 저기를 조금 바꾸는 식으로 약간의 수정만 필요로 한다고 생각하지 않았기 때문이다. 그는 사유재산, 공장과 그 내부 기계의 사적 소유권, 정치 체제, 종교 등 모든 것을 다 바꿔야 한다고 믿었다.

마르크스는 자본주의의 토대 중 하나인 경쟁이 범죄와 불만, 불평등을 초래한다고 믿었다. 공산주의가 자본주의를 대체하고 경쟁이 없어지면 사람들이 도덕적으로 바뀔 것이라고 기대했다. 이 관점에서 그는 중앙집권 통제의 강력한 팔로 자본주의의 보이지 않는 손을 저지해야 한다고 믿었고 이것을 '프롤레타리아 독재'라고 불렀다.

고대 로마에서는 가장 비천하고 가난한 계층을 프롤레타리아라고 불렀다. 땅을 소유하지 않은 이 가난한 노동계급은 아이를 낳는 일을 제외하고는 국가에 공헌하는 것이 아무것도 없다고 여겨졌다. 그들은 마치 번식만 하는 가축과 다를 바 없었다. 마르크스는 그의 시대에 일반 노동계급을 로마 시대의 프롤레타리아와 동일시했다.

그는 사람들이 그를 좋아하든 말든 개의치 않았다. 그는 누구에게나 쉽게 만들어주는 것에 관심이 없었다. 그는 자기중심적이었고 심지어 거만했다. 그의 사상은 그때나 지금이나 매우 논란거리다. 그러면 컴패셔닛 캐피털리스트가 생각하는 것은 무엇인가? 이것은 결국 여러분 스스로 답해야 할 질문이다.

그렇지만 마르크스와 자본주의를 고려해 볼 때 아마도 한 가지 조언은 도움을 줄 것이다. 한번은 어느 신학 교사가 1년에 한 번 이단과 관련된 좋은 책을 한 권 읽어보라고 학생들에게 조언했다. 왜 그랬을까? 그것이 여러분이 정직해지는 데 도움을 주기 때문이다. 이교도는 가끔 우리 믿음의 모순이나 문제에 통찰력을 보인다. 우리가 그들의 해결책이나 문제에 관한 분석을 구매할 필요는 전혀 없다. 하지만 그들이 타당한 비판을 한다면 우리가 그것에 방어적일 필요도 없다.

마르크스의 자본주의 비판은 지나치게 공격적이라 듣고 있기가 힘들 지경이다. 어떤 이는 그의 종교 때리기가 너무 공격적이라서 그의 말이라면 다른 어떤 것도 듣지 않으려고 한다. 마르크스를 싫어하기는 쉽다. 그의 가설은 대부분 완전히 거짓임이 증명되었다. 그러나 그의 사상은 여전히 생각해 볼 가치가 있을 만큼 중요하다.

가령 그는 경제학, 정치학, 종교 같은 삶의 모든 영역이 상호 연관되어 있다고 믿었다. 이런 것에 관한 그의 분석을 거부할 때 우리는 그의 광범위한 견해의 중요성을 간과하지 않도록 주의해야 한다. 우리 중에는 사업상의 행동과 종교적 믿음이 서로 연관되어 있다는 사실을 잊고 양심을 저버리는 사람도 있다. 만약 우리의 사업상 행동이 옳지 않다면 우리의 종교적 믿음을 점검할 필요가 있고, 만약 점검하지 않는다면 우리의 믿음에 귀를 기울일 필요가 있다. 정치 체제도 마찬가지다. 마치 자본주의가 우리 삶의 다른 부분과 동떨어져 있는 것처럼 자본주의의 어느 한 면만 가지고 이야기할 수는 없다.

정직한 자본주의자라면 마르크스주의를 거부하는 한편 이 분노한 이론가에게 배울 수 있는 중요한 것이 있음을 인정해야 한다.

첫째, 마르크스는 헌신적인 학자였다. 그가 항상 옳은 것은 아니었지만 그는 폭넓은 독서와 철저한 연구, 신중하고 합리적인 논쟁으로 자신의 견해를 피력했다. 우리도 그에 못지않은 노력을 기울일 필요가 있다.

둘째, 마르크스의 저술 동기가 된 사회적 상황은 끔찍했다. 비록 모든 빈곤과 절망을 탐욕스런 자본주의자 탓으로 돌릴 수는 없을지라도 사람들의 삶을 향상시키려는 욕구는 절대적으로 필요했고 지금도 절대적으로 필요하다. 이러한 우려를 갖고자 공산주의자가 될 필요는 없다.

셋째, 마르크스는 하나만 생각했다. 그런 만큼 그의 시대에 변화를 일으키겠다는 결의가 확고했다. 우리에게도 그런 단호한 결단이 필요하다.

컴패서닛을 생각하는 것만으로는 충분하지 않다. 우리는 컴패서닛을 행동으로 옮겨야 한다.

요약

애덤 스미스의 이론에 따르면 자본주의는 세계에서 전례 없는 위대한 번영을 낳았다. 물론 실패도 있었다. 카를 마르크스는 이 점을 완벽하게 분명히 한 자본주의 비평가 중 한 명이다. 우리는 모두 탐욕스러운 자본주의자와 미성년 노동 착취자 그리고 악덕 자본가 이야기를 잘 알고 있다. 그렇지만 이들은 규칙이 아니라 예외다. 자본주의는 우리에게 세상과 모든 사람을 파산의 벼랑 끝에서 끌어당기고 번영과 평화의 시대로 나아갈 희망을 주는 유일한 경제 체제로 남아 있다.

25년 전 켄 스튜어트의 아버지가 빨래방을 샀을 때 그는 애덤 스미스를 듣지 못했을 것이다. 제이와 내가 Amway를 시작했을 때 우리 두 사람은 《국부론》을 읽거나 스미스의 보이지 않는 손을 생각해 본 적이 없다. 우리가 자유기업과 그것이 돌아가는 원리를 이해하는 데는 평생이 걸렸다. 그런데 우리가 힘들여 배운 대부분의 것을 애덤 스미스는 300년 전에 설명했다.

1. 만약 당신이 사업에서 성공하기를 원한다면 다른 사람들이 마음껏 재능을 발휘하게 하라.

2. 다른 사람들이 필요로 하는 것을 제공하라. 그러면 당신이 필요로 하는 것도 충족 된다는 것을 알게 될 것이다.

3. 즐거운 마음으로 경쟁하라. 그래야 자본주의 체제가 제대로 작동한다.

4. 이윤은 좋은 동기다. 부의 축적은 사업이 성공하고 한 국가의 국민이 번영하는 데 필 요하다.

5. 각 개인의 사리사욕과 양심 사이의 갈등을 이해하고 존중하라. 양쪽 모두 균형을 이 루도록 당신의 마음과 사업을 검토하고 또다시 검토하라.

6. 정부가 삶, 자유, 행복 추구라는 모든 국민의 기본권을 보장하고 정치가에게 사업에 간섭하지 말라고 충고하라.

7. 다른 나라와의 경쟁을 두려워하지 마라. 그들의 성공에서 배워라. 더 열심히 일하라. 특혜를 요구하지 마라. 정부가 양국 사이에 세워주고자 하는 보호막을 허물어버려라.

8. 인종, 교리creed, 성별, 피부색과 관계없이 모든 사람에게 동등한 기회를 제공하라.

9. 인류 복지가 경제활동의 궁극적 목표임을 기억하라. 사람의 욕구를 충족하지 않으면 아무리 많은 금을 금고에 넣어두어도 소용없다.

애덤 스미스가 기술한 원리는 켄의 아버지가 빨래방을 매입하고 그의 주택 건설 사업에서 성공하도록 해주었다. 우리의 성공의 중심에도 같은 원리가 있으며 켄과 도나 스튜어트의 성공, 그들처럼 자기사업을 성공적으로 해낸 수백만 명의 성공도 마찬가지다.

그러나 이것은 여전히 과거의 일이다. 이제 앞을 보자. 애덤 스미스는 그리 오래지 않은 과거에 그 원칙들을 발전시켰다. 우리는 어떻게 이들 원칙이 우리의 그리 멀지 않은 미래에 우리를 인도하는 데 도움을 주도록 할 수 있을까? 그것을 다시 한번 읽어보자. 이 오래된 원칙을 재발견하고 자신의 삶과 사업에 적용하면 여러분과 가족에게 어떤 일이 일어날지 자문해 보자.

우리 모두가 이 원칙을 재발견해 미래에 우리를 인도하게 한다면 파산 직전에 놓인 세계에 어떤 일이 일어날까? 만약 그렇게 하지 않으면 어떤 일이 벌어질까?

나는 운명을 예언하는 사람이 아니다. 나는 미래를 믿는 사람이다. 지금은 전 세계에 유례없이 중요한 시기다. 사업에 성공하고 재정적 꿈을 이루기에 이보다 더 좋은 기회는 없었다. 가서 기회를 잡자. 자본주의를 구축한 원칙은 과거에 우리를 이끌어준 믿을 만한 안내자였다. 우리를 미래로 이끌기 위해 그 원칙을 계속 신뢰하자.

내 친구 찰스와 라케타 프린스의 실제 이야기는 사람들이 꿈을 이루는 것을 돕는 애덤 스미스의 자본주의의 힘과 동시에 그 과정에서 극복해야 하는 장애를 잘 설명한다. 찰스 프린스는 모든 것을 아주 잘했다. 그는 고등학교에서 열심히 공부했고 좋은 점수를 받아 우등으로 졸업했다. 그에게는 의사가 되고픈 꿈이 있었으며 이 위대한 자유 국가에서 꿈을 이룰 수 있을 것이라고 확신했다.

찰스가 털어놓았다.

"그렇지만 내 피부색이 문제였어요. 같은 반 백인 친구들이 동네 슈퍼마켓에서 계산원으로 일하고 있을 때 나는 임금의 반만 받으며 식품 포장 일만 했어요. 내게 계산대에서 일할 기회가 오자 내 백인 친구들은 관리직으로 승진했죠. 마침내 내가 그 계층의 사다리를 힘겹게 오르고 편견의 벽을 넘어 화이트칼라 일을 하게 되었을 때 내 검은 얼굴은 내가 백인 형제자매에게 일반적인 승진이나 급여 인상, 기회에서 언제나처럼 적어도 한 걸음 뒤에 있다는 것을 확신시켜 주었어요."

찰스 프린스는 의대 학위를 취득하려고 오래 열심히 일했지만 의대 공부를 시작할 충분한 돈을 모았을 때 또 다른 벽에 부딪혔다. 찰스는 미국 전역의 50개가 넘는 의대에 지원했으나 좋은 점수와 굳은 결의, 눈에 띄는 재능에도 불구하고 모든 학교가 그의 지원을 거절했다.

찰스는 기억했다.

"그 지경에 이르니 정말 화가 나더군요. 야구경기나 시가 주관하는 행사에서 사람들이 일어서서 성조기에 예를 표할 때 나는 일어서지 않았어요. 내 친구들이나 같은 부서 동료들이 국기를 향해 맹세할 때도 나는 조용히 앉아 있었죠. 이 나라가 상징하는 바로 그 원칙을 내가 거부당했는데 어떻게 내가 양심적으로 '모두를 위한 자유와 정의로'라는 말을 할 수 있겠어요?"

찰스의 어린 아내 라케타 프린스는 심리학과 아프리카계 미국인 연구에서 학위를 받아 휴스턴대학교를 졸업했다. 그녀가 아동심리치료사로 일하기 전까지 그녀의 가족은 편견과 불의에서 떨어져 있었다. 환자들과 친밀하게 지내면서 라케타는 왜 그토록 많은 가족이 불안정해지고 결별, 이혼, 심지어 폭력과 학대에 시달리는지 발견하기 시작했다.

라케타는 우리를 일깨워주었다.

"열심히 일해도 여전히 청구서를 내기도 빠듯할 때 무기력해지고 화가 나기 시작해요. 그렇게 커가는 감정을 억누르려 하지만 결국 폭발하고 가장 사랑하는 사람들에게 영향을 미치죠. 아버지는 차별로 인해 가족을 부양할 충분한 수입을 벌지 못할 때 굴욕감과 비참함을 느껴요. 어머니는 가족을 부양하는 데 도움이 되려고 일하는 동안 어린 자녀를 보모에게 맡겨야 할 때 슬프고 무력감을 느껴요. 혼자 힘으로 커야 하는 아이들은 그 과정에서 종종 곤경에 빠지지요. 그들의 꿈도 가정도 서서히 고통스럽게 죽어가는 거죠."

찰스가 덧붙였다.

"사람들은 앞으로 나아갈 기회를 필요로 해요. 살림을 꾸려갈 만큼 충분한 돈을 벌고 그들의 한 줌 꿈이라도 실현되는 걸 볼 수 있으면 무력감과 분노는 희망과 자기존중으로 바뀝니다."

찰스와 라케타 프린스는 결혼 초기에 자유기업은 재정적 독립으로 가는 유일하고 확실한 길이라는 것을 깨달았다. 그래서 그들은 컴패셔닛 캐피털리즘에 토대를 둔 사업을 찾았다. 인종, 나이, 종교로 차별받지 않고 자신의 능력으로만 평가받으며 버는 돈의 양이나 도달할 수 있는 위치의 힘과 영향력에 제한이 없는 사업이어야 했다.

찰스가 회상했다.

"우리가 Amway 사업에서 가능성을 보고 사업을 시작하는 데 드는 비용이 100달러가 되지 않는 걸 알았을 때 우리는 확신했어요."

10년간의 노력과 희생 끝에 찰스와 라케타 프린스는 여전히 자신들의 특별한 재능을 활용하면서 성공적인 Amway 사업을 구축했다. 그리고 그 과정에서 그들은 인종 차별주의자와 회의론자에게 유색 인종도 기회만 주어지면 어떤 도전에도 동등하다는 것을 다시 한번 증명했다.

나는 펜실베이니아의 세븐 스프링스에서 열린 ABO들과의 세미나에서 처음 이 부부를 만났던 날을 결코 잊지 못할 것이다. 내 연설이 끝나자 이 매력적인 흑인 부부는 나를 향해 무대를 가로질러 걸어왔다. 찰스 프린스는 내 손을 잡고 내 눈을 정면으로 응시했다. 그의 손이 약간 떨리고 있었고 그는 애써 눈물을 참으려는 듯했다. 모두가 침묵했다.

그가 조용히 말을 시작했다.

"디보스 씨, 처음 당신이 자유기업을 얘기했을 때 그 말을 믿지 않았습니다. 자본주의는 좋은 대학을 졸업하고 아버지의 재산이 좀 있는 백인 중산층을 위한 것이라고 생각했으니까요. 흑인인 내 자리는 그곳에 없을 거라고 생각했습니다."

그는 잠시 멈췄다. 그의 아내가 남편을 쳐다보며 웃었다. 그녀도 그 순간 깊은 감동을 받았다. 그가 말했다.

"나는 이 나라와 성조기에 충성을 맹세할 수 없었어요. 나는 '모두를 위한 자유와 정의' 따윈 없다고 생각했습니다."

그가 계속 이어갔다.

"하지만 당신은 내 피부색을 개의치 않았고 이력서도 요구하지 않았습니다. 당신은 그저 '와서 우리랑 함께해요!'라고 말했어요. 당신은 오직 한 가지, 내가 해낼 것을 요구했죠. 당신은 그만큼 내게 보상을 해주었고 다른 모든 사람에게도 같은 규칙으로 보상을 해주었어요."

갑자기 찰스와 라케타는 나를 가운데 두고 양쪽에 서서 그들의 팔을 내 팔에 휘감았다. 찰스는 청중을 보며 말했다.

"이제 마침내 나는 '모두를 위한 자유와 정의'를 말할 수 있습니다."

손을 가슴에 얹은 찰스 프린스는 눈물이 뺨을 타고 흐르는 채로 국기 앞에서 충성을 맹세했다. 나는 서서 지켜보며 이 나라와 전 세계에서 얼마나 많은 젊은이가 애덤 스미스가 약속한 컴패셔닛 캐피털리즘에 희망을 걸고 꿈을 꾸지만 카를 마르크스가 비웃고 비판한 언컴패셔닛 캐피털리즘 같은 종류를 경험하고 있을지 생각했다. 우리에게는 남은 삶을 낭비할 여유가 없다. 규칙은 공평해야 한다. 모두에게 동등한 기회가 주어져야 한다. 컴패셔닛 캐피털리즘이 우세할 때 또는 인종, 교리, 성별, 신체적 한계 등 그 어떤 것도 방해하지 않을 때 어떤 일이 일어나는지가 그 증거다.

오늘날 찰스와 라케타 프린스는 그들의 공동체에서 리더로 인정받는다. 그들은 사업에 성공했고 그들의 특별한 재능을 활용해 상처받은 국가를 치유하고 돕는다. 그들은 일터에서 흑인과 백인에게 다 같이 컴패셔닛 캐피털리즘의 모델이다. 수년 전 미국에서 손꼽히는 병원의 이사장이 찰스 프린스에게 전화했던 그날 내가 거기에 갔으면 좋았을 것이다.

그 이사장은 말했다.

"당신이 우리 병원 이사를 맡아주었으면 좋겠습니다."

찰스는 잠시 침묵한 뒤 활짝 웃으며 대답했다.

"물론이죠. 도움을 드리게 되어 기쁩니다."

미국 전역의 거의 모든 주요 의과대학에서 거절당했던 찰스 프린스는 그 권위 있는 병원 이사회에서 4년간 성공적으로 봉사했고 병원 이사장까지 지냈다. 이제는 경기장의 좌석이나 게임 혹은 콘서트 전 군중이 일어나 성조기에 충성을 맹세할 때 그도 함께 일어난다. 그리고 그가 "모두를 위한 자유와 정의"를 말할 때 그의 눈은 지금까지 있었던 일을 향한 감사의 눈물과 아직도 해야 하는 일에 관한 결의의 눈물로 가득 찬다.

7.
컴패셔닛 캐피털리즘은 무엇이고
왜 나는 컴패셔닛 캐피털리스트가 되어야 하는가

신조7

우리는 컴패셔닛 캐피털리즘을 실천하는 것이 진정한 재정적 성공 비결이라고 믿는다. 그러므로 우리는 매일 자문할 필요가 있다. "동료, 상사, 고용주, 직원, 공급업체, 고객, 경쟁자에게 얼마나 컴패셔닛한가? 그것은 어떤 차이를 만드는가?"

동이 틀 무렵, 북부 멕시코 산간 지대에 사는 예순세 살 이사벨 에스카밀라는 짚과 점토로 지은 그녀가 사는 집의 묵직한 나무문을 닫았다. 트럭 타이어의 낡은 고무로 밑창을 댄 샌들을 신고 밝은 노란색 면 한 필로 직접 만든 원피스 드레스를 입은 이사벨은 다음 주에 가족이 쓸 물품을 사러 3킬로미터 정도를 걸어 마을로 갔다.

아침 햇빛 속에 좁고 굽이진 길이 내려다보이고 동네 사람들은 마을 변두리에 있는 타일 공장으로 일하러 가는 길에 뽀얗게 먼지구름을 일으켰다. 그녀의 가족과 친구 세대는 평생 붉은 진흙을 섞고, 타일 모양을 만들어 페인트를 칠하고, 유약을 발라 가마에서 구워내는 일을 해왔다.

타일 공장 주인은 멕시코 시티에 살았는데 이사벨은 공장주인과 그의 가족이 하늘에 닿을 듯한 높은 빌딩 꼭대기의 펜트하우스에 산다고 들었다. 그녀는 엘리베이터를 타고 50층을 올라가 잠을 자러 가는 상상을 하며 혼자 피식 웃었다. 수년간 일했어도 그녀가 사장을 본 것은 딱 한 번, 기사가 운전하는 긴 검정색 리무진을 타고 먼지를 일으키며 그녀 곁을 빠르게 지나갈 때 잠깐이었다.

이사벨과 그녀의 가족은 공장에서 수작업한 반들반들한 타일들을 굉장히 자랑스러워했다. 그들은 일하고 있다는 것만으로도 기뻐했다. 특히 가뭄으로 아주 많은 사람이 일자리를 잃은 몇 년간은 더욱 그랬다. 그렇지만 이사벨은 가끔 그녀와 가족, 특히 그녀의 사랑스런 손주들이 더 나은 삶을 사는 것을 꿈꾸었다. 그들도 자신처럼 타일 공장으로 가는 먼지 나는 길을 걸으며 평생을 살지 않을까 하는 미래 걱정에 그녀는 밤에 짚으로 만든 매트리스에서 뒤척이며 잠을 이루지 못했다.

그녀는 내색하고 싶지 않았지만 타일 공장에서 받는 임금은 턱없이 부족했다. 그들이 감당할 수 있는 것은 아이들이 초등학교 6학년까지 다니는 것이었으니 얼마나 교육이 부족한가. 그들은 어린 나이에 타일 공장에서 단단한 만자니타 나뭇가지를 모아 가마에 불을 지피고 진흙을 파서 옮기는 일을 했다. 앞서 부모와 조부모가 그랬듯 어른들은 젊은 시절을 산기슭에 있는 거대한 공장에서 보내는 것 말고는 어쩔 도리가 없었다.

자본주의는 이사벨이 사는 북부 멕시코 마을에도 찾아왔지만 그 혜택은 그녀와 그녀가 사랑하는 사람들의 삶에는 닿지 않았다. 굳이 애덤 스미스 시대와 산업혁명 때로 거슬러 올라가지 않아도 우리가 누리는 이 훌륭한 체제에는 결함이 있다. 다른 한편으로 컴패셔닛 캐피털리즘 징후가 전 세계에 나타나고 있는데 나는 바로 그 이야기를 하고 싶다.

컴패셔닛 캐피털리즘은 무엇인가

컴패셔닛은 무엇인가? 이것은 알베르트 슈바이처나 테레사 수녀 같은 사람에게만 해당하는 것인가? 컴패셔닛은 단지 사업에 방해가 될 뿐 나머지 우리에게는 폐를 끼치지 않는가? 이익 창출과 컴패셔닛 개념은 정반대가 아닌가? 아니다. 컴패셔닛 캐피털리즘은 모순이 아니다. 컴패셔닛과 캐피털리즘 이 두 단어는 고용주와 노동자 모두에게 적용된다. 그리고 컴패셔닛은 모두의 이익에 부합한다.

사전에서는 컴패셔닛을 "타인의 고통과 불행을 함께 나누려는 깊은 마음. 그 고통을 완화하거나 그 원인을 제거하려는 욕구와 함께."라고 정의한다. 컴패셔닛의 반대말은 무자비mercilessness와 무관심indifference이다. 사전적 의미로 볼 때 컴패셔닛은 감정과 행동을 모두 포함한다.

내가 가장 좋아하는 사회논평 포럼 중 하나는 미국의 연재만화 〈피너츠Peanuts〉다. 그중에서도 하나가 특히 기억난다. 어느 '깜깜하고 폭풍우가 몰아치는 밤에' 스누피는 금방 내린 눈으로 뒤덮인 그의 개집 지붕 위에 누워 있다. 루시는 창밖을 바라보며 배고프고 목마르고 추위에 거의 퍼레진 그 조그만 개에게 미안함을 느낀다. 그녀가 눈보라 위로 소리친다.

"메리 크리스마스, 스누피. 기운 내!"

그녀는 이글거리는 따뜻한 난롯가로 돌아와 후루룩 핫초코를 마시며

라이너스에게 말한다. "불쌍한 스누피."

라이너스도 같은 창밖으로 스누피의 처지를 바라본다. 스누피가 안쓰러운 라이너스는 코트를 입고 장갑을 낀 뒤 따뜻한 칠면조 고기 한 접시와 드레싱을 들고 스누피에게 달려간다. 루시와 라이너스는 둘 다 동정을 느낀다. 하지만 오직 라이너스만 동정을 행동으로 옮긴다. 그의 자발적인 행동은 찰리 브라운의 작은 얼룩 강아지가 개집 지붕에 쌓인 눈 위에서 기뻐하며 춤추게 한다.

인간미 있는 행동이 효과적이려면 동정하는 마음에 자극받을 필요가 있다는 것도 똑같이 사실이다. 만약 라이너스가 눈 속으로 음식이 담긴 접시를 던져주면서 불쌍한 스누피에게 "이 멍청한 개야, 다음부터 네 밥을 네가 알아서 해결할 수 없겠니? 네 밥을 주는 것도 지긋지긋해!"라고 소리쳤다면 '동정심으로 한 행동'이 얼마나 다르게 받아들여졌을지 상상해 보자.

이런 차갑고 무정한 행동 때문에 스누피가 먹을 것을 외면하고 심지어 더 심각한 절망감에 고통스러워하며 눈에 파묻혀 있다면 그것은 놀라운 일인가? 누군가가 여러분을 도왔지만 하기 싫은 것을 억지로 했다는 게 역력하다면 여러분은 어떻게 느끼겠는가?

의무감으로 어떤 행동을 하는 것이 나쁜 건 아니다. 그것은 단지 컴패션과 같지 않을 뿐이다. 진정한 컴패션에는 우리의 진실한 모든 것이 담겨 있다. 이는 누군가 혹은 무언가에 측은함을 느껴 고통을 끝내고 고통의 원인까지 완화해 주려는 노력에 컴패션을 담아 행동하는 것을 의미한다. 컴패션하는 행동은 남의 일을 자기 일처럼 느끼는 감정에서 나온다. 이처럼 컴패션은 감정과 행동이 함께여야 한다.

이제 어려운 질문을 해보자. 왜 세상에는 남의 고통을 보고 측은함을 느끼지만 도우려 하지 않는 루시가 그리 많은 걸까? 왜 도움이 필요한 것을 보고 그것을 충족해 주려고 독창적으로 용기 있게 행동하는 라이너스 같은 사람은 그리 적은 걸까? 왜 어떤 사람은 측은지심을 행동으로 옮길 만큼 타인의 고통에 깊은 관심을 보이는 반면 다른 사람은 관심을 덜 보이는가?

왜 컴패셔닛은 그토록 드문가

유대 민족 지도자이자 입법자인 모세는 기원전 12세기 이상을 기록하면서 그 문제를 명확히 설명했다. 창조에 관한 그의 강력하고 시적인 선견지명에 따르면 창조주는 아담과 이브에게 하나님과 사탄 중에서 선택할 자유를 주었다. 구약성서 작자들은 삶을 전쟁으로 보는데 이는 실제 전쟁이 아니라 인간의 머리와 마음 속 하나님이 요구하는 복종과 사탄이 요구하는 죄악 사이의 전투를 말한다. 성경의 고전 이야기는 자기중심, 무관심, 증오, 탐욕, 정욕, 질투, 살인을 향한 악의 선동을 따르는 것이 얼마나 쉬운지 그리고 인간에게 동정을 베풀라는 하나님의 목소리를 듣는 것이 얼마나 어려운지 보여준다.

예수는 젊은 유대인 선지자로 자신의 생애와 가르침으로 기독교 창건을 이끌었다. 그는 제자들에게 순종과 동정을 회복하라고 설교했다. "하나님을 사랑하라. 이것이 가장 우선이고 최고의 계명이다. 그리고 네 이웃을 너 자신처럼 사랑하라."

예수는 최후의 심판을 언급하면서 정의로운 자는 굶주리고 목마르고 헐벗고 병든 이들과 이방인, 수감된 자에게 동정을 담아 행동할 것이고 그 행동에 보상받을 것임을 분명히 했다. 그는 말했다.

"네가 이들 중 누구 하나에게 베풀었다면 이는 내게 베푼 것이다."

석가모니(고타마 붓다)는 인도 철학자이자 불교 창시자로 기원전 5세기에 살았다. 그는 '깨달음'을 추구하기 위해 부와 특권을 버렸다. 그 과정의 중심에는 악마 마라의 영향으로부터 자아를 자유롭게 하기 위한 고통스러운 투쟁이 있었다. 석가모니는 마라의 유혹자 군대를 정욕, 더 높은 삶에 보이는 혐오, 굶주림과 목마름, 욕망, 나태, 두려움, 의심, 위선, 거짓 칭찬, 자만, 멸시로 묘사했다.

예수와 마찬가지로 석가모니는 그의 제자들에게 자비를 행동으로 옮기라고 설교했다. 한 제자가 병들어 누웠어도 다른 사람들이 못 본 척하자 그는 아픈 제자의 건강을 돌보며 "병든 자를 돌보는 자는 나를 돌보는 것이다."라고 말했다. 붓다는 인도의 카스트 제도를 비난한 사회개혁가였다. 그는 형벌로 범죄를 다스리려는 시도에 반대했고, 범죄의 원인은 빈곤이므로 그의 제자들에게 빈곤과 아울러 범죄를 초래하는 불의와 불평등을 제거하는 데 도움을 주어야 한다고 주장했다.

공자 역시 기원전 5세기에 살았던 중국 철학자로 그는 제자들에게 "남이 네게 하지 않기를 바라는 것을 남에게 하지 말라!"는 이 하나의 행동 규범을 삶의 방향으로 삼으라고 가르쳤다. 유교 전통에서 가장 존경받는 경전인 《논어Analects》에서 이 사려 깊은 학자이자 스승인 공자는 동정을 다음과 같이 표현했다.

"인자한 사람은 자기가 나서고 싶으면 남을 내세워주고 자기가 발전하고 싶으면 남을 발전시켜 준다."

마호메트는 서기 7세기의 아랍 종교지도자이자 선지자로 역시 인간의 삶을 선과 악 사이의 고투로 보았다. 그는 제자들에게 사람의 목표는 악과의 전쟁에서 신의 뜻에 복종하는 것이라고 가르쳤다. 고통을 줄이고 빈곤한 이들을 돕는 것은 마호메트의 가르침에서 필수적인 부분이다. 그는 빈곤한 자들을 적극 돕지 않으면서 기도와 다른 종교 행위만 하는 것은 가치 없고 위선적이라고 생각했다.

코란에는 "사람은 본질적으로 소심하다. 악이 그에게 닥치면 그는 당황하지만 좋은 일이 닥치면 그것이 다른 사람에게 가지 못하게 막는다."라고 쓰여 있다. 악마는 "그거 네가 가져."라고 속삭이고 신은 "그것을 가엾은 자에게 주라."라고 말한다. '고귀한 희생'의 대가로 신은 번영을 약속한다.

위대한 종교와 철학 전통 중 여러분의 동정의 부름은 어떤 것에서 오는가? 나는 내 가족의 깊은 뿌리인 크리스챤 신념에서 동정의 부름을 받는다. 그렇지만 현실을 직시하자. 역사를 통틀어 그 크리스챤 신념을 악용하고 잘못 이해하는 바람에 수백만 명이 굶주리고 고문당하고 살해되고 노예로 살아왔다. 그러나 우리의 종교적 전통을 남용한 것 때문에 인간을 동정하라는 종교의 부름을 외면해서는 안 된다.

바울은 예수의 제자로 그는 이를 두고 다음과 같이 말했다.

"나는 좋은 것을 행하려는 열망이 있으나 할 수가 없다. … 그리고 내가 행하고 싶지 않은 악은 … 이것은 내가 계속해서 행하고 있다."

구약과 신약은 모두 크리스챤 전통을 존중하는 우리에게 동정을 베풀라고 가르친다. 그러나 우리는 여전히 실패한다. 우리는 동정을 행하지 않으면서 하나님께 용서를 구하고 두 번째 기회도 구한다. 석가모니, 공자 그리고 마호메트를 따르는 사람들 역시나 동정을 행하라는 가르침을 받는다. 그들에게도 역시나 선과 악의 힘겨루기 속에서 비슷하게 실패한 역사가 있으며 용서를 구한 뒤 다시 시작하고 싶은 비슷한 바람도 있다.

어거스틴은 14세기 크리스챤 주교이자 신학자로 그는 그의 고전 《하나님의 도성The City of God》에서 하나님과 사탄, 선과 악 사이의 긴장을 기술했다. 그는 우리가 두 도시에서 동시에 살고 있다고 말했다. 인간은 나무와 돌로 인간에게 보이는 도시를 세운다. 동시에 하나님은 인간의 마음 안에 보이지 않는 도시를 짓는다. 권력과 부라는 잘못된 가치 위에 세워진 인간의 도시는 멸망하고 사랑 위에 세워진 하나님의 도시는 영원하다. 문제는 우리가 이 두 도시에 동시에 살고 있다는 점이다. 우리는 모두 눈에 보이는 (멸망해 가는) 도시에 눈이 멀어 눈에 보이지 않는 (영원히 살게 될) 도시를 보지 못한다.

비록 여러분이 무신론자거나 하나님이 존재하는지 아닌지 모르는 불가지론자일지라도 어거스틴이 말한 두 가지 도시에서 동시에 살아가는 중압감을 느껴왔을 것이다. 여러분은 아마 내면의 투쟁을 개인적 경험으로 알고 있으리라. 여러분이 그것을 무엇이라 부르든 여러분은 직접 경험한 그 오랜 투쟁을 알고 있다.

여러분은 새해 결심을 지키지 못한 적이 있지 않은가? 고통받고 있으면서도 용기를 내지 못했거나 누군가의 고통을 끝내기 위해 시간과 돈을 기꺼이 희생하지 않은 것에 미안한 마음이 들지 않았는가? 따뜻하고 안락한 거실에서 스누피가 무사하기를 바라는 것은 먹을 것과 담요를 들고 폭풍 속으로 들어가 모험을 하는 것보다 훨씬 쉽다.

나는 컴패셔닛이 우리가 사람과의 관계를 구축하거나 엉망진창이 된 세계 경제를 재건하는 유일한 토대라고 믿는다. 우리가 현재의 경제 혼란에서 빠져나갈 방법을 모색하려면, 우선 이 지구와 사람들을 전에는 결코 사랑받은 적이 없었던 것처럼 사랑하는 법을 배워야 한다. 자유와 사랑은 불가분의 개념이다. 영국 작가 윌리엄 해즐릿은 "자유를 사랑하는 것은 타인을 사랑하는 것이다."라고 말했다. 조지 버나드 쇼는 자유는 책임을 의미한다고 했다. 그것이 바로 대다수 사람들이 자유를 두려워하는 이유다. 예수는 "사람이 친구를 위해 자기 목숨을 버리면 이보다 더 큰 사랑은 없나니."라고 말했다. 컴패셔닛은 어떤 대가를 치르더라도 사람과 지구를 책임지는 것을 뜻한다.

컴패셔닛 역사

모든 저항에도 불구하고 컴패셔닛은 인류 초기부터 모든 문화에서 발판을 마련해 왔다. 고대 유대인은 종교적 신념을 지키고 불쌍한 사람들을 돌보기 위해 매번 추수 때마다 십일조를 떼어 비축했다. 모든 밭의 한쪽 구석은 추수하지 않고 내버려둬 가난한 사람들이 자신을 지탱하기 위해 남아 있는 이삭을 주워가게 했다. 사실 매 7년마다 밭에 아무것도 심지 않아 땅이 쉬게 하고 가난한 사람들이 전년도 식재에서 자라는 작물을 모으도록 그냥 두었다.

유대인의 자선에는 '침묵의 방'을 중심으로 세워진 또 하나의 현명한 방법도 있다. 모든 회당에는 사람들이 혼자 몰래 들어와 이웃에게 기부할 수 있는 방을 따로 마련했고 이웃 사람들 역시 혼자 몰래 들어와 그것을 받아갔다. 이 방법으로 기부한 사람은 칭송받지 않았고 필요해서 가져간 사람도 자기 행동을 부끄러워하지 않았다.

석가모니는 자기 절제와 불쌍한 사람을 위하는 자비를 중심으로 구축한 그의 믿음 체계를 확립했다. 그는 제자들에게 "관대함, 예의, 자비로 자신에게 하듯 남을 대하고 말처럼 잘 행동하라."라고 가르쳤다.

인도에서 최초로 기록된 자선가 중 한 명인 아소카 왕은 마우리아 왕조의 마지막 주요 왕이었다. 기원전 2세기 동안 아소카 왕은 석가모니의 컴패셔닛 가르침에 깊은 감명을 받았다. 그런 그는 전쟁, 정복, 탐욕을 내려놓았고 자신의 돈과 권력을 사용해 석가모니의 가르침을 페르시아와 그리스 심지어 로마까지 널리 전파했다.

선한 아소카 왕을 인도한 컴패셔닛 정신은 그의 언어로 다음과 같이 요약할 수 있다. 그는 "모든 이는 내 자손이다. 내 자손들에게 이 세상과 다음 세상의 모든 복지와 행복이 제공되기를 바란다. 그래서 나는 모든 이를 또 바란다."라고 썼다.

기원전 4세기 알렉산드로스 왕은 왕실의 자선활동을 위한 서양 전통을 세웠다. 그는 북부 이집트 사람들에게 알렉산드리아 도서관을 기증했다. 그 후 천 년 동안 그 거대하고 귀중한 도서관은 서구 세계를 위한 지혜, 예술, 배움의 중심이었다. 또한 알렉산드로스는 그의 스승 아리스토텔레스의 라이세움(학교와 도서관)을 승낙해 아리스토텔레스가 아시아, 이집트, 그리스에 이르는 지역에서 1,000여 명의 학자를 고용하고 그의 역사적 저술을 뒷받침할 아이디어와 삽화를 찾아내 기록하도록 상당히 후한 지원을 아끼지 않았다.

예수와 그의 제자들의 가르침은 우리 자신을 사랑하듯 이웃을 사랑하라는 것에 중심을 두고 있다. 예수는 몇 번이고 '굶주린 자를 먹이고 헐벗은 자를 입히며 병든 자를 치유하고 죽어가는 자를 위로하라.'는 그의 익숙한 주제로 돌아왔다. 그의 죽음과 부활 직후 초기 크리스챤들은 자발적 헌금으로 교회를 짓기 위한 기금을 모으기 시작했다. 그런 다음 이 기금을 사용해 과부, 고아, 빈궁한 사람을 보살필 집사를 선출했다.

나중에 교회는 교구별로 조직되었고 각 교회는 병원과 기부 물품을 모으고 분배하는 구호품 사무실, 고아원 그리고 부모가 양육을 원치 않거나 너무 가난해서 키울 수 없는 부모의 아이들을 위한 쉼터를 마련했다. 병원hospital의 어원은 프랑스어 '신의 호텔hotel Dieu'이다. 우리가 알다시피 그것은 진짜 병원이 아니라 가난한 이들을 위한 피난처이자 이방인을 환대하는 장소였다.

근대 병원은 초기 크리스챤의 자선활동에 그 뿌리를 두고 있다. 병원은 병들고 죽어가는 사람들이 주교의 보살핌을 받도록 주교의 집에 방을 따로 마련하면서 시작되었다. 기록상 최초로 문서화된 병원은 세인트 바실리가 서기 369년 시저리아에 세웠다. 한 역사가에 따르면 "그것은 실제 도시였는데 다양한 질병을 치료하고 의사, 간호사, 회복기 환자를 위한 거주지용으로 별도의 건물들이 있었다. 세인트 그레고리는 그것을 '지상 천국'이라 부를 정도였다."

이 오랜 사례에서 근대로 전환해 엘리자베스 여왕 시절 재무장관을 역임한 월터 마일드메이 경의 실화를 살펴보자. 1584년 여왕은 마일드메이가 법정에 모습을 보이지 않고 설명을 요구했다는 것을 알았다. 그녀의 의심으로 재판은 미뤄졌고 그는 이렇게 응답했다.

"여왕님, 저는 항상 도토리를 심어왔는데 그것이 참나무가 되면 그 양이 얼마나 될지 하나님만 알 것입니다."

마일드메이는 캠브리지대학교 엠마누엘 칼리지를 설립했다. 존 하버드 목사는 엠마누엘 칼리지의 첫 졸업생 중 한 명이었다. 하버드는 고작 스물여덟 살 때 미국으로 이주했고 2년 후 사망했는데 그는 오늘날 그의 이름을 딴 작은 대학에 기증하기 위해 도서관과 작은 재산의 절반을 남겼다.

찰스 F. 트윙 박사는 "바로 엠마누엘 칼리지에서 하버드 창립자도, 뉴잉글랜드 창립자도, 특별한 의미에서 새로운 나라의 창립자도 왔다."라고 썼다. 마일드메이가 자신이 한 일을 엘리자베스 여왕에게 인정하지 않은 것은 놀라운 일이 아니다. 그는 영국 청교도를 대신해 엠마누엘 칼리지를 설립했고 여왕은 확실히 청교도가 아니었다. 하지만 그 같은 청교도들은 엠마누엘 칼리지를 졸업한 뒤 새로운 세계로 이주했고 자신들의 대학교를 설립했다. 그 학교들 중에는 하버드와 예일과 다트머스도 있는데 새로운 나라를 건국하고 일으켜 세운 사람들 중 몇 명인 새뮤얼 애덤스, 존 애덤스, 토머스 제퍼슨 그리고 대니얼 웹스터는 이들 학교를 졸업했다.

미국에서의 컴패셔닛

벤저민 러시는 미국 장로교회의 '새로운 빛'이라는 부흥을 찬성하는 진영에서 자랐는데 그의 가족 중에는 퀘이커교도, 성공회교도, 침례교도도 있었다. 열다섯 살의 어린 러시가 개인 신조로 삼은 '인류의 행복에 이바지하고 진력하기'는 지금까지도 사회기업가의 목표를 정의하는 데 적용된다. 러시는 실질적이고 삶을 바꿀 수 있는 컴패셔닛을 실천하는 일에 평생을 바쳤다.

의대 학위를 받은 뒤 그는 담배, 음주, 노예제도에 반대하는 격문을 썼다. 1775년 그는 동료인 토머스 페인에게 미국 독립을 옹호하는 글을 쓰라고 촉구했다. 이 글은 나중에 식민지 해방 혁명을 촉진하는 데 도움을 주었다. 혁명전쟁에서 두각을 나타낸 러시는 필라델피아에 미국 최초의 무료 병원을 건립해 중요한 정신질환 연구와 정신질환자의 인간적 치료에 관한 실험을 시작했다. 러시는 사탕단풍나무 재배(노예가 생산하는 서인도제도 사탕수수의 세계 의존도를 줄이기 위해)를 옹호했고 미국 전역에 무료 공립학교 건립을 촉구했으며 필라델피아에서 무서운 전염병인 황열병 유행을 퇴치하려다 목숨을 잃을 뻔하기도 했다.

오늘날 수백만의 사회사업가가 벤저민 러시의 '인류의 행복에 이바지하고 진력하기' 발자취를 따라가고 있다. 여기에다 미국의 자선사업은 또 다른 종류의 자선으로도 알려져 왔다. 사업가들의 도움이 없으면 사회사업가는 밀려드는 청구서를 감당할 재간이 없다. 카네기, 댄포스, 켈로그, 포드, 록펠러 같은 자선재단과 이들 같은 수천 명의 유·무명 사업가 덕분에 컴패셔닛 캐피털리즘은 미국뿐 아니라 전 세계를 위해 200년의 유산을 이어오고 있다.

앤드루 카네기는 컴패셔닛 캐피털리즘의 수호성인으로 불린다. 마크 트웨인은 앤드루 카네기를 처음 성인으로 부른 사람이다. 그는 전 철강왕에게 '성 앤드루에게'라는 표현으로 시작하는 반농담조의 편지를 보냈는데 그것은 찬송가 책 구입비 1.5달러 기부를 요청하는 내용이었다. 카네기가 그 돈을 트웨인에게 보냈는지는 확인되지 않았지만 아무튼 카네기가 그의 철강회사를 J. P. 모건에게 매각한 뒤 여생을 필요한 사람들에게 돈을 나눠주려 힘쓰며 보냈다는 것은 알려진 사실이다. 그의 어록은 오늘날 컴패셔닛 캐피털리스트들에게 토론 주제는 아닐지 몰라도 매우 수준 높은 기준을 제시하고 있다.

카네기는 말했다.

"이것은 부유한 자의 의무로 여겨진다. 겸손의 본보기가 되고 허세부리지 않는 검소한 생활을 하며 과시나 사치를 피하는 것은 의무다. 집에서 자신에게 의존하는 사람들에게는 적당히 제공하고 그런 뒤 자신에게 잠깐 찾아온 모든 잉여수입은 자신이 관리하도록 신탁을 요청받은 것으로 간주한다. 부유한 자는 가난한 형제들을 위한 보관인이자 대리인에 불과하다."

카네기는 스스로 말한 것을 실천에 옮겨 1901년 카네기 공과대학을 설립했다. 이어 부커 T. 워싱턴의 터스키지 연구소를 포함해 그의 조국 스코틀랜드와 미국 내 많은 연구기관, 교육기관에 아낌없이 지원금을 보냈다. 카네기가 특히 마음에 들어 한 것은 공공도서관으로 1918년까지 미국 전역의 작은 마을과 도시에 2,500개가 넘는 공공도서관을 건립했다. 다음번에 여러분이 사는 지역의 도서관을 방문하면 창립 건물 뒤에 카네기라고 쓰여 있는지 살펴보라.

존 하비 켈로그 박사(사회기업가)와 윌 켈로그(사업가)는 둘 다 가난한 안식일 재림교단 전도사의 아들이었다. 그의 아버지는 생계유지를 위해 작은 빗자루 공장을 운영하면서 사업가이자 사회사업가로 일했다. 장남

켈로그 박사는 미시간주 베틀 크릭에 있는 안식일 재림교단 요양소의 주임의사가 되었다. 반면 차남 윌은 사무원으로 지배인 겸 일반 잡역부로 뒷방에서 일했다.

엄격한 채식주의자인 켈로그 박사는 일반적인 채식 식단보다 더 매력 있고 입에 맞는 음식을 개발하기 위해 잘 자란 다양한 곡물로 실험을 시작했다. 머지않아 윌 켈로그는 이 실험에서 형의 가장 독창적이고 에너지가 넘치는 파트너임을 증명했다. 그들은 함께 새로운 식료품을 수없이 개발했다. 땅콩버터(일반 대중이 그 맛을 좋아하지 않을 것 같아 팔지 않았다)와 최초로 미리 조리한 얇은 조각 같은 시리얼도 그때 만들어졌다. 나중에 윌 켈로그는 쌀, 밀, 옥수수, 호밀을 얇게 조각내고 부풀리고 바싹 굽고 튀기고 터트려서 놀라운 종류의 새로운 식료품을 만들었다. 경영과 프로모션 천재였던 그는 얼마 지나지 않아 아침식사 대용 음식에 기반한 수백만 달러 규모의 비즈니스 그룹 총수가 되었다.

사업이 성장하면서 윌 켈로그는 한 친구에게 컴패셔닛 캐피털리즘에 관한 그의 신조인 '내가 축적하는 것이 무엇이든 인류의 이익을 위해 사용했으면 하는 것이 내 바람이다.'를 써 보냈다. 그의 자선은 자기 회사에서부터 시작되었다. 먼저 그는 직원 복지를 위해 오락과 사회 활동을 지원했다. 대공황 초기 그는 생산라인에 있는 근로자들을 위해 여섯 시간 일하는 날을 정했고 1935년에는 그 제도를 영구 시행하도록 했다. 또한 그는 부양가족 숫자를 기초로 직원을 고용했으며 부양가족이 많은 사람에게 우선권을 주었다.

1925년 예순다섯 살이 된 켈로그는 장학재단을 설립했고 자선금을 익명으로 기부했다. 켈로그의 첫 번째 프로젝트에는 농업학교, 조류보호구역, 실험농장, 재조림사업, 베틀 크릭의 시민강당, 어린이집, 농민을 위한 도시 시장, 보이스카우트 캠프와 수백 명 아이들의 장학금을 위한 기금 모으기가 있었다. 1930년 그는 아이들의 복지에 헌신할 두 번째 재단을 설립했다. 오늘날 윌리엄 K. 켈로그 재단은 약 60억 달러 상당의 자본금을 보유한 세계에서 가장 부유한 재단이며 자선활동 범위에서도 손꼽히는 단체다.

켈로그는 이렇게 썼다.

"자선가는 인간을 사랑해서 선한 일을 하는 사람이다. 내가 아이들을 위해 하는 일을 사랑하는 것은 그 일이 즐겁기 때문이다. 그러므로 나는 이기적인 사람이지 자선가가 아니다."

사회사업가

모든 장애에도 불구하고 역사 속에는 어려움에 처한 사람들을 지나치지 않고 용기와 컴패션으로 도움을 주려고 손을 내민 사람들로 가득하다. 이들은 재정적 이득이 아니라 인간에게 봉사하기 위해 도전을 감수한 기업가들이다. 여러분은 기업가가 되는 것은 돈을 버는 것에만 국한된다고 생각할지 모른다. 물론 그럴 수도 있다. 하지만 모두가 늘 그런 것은 아니다. 기업가가 되는 것은 여러분의 독창적인 잠재력을 발휘하는 방법이기도 하다. 현명한 기업가는 자신이 하는 일이 자신의 삶의 질을 향상시킬 뿐 아니라 그것이 닿는 모든 이의 삶이 나아지게 해야 한다는 것을 알고 있다.

기업가정신은 필요를 알고 그것을 충족해 주는 하나의 방법이다. 그 필요가 비누(사업가)든 컴패션의 섬김(사회사업가)이든 그것은 중요하지 않다. 여기에는 같은 종류의 비전이 담겨 있다. 실제로 기업가정신과 컴패셔닛은 함께 간다. 혹은 적어도 함께 가야 한다.

컴패셔닛 캐피털리스트는 자신을 사업가이자 사회사업가로 생각한다. 이들은 이윤을 내기 위해 사업을 하지만 그 과정의 모든 단계에서 컴패션이 이끄는 대로 행동한다. 어떤 사회기업가는 자신의 사업 기량을 발휘해 스스로를 뒷받침하지만 대개는 컴패셔닛 캐피털리스트의 시간, 돈, 아이디어의 지원을 받는다. 역사를 통틀어 인간미 있는 기업가들의 예는 각계각층에 다양하게 존재한다.

에드워드 제너는 19세기 영국 의사였다. 당시 유럽에는 천연두가 창궐했다. 거의 모든 사람이 천연두에 걸렸는데 전 인구의 약 3분의 1이 죽거나 얼굴에 영구적인 흉터가 남았다. 제너는 일부 낙농가에서 우두라는 질병에 걸린 젖소의 젖을 짜는 여인들은 천연두에 걸린 적이 없다는 농부들의 믿음을 조사해 보았다. 이것은 사실로 밝혀졌고 제너는 백신을 개발하기 시작했다. 제너는 자신의 백신을 전 세계에 공급했고 백신으로 돈을 벌려는 의도가 없었다. 그는 말 그대로 유럽의 안색을 바꿔놓았다. 이에 영국 의회는 그에게 감사를 표하고자 현금 포상을 수여했다.

제너가 사망하기 3년 전 또 다른 위대한 사회사업가가 태어났다. 그녀의 이름은 플로렌스 나이팅게일이다. 이탈리아 태생의 영국 여성인 그녀는 간호와 병원 치료 분야 발전의 선구자다. 유복한 가정에서 자란 그녀는 일할 필요가 없었음에도 불구하고 자신이 컴패셔닛 과업을 위해 하나님의 부름을 받았다고 생각했다.

당시 환자들이 '진료소'에서 받는 형편없는 치료에 충격을 받은 나이 팅게일은 혼자 힘으로 전반적인 체계를 개혁했다. 좋은 교육을 받고 높은 지성을 겸비했을 뿐 아니라 끈기 있게 노력한 그녀는 그 시절 폄하됐던 여성의 전형적인 역할을 타파해 영국은 물론 유럽 전역 사람들에게 존경을 받았다.

우리는 역사에서 용기와 컴패션을 보여준 남성만 너무 자주 기억하는 경향이 있다. 그 '성의 장벽gender barrier'도 더욱더 상상력과 열정을 가지고 컴패셔닛 행동을 하려는 사람들을 막아서진 못했다. 미국 역사에도 용기 있는 사회사업가가 되려는 여성들이 1776년 이전부터 시작해 오늘날까지 존재해 오고 있다.

미국의 제2대 대통령 존 애덤스의 부인이자 제6대 대통령 존 퀸시 애덤스의 어머니인 애비게일 애덤스는 그녀의 다작 솜씨(그리고 두 명의 미국 대통령에게 강력한 로비를 해서)를 활용해 여성의 권익을 지지했다.

미국 사회사업가 제인 애덤스는 소외된 여성과 아이들을 위한 그녀의 창의적인 작품으로 노벨상을 수상했다. 애덤스는 시카고에 가난한 사람들을 돕기 위한 커다란 정착지 '헐 하우스'를 설립해 굶주린 사람을 먹이고 집이 없는 사람이 거주하게 했으며 아이들을 교육시켰다. 계속해서 사업과 예술로 생계를 이어가는 다른 사람들이 헐 하우스에 들어와 살면서 제인 애덤스의 컴패셔닛 활동을 지원했다.

수전 B. 앤서니는 여성 참정권을 위해 투쟁한 선구자다. 그녀의 활기차고 논란이 많던 활동은 1920년 제19차 헌법 개정의 길을 열었고 결국 여성에게 투표권이 부여되었다.

인도주의자이자 미국 적십자 창립자인 클라라 바턴은 남북전쟁 당시

〈전장의 천사angel of the battlefield〉란 작품으로 유명했다.

《톰 아저씨의 오두막집Uncle Tom's Cabin》의 저자 해리엇 비처 스토는 노예 제도 종식을 위해 글을 쓰고 강의하고 로비활동을 열렬히 한 노예 폐지론자였다. 그녀를 만난 에이브러햄 링컨이 말했다.

"아담한 여성인 당신이 이 위대한 전쟁을 일으키게 한 그 책을 쓰신 분이군요!"

이처럼 노예 해방으로 찬사를 한 몸에 받은 링컨도 길을 이끌어준 이 사회기업가에게 감사를 표했다.

《대지The Good Earth》를 비롯해 중국을 배경으로 한 여러 소설을 쓴 펄 벅은 1938년 노벨문학상을 수상했고 자신의 전 재산을 펄 S. 벅 재단에 기부했다. 그녀는 특히 중국에서 컴패셔닛 활동을 계속했는데 그것은 그녀가 죽은 후에도 오랫동안 이어졌다.

레이첼 카슨은 환경오염에 관한 저술로 잘 알려진 생물학자다. 전미도서상을 받은 그녀는 자신의 저서 《우리를 둘러싼 바다The Sea Around Us》에서 세계 바다에 관한 그녀의 애정 어린 우려를 모든 세대에게 전했다.

레이건 대통령의 에이즈위원회에서 일하던 내 임기 동안 나는 우연히 한 여성의 업적을 알게 되었다. 샌프란시스코에 사는 루스 브링커는 예순여섯 살이 되던 해 자신에게 변화를 만들어낼 힘이 있음을 발견했다. 1984년 그녀의 젊은 친구인 건축가 한 명이 에이즈로 목숨을 잃었다. 그녀는 에이즈 감염이 얼마나 빠르게 일어나는지 보고 공포를 느꼈다. 어느 날 오후 그녀는 자신의 친구가 너무 쇠약해져 자기 식사를 준비하는 것조차 어렵다는 것을 알았다. 그는 냉동식품을 꺼내 전자레인지에서 해동하려고 냉장고까지 기어가는 것조차 할 수 없었다.

그해 루스는 '프로젝트 오픈 핸드Project Open Hand'를 조직했다. 매일 아침 동이 틀 때면 그녀는 농산물 시장을 돌아다니며 싼값에 파는 채소를 모아다가 교회 지하에서 식사를 준비했고 집집마다 다니며 에이즈로 고통받는 사람들에게 준비한 식사를 가져다주었다. 그녀가 회상했다.

"몇 명은 너무 쇠약해져 초인종이 있는 데까지 기어와야 했어요."

그녀는 기금이 바닥나자 이웃 사람들을 찾아가 기부해 달라고 사정하기 시작했다.

처음에 7명에게 음식을 제공하기 시작한 프로젝트 오픈 핸드는 머지 않아 하루 8,000명 분량의 식사를 마련하는 자선단체로 성장했다. 내가 처음 컴패셔닛에 관한 루스의 헌신을 들었을 때 그녀는 그 도시에서 에이즈로 고통받고 굶주리는 사람들을 먹이기 위해 연간 백만 달러 이상의 기금을 모으느라 고군분투하고 있었다.

〈타임〉지는 루스 브링커에게 경의를 표하며 에이즈에 걸린 두 남자 이야기를 소개했다. 그들은 한 해가 끝나갈 무렵 울적한 마음으로 마지막이 될 새해를 맞을 힘이라도 있었으면 하고 바라면서 좁은 아파트에 앉아 있었다. 그때 불현듯 초인종이 울리더니 프로젝트 오픈 핸드의 자원봉사자가 가느다란 오색 종이와 풍선으로 장식한 커다란 상자를 들고 복도에 서 있었다. 상자에는 기부받은 샴페인, 고기파이인 파테, 치즈, 초콜릿, 모자 그리고 소리 나는 장난감이 들어 있었다. 두 남자는 울음을 터뜨리고 말았다.

미국 전역과 전 세계에 월터 마일드메이 경, 존 하버드, 벤저민 러시, 앤드루 카네기, 켈로그 형제 그리고 루스 브링커 같은 사람이 곳곳에 있다. 자신의 컴패션한 면을 발견한 그들은 용기를 잃고 좌절한 사람들을 구하고 용기를 주기 위해 손을 내민다. 이 책 뒷부분에서 나는 컴패셔닛 캐피털리스트들의 실제 이야기와 내 삶과 이들의 손길이 닿은 사람들의 삶에 끼친 영향을 좀 더 소개한다. 그들의 이야기로 나는 컴패셔닛 캐피털리스트가 무엇을 의미하는지 배웠다. 하지만 진정한 질문은 이것이다. 컴패셔닛 캐피털리즘은 여러분에게 무엇을 의미하는가?

여러분이 아는 진정한 컴패셔닛 캐피털리스트는 누구인가? 그들은 여러분의 삶에 어떤 차이를 만들었는가? 여러분은 어떻게 그들처럼 될 수 있는가? 만약 여러분이 일하는 곳에서 갑자기 여러분의 가슴속 사랑이 이끄는 대로 결심한다면 여러분은 어떻게 다르게 행동하겠는가? 이제 여러분의 동료, 상사, 고용주나 직원, 공급업자, 고객, 심지어 경쟁자에게 컴패션을 베풀기 위해 무엇을 할 것인가? 여러분은 그것을 어떻게 더 잘할 수 있는가? 나는 여러분의 이야기를 듣고 감흥과 정보를 얻고 싶다.

이제 북부 멕시코의 한 마을에 살고 있는 예순세 살의 이사벨 에스카밀라 이야기로 돌아가 보자. 내가 이사벨을 만났을 때 수십 년간 아내, 엄마, 할머니로서 고된 노동을 한 그녀의 허리는 굽어 있었다. 최근까지도 그녀의 삶은 가난을 갈아 넣고 절망을 키우는 끝없는 악순환이었다. 사람들이 컴패션을 행하지 않아서가 아니었다. 반대로 수년 동안 컴패셔닛 캐피털리스트의 후원을 받는 자원봉사자들이 여러 번 찾아와 비극의 시기에 이사벨과 마을 사람들을 돕거나 그 고립된 산간 지역의 삶의 질을 높이느라 애를 썼다.

이사벨과 그녀의 가족은 거의 매년 여름 그 마을에 보건소를 설치해 운영하는 네덜란드 적십자 자원봉사자들에게 감사했다. 그녀는 1983년 지진 이후 마을의 교회 재건을 도와준 젊은 미국인들의 웃는 얼굴을 항상 기억한다. 이사벨은 자그마한 경비행기를 축구장에 내린 평화봉사단의 자원 의사, 아이들에게 예방접종을 해준 유니세프 간호사 그리고 그 마을의 삶이 나아지도록 돕기 위해 수십 년 동안 돈과 식량과 기술을 보내준 멕시코 시티와 전 세계 사람들을 회상할 때면 여전히 눈물을 글썽인다.

그녀는 그들 모두에게 감사했지만 그들이 일을 끝내고 작별인사를 한 뒤 산을 내려갈 때면 전보다 더 무기력해졌다. 사람들을 돕는 것과 그들이 스스로 일어서도록 돕는 것은 별개다. 이사벨은 자신의 삶과 그녀가 사랑하는 사람들의 삶을 향상시킬 어떤 방법을 갈망했다.

그 후 어느 봄날 이사벨 에스카밀라는 우리의 ABO 중 한 명인 화니타 아발라드를 만났다. 화니타 아발라드는 얼마 되지 않는 수입에 몇 페소라도 보태서 재정적으로 조금이나마 안정되기를 갈망한 이사벨처럼 엄마와 할머니로 구성된 ABO 그룹을 키워가고 있었다. 이사벨은 젊은 여성들이 화니타가 들려주는 이야기를 듣는 동안 그늘에 앉아 있었다. 나이든 이사벨은 자신이 그것을 할 수 있으리라고 꿈도 꾸지 않았지만 그녀가 카탈로그를 훑어보며 어떻게 돈이 되는지the plan 주의 깊게 듣는 사이 그녀의 가슴속에 희망이 자라나기 시작했다.

그 미팅의 말미에 화니타는 그녀의 지역에서 새로 나온 자동차 광택제의 신제품 프로모션 콘테스트를 한다는 이야기를 해주었다. 일등에게는 미국 여행과 일류 호텔 숙박, Amway가 후원하는 자동차Amway car가 출전하는 자동차 경주 챔피언십의 VIP 관람이 부상으로 주어진다는 것이었다. 그 밝은 눈동자의 할머니는 화니타에게 흥분되고 서툰 영어로 "내가 그 상을 탈 거예요. 내가 미국에 갈 거예요."라고 말했다.

이사벨은 결코 미국에 가본 적도, 비행기를 타거나 호텔에 묵은 적도, 기사가 운전하는 리무진을 타본 적도 없었다. 사실 그녀는 평생 그 피폐한 산간 마을에서 살았다. 어린 시절 이후 이사벨은 그 마을을 벗어나 멀리 가보고 싶다는 꿈을 꾸었지만 한 번도 그 꿈을 실현할 기회가 없었다.

그녀의 친구와 이웃은 믿을 수 없다는 듯 코웃음을 쳤다. 머리가 희끗희끗해진 여성이 멕시코 산간 마을에서 자동차 광택제를 판다는 생각을 어찌 하는가? 그렇지만 이사벨은 사람들에게 말했다.

"좋은 광택제야. 좋다니까. 싸고 차에 흠집도 나지 않고. 너희 것처럼 오래된 트럭이랑 차도 새것처럼 보이게 해줄 거야."

이웃들은 처음에 웃었지만 머지않아 이사벨의 마을과 산의 위아래 자락 마을에 있는 온갖 낡은 차와 트럭은 그녀의 눈 속 희망처럼 빛나고 있었다.

내가 이사벨을 만났을 때 그녀는 멕시코 몬테레이에 있는 Amway Rally 무대 위, 그러니까 환호하는 수백 명의 멕시코 ABO 앞에 서 있었다. 내가 그녀의 꿈인 미국 여행을 이야기하며 그녀에게 일등상을 수여하자 그녀는 울기 시작했다. 그녀가 중얼거렸다.

"꿈이 이뤄졌어요."

왜 나는 컴패셔닛에 관한 이 장을 이사벨 에스카밀라의 이야기로 끝을 맺을까? 그녀의 삶이야말로 컴패셔닛 캐피털리즘의 양면을 모두 보여준다고 확신하기 때문이다. 적십자, 유니세프, 평화봉사단 그리고 다른 사회봉사단체 자원봉사자들은 그들의 일터에서 다른 사람을 돕는 컴패셔닛 캐피털리즘을 잘 보여주었다. 화니타 아발라드도 이사벨에게 그녀 자신을 도울 방법을 전해주었으니 역시 컴패셔닛 캐피털리스트다.

1991년 10월 3일 기사가 운전하는 리무진이 이사벨 에스카밀라를 태우고 몬테레이 공항으로 갔다. 그녀의 미국 여행이 시작된 것이다! 그녀와 함께 여행한 사람들은 나중에 내게 이사벨이 여행 내내 놀라움을 감추지 못했고 웃음이 끊이지 않았다고 이야기해 주었다. 오늘도 이 컴패셔닛 캐피털리스트는 북부 멕시코 산간에서 그녀의 더 많은 꿈을 실현하도록 그리고 그 과정에서 그녀의 자녀와 손주가 자신의 꿈을 실현하도록 돕는 일을 열심히 하고 있다.

8.
왜 우리는 자기사업을 시작하는 것을
고려해야 하는가

신조 8

우리는 현재 수입을 보충하거나 대체하기 위해 자기사업을 하는 것이 개인의 자유와
가족의 재정적 미래를 보장하는 가장 좋은 방법이라고 믿는다.

그러므로 우리는 자기사업을 시작하거나 현재 사업 혹은 직업에서 좀 더 기업가다워지
는 것을 진지하게 고려해야 한다.

여덟 살의 팀 폴리와 그의 열 살 된 형 마이크는 아빠의 손을 꼭 잡고
일리노이주 스코키 근처 광활한 들판에 있는 '펀 페어Fun Fair' 입구를 향해
걸어갔다. 오전 10시밖에 되지 않았지만 이미 신이 난 아이들은 주차장
에서 아빠와 엄마를 끌어당기고 있었고 들뜨고 참지 못해 안달이 난 아
이들은 길게 줄지어 서서 어린이 공원이 개장하기만 기다리고 있었다.

팀의 아버지는 티켓부스 뒷문을 열어 확성기를 켜고 음악을 틀었다. 이
내 작은 거리는 놀이공원 음악소리로 가득했고 아침 기상나팔 소리에 깨어
나는 군인들처럼 공원에 있는 온갖 놀이기구가 살아나 활기를 되찾았다.

팀은 펀 페어Fun Fair에서 가족과 함께하는 그 토요일을 무척 좋아했다. 그가 기억했다.

"그 바빴던 여름 몇 달 동안 내가 아버지와 함께 있고 싶으면 거기에 있어야 했어요. 아버지는 확실히 독립적인 분이었어요. 그리고 선대 할아버지들처럼 아버지에게는 기업가정신이 있었죠. 아버지는 스스로 일해야 했어요. 아버지가 자란 환경에서는 그것이 전통이었습니다."

팀은 웃으면서 계속 이어갔다.

"월요일부터 금요일까지 아버지는 평일 낮에는 부동산을 매매했고 저녁과 주말에는 놀이공원과 골프 연습장을 운영한 아버지의 형과 삼촌을 도우셨어요. 그곳은 디즈니랜드는 아니었지만 우리 가족에게 좋은 생활을 제공했고 내게는 가족 사업에서 가족이 함께 일하는 것을 볼 더할 나위 없는 기회를 주었어요."

'그 아버지에 그 아들'이란 말이 있다. 여덟 살 때 팀은 이미 꼬마 기업가였다. 그는 토요일마다 간 펀 페어Fun Fair에서 그저 가만히 앉아 있는 법이 없었다. 풍선과 바람개비, 소방관 모자를 열성적인 어린 친구들에게 팔았던 기억이 선하다. 팀도 그의 형 마이크와 누나 쉴라도 누가 시켜서 물건을 판 것이 아니었다. 기업가정신을 물려받은 가족 안에서 어린 형제자매는 항상 그 기회의 혜택을 누리고 있었다.

팀은 열두 살에 밀크셰이크, 스노콘, 핫도그를 파는 판매대에서 일했고 심지어 솜사탕을 만드는 기술도 터득했다. 거기서부터 그는 놀이공원에서 성공하는 사다리를 하나하나 올라가 놀이기구 중 하나인 와일드 마우스를 운영하기에 이르렀다. 그의 아버지 관점에서 와일드 마우스를 운영한다는 것은 곧 '궁극적인 책임'을 뜻했다. 팀이 웃으며 설명했다.

"내가 제때 브레이크를 당기지 않으면 와일드 마우스를 탄 사람들은 주차장까지 가버리고 말아요."

그런 성장기를 거치면서 팀은 아버지가 일하는 모습을 지켜보았다. 그는 기억했다.

"사실상 아버지는 그 공원의 주인이었어요. 그러나 공원을 원활하게 운영하는 데 필요한 일이라면 아버지는 무엇이든 마다않고 하셨죠. 고객이 실망하지 않기만 바라셨어요. 보이지 않는 곳에서 일하다 보니 손은 항상 더러웠어요. 무언가 수리가 필요하면 아버지가 고쳤고 급히 페인트를 칠해야 하면 아버지가 직접 페인트칠을 했어요. 아버지의 자세와 직업윤리는 우리 형제뿐 아니라 공원에서 일하는 모든 젊은 직원에게 귀감이 되었습니다."

퍼듀대학교에서 미식축구를 계속한 팀 폴리는 아버지의 '무슨 일이 있어도 라는' 자세를 실현하다보니 운동선수로서 또한 학생으로서 전 미국을 대표하는 선수가 되었다. 1970년 내셔널 미식축구 리그NFL 선발전 세 번째 라운드에서 그는 돈 슐라 코치가 이끄는 마이애미 돌핀스의 선수로 선발되었다. 팀은 마이애미에서 보낸 11년 동안 독보적인 실력을 발휘했고 그중에는 1973년 슈퍼볼에서 최정점을 찍으며 역사를 새로 쓴 1972년 무패 시즌이 포함돼 있다. 그해 고전하던 돌핀스는 워싱턴 레드스킨스를 물리치고 슈퍼볼Super Bowl에서 우승했다. 그의 내셔널 미식축구 리그 열 번째 시즌에서 팀 폴리는 프로볼 수상자로 선발됐다. 은퇴 후 그는 터너 방송국에서 대학 미식축구 TV 해설가로 일했고 최근에는 주간 스포츠 리그 전국 미식축구 TV 중계에서 그를 볼 수 있다.

팀은 "인기는 한순간이라는 것을 깨닫기 위해 천재일 필요는 없다!"

라고 경고했다.

"내가 예순다섯 살이 될 때까지 마이애미 돌핀스에서 선수생활을 할 수 없다는 것을 알았어요. 그래서 내가 한창 활약하고 있을 때 코니와 우리 가족을 위해 미래 재정을 안정적으로 보장받고자 내 사업을 찾기 시작했죠. 마이애미에서 그 열한 시즌을 보내는 동안 나는 부동산에 투자했고 돈을 좀 잃었어요. 주식에도 투자했는데 역시나 돈을 잃었죠. 금과 값비싼 보석에 투자했다가 또 돈을 잃었습니다. 마지막으로 헬스클럽과 라켓볼 코트 사업에 투자했는데 한동안 사업이 번창했으나 이자율이 21%까지 치솟고 신규 회원 등록이 뜸해지더니 결국 완전히 끊기고 말았습니다."

현재 팀과 코니 폴리는 미국 50개 주 그리고 전 세계의 많은 ABO 친구들과 함께 성공적인 Amway 사업을 하고 있다. 팀과 코니는 자신들의 꿈이 실현되는 것을 보았고 폴리 가족의 미래 재정은 안정을 찾았다. 이 모든 것은 일리노이주 스코키에 있는 그 놀이공원에서 시작되었다. 어린 팀 폴리의 삶과 가치관은 열심히 일하고 자기 주도적이며 가치 지향적이던 아버지가 자신의 꿈이 실현되는 것을 보기 위해 '무슨 일이 있어도' 하는 것을 지켜보며 영원히 바뀌었다.

펀 페어Fun Fair에서 팀 폴리에게 감동을 안겨준 것과 같은 기업가정신은 여러분의 내면에서도 살아 움직인다. 여러분 삶에서 그런 정신을 느껴본 적 있는가? 여러분은 자신을 자본가 또는 적어도 잠재적 자본가라고 보는가? 아니면 여러분은 그 칭호에 반대하는가? 모든 자본가들이 시가를 입에 물고 더블버튼 상의 정장을 입으며 리무진을 타는 냉혈의 전형적인 거물 같지는 않다. 이 땅에서 가장 인정 많고 사랑이 넘치며 배려

하는 사람들이 자랑스럽게 그 이름을 쓴다. 그렇지만 만약 자신을 자본가라고 생각하는 것이 여러분을 불편하게 한다면 자신을 기업가, 자유기업가 또는 컴패서닛 캐피털리스트라고 부르는 게 도움을 줄 것이다.

어떤 형태로든 우리는 모두 이 위대한 자유기업 시스템에 참여하고 있다. 우리는 이 시스템의 장점에서 혜택을 받을 수도 있고 우리의 기회를 영원히 잃어버릴 수도 있다. 그러나 록펠러, 듀폰, 카네기의 피 속에 흐르던 그 자유기업 정신과 약속이 우리의 피 안에도 흐르고 있다는 것을 결코 잊어서는 안 된다. 기업가정신은 입고, 마시고, 사랑하고, 사랑받고, 배우고, 성장하고, 성취하려는 우리의 그 욕구와 함께 바로 우리 안에서 탄생했다.

기업가란 무엇인가

이 단어 자체는 프랑스어다. 말 그대로 기업가entrepreneur는 '도전하는 사람'을 뜻한다. 프랑스에서 본래 이 단어는 작고한 빌 그레이엄처럼 (약간 작은 규모로만) 음악 콘서트를 조직한 사람을 가리켰다. 그러나 지금은 '사업이라는 모험을 하는 사람. 그 사람은 필요를 알고 그것을 충족하려 한다.'라는 뜻을 담고 있다.

기업가는 폐쇄된 협동단체fraternity에 속해 있지 않으며 누구나 기업가가 될 수 있다. 나이는 장벽이 아니다. 학교 연극을 기획하거나 신문을 배달하거나 록 밴드를 만들거나 옆집 사람을 위해 아이를 돌봐주는 젊은 사람들은 모두 기업가다. 대학생과 고령자를 포함해 어떤 연령의 성인도

기업가가 될 수 있다. 성별도 장벽이 아니다. 남성과 여성은 똑같이 기업가정신을 부여받았다. 기업가정신에 관한 한 우리가 스스로 자신에게 만들어 놓은 장애를 제외하고 극복하지 못할 장애는 없다.

기업가정신. 여러분은 처음 '그 정신'을 느꼈던 오래전 그때를 기억하는가? 팀 폴리처럼 여덟 살 때였는가? 자유기업 정신이 여러분을 감동시켜 '레모네이드 한 잔에 5센트'라고 자그마한 푯말을 써 붙이고 길가에서 시원한 음료 자판대를 시작한 적이 있는가? 아니면 여러분은 호두나 아보카도, 조개, 솔방울을 자루에 넣어 집 앞 잔디밭에서 팔아보았는가? 어쩌면 여러분은 용돈을 벌기 위해 눈을 치우거나 잔디를 깎거나 잡초를 뽑거나 설거지를 하거나 동네 개를 목욕시켜 본 적이 있을지도 모른다. 또 어쩌면 신문을 배달하거나 세차를 했을지도 모른다. 이것은 모두 내 어렸을 적 기억에 있는 일이다.

나는 대공황기에 어린 시절을 보냈다. 주식시장이 붕괴될 무렵 내 아버지는 수입이 없는 자신을 발견했다. 내 부모님은 6,000달러를 대출받아 미시간주 그랜드래피즈에 쾌적하고 아담한 집을 지었다. 지금 생각하면 큰돈처럼 보이지 않지만 그 어려운 시절에 아버지와 어머니는 대출금을 갚을 수 없었다. 슬프게도 부모님은 월 25달러의 주택담보대출금 때문에 꿈꾸던 그 집을 세입자에게 임대할 수밖에 없었다. 우리는 조부모님 댁 다락으로 거처를 옮겼다. 주식시장이 붕괴된 후 아버지는 수년 동안 식료품점 뒷방에서 밀가루를 포대에 담는 일을 했고 토요일에는 남성용품 가게에서 양말과 속옷을 팔았다. 그날부터 아버지의 충고는 간단명료했다. 아버지는 말씀하셨다.

"리치, 네 사업을 해라. 그것이 자유로워질 수 있는 유일한 길이야."

내가 기업가정신을 발휘하기 시작한 것은 고작 열 살 때였다. 나는 청구서들을 처리하는 데 보탬이 되기 위해, 즉 부모님이 나를 필요로 한다는 이유로 내 첫 번째 소박한 사업을 시작했다고 생각한다. 추가수입을 벌기 위한 그 욕구는 여전히 오늘날 대다수 사람들이 우리 사업에 뛰어드는 주된 이유다. 그렇지만 단지 청구서를 지불하는 것 이상의 무언가 더 많은 일이 벌어졌다. 나는 아직도 고객들이 내 일에 돈을 지불했을 때 느꼈던 흥분과 자부심, 심지어 힘이 넘쳤던 것을 기억한다. 나는 바람개비를 팔거나 풍선을 불지는 않았지만 아이들이 팀 폴리의 손에 작은 동전을 올려놓았을 때 그가 느꼈던 것과 같은 기쁨을 경험했다고 생각한다.

초등학교와 중학교 시절 나는 자전거를 살 만큼 돈을 벌기 위해 잡초를 뽑고, 잔디를 깎고, 세차를 하고, 주유소에서 일을 했다. 결국 까만 자전거를 새로 산 나는 지역 신문사와 신문배달을 계약했다. 내 하루치 신문을 받으러 볼트 씨네 옷감가게 뒤까지 자전거를 타고 올라가던 기억이 아직도 생생하다. 자전거 앞뒤로 신문을 가득 싣고 무거워진 자전거를 타는 방법을 배우는 것은 쉽지 않았다. 처음 비틀거리며 길을 올라갈 때는 고객들이 겁이 나서 눈을 가리기도 했다. 하지만 나는 토요일 아침마다 다른 신문배달 소년들과 함께 볼트 씨 책상 앞에 줄을 섰고, 그가 한 주 신문배달하고 받은 돈 35센트를 셀 때 흥분을 가라앉힐 수 없었다.

고등학교 때는 야구코치가 내가 왼손잡이인 것을 알아채고는 내가 1루를 맡고 왼손으로 번트하기를 원했다. 지금과 마찬가지로 나는 그때도 야구를 좋아했지만 거절해야만 했다. 도저히 방과 후에 연습할 재간이 없었고 그때도 우리 가족이 필요로 하는 추가수입을 벌어야 했다. 나는 월요일부터 금요일까지 수업이 끝나면 남성복 매장에서 일했고 주말에는 집 근처 커다란 주유소에서 세차를 했다. 주인이 세차비로 1달러를 받으면 50센트는 내 몫이었다. 세차를 더 많이 할수록 나는 더 이익이었다. 나는 손이 아주 빨랐다. 문과 창문을 닦고 사람들이 거의 대부분 청소하지 않는 문턱과 계기판 아래쪽 먼지도 털어냈다. 그걸 본 고객들은 세심하게 관리해 준 내게 팁을 주었다.

그것은 고된 일이었지만 내가 생각했던 것보다 더 많은 돈을 벌었고 재미도 있었다. 내가 아는 기업가는 일에 긍정적인 자세를 보인다. 그들은 때로 "일은 그냥 일"이라고 말하기도 하지만 그들에게 일은 대부분 '재미'라고 말한다.

일은 끔찍할 수도 있으나 꼭 그렇지만은 않다. 여러분은 끝없이 지루한 시간을 보내고 그것을 싫어하면서도 결국 시스템의 노예가 되어버릴 수도 있다. 아니면 오늘 여러분은 자신을 위한 일을 할지 혹은 다른 누군가를 위한 일을 할지, 즉 기업가가 되어 여러분이 일만 했던 숱한 시간을 평생 성장하고 발견하고 재정적 보상과 인정을 베풀 기회를 얻는 시간으로 바꾸겠노라고 당장 결심할 수도 있다.

과거의 기업가들

각고의 노력과 기업가정신이 어떻게 위대한 것을 이뤄내는지 이해하려 할 때, 과거의 필요를 알고 그것을 채우기 위해 일한 사람들에 관해 배우는 것은 시작하는 데 도움을 준다. 돌아보면 우리는 상황이 더 힘들고 기회가 더 적을 때도 기업가가 되기 위해 용기와 집요함으로 천재성을 발휘한 사람들에게 고무된다.

그들 중 일부는 아득한 과거의 사람들이지만 기업가라고 불릴 만한 자격이 충분하다. 어떤 중요한 의미에서 그들은 오늘날 기업가주의의 먼 친척이자 '정신적 어버이'이기 때문이다. 각고의 노력을 기울인 혁신가들은 우리 세상에 헤아릴 수 없을 만큼 헌신했고 그들을 잇는 세대를 위해 기회를 만들어주었다. 그러면 이들 '기업가'는 누구인가?

최초의 기업가 중 한 사람인 채륜은 서기 105년 종이를 발명한 중국 관리다. 그 이전까지는 모든 것을 대개 대나무에 썼기 때문에 책은 매우 무겁고 볼품이 없었다. 중국 학자들이 책 몇 권을 가지고 다니려면 수레가 필요할 정도였다.

채륜의 발명은 그 위대한 가치를 즉시 인정받았고 왕에게 벼슬을 받아 귀족이 된 그는 부자가 되었다. 이 발명은 중국을 극적으로 바꿔놓았다. 무엇보다 책을 구하기가 더 쉬워졌고 점차 전국 각지로 학문이 전파되었다.

1,400년경 독일 마인즈시의 한 혁신적인 금세공인이던 독일인 요하네스 구텐베르크는 현대 인쇄를 가능하게 한 일련의 발명품을 완성했다. 구텐베르크는 이동 가능한 활자를 만들고 사용하는 실용적인 방법을 발명했다. 덕분에 다양한 책을 빠르고 정확히 인쇄하게 되었다.

채륜과 구텐베르크 사이에도 주목할 만한 사건이 많이 일어났지만 구텐베르크의 발명 이후 세계의 발전 속도는 엄청나게 빨라졌다. 인쇄술 발달은 근대 세계를 만드는 데 가장 중요한 사건 중 하나였다.

어떤 의미에서 인쇄술은 나머지 사람들에게 기업가정신이 가능하게 했는데 그 이유는 정보를 쉽게 전송할 수 있기 때문이다. 인쇄할 가장 최우선적인 것은 실용서였다. 그것은 야금에서 의학, 좋은 건축 기술, 좋은 예의범절에 이르기까지 상상 가능한 주제를 총망라했다. 사람들은 책에서 방법을 배웠고 더 중요한 것은 그들이 자신의 생각과 다른 사람의 아이디어를 결합함으로써 혁신가가 되는 법을 배웠다는 점이었다.

본인의 아이디어와 다른 사람의 것을 결합해 커다란 필요를 충족한 한 사람은 영국인 제임스 와트다. 그는 세계 최초로 실용적인 증기엔진을 고안했고 1769년 특허를 받았다. 그의 관점에서 다듬어지지 않고 증기의 힘으로 펌핑하는 장치를 개량한 와트는 몇 가지 중요한 개조를 했고, 또 몇 가지 완전히 새로운 특징을 첨가해 비실용적인 호기심을 가치 있는 도구로 바꿔놓았다. 지금의 우리는 이것이 얼마나 위대한 발명인지조차 상상하기 어렵다. 당시에는 전력이 없었고 전동기도 아직 발명되지 않았으며 가솔린 엔진도 없었다.

곡물을 빻거나 천 공장을 운영하는 것처럼 힘든 일을 하고 싶으면 수력을 이용해야 했다. 이것은 불편했으며 적어도 할 수 있는 일의 양이 극도로 제한되어 있었다.

와트의 발명은 산업혁명 발전을 거의 혼자 책임졌다고 해도 과언이 아니다. 전력이라는 실용적인 원천 덕분에 모든 종류의 일을 할 수 있었기 때문이다. 머지않아 모든 분야 기업가들이 이 새로운 힘의 원천을 활용할 방법을 생각했다.

세상이 알고 있는 가장 위대한 발명가 토머스 앨바 에디슨은 불과 석 달간의 정규 교육밖에 받지 못했고 그의 선생님은 에디슨의 지능 발달이 더디다고 생각했다. 그렇지만 그는 사망할 때까지 1,000건이 넘는 특허를 냈고 엄청난 부를 쌓았다.

에디슨은 1877년 최초의 축음기부터 1879년 최초의 실용적 전구에 이르기까지 모든 것을 완성했으며 특허를 받았다. 그는 최초의 전기 공급 회사를 세웠고 영화 카메라와 프로젝터 개발에 기여했으며 전화, 전보, 타자기를 개선했다.

전구는 우리의 초기 역사에서 살아 있는 기업가정신의 좋은 예다. 어쩌면 여러분은 에디슨의 머리에서 불현듯 빛이 켜져 그가 하루아침에 전구를 발명했을 거라고 생각할지도 모른다. 당시 그것이 가스등이었다면 혹 이 표현이 들어맞을 수도 있다. 사실 에디슨은 직관의 섬광처럼 떠올라서가 아니라 오랜 시간 매우 체계적인 방법으로 전구를 발명했다. 발명에 관한 그의 접근 방식은 오늘날 소위 '연구개발R&D'이라고 알려진 과정의 최초의 시각적 설명 중 하나다.

에디슨에게는 발명에 관해 여섯 가지 원칙이 있었다. 만약 여러분에게 전구처럼 세상을 바꿀 만한 무언가를 발명할 생각이 없더라도 원하는 꿈이 실현되는 것을 보고 싶다면 우리 모두에게 그의 여섯 가지 원칙이 얼마나 도움을 줄 수 있을지 주목해 보자.

1. 목표를 세워 그것을 고수한다.
2. 발명품을 완성하기 위해 거쳐야 할 단계를 파악하고 그 단계를 따른다.
3. 진행 상황을 잘 기록한다.
4. 동료들과 실험 결과를 공유한다.
5. 프로젝트에 참가하는 모든 사람이 자신의 책임을 명확하게 정의하는지 확인한다.
6. 나중에 분석할 수 있도록 모든 결과를 기록한다.

과학자들은 이처럼 체계적인 문제 해결 접근법을 꽤 오랫동안 사용해 왔지만 에디슨은 시장성 있는 제품을 발명하는 데 이 접근법을 적용했다. 발명가인 동시에 기업가였던 그는 팔지 않을 것을 만드는 데는 관심이 없었고 사람들이 사고 싶어 하는 것이 무엇인지 아는 것에 관심이 있었다. 결국 에디슨은 자신이 만든 제품을 시장에서 홍보하고 파는 데 열심이었으며 또 아주 잘했다. 에디슨의 발명가 팀은 세계 최초의 산업 연구소였고 이는 당시 유일한 미국의 기관으로 그의 연구실은 벨 연구소와 제너럴 일렉트릭을 포함해 여러 연구실 중 첫 번째였다.

에디슨이 축음기 특허를 내기 몇 해 전 두 형제가 인디애나주와 오하이오주에서 각각 태어났다. 그들은 마침 함께 자전거 사업에 뛰어들었고 자전거 업계 기업가로 성공을 거두었다. 그러나 그들을 유명하게 만든 것은 다름 아닌 그들의 취미였다. 그 형제는 바로 윌버와 오빌 라이트로 그들의 취미는 항공술이었다.

비행의 문제점에 관한 최근 연구 자료를 수년간 열심히 읽은 후 1899년 형제는 스스로 몇 가지 해결책을 모색하기로 결심했다. 1903년 그들의 노력은 최초의 유인 비행으로 결실을 맺었다. 형제는 여러 대의 글라이더를 만들어 1,000회가 넘는 비행에 성공하면서 세계에서 가장 비행 경험이 많은 비행사가 되었다.

이 경험을 바탕으로 그들은 비행의 근본 문제는 '제어'라는 것을 이해했다. 공중에서 동체를 조종할 방법을 궁리한 그들은 자신들이 고안한 경량 엔진을 장착해 역사에 길이 남을 비행을 했다. 그들은 1906년 비행기에 관한 첫 번째 특허를 받았고 총투자액은 대략 1,000달러였다.

1847년 스코틀랜드에서 태어난 미국인 알렉산더 그레이엄 벨은 19세기 말미에 자본주의가 얼마나 빨리 새로운 제품과 발명품을 개발했는지 보여주는 또 다른 좋은 예다. 그는 1876년 2월 전화 특허를 냈고 같은 해 필라델피아에서 열린 독립 100주년 박람회에서 새 발명품을 선보였다. 그것은 순식간에 히트했다. 그때 미국에서 가장 큰 통신회사는 웨스턴 유니언 텔레그래프였다. 벨은 자신이 발명한 새 발명품의 권리를 웨스턴 유니언에 10만 달러에 팔겠다고 제안했다가 즉시 거절당했다.

다음 해에 벨은 회사를 창업했고 곧 성공을 거두었다. 훗날 그 회사는 미국 전화전신회사인 AT&T가 되었다. 1879년 3월에서 11월까지 벨의 회사 주식 가격은 주당 65달러에서 1,000달러까지 치솟았다(이때 웨스턴 유니언은 땅을 치며 후회하고 있었다). 1892년에는 뉴욕과 시카고를 잇는 전화가 개통되었고 벨이 세상을 떠난 1922년에는 미국 전역에서 전화가 통용되었다. 새로운 발명품이 놀라운 속도로 일반적인 가정용품으로 발전한 것이다.

한편 에디슨은 새 전구를 밝힐 전기를 공급할 방법을 개발하느라 바빴다. 전구에 불을 밝힐 전기가 없으니 전구를 파는 것이 쉬웠겠는가! 그래서 그는 1882년 뉴욕에 작은 전기 공급 체계를 갖추었는데 이는 가정에 서비스를 제공하기 위해 설치한 최초의 전기 '시설'이었다. 그것은 성공적이었으나 초기에는 문제점도 있었다. 여러분이 사용했던 거의 모든 가전제품에 그 증거가 있다. 대부분의 가전에 '110볼트에서만 사용'이라고 쓰여 있는 것을 보았는가?

왜 110볼트인가? 에디슨이 만든 최초의 전력 발전 시스템은 시스템 전체에 충분한 전력을 일정하게 유지할 수 없었다. 발전소 근처에서는 전구 불빛이 밝았으나 전선 끝 쪽은 매우 어두웠다. 에디슨은 사람들의 불평을 들어야 했다. 이때 다른 훌륭한 기업가처럼 전구를 아주 많이 팔고 싶었던 에디슨은 전력을 100에서 110볼트로 올렸다. 이 새로운 표준은 공급 시스템이 초기 문제점을 해결할 만큼 정교해졌는데도 그대로 고착되었다.

하나의 발명이 가져온 '전기'라는 변화를 생각해 보자. 전화와 전구뿐 아니라 라디오, TV, 컴퓨터, 기타 수천 개 제품에서 기업가와 소비자를 위한 방대한 새로운 영역이 열렸다.

지난세기 동안 우리의 일상에 가장 지대한 영향을 끼친 많은 기업가가 살았다. 그중 한 명은 잘 알려지지 않은 인물로 우리 '자동차 문화'의 창시자인 독일 발명가 니콜라우스 오토다. 오토는 1876년 최초로 실용적인 자동차 엔진을 발명했다.

그에게는 후배 직원이던 고트리프 다임러가 있었는데 다임러는 몇 년 후 친구 카를 벤츠와 동업을 시작했다. 그들은 오토의 디자인을 기반으로 엔진을 사용해 자동차를 만들기 시작했고, 자신들의 차를 판매한 딜러의 딸 메르세데스의 이름을 따서 자동차 이름을 짓기로 결정했다.

전기 모터와 마찬가지로 머지않아 모든 종류의 소규모 공장과 가게에서 내연 엔진을 사용했다. 내연기관을 발명한 직후 이 발명품은 파워 펌프, 재봉틀, 인쇄기, 톱 등 거의 모든 종류의 물건에 쓰였다. 오늘날의 기준으로 보면 크고 자리를 많이 차지했지만 증기기관에 비하면 매우 커다란 발전이었다. 과연 얼마나 컸을까?

오토는 1901년 무게가 1,000파운드에 40마력을 지닌 특별한 레이싱 엔진을 제작했다. 1960년대에 흔했던 폭스바겐 '버그' 엔진은 40마력으로 보통 남성 둘은 있어야 들 수 있었다. 그 정도 힘을 내는 오늘날의 자동차 엔진은 한 사람이 들 수 있다. 자본주의 기업가들 간의 경쟁은 이 급속한 발전을 촉진했다.

1908년까지 헨리 포드는 오토의 내연기관에 생산라인 조립 방법, 교체 가능한 부품들, 전등과 과학적인 경영을 결합해 모델 T를 생산했다. 불과 5년 후 미국에는 125만 8,000대의 자동차가 등록되었다! 포드는 보통 사람들도 자동차를 살 수 있도록 적당한 가격으로 만들었고 사람들은 믿을 수 없을 만큼 차를 사들였다. 그로부터 25년 동안 미국 고속도로에는 3,600만 대의 자동차가 굴러다녔다. 자동차는 미국을 바꿔놓았고 그 과정에서 미국 전체 경제 중 가장 중요한 제품으로 자리를 잡았다.

자동차는 수백만 미국인에게 기업가가 될 기회를 만들어주었다. 자동차를 생산하는 데는 많은 원자재와 사람이 필요하다. 원자재에는 철, 유리, 크롬, 고무, 전선, 페인트, 시트용 천 등 모든 종류의 것이 포함된다. 또한 차가 다닐 도로와 다리, 터널을 건설해야 한다. 차가 계속 잘 달리려면 정비사가 있어야 하고 연료를 채울 주유소와 보험을 들고 처리하기 위한 보험회사도 필요하다. 이렇게 목록은 끝이 없다.

사람들이 차로 이동하는 것을 즐기면서 전혀 새로운 산업들도 생겨났다. 모텔과 리조트, 길가 카페, 트레일러 공원 그리고 관광객을 상대로 장사하는 곳이 대표적이다. 자동차는 미국에 새로운 문화를 소개했다.

앞서 보았듯 오늘날 우리가 당연시하는 대부분의 소비재는 아주 최근에 만들어진 것이다. 기업가정신은 우리 가운데 살아 있고 그 역할을 하고 있다. 혁신과 변화 속도는 20세기 들어 엄청나게 가속화했다. 우리 자본주의 체제가 효율적으로 제조한 수천 가지에 달하는 제품은 지난 100년간 일어난 일의 결과다.

오늘날의 기업가들

위대한 기업가 시대가 끝났다고 잠시도 생각하지 말자. 자유기업이 사람들 속에 항상 존재해 온 것이 사실이라면 자신의 기업가정신에 날개를 달아줄 더 좋은 시기가 없었던 것도 마찬가지로 사실이다. 성공적인 자본가가 될 기회가 지금보다 더 많았던 때는 없었다. 지난 10년 동안 우리 세상에는 지난세기를 모두 합친 것보다 더 많은 새로운 아이디어가 등장했고 그것을 잘 활용해 왔다.

실제로 기업가정신은 모든 연령의 사람들 사이에서 미국 전역으로 퍼져 나갔다. 미국에서 가장 성공한 기업가 중 일부는 어렸을 때 사업을 시작했다. 너무 어려서, 가난해서, 경험이 없어서 좋은 아이디어를 내지 못하리라는 법은 없다. 내가 읽은 성공적인 기업가가 된 젊은이의 몇 가지 예를 여기에 소개한다.

새로운 젊은 기업가들. 한 성공적인 기업은 먹는 것을 아주 좋아한 두 고등학교 친구들이 시작했다. 두 사람은 베이글을 만들어볼 생각을 했지만 장비가 너무 비쌌다. 그래서 차선책으로 아이스크림을 만들어보자는 결정을 했다. 그들은 둘 다 아이스크림 만드는 방법을 가르쳐주는 5달러짜리 통신 과정에 등록했다.

그렇게 아이스크림 만드는 방법을 배운 그들은 저축한 돈과 친척들에게 빌린 돈으로 버려진 주유소를 싼 가격에 임대해 첫 가게를 열었다. 그리고 몇 년 만에 '벤앤제리 아이스크림'은 2,700만 달러가 넘는 매출을 기록했다.

여러분은 차고에서 회로기판을 만들던 캘리포니아의 두 학생 이야기를 들어본 적 있는가? 그들은 대략 1,300달러의 초기 자본을 모으기 위해 자신들의 폭스바겐 자동차와 고성능 계산기를 처분했다. 사업을 시작하기 위해 100여 개의 회로기판을 만들어 팔고 싶어 한 그들은 직접 만든 회로기판을 컴퓨터 가게를 운영하는 친구에게 가져갔으나 그 친구는 회로기판에 별로 관심을 보이지 않았고 완전히 조립한 컴퓨터라면 50대 정도 사겠다고 말했다. 이것은 몇 년 전 이야기로 퍼스널컴퓨터를 구하기 어렵던 때였다. 그래서 그들은 컴퓨터를 몇 대 만들었다.

초기 판매가 부진해 동업자 중 한 명은 너무 낙심한 나머지 불교 수도원에 들어갈 생각까지 했다. 그러나 그들은 거기서 멈추지 않았고 마침내 회사는 성공했다. 지금은 연간 10억 달러 이상의 매출을 올리고 있는데 이 회사가 바로 애플 컴퓨터다. 그 두 학생은 스티브 잡스와 스티브 워즈니악이다.

이런 성공 스토리가 여러분을 두렵게 하는가? 10억 달러 매출? 내가 그렇게 성공할 확률이 과연 얼마나 될까? 그런 확률 때문에 낙담하지 말자! 만약 여러분이 최선의 노력을 기울이면 결코 꿈꿔본 적 없는 방법으로 성공할 수도 있다. 기억하자! 여러분이 성공하기 위해 10억 달러 매출의 회사를 일굴 필요는 없다. 훨씬 더 작은 규모의 회사를 세운 성공한 기업가가 족히 수천, 수만은 된다.

그 작은 규모의 기업 중 한 회사가 수년 전 아주 비범한 방법으로 출발했다. 여러분도 신문에서 읽었거나 TV에서 보았는지 모르겠다. 내가 납을 금으로 바꾸려고 한 중세 연금술사 이야기를 떠올리게 만든 이 사례는 퇴비로 돈을 버는 데 성공한 어떤 아이들의 이야기다.

이들은 그 지역 사람들이 자기 집의 잔디와 정원에 쓸 비료를 필요로 한다는 것에 주목했다. 가서 사는 것이 불편하다 보니 사람들은 비료를 얻지 못하고 있었다. 이 간단하지만 중요한 통찰로 아이디어 하나가 떠올랐다. 퇴비를 포장해 바로 동네에서 팔면 안 될까?

부모의 조언을 받은 아이들은 소똥을 거름으로 만드는 데 필요한 것을 알아냈다. 그 후 그들은 지역의 몇몇 낙농업자를 찾아갔는데 그 아이들이 소 축사를 청소해 주고 '처리하지 않은' 소똥을 가져간다고 하자 그들은 아주 좋아했다. 아이들은 그 소똥을 집에 가져와 가공 처리한 다음 자루에 담아 이웃을 돌며 팔았다.

그렇게 열심히 일하다 보니 사업이 커가기 시작했고 머지않아 그 거름은 '돈'으로 바뀌기 시작했다. 마침내 그들은 아주 많은 돈을 벌었고 회사를 차려 키드코라고 이름을 지었다. 그들은 도움을 좀 받아 부동산에 돈을 투자했으며 결국 놀라운 자산 포트폴리오를 갖게 되었다.

몇 년 전 로저 코너라는 아이가 동네 꽃집에 들러 주인에게 자신이 꽃가게에서 공짜로 일하며 사업을 배울 수 있는지 물었다. 당시 로저는 열두 살이었다. 주인은 좋다고 했고 로저는 방과 후와 매주 토요일에 파트타임으로 일을 시작했다. 2년 뒤 로저는 약간의 급여를 요구했지만 주인은 그가 급여를 받을 만큼 일을 잘한다고 생각하지 않아 거절했다. 로저는 또 다른 가게로 옮겨 일했지만 얼마 가지 않아 해고되자 이번에는 자기 가게를 차릴 결심을 했다.

로저는 열다섯 살에 65달러를 투자해 자신의 꽃 사업을 시작했다. 그는 창고 세일 때 오래된 냉장고를 헐값에 구입했고 그것을 꽃 보관용 쿨러로 사용했다. 부모님 집에서 사업을 하며 그는 최상의 품질과 서비스로 좋은 평판을 쌓았다. 짧은 시간에 그의 사업이 성공을 거두면서 그는 자신이 급여를 받지 않고 일했던 가게를 매입했다. 그는 그곳을 개조해 성공적으로 만들었고 이어 자신이 일한 두 번째 가게마저 인수했다!

성공적인 기업가 폴 호켄은 좋은 아이디어는 보통 처음엔 혹은 두 번째까지도 아주 좋게 보이지 않는다고 말했다. 그는 젊은 기업가에게 자신의 사업 아이디어가 이상하거나 미쳤거나 또는 모호하게 보여도 걱정하지 말라고 충고했다.

이 모든 젊은 기업가가 구상하는 기업가정신의 중요한 측면은 상상력의 가치다. 기업은 크든 작든 자금 부족이 아니라 창의성 부족으로 일을 못한다. 벤앤제리나 키드코 같은 회사가 성공한 것은 그들이 대부분 자금 부족에 위축되기보다 가식적이지 않고 소박했기 때문이다.

정직하고 겸손한 시작은 그들의 가장 큰 자산이었고 덕분에 사람들은 그들을 신뢰했다. 그들은 평범한 사람이었으며 그들의 아이디어는 사람들이 신뢰한 이후 분명한 가치를 지녔다. 여러분은 '왜 나는 그런 생각을 하지 못했나?'라고 몇 번 궁금해 한 적이 있는가? 여러분이 거기에 마음을 쏟는다면 물론 여러분도 생각해 낼 수 있다!

우리가 창의성을 주제로 이야기하는 동안 한 가지만 분명히 해두자. 기업가정신은 인정사정없는 공격성에 관한 것이 아니다. 상상과 창의성이 훨씬 더 중요하다. 여러분은 죽을 때까지 일할 수도 있고 사람들을 넘어설 수도 있지만 좋은 아이디어가 없으면 여러분은 아마 실패할 것이다. 좋은 아이디어는 사회가 필요로 하고 원하는 것이 무엇인지 인식하는 데서 나온다.

일터에서의 당신의 기업가정신 your entrepreneurial spirit at work

아주 어린 시절부터 꿈꿀 수 있을 만큼 자랄 때까지 우리는 중요한 질문을 품어왔다. 에디슨, 벨, 포드 그리고 과거의 위대한 기업가들도 그와 똑같은 질문을 하고 해답을 구했다. 대다수 사람들이 계속 꿈을 꾸기만 한 반면 스티브 잡스와 스티브 워즈니악은 과감히 자기사업을 차린 벤과 제리, 빌 게이츠, 다른 젊은 억만장자와 마찬가지로 스스로에게 물었다. 예시 질문을 자세히 살펴보자. 아래 질문은 여러분이 스스로에게 물어본 적 있는 것인가? 이들 문제는 어디서 비롯되는가? 하나님? 양심? 기업가정신? 이들 질문의 출처를 찾는 것은 질문에 답할 용기를 찾는 것만큼 중요하지 않다.

1. 나는 어떻게 더 많은 돈을 벌고 안정감을 느낄 수 있을까?
2. 어떤 종류의 일이 나 자신을 더 나은 사람으로 느끼게 만드는가?
3. 내가 항상 꿈꿔온 것은 무엇이며 나는 왜 그것을 하지 않는가?
4. 내 사업을 시작하면 내가 이들 질문을 해결하는 데 도움이 되는가?
5. 만약 그렇다면 나는 어떤 종류의 사업을 시작하고 소유하고 키워갈 것인가?

수백만 명이 이러한 질문에 정직하고 용기 있게 답함으로써 가장 신나고 가치 있는 단계 중 하나를 밟기 시작했다. 그들은 자신의 불만과 꿈을 자세히 살펴보았다. 그들은 자유롭게 자신의 일을 하고 삶을 주도적으로 살아가길 원했고, 자신과 사랑하는 사람들을 위한 재정적 안정을 원했으며, 자신의 창의성을 발휘하고 재능을 계발해 언제나 자신을 갇혀 있고 지치게 만드는 권태의 악순환에 종지부를 찍기를 원했다. Amway 사업에서 만난 친구들뿐 아니라 그들과 같은 수천 명에게 답은 자기사업을 시작하는 것이었다.

크리스 쉐레스트는 소매업을 잘하고 있었고 그의 아내 주디는 교사였다. 그녀는 주말과 휴일에는 근무하지 않았지만 크리스에게 주말과 휴일은 연중 가장 장사가 잘되는 때였다. 그가 회상했다.

"우리는 서로 볼 수가 없었어요. 삶이 각자 다른 방향으로 가고 있었죠. 우리는 옆에서 같이 일할 수 있는 사업을 꿈꾸기 시작했어요. 우리 둘 다 가장 잘 아는 일을 그만두려면 용기가 필요했지요. 그렇지만 우리 자신과 아이들을 위해 계획을 세웠죠. 분리된 우리 부부의 삶은 우리 계획을 위협했고 관계도 소원해졌어요. 결국 우리는 결심한 뒤 뛰어들었고 그렇게 함께 뛴 지난 수년은 우리 삶에서 최고의 날들이었습니다."

내가 밥과 재키 진더를 만나기 전 그들은 메릴랜드주 실버 스프링에서 우아하고 품위 있는 레스토랑을 운영하고 있었다. 비평가들에게 찬사를 받고 취향이 좋은 단골고객이 아주 많은 그들의 레스토랑은 커다란 성공을 거두었다. 진더 부부는 요식업을 하는 동료들로부터 5개 골드컵을 수상했고, 밥의 동료 사업가들은 그의 재능을 인정해 그를 워싱턴 레스토랑 협회 역사상 가장 젊은 회장으로 선출했다.

밥 진더는 행복해야 했지만 많은 시간 동안 그는 비참했고 지쳤다. 당연히 그는 밤낮을 가리지 않고 일했고 휴가는커녕 단 몇 시간도 쉬지 못했다. 메뉴를 고안하고, 신선하고 질 좋은 재료를 구하고, 새로운 직원을 고용해 훈련시키고, 실내장식을 하고 또 해야 하는 일련의 압박이 매일 반복해서 가해졌다. 밥이 회상했다.

"나는 내 삶을 되돌려줄 사업을 찾아야 했어요. 때로 성공은 너무 많은 대가를 치러야 해요. 다시 시작하는 것이 쉽지는 않았지만 꼭 필요했습니다."

현재 밥과 재키 진더는 성공적인 Amway 사업을 하고 있다. 그러나 그들의 성공은 돈으로만 측정할 수 있는 게 아니다. 이제 그들에게는 그들의 두 아이 로키, 줄리와 함께 보낼 시간이 생겼다. 더구나 자신들의 일정을 자유롭게 정하는 진더 부부는 미국 전역에서 다른 사람들에게 인정을 베풀 수 있는 선한 일을 하는 데 그들의 열정과 재능을 마음껏 발휘하고 있다.

앨 해밀턴은 25년 전 연봉 2만 달러를 받는 숙련된 공구 제작 기술자였다. 앨이 회상했다.

"아주 많은 돈을 버는 일은 아니었지만 그때는 어려운 시기다 보니 앞으로 더 나아갈 만큼 벌 수 없었어도 기쁘게 일했어요. 그러다가 아내 프랜과 나는 앉아서 돈이 어디로 나가고 있는지 따져보았죠. 아이들 양육비, 차량 유지비, 주차비, 점심식사비, 택시비 등 기본적으로 쓰는 것을 다 빼보니 우리가 아무리 열심히 오래 일해도 소용없다는 것과 우리는 결코 나아질 수 없다는 것을 알게 되었어요."

프랜이 덧붙였다.

"우리는 많은 돈을 벌고 싶었던 게 아니에요. 처음엔 내가 아이들과 함께 집에 있을 정도의 돈을 원했어요. 그런데 우리의 작은 사업이 커져가기 시작했고 곧 앨의 수입을 능가할 정도로 벌게 되었어요. 우리가 사업을 시작하는 데는 용기가 필요했지요. 하지만 약간의 용기와 많은 노력 덕분에 재정적 안정과 무엇보다 자유를 찾게 되었어요."

짐과 주디 헤드는 안개가 자욱한 로스앤젤레스 분지 위에 있는 레이크애로헤드에 집을 짓고 싶었다. 어린 시절 주디는 부모와 함께 호숫가에서 여름을 보내며 언젠가 자신도 그곳에 자신만의 집을 갖고 싶다는 꿈을 꾸었다. 짐은 친구들과 호수에서 주말을 보내며 언젠가 호숫가에 살고 싶다는 욕구가 생겼다. 고요한 아름다움과 어릴 적의 행복한 기억이 가득한 호숫가에 사는 꿈을 꾸는 것이 무엇이 잘못되었는가? 전혀 잘못되지 않았다!

밸과 랜디 하우겐의 꿈은 모든 스트레스와 유혹이 있는 도시에서 멀리 떨어진 곳에 집을 갖는 것이었다. 산꼭대기에서 광활한 소금 평지인 그레이트 솔트 레이크와 노새나 사슴이 울퉁불퉁한 회색 바위와 산양 산책로 사이를 이동하며 협곡 벽을 가로지르는 유타주 오그던시가 내려다보이는 그런 꿈의 집 말이다.

일본인 엔터테이너 E. H. 에릭은 유명세를 떨치던 시절부터 생계를 꾸려갈 더 나은 방법이 없을까 고민하기 시작했다. 모든 사람의 기준에 그는 이미 성공했지만 그 스스로는 만족하지 않았다. 에릭이 기억을 떠올렸다.

"연기를 하면 돈을 받았으나 연기하지 않으면 돈을 벌지 못했죠. 나는 아플 수도 없었고 유급 휴가는커녕 사업을 위해 시간을 낼 수도 없었어요. 나는 항상 거기서 연기하지 않아도 계속 좋은 생활을 영위할 수 있는 방법을 원했습니다."

부유하고 권위 있는 일본 가문 출신의 이토 미도리는 자기 직업에서 매우 성공한 사람이다. 미도리가 회상했다.

"그렇지만 내 수입은 온전히 커미션에 달려 있었어요. 내가 휴가를 보내느라 일이 늦춰지면 커미션도 같이 줄었죠."

에릭과 미도리는 고소득 직업을 그만두고 자기사업을 시작했다. 처음엔 누구도 이해하는 것 같지 않았지만 지금은 얘기가 다르다. E. H. 에릭과 이토 미도리의 Amway 사업은 일본의 놀라운 성공 스토리 중 하나가 되었다. 그들은 부유하고 많이 베풀 뿐 아니라 자유롭다.

맥스 슈바르츠는 독일 뮌헨에서 90킬로미터 떨어진 마을 랑겐무센에 있는 가족 농장에서 부모와 함께 살았다. 맥스는 무엇보다 자신의 사업을 하는 독립적인 전기기술자가 되길 원했다. 그는 자격증을 취득하기 위한 공부를 했고 마지막 시험을 치르려고 할 때쯤 그의 사랑하는 누이가 죽는 끔찍한 비극을 겪었다. 장례와 애도의 시간을 보낸 뒤 맥스의 부모는 그에게 단호하게 말했다.

"이제 너는 전기기술 시험을 볼 필요가 없어. 너는 외아들이고 네 누이는 이제 없으니 네가 농장을 맡아야 해."

그 뒤로 수십 년이 지난 지금까지 맥스는 '꿈을 잃어버렸던' 그날의 고통을 기억한다.

자신의 사업을 꿈꾸던 젊은 독일 청년이 쟁기를 집어 들고 그의 농장에서 말을 먹이고 키우는 모습을 상상해 보라. 실망에도 불구하고 맥스와 매리엔 슈바르츠는 꿈을 포기하지 않았다. 그들은 자그마한 감자 농장에서 거위 1,000마리, 토끼 2,000마리, 돼지를 키우며 그들을 먹이기 위한 곡물도 재배했지만 여전히 시원치 않아 집을 지어 팔았다. 수년간 그들은 꿈이 좌절되고 목표가 손에 닿을 듯 말 듯 하는 것을 보았지만 거기서 멈추지 않았고 각각의 새로운 사업 경험에서 오히려 배웠다.

지금 슈바르츠 부부에게는 국제적인 ABO 그룹이 있으며 그들은 우리 사업에서 가장 높은 성취를 이루었다. 그들은 감자와 곡물을 재배하는 가족 농장 대신 자신들이 꿈꾸던 말 사육 농장을 소유하고 있다. 그들의 최초 우승마 크라운 앰버서더는 이미 아홉 번이나 우승했다.

아프리카계 미국인 마셜 존슨은 텍사스주 잭슨빌에서 자랐다. 그가 어린 시절 아버지는 가족을 버렸다. 마셜의 어머니는 다섯 아이와 하반신 불구인 병든 시어머니를 먹여 살리기 위해 주당 17달러를 받고 남의 집을 청소하는 일을 했다. 마셜은 아버지가 자녀 양육비로 매주 5달러도 지불하기를 거부했던 것을 기억한다. 생활비를 충당할 만큼 돈을 버는 것이 간절했고 자신과 가족을 위해 더 나은 삶을 꿈꾼 마셜의 어머니는 결국 공장 조립라인에서 위험하고 힘든 일을 하게 되었다.

마셜이 회상했다.

"어머니는 한 번도 화를 내거나 괴로워하지 않았어요. 그렇지만 어린 나도 어머니가 우리를 키우기 위해 얼마나 열심히 일했는지 기억해요. 아침 일찍 집을 나가 한밤중에 돌아오는 날이 많았죠. 어머니는 심신이 계속 지쳐갔어요. 두 번의 끔찍한 사건에서 어머니가 공장에서 다루던 기계가 제대로 작동하지 않아 어머니의 손이 매번 으스러졌고 그 과정에서 손가락이 잘려 나가기도 했습니다."

그 모든 것에도 불구하고 마셜의 어머니는 가족을 부양했다. 비록 물려받은 옷을 기우긴 했지만 깔끔했고 끼니때마다 식탁에는 먹을 것이 있었다. 주일 예배 후 가족과 함께할 때면 어머니는 마셜에게 언젠가 그가 대학에 갈 것이고 그날은 자신이 세상에서 가장 자랑스러운 여성이 될 거라고 일깨워주는 것을 잊지 않았다.

마셜은 기억했다.

"어머니는 내게 건 꿈이 이뤄지는 것을 보았죠. 나는 체육 장학금을 받아 휴스턴대학교에 다녔어요. 4년간 미식축구, 2년간 농구, 한 시즌 동안 육상을 했습니다. 교육학 학위를 받은 후에는 볼티모어 콜츠의 선수로 선발되었어요. 4학년 때 심리학을 전공한 텍사스 출신의 아름다운 쉐룬다를 만나 결혼도 했죠. 그녀는 집 없는 사람과 동물을 집으로 데려와 먹을 것을 주고 돌봐줄 만큼 마음이 착했어요. 당시 나는 교육과 운동이 쉐룬다와 우리 아이들뿐 아니라 우리 가족 모두를 위해 더 나은 삶을 보장할 거라는 낡은 생각을 여전히 믿고 있었습니다."

머지않아 마셜 존슨은 그의 가족 중 누구보다 더 많은 돈을 벌고 있었지만 그는 누군가가 벽에 써놓은 글을 보게 되었다. 언젠가 그는 콜츠를 떠날 것이고 영원한 직업 선수는 없다는 내용이었다. 그럴 경우 그와 아내의 교사 급여로는 늘어나는 가족의 필요를 채울 방법이 없었다. 그는 기억했다.

"더구나 나는 지역사회에 모범이 되고 싶었고 흑인 젊은이들에게 우리도 비즈니스 세계에서 성공할 수 있음을 보여주고 싶었습니다."

마셜과 쉐룬다는 1978년 Amway 사업을 시작했다. 오늘날 사업이 번창하고 그 사업이 가져온 재정적 독립 덕분에 존슨 부부는 꿈을 이루고 있다. 이제 그들은 아프리카계 미국인은 물론 우리 모두에게 모범이 되고 있다.

우리 사업 안팎에는 이 같은 이야기가 끝없이 있다. 경제 상황이 좋을 때든 나쁠 때든 수백만의 사람들이 언젠가 자기사업을 하겠다는 꿈을 꾸고 그중 수천 명은 그 꿈이 실현되는 것을 본다. 만약 자유기업 정신이 여러분의 마음속에 질문을 던져왔다면, 만약 재정적 안정을 갈망하고 있다면, 만약 지금 하고 있는 일을 좋아하지 않는다면, 지금이야말로 변화할 때다. 나는 그냥 Amway 사업을 밀어붙이는 것이 아니다. 내 친한 친구들 중에는 우리 제품을 쓰는 것조차 꺼리는 사람도 있다. 여러 증거를 보라. 자본주의는 북미에서뿐 아니라 전 세계에 살아 있고 잘 굴러가고 있다. 자기 꿈을 실현하고 싶어 하는 기업가를 위한 기회는 이 어려운 경제 상황에서도 충분히 많다.

당신의 기업가정신을 따르라

예를 들면 1980년 미국에서는 1,302만 2,000개였던 소규모 사업체가 불과 10년 뒤 2,039만 3,000개가 되었다. 1990년 한 해에만 전국적으로 64만 7,675개의 새로운 사업체가 설립되어 순 일자리 증가율의 90%를 차지했다. 여성이 소유한 기업의 숫자는 1982년과 1987년 사이 57% 증가했고 이들 기업의 수입은 81% 상승했다. 흑인이 소유한 기업의 숫자는 1982년과 1987년 사이 37% 늘어났으며 이들 기업의 수입은 200% 이상 증가했다.

어떤 사람은 평생 몸담아온 직장에서 실직당한 뒤 사업을 시작한다. 두 번, 세 번 실직하다 보면 사람들은 안정감을 느끼고 싶어 하며 자기사업을 하는 것이 처음에는 위험하고 어렵더라도 결국 필요를 충족하는 방법임을 알게 된다. 또 어떤 사람은 회사생활이 지겹고 실망스럽거나, 화가 나고 지쳤거나, 실증이 난다는 이유로 직장을 그만두고 자기사업을 시작한다. 대학을 갓 졸업한 젊은이들이 자기사업을 시작하기도 한다. 최근의 로퍼 설문조사에 따르면 100개 대학 1,200명 학생 중 38%는 "자기사업을 하는 것은 성공적인 경력을 위한 최고의 기회를 의미한다."라고 대답했다.

〈월스트리트 저널〉은 다음과 같이 썼다.

"그들은 자율성을 유지하길 원한다. 일에서 더 큰 만족과 독립을 추구하고 자신의 에너지를 자기가 원하는 방향으로 돌려 자기 방식대로 일하고 싶어 한다. 그들은 자기가 속한 공동체 안에서 수요를 발견해 그 수요를 충족해 주는 사업을 고안하고 싶어 한다."

기사는 이렇게 결론지었다.

"궁극적으로 그들은 자유로워지기를 원하고 자기 삶에서 하고 싶은 일을 하길 원한다."

오해하지 마시라. 숱한 사업 실패 사례가 있다. 1990년에는 6만 400개 기업이 도산했고 이것은 1989년보다 20% 증가한 수치다. 그러므로 자기 사업을 시작하려고 생각 중인 대다수 사람들에게 다음 사항을 따르도록 권하고자 한다.

1. 직업이 있다면 자기사업을 시작하는 동안에도 그 일을 계속하라(현재 고용주로부터 시간을 얻어내지 않아도 저녁과 주말에 새로운 사업을 시작할 만한 추가 시간과 에너지가 얼마나 많이 남아 있었는지 알고 놀랄 것이다).

2. 앞으로 수입이 적은 날들을 견뎌낼 수 있을 만큼 충분한 돈을 비축했다면 이전 직장을 그만두어라.

3. 가능한 한 최소한의 창업 자금이 드는 사업기회를 찾거나 창출하라(충동적으로 빚을 지지 마라. 사업 초기에는 멋진 사무실 공간, 값비싼 기기, 수십 명의 직원이 필요하지 않다. 작고 검소하게 시작하라).

4. 여러분이 제조하거나 판매하려는 제품과 서비스가 품질 면에서 일류인지 확인하라(고객을 기만하지 마라. 이는 사업 실패로 이어진다).

5. 여러분이 지금 무엇을 하고 있는지 정확히 알고 가능한 한 새 비즈니스에 관한 모든 자료를 읽어라. 은행가, 변호사 그리고 그들의 상식을 신뢰하는 한두 명의 친구에게 자문을 구하라. 시행착오로 많은 것을 배울 수도 있지만 시작하기 전에 가급적 모든 것을 알고 있어야 한다.

시도하는 것을 두려워하지 말자. 경제 불황이던 1990년에도 소규모 사업 수입은 6.5% 증가했고 미국 전역과 전 세계에 새로운 비즈니스 붐이 일고 있음을 유념하자.

다음 몇 장에서는 사업을 시작하는 데 필요한 몇 가지 실용적인 단계별 제안을 공유하려고 한다. 특히 처음에는 쉽지 않다. 칼럼니스트 앤 랜더스가 "기회는 대개 힘든 일로 위장한다. 그래서 대부분 기회를 인지하지 못한다."라고 한 말은 옳다. 그러나 그 힘든 노력이 있어야 여러분이 꿈꿔온 방식으로 삶의 질을 높여줄 성취감과 안정감을 얻는다.

다시 한번 반복한다. 여러분이 어떤 직업이나 자기사업을 포함한 어떤 사업을 진지하게 고려하기 전에 검토해 보라! 그 사업과 그것을 하는 사람들이 정직한지 확인하자! 예를 들어 제리와 체리 메도스는 오늘날 국제 Amway 사업을 성공적으로 하고 있지만 사업 초기 그들은 자신들이 약속을 지킬 수 있을지 그리 확실치 않았다.

졸업과 결혼 후 메도스 부부는 노스캐롤라이나로 이주했고 제리는 화학공학 분야에서 직업을 구했다. 체리는 가정경제학자로 일하는 한편 의류 디자인과 건축에 관한 주간 TV쇼도 진행했다. 그들의 아들 그레그가 불과 6개월이 되었을 때 메도스 부부는 Amway 마케팅 플랜을 들었다. 제리는 기억했다.

"그날 밤 내가 들은 플랜을 이해는 했지만 믿지는 않았죠. 반면 체리는 플랜을 믿었으나 그것이 정확히 어떻게 돌아가는 건지 이해하지 못했어요. 그래서 우리는 숙제를 했습니다. 함께 검토해 보았어요."

체리가 씩 웃으면서 그때를 돌이켜보았다.

"제리는 내게 온갖 사람들에게 전화를 걸어 Amway에 관해 알아보라고 시켰어요. 주 검사장 사무실을 포함해서 말이죠. 내가 그 사무실에 전화해 통화했던 한 여성은 '세상에! 전 주 검사장이 Amway 사업을 시작했어요!'라고 말했고 그때 우리 둘은 Amway는 합격!이라고 생각했어요. Amway와 ABO들이 약속을 지킬 거라고 믿어보기로 한 거지요."

회사 내 기업가정신The Intrapreneurial Spirit

어쩌면 여러분은 자기사업을 하고 싶지는 않지만 여전히 여러분의 영혼 속에 살아 움직이는 기업가정신을 느낄지도 모른다. 잘됐다! 너무 많은 사람이 기업가는 자기사업을 해야 한다고 여기고, 그들이 다른 누군가의 사업을 위해 일하고 있으면 기업가정신이 죽거나 적어도 위축된다고 생각한다. 그것은 사실이 아니다. 실제로 창의적이고 재능 있는 사람들 중에는 크든 작든 남의 회사에서 일하는 것을 좋아하는 사람도 있다. 그들은 자기 회사를 꾸려갈 때 딸려오는 책임감을 불편해하고 자기사업을 시작할 때 뒤따르는 위험 부담을 감수하기보다 월급받기를 선호한다. 또 그들은 혼자 있기보다 큰 동료 집단 속에 있고 싶어 한다.

명확히 하기 위해 설령 사업을 하지 않을지라도 출근 도장을 찍는 것이상의 일을 하는 사람은 '회사 내 기업가'로 불러야 한다. 점점 더 많은 기업과 전문직에서 기업가정신을 주도한 직원들의 공헌을 기리기 위해 새롭고 창의적인 방법을 모색하고 있다. 회사 내 기업가들은 역시 다음과 같은 질문을 하고 그에 따라 행동한다.

- 나는 내 현재 직업, 사업 또는 전문직에서 성장하고 내 재능과 재주를 더 창의적으로 발휘하며 내가 매일 하는 것에서 더 만족하려면 무엇을 해야 할까?
- 어떻게 하면 내가 이 사업이 더 강하고 더 성공하게 만드는 데 도움을 줄 수 있을까?
- 무엇이 이 일을 더 효율적이고 시간이 덜 걸리며 비용이 덜 들게 만들 것인가?
- 우리는 어떻게 하면 직장을 나와 동료에게 더 안전하고 덜 경직되며 더 편안하게 개선할 수 있을까?
- 우리는 무엇을 잘못하고 있는가? 우리는 어떻게 하면 더 잘할 수 있을까?

우리는 직장에서 단지 시간을 때우며 삶을 허비할 수도 있지만 기업가와 회사 내 기업가는 매일의 일을 성장하고, 창조하고, 발견하고, 낡은 생각에 도전해 새롭고 더 나은 아이디어를 구상하는 기회로 삼는다.

우리 회사의 친구들은 서로 다른 두 부류로 나뉜다. 자기사업을 하는 ABO와 전 세계에 있는 우리 사무실이나 공장에서 일하는 직원이다. 지금까지는 기업가 이야기만 소개했으나 회사 내 기업가도 기억하자. 회사 내 기업가의 헌신과 창의성이 없었다면 우리는 살아남을 수 없었을 것이다.

밥 컬크스트라는 25년 이상 Amway 코퍼레이션에 몸담고 있는 창의적이고 헌신적인 직원이다. 밥에게는 Amway 사업을 할 만한 모든 기술과 재능이 있음에도 불구하고 그는 자신의 재능을 우리 회사와 공유하기로 했다. 우리는 밥을 비롯해 그와 같은 수천 명의 다른 직원에게도 감사함을 느낀다. 우리 직원들은 컴패셔닛 캐피털리즘에 독특한 견해를 보인다. 그들은 우리를 다른 사람들과 다른 방식으로 본다. 그리고 대화와 대립 과정에서 우리는 컴패셔닛 캐피털리즘이 속기 풀stenographic pool이나 조립라인에서 어떻게 작용하는지 배운다.

밥은 기억했다.

"내가 처음 이 회사에 입사했을 때 직원은 고작 500~600명이었지만 약 34만 평에 이르는 부지에 1만 3,000평 규모의 사무실과 제조, 연구, 창고 공간을 갖추고 있었죠. 그런데도 리치와 제이는 우리 한 사람, 한 사람과 인사를 나누기 위해 그 거대한 미로 속을 누비고 다녔어요."

나는 제이와 내가 어떤 공식 정책을 만들어 직원들이 입사한 첫 주 동안 그들이 일하는 곳에 찾아가 한 사람씩 인사를 건넸는지 기억나지 않는다. 하지만 우리는 입사 시작부터 이 회사에서 하나의 중요한 존재로 인정받는 것이 어떤 차이를 만들어내는지 그들의 눈에서 보았고 목소리에서 들었다. 우리는 매일 짧은 시간을 할애해 그들의 이름을 부르며 직원들과 인사를 나누었다. 그것이 충성심과 생산성에서 우리 회사에 즉각적이고 장기적인 이점을 안겨주는 것을 보면 나는 아직도 놀란다.

밥은 회상했다.

"Amway에 입사한 지 2년째 되던 해에 나와 중요한 자리에 있는 한 매니저 사이에 갈등이 생겼어요. 참는 것이 점점 더 괴로워지자 나는 회사를 그만두었죠. 그 일은 사전 경고 없이 어느 금요일 늦은 오후에 벌어졌지요. 리치는 어느 곳에선가 있었던 미팅에 참석하느라 회사에 없었어요. 그런데 월요일 아침 리치는 내가 회사를 그만둔 것을 알고 내게 전화를 걸어 오해가 있었다며 사과했고 내게 사직을 재고해 줄 것을 간곡히 요청했어요. 나는 즉시 회사로 돌아가지 않았지만 한 기업의 오너가 내게 직접 전화할 만큼 깊은 관심을 갖고 잘못을 바로잡으려 노력하는 것을 보고 회사 내에서 벌어진 사건을 그토록 재빨리 알아챘다는 것에 놀랐던 기억이 선해요."

때로 우리는 사람을 숫자로 혼동한다. 몇 명을 고용했나? 몇 명을 해고했나? 몇 명이 아직 생산라인에 남아 있나? 그러나 제이와 나는 우리 회사 창립 초기부터 우리를 떠나는 직원들을 그들이 막 입사할 때와 마찬가지로 존중하고 이해하며 대하는 것이 중요하다는 것을 기억하려 노력해 왔다. 이제 우리에겐 2만여 명의 직원과 400만 명이 넘는 ABO가 있다. 그들 한 명, 한 명을 개인적으로 알기란 불가능하다. 하지만 우리는 여전히 노력하고 있다.

밥이 말했다.

"오늘도 리치와 제이는 우리가 '회사 시찰'이라 부르는 것을 실천하고 있어요. 언제 어디서 리치와 제이가 나타날지 아무도 몰라요. 비록 갑작스럽고 예기치 않은 방문이 우리를 긴장하게 하지만 염탐하는 것과는 다르죠. 오히려 훨씬 더 유쾌해요. '하이, 친구들! 잘 있었어?' 그들은 공장 곳곳을 천천히 걸어 다니며 생산라인 너머로 크게 외칩니다. 그리고는 정말로 답을 들으려고 한참을 멈춰서요. 리치와 제이는 컨베이어 벨트 작업자나 연구 기술자 옆에 서 있을 때 솔직한 답을 알고 싶어 '일을 좀 더 원활하게 하는 데 우리가 해줄 수 있는 것이 있을까?'라고 묻습니다. 우리는 어떤 제안이 있거나 개선할 점을 공유하면 제이나 리치가 듣고 조치를 취할 것임을 알고 있죠."

밥이 매우 긍정적인 기억을 이야기해 주어 나는 고맙지만 제이와 내가 우리 직원과 그들의 요구를 귀담아듣지 못한 적이 많았을지 모른다는 생각에 미안한 마음이 든다. 여전히 컴패셔넛 캐피털리즘은 우리가 계속 노력할 것을 요구한다. 컴패션은 양방향으로 작용한다. 우리가 직원들에게 손을 내밀면 그들도 우리에게 손을 내민다. 그들의 충성심과 창의적인 아이디어, 노력이 없으면 회사는 성공할 수 없다. 그런데 아쉽게도 회사가 성장할수록 사람들을 당연하게 여기는 것이 쉬워지고 연락을 유지하기가 어려워진다. 가령 지금은 미국 전역과 전 세계에 있는 생산 및 ABCAmway Business/Brand Center에 들르는 것은 말할 것도 없고 우리의 한 건물 미로 전체를 걸어 다니는 것도 불가능하다. 그렇기 때문에 우리는 컴패셔넛 캐피털리즘을 이해하는 매니저를 찾기 위해 열심히 노력하고 그들에게 그 임무를 맡기려 하는 것이다.

밥이 말했다.

"회사가 성장하면서 리치와 제이는 회사의 모든 부서 남녀 직원들을 무엇이든 말할 수 있는 스픽업speak up 미팅에 초대해 자신의 동료들을 대표해 의견을 말하게 했어요. 지금도 회사 전체의 서로 다른 분야 직원들이 직원 식당이나 강당에서 비공식적으로 매주 모여요. 어떤 질문도 할 수 있고 모든 답변은 주의 깊게 때로는 비판적으로 듣습니다. 수년간 리치나 제이 또는 두 사람이 함께 항상 그 자리에 있었어요."

그 모임에서 직원들은 회사의 전통이 되어온 아이디어들을 공유해 왔다. 우리 직원용 잡지(한때 〈앰빗〉이라 불렸고 지금은 〈프렌즈〉라고 제목을 지었다)는 그 아이디어 중 하나다. 지금은 직원용 잡지가 미국에서도 상당히 보편화했지만 처음 제안이 나올 때만 해도 우리에겐 생소했다. 매달 발행하는 이 잡지에는 직원들의 일터와 일을 벗어난 일상의 사진 그리고 이야기를 싣는다. 우리는 잡지에 실린 이야기로 사무실 주변의 포스터나 전시에서, 연회와 특별한 감사 자리와 행사에서, 개인적인 것뿐 아니라 자기 분야의 성취에 경의를 표하는 법을 배웠다.

밥은 직원 토론에서 나온 또 하나의 창의적인 아이디어를 설명하며 말을 이어갔다.

"우리는 병가 대신 일종의 '무료 바우처' 날을 얻었어요. 병가를 위한 누적 일수가 함정이 되어버렸거든요. 직원들은 우리가 얻은 병가 일수를 사용하기 위해 아파야만 했죠. 만약 아프지 않으면 가짜를 만들어내야 했어요. 그건 회사에도 우리에게도 공정하지 않았습니다. 이제 직원들은 회사에 충실하게 출근하면 1년에 최대 12일의 무료 바우처 날을 얻을 수 있어요. 우리는 그날을 아프거나 문제가 있을 때만 사용하는 것이 아니라 햇빛이 좋은 날이나 가족 휴가를 즐기기 위해서도 사용할 수 있게 되었죠. 그러면 병가를 쓰기 위해 우리가 꾀병을 앓지 않아도 됩니다."

가장 좋은 아이디어는 흔히 직원들과 우호적인 대립을 할 때 나온다. 에이다에 있는 우리 직원들은 제이와 내게 매니저들이 정시에 출근해 하루 종일 일할 거라고 우리가 신뢰하는 만큼 다른 직원들도 같은 방식으로 신뢰해야 한다고 상기시켰다. 그래서 출근 기록계를 다 버렸는데 업무 성과와 출석은 단 하루도 느슨해지지 않았다.

밥은 우리에게 말했다.

"내가 Amway로 다시 돌아온 해에 우리 직원 중 한 명이 낸 자동차 사고로 한 명이 사망하고 여러 명이 심각한 부상을 입어 그 직원이 비난을 받았어요. 그 직원의 재판에서 판사가 판결을 내리기 직전에 리치가 나타났습니다. 리치는 직원의 '재활'을 감독하겠다고 약속하면서 선처를 호소했고 판사는 그의 호소를 믿고 그 직원을 리치의 손에 맡겼죠."

컴패션은 좋은 비즈니스다. 여러분이 자신의 사업체를 운영하는 고용주든 여러분의 창의성과 헌신을 발휘해 다른 누군가의 사업을 돕는 직원이든, 여러분은 기업가정신을 마음껏 발휘해야 한다. 컴패션을 우리의 지침으로 삼으면 우리가 함께 성취할 수 있는 것은 무한하다.

50여 년 전 캐나다 앨버타주 스리 힐스의 큰 길을 여섯 살 아이가 돌진해 내려왔다. 아이는 사탕가게의 납으로 틀을 만든 무거운 유리문을 힘껏 당겨 열었고 할인하는 과자들이 들어 있는 커다란 통으로 재빨리 걸어갔다. 통에는 '조브레이커 25개 25센트'라고 적혀 있었다. 소년은 주머니에 손을 넣어 25센트짜리 캐나다 동전을 꺼내 조브레이커를 산 뒤 사탕가게를 나와 마을의 중심에 있는 어린이 공원이자 놀이터로 다시 뛰어갔다.

소년은 아이들과 그들의 부모가 새 그네와 미끄럼틀 주위에 가득 모여 있는 것을 보았다. 그들에게 다가간 소년은 조브레이커가 든 봉지를 시끄럽게 열더니 그중 가장 큰 조브레이커의 비닐포장을 천천히 뜯어 입에 넣었다. 소년이 아주 맛있게 먹는 소리에 아이들이 한 명, 한 명 그 소년과 그가 들고 있던 밝은 초록색 비닐봉지 주변으로 모여들었다.

그는 "너, 하나 먹고 싶어?"라고 물었고 12명이 그를 향해 조그만 손을 흔들었다. 아이는 "하나에 2센트밖에 하지 않아."라고 말하며 봉지에 손을 넣어 빨간색, 초록색, 노란색, 검정색 조브레이커를 한 움큼 꺼냈다.

단 2초 만에 아이들은 주머니에서 동전을 찾거나 돈을 달라고 부모에게 달려갔다. 몇 분 만에 남은 조브레이커 24개는 모두 팔렸고 봉지는 텅 비었다. 그 소년은 청바지 속에 든 23센트의 이윤과 함께 얼굴에 미소를 머금고 터덕터덕 걸어 집으로 돌아갔다.

수년 후 그 아이 짐 잰스는 아내 섀론과 함께 캐나다와 미국에서 성공적인 사업을 해 나갔다. 평생 성공적인 기업가정신을 추구한 짐은 아직도 그 어린 시절 기억을 즐겁게 회상한다. 조브레이커 한 봉지를 손에 들고 그날 공원에 서 있던 여섯 살의 짐 잰스는 자본가였지만 그때는 그것조차 모르고 있었다.

만약 어떤 어른이 그 어린아이의 기업가정신을 짓밟아버렸다면 어떻게 되었을까? 짐은 50여 년이 지난 지금 그 기억을 떠올렸다.

"그때 어른들은 그것을 못하게 하려고 했죠. 나는 성경학교 캠퍼스에서 자랐어요."

그가 설명했다.

"만약 선교사가 되고 싶으면 중요도에서 상위 10에 들어야 했어요. 북미의 목사는 5~6에는 들어야 했죠. 그렇지만 자기사업을 하고 싶으면 0조차 되지 않았어요."

나도 평생 자본주의란 단어를 경멸하는 말을 들어왔다. 그런 이유로 내가 자유기업이라는 말을 우리의 위대한 경제 시스템을 설명하는 덜 자극적인 방법 중 하나로 사용하는 경향이 있다고 생각한다. 여러분이 이 세상 아이들의 내면에 있는 그 기업가적 삶의 불꽃을 무엇으로 부르든 그 불꽃을 계속 태우기 위해 모든 힘을 다해야 한다. 그 어린 소년이 하나에 1센트짜리 조브레이커를 한 봉투 사서 이윤을 남기기 위해 길에서 그것을 모두 팔았을 때 아이는 칭찬받아 마땅했고 그의 창의성과 노동은 격려를 받아야 했다.

짐과 섀론 잰스는 그들의 소명에 진실했으며 기업가정신이 이끄는 대로 따른 결과 자본가로 성공했다. 잰스 부부는 수천 명의 다른 사람에게 성공할 기회를 주었고 자신들의 부로 위대하고 지속적인 선을 위해 세상에 영향을 준 컴패션 행동을 계속 수행하고 있다.

빨간색 조브레이커가 녹아 입가에 흘러내리던 그 어린 소년은 나중에 트리니티 대학교 재단the Foundation of Trinity University 이사장, 캐나다 바이블스 인터내셔널Bibles International in Canada 창립 회장 그리고 로버트 슐러 미니스트리스 이사회the Board of Robert Schuller Ministries 의장을 지냈다. 그는 다른 이들이 그에게 원했던 꿈을 따르지 않았고 하나님이 그의 마음속에 심어주신 꿈을 따랐다. 그 결과 자신뿐 아니라 다른 이들이 그에게 기대하던 꿈들도 모두 이뤘다.

예수는 거의 2,000년 전 "어린아이가 그들을 이끌 것이다."라고 말했다. 여러분 안에 있는 그 어린아이가 레모네이드 판매대를 운영했다는 것을 기억하자. 그리고 여러분이 느꼈던 자유기업 정신을 다시 한번 느껴보자. 그 오랜 꿈을 과감히 다시 꾸자. 더글러스 맥아더 장군은 "이 삶에 안정은 없다. 오직 기회만 있다."라고 말했다. 여러분은 남은 삶 동안 무엇을 하고 싶은가? 그것을 당장 하자! 오늘 첫발을 내딛자. 그러면 모든 것이 따라올 것이다.

마이애미 돌핀스에서 11년간의 선수생활을 마친 팀 폴리는 그의 기업가정신을 발휘해 우리 사업을 시작했다. 그는 코니와 가족을 위해 재정적 안정뿐 아니라 훨씬 더 많은 것을 추구했다. 믿거나 말거나 대부분의 성공적인 기업가는 단지 돈만을 위해 사업을 하지 않는다. 진정한 자유기업 정신에 사로잡히면 자유야말로 여러분이 나누고 싶은 그 무언가라는 것을 깨닫게 된다.

팀은 기억했다.

"나는 벤츠 승용차를 사는 것에 신경 쓰지 않았어요. 우리는 플로리다 주 타바레스에 아름다운 집이 있고 가족이 꿈꾸는 모든 안락함도 누리지만, 코니와 나를 정말로 행복하게 하는 것은 다른 사람들도 자신의 꿈이 실현되는 것을 보도록 돕는 겁니다."

지난여름 인디애나폴리스의 후지어 돔에서 열린 대규모 랠리에서 팀과 코니 폴리는 4만 1,000명 앞 무대 위에 앉아 있었다. 돌리 파튼이 열광적인 ABO들을 즐겁게 하고 로널드 레이건 전 대통령이 자유기업을 대신해 감동적인 연설을 한 후, 이 사업에서 새로운 레벨을 달성한 소수의 ABO는 천둥 같은 기립박수를 받았다.

팀이 회상했다.

"루이와 캐시 커릴로는 그날 밤 무대를 가로질러 걸었던 첫 번째 부부 중 한 조였어요. 1981년까지 루이는 성공한 항공 교통 관제사였죠. 루이와 수백 명의 동료들이 해고되었을 때 그는 새로운 일자리를 찾기 위해 수개월 동안 보도를 두드리며 다녔어요. 내가 처음 루이를 만났을 무렵 그는 주급으로 150달러를 받고 차를 주차하고 있었지요. 그의 아내 캐시는 1년에 5만 달러를 벌던 성공적인 항공 교통 관제사의 아내에서 그의 작은 집이 은행으로 넘어가는 걸 막는 데 보태려고 다른 사람의 집을 청소하는 가정부이자 웨이트리스가 되었어요."

루이 커릴로는 힘든 삶을 살았다. 그는 열심히 노력했고 국가 항공 교통 관제 시스템에서 자리를 얻기 위해 많은 희생을 감수했다. 그가 해고되었을 때 그들의 개인적인 불운으로 은행계좌에는 가족을 돌볼 돈이 거의 없었다. 루이와 캐시가 우리 사업에 뛰어들기로 결정했을 때 돈은 이미 사라진 지 오래였다. 루이는 좋은 사람이었지만 소통하는 재주가 없었고 대인관계를 어떻게 맺는지 전혀 몰랐다. 그가 자신의 녹슨 노란색 75년형 댓슨을 타고 그의 오랜 친구와 지인의 집으로 첫 번째 사업설명을 하러 갈 때 그는 수치심을 숨기려고 블록 아래에 주차했다.

팀은 기억했다.

"그렇지만 루이 커릴로는 여전히 자신과 가족을 위해 꿈을 잃지 않았어요. 밤마다 그는 자료와 제품 샘플을 75년형 댓슨에 챙겨 넣고 플로리다 곳곳을 누볐고 그가 할 수 있는 최선을 다해 사업설명을 했죠. 우리는 많은 시간을 함께 보냈습니다."

팀이 회상했다.

"나는 비즈니스에 관해 내가 아는 모든 것을 루이에게 전하려고 노력했어요. 코니와 내가 그의 첫 번째 사업설명을 하도록 도왔죠. 루이 옆에 앉아 그가 머뭇거리거나 아무것도 생각나지 않을 때 그를 격려했어요. 어느 날 밤 루이가 처음으로 혼자서 막 모험을 하려고 할 때 집으로 태워다주고 그의 낡은 겨자색 자동차 앞 유리에 '잊지 마요, 루이! 당신에겐 파트너가 있어요. 우리가 함께할 거예요! 사랑해요.'라고 적은 메모를 놓고 왔어요."

루이 커릴로는 팀 폴리가 써준 그 메모를 떠올리며 눈물을 글썽였다. 루이가 이 사업에서 만난 팀과 다른 컴패셔닛 캐피털리스트들 덕분에 이제 그는 플로리다와 남부의 주 전역에서 멕시코, 남아메리카, 영국으로 뻗은 ABO 그룹을 만들었다.

여러분이 지난여름 인디애나폴리스에서 열린 그 성공 랠리가 끝나고 루이와 팀이 함께 있는 모습을 보았으면 한다. 그의 꿈이 실현된 것을 본 루이는 환호하는 ABO들 속을 걸으며 팀을 찾으려고 노력하면서 감사를 표현하려 애쓰고 있었다. 마음에 드는 표현을 찾지 못한 루이는 그의 팔로 팀을 붙잡고 그를 꼭 안았다. 성장한 남녀가 함께 성취한 일을 두고 하나님과 서로에게 감사하며 포옹하면서 우는 모습을 보는 것은 우리 회사 친구들 사이에 상당히 일반적인 광경이다.

여러분의 내면 저 아래 어디엔가 기업가정신이 자유로워지기 위해 몸부림치고 있다. 시도하기를 두려워하지 마라. 앞으로 나아가라! 여정은 그 한 번의 첫걸음과 함께 시작된다. 여러분의 꿈이 실현되도록 도와줄 친구들을 찾아라. 언젠가 팀과 코니 폴리, 루이와 캐시 커릴로가 아는 것을 여러분도 알게 될 것이다. 컴패셔닛 캐피털리즘의 진정한 기쁨은 자신의 개인적인 성취와 재정적 안정을 찾는 것만이 다가 아니라는 것도 말이다. 컴패셔닛 캐피털리즘의 진정한 기쁨은 다른 사람들이 그들 자신을 위한 개인적인 성취와 재정적 안정을 찾도록 돕는 데 있다.

Rich DeVos

COMPASSIONATE CAPITALISM

3
PART

출발!
GO!

9.
성공하기 위해 필요한 태도는 무엇이고
어떻게 나아지도록 하는가

신조 9

우리는 목표 달성을 위해 긍정적이고 희망적인 태도를 기르는 것이 필요하다고 믿는다. 그러므로 우리는 멘토의 도움을 받아 우리 삶과 그 잠재력에서 긍정적, 희망적, 생산적인 태도를 기르는 데 도움을 줄 프로그램(책, 테이프 사용, 특별 미팅과 행사, 친구나 동료와의 교제, 레크리에이션)을 설계해야 한다.

한 젊은 영업사원이 맥주회사 웨스트 앤 브루어리의 트럭을 몰고 49번 국도를 따라 뉴욕주 유티카에서 롬까지 가고 있었다. 그가 모호크강의 이스트 도미닉 스트릿 다리를 건너고 있을 때 하늘이 시커멓게 변하더니 멀리 지평선에서 번개가 번쩍였다. 늦은 여름의 폭우를 피하고 싶었던 그는 가속페달을 힘껏 밟아 제임스 스트릿으로 방향을 바꿨고 이내 튜린 로드에 있는 질레트 푸드마켓 앞에 끼익 소리를 내며 차를 멈췄다.

그가 전시용 카드보드를 손에 들고 주차장을 가로질러 재빨리 뛰어갈 때 빗방울이 차 앞 유리창에 튀기 시작했다. 회색 바지에 그가 맞춰 입은 회색 셔츠에는 웨스트 앤 브루어리 로고가 새겨져 있었고 셔츠 포켓 위에는 두꺼운 글씨체로 그의 이름 덱스터 예거가 선명하게 박혀 있었다.

덱스터가 맥주를 광고하려고 들고 온 카드보드들을 조립하기 시작하자 "이봐, 여기 붙이면 안 돼!" 하고 새로 온 매니저가 소리쳤다.

"당장 여기서 나가! 우린 이 따위 것을 둘 데가 없어. 여긴 식료품을 파는 곳이야, 알겠어?"

덱스터는 애써 억지로 웃으며 맥주광고 카드보드를 주워 담아 출구로 향했다. 분노와 당혹감을 느끼던 그때 머리 위에서는 격노한 듯 폭풍우가 맹렬히 몰아치며 지나가고 있었다. 그는 잠시 출구에 서서 그가 트럭으로 다시 뛰어갈 때까지만이라도 폭우가 멈췄으면 하고 바랐다. 그는 매니저의 세찬 거절과 몰아치는 늦여름의 폭풍 사이에 완전히 갇혀버린 느낌이었다.

덱스터는 1964년 그 여름 내내 그처럼 덫에 걸려 있는 듯한 기분이었다. 그는 주급 95달러를 받으며 맥주를 팔았고 오나이다 카운티 전역에 있는 식료품 가게에 웨스트 앤 브루어리 광고판을 설치했다. 그는 열심히 일했지만 성공할 기미는 보이지 않았다. 덱스터와 그의 아내 버디는 녹슨 1955년형 포드 스테이션 웨건을 몰며 일곱 명의 아이와 골목으로 정문이 나 있는 오래된 연립주택에 살고 있었다. 버디가 기억을 떠올렸다.

"집 정문 밖으로 걸어 나오면 바로 길이었어요. 초록 잔디는커녕 우리 아이들이 놀 공간도, 평화로움도 없었고 고요한 것과는 거리가 멀었죠."

덱스터가 기억했다.

"내게는 나와 내 가족을 위한 큰 꿈이 있었어요. 그렇지만 나와 그 꿈 사이에 무언가가 서서 가로막고 있었죠. 나는 정말 무엇이 잘못되었는지, 무엇을 바꿔야 하는지 찾는 대신 온갖 변명을 늘어놓았고 내 실패를 합리화하는 데 그 변명을 갖다 붙였죠."

그가 말했다.

"나는 대학 교육을 받지 못했어요. 처음엔 그것이 내 발목을 잡는다고 생각했죠. 내가 더 나은 일자리에 지원할 때마다 회색 정장에 줄무늬 타이를 맨 양반들이 이 점을 문제 삼았어요. '대학을 안 다녔다고?' 그들은 이렇게 중얼거렸고 내 이력서를 훑어보며 혀를 찼어요. 나는 대학을 나오지 않은 게 맞다며 고개를 저었는데 그 당혹감은 이루 말할 수 없었죠. 그들은 내 보잘것없는 이력서를 대충 훑어보고는 웃으며 내게 이력서를 돌려주더니 나가는 문을 보여주었어요. 마치 '글쎄, 대학 학위를 따고 와서 다시 얘기합시다.'라고 속삭이는 듯했습니다."

덱스터는 말했다.

"나는 어휘력이 좋지 않았어요. 오랫동안 그것이 내 앞길을 가로막고 있다고 생각했죠. 나는 누군가가 내 부족한 어휘력을 지적했던 그날을 결코 잊지 못할 겁니다. 그는 '성공한 사람은 아무도 당신을 알고 싶어하지 않을 겁니다. 만약 당신이 크게 성공한다고 해도 그들과 어울리지 못할 거예요.'라며 내게 경고했어요."

그는 어린 시절 그가 즐겨 사용한 세 번째 변명을 떠올리며 계속 이어갔다.

"또한 나는 자라온 환경도 좋지 않았어요. 나는 뉴욕 북부에 있는 롬이라는 작은 마을에서 자랐죠. 그곳은 가톨릭 신자가 대다수인 지역인데 나는 개신교도였습니다. 순수 이탈리아계 사람들 속에서 나는 독일과 스코틀랜드 '혼혈아'였어요. 더구나 나는 배관공 아들이었고 의사, 변호사,

정치인의 아이들은 나를 거들떠보지도 않았어요."

덱스터가 설명했다.

"그렇지만 그런 '이유'는 결코 내 실패의 원인이 될 수 없었어요. 그것은 나와 내 꿈 사이에 벽을 세우기 위해 내가 늘 사용한 변명에 불과했습니다. 나 자신에 관한 내 마음가짐이 아예 잘못되었던 거예요. 무언가가 아직 나아지지 않았다면 누군가는 변해야 합니다. 그게 바로 나였죠. 내가 변해야 했어요. 그렇지만 그때 나는 그것을 깨닫지 못했어요. 나는 그 여름날 몰아치는 폭풍우 속에서 맥주 트럭을 운전하며 내 꿈이 빗물과 함께 흘러내려 우드 크릭을 따라 모호크강으로 떠내려갔다가 먼 바다 망망대해 속으로 영원히 사라져버리는 것은 아닐까 생각했어요."

성공적인 기업가가 되는 법. 스스로를 믿어라!
How to Become a Successful Entrepreneur. Believe in Yourself!

"이제 기업가는 알겠는데 내가 어떻게 하면 기업가가 될 수 있을까?"라고 말하는 사람들이 있을 것이다. 덱스터 예거뿐 아니라 그와 같은 수백만 기업가에게 성공은 태도를 바꾸는 것과 함께 시작된다.

우리가 누군가에게 '자세'가 되었다고 말할 때 그것은 가끔 그들이 거만하다는 것을 의미한다. 그렇지만 그것은 내가 말하려고 하는 것과는 다르다. 거만함과 자신감은 다르다. 나는 긍정적인 자세로 스스로에게 '나는 할 수 있다!'라고 말하는 것을 얘기하고 있다. 덱스터 예거가 자신에게 필요한 것은 자세를 바꾸는 것이라고 결정한 순간, 그는 우리

Amway 역사상 가장 위대한 성공 사례 중 하나를 향해 내달리기 시작한 셈이다.

자신감이 별로 없는가? 누군가가 여러분에게 "당신은 성공적인 기업가가 될 수 있어요."라고 말하면 여러분은 아마 본능적으로 "그럴 리가 없어요!"라고 대답할 것이다. 여러분만 그런 게 아니다. 덱스터와 버디 예거가 그런 여러분을 가장 먼저 이해할지도 모른다. 우리는 대부분 적어도 초기에는 자신이 알맞은 자질을 갖추지 못했다고 생각한다. 하지만 우리가 틀렸다! 알맞은 자질은 대개 쓰레기 더미 아래에 묻혀 있게 마련이다. 우리는 평생 어떤 때는 완곡하게 또 어떤 때는 단도직입적으로 우리가 쓸모없고 결점투성이며 결코 성공할 수 없을 거라는 말을 듣는다. 그러나 컴퓨터 전문가의 말을 빌리면 "쓰레기를 넣으면 쓰레기가 나온다!"

"출세하려면 대학 교육이 필요하다!"라는 말도 그런 거짓말 중 하나다. 나는 교육의 힘을 믿는다. 나는 여러 대학 이사회에서 봉사했고 수십 개의 명예학위를 받았다. 내 아이들은 모두 대학을 졸업했지만 나는 대학 교육을 받지 못했다. 덱스터 예거도 대학 교육을 받지 못했다. 〈포천〉에 실린 창업자나 CEO 중 대학을 나오지 않은 500대 기업 목록은 길고도 인상적이다. 금세기 가장 중요한 신학자 중 한 명인 카를 바르트는 신학교조차 다니지 않았지만 수집한 그의 글은 전 세계 모든 신학교에서 교재로 사용한다.

나는 대학 학위가 중요하지 않다고 말하는 게 아니다. 여러분에게 학위가 없어서 성공할 수 없다는 말은 잠시도 믿어서는 안 된다는 걸 말하는 것이다. 덱스터 예거가 존경한 사람 중 한 명은 그의 삼촌이다. 덱스터가 추억을 떠올렸다.

"나는 존 삼촌이 접시닦이로 일하던 시절을 알고 있어요. 그는 중학교 2학년 때 학교를 그만두었지요. 그리고는 최소한의 급여만 받고 노동자로 일하면서 숙련된 목수들을 따라다니며 그들이 하는 일을 배웠죠. 삼촌이 일하던 건설회사가 부도나자 삼촌은 조그맣게 건축업을 시작했어요. 돈을 빌려 땅을 매입하고 개발자가 되었지요. 이윤이 남자 삼촌은 가장 좋아하는 레스토랑을 샀습니다. 그렇게 삼촌은 항상 무언가를 시작하고 있었어요. 1960년대까지 그는 적어도 10여 개가 넘는 사업체를 가지고 있었고 엉뚱한 신념을 능가하는 성공을 거두었죠. 나도 삼촌처럼 되고 싶었어요."

"존 삼촌은 내게 '그렇지만 너는 먼저 대학에 진학해야 해.'라고 타일렀어요. 아버지도 '학위를 따렴.' 하며 맞장구를 쳤어요. 나는 두 분께 '하지만 저는 아버지나 삼촌처럼 되고 싶어요.'라고 했습니다. 존 삼촌처럼 아버지는 중학교 2학년 때 정규교육 과정을 그만두었어요. 그러나 아버지도 삼촌도 배우고 성장하고 변화하는 것을 결코 멈추지 않았죠. 나는 대학과 대학원 학위를 가진 사람들을 많이 알고 있지만 내 아버지와 존 삼촌을 가장 존경해요. 두 분이 성취한 것과 두 분이 그것을 성취한 방법은 정말 존경할 만합니다. 아직도 두 분은 내게 '대학을 나오지 않으면 성공할 수 없다.'고 말씀하세요."

우리가 존경하는 영웅들조차 우리를 잘못 인도할 수 있다. 덱스터는 일찍이 그것을 깨달았다. 덱스터가 그때를 떠올리며 말했다.

"그때까지 나는 뉴욕주 롬에서 그 맥주 트럭을 몰고 있었어요. 나는 대학 졸업장 없이는 절대로 성공할 수 없을 거라고 믿었어요. 그렇지만 그때는 대학에 진학하기엔 내 나이가 너무 많았어요. 내게는 아내와 아이들이 있었고 내야 할 청구서는 끝이 없었죠. 설령 입학시험에 붙더라도 대학생이 될 수는 없었어요."

다음으로 우리가 알아야 할 것은 나쁜 조언은 자기충족적 예언이 된다는 것이다. 그것은 우리 머릿속에서 메아리치고 우리 꿈을 흐리게 한다. "대학 졸업장이 없으면 너는 절대 성공할 수 없어." "부족한 어휘력으로는 어디에서도 기회를 얻을 수 없어." "개신교 신자, 가톨릭 신자, 유대인, 스페인계 흑인, 대머리, 살찐 여자에겐 정상에 자리가 없어." 이 같은 나쁜 조언은 어느 누구도 성공할 수 없도록 끝없이 계속된다.

이런 식의 충고는 우리 삶의 초기부터 시작된다. 이것은 농담이나 속삭임 정도로 시작하지만 점차 조용히 소곤거리거나 '우정 어린' 충고로 발전한다. 그러다가 우리의 잠재력을 파괴하고 꿈을 죽이는 파국으로 치닫는다. 여러분의 한계에 관한 과거의 거짓말이 여러분의 미래를 위협하게 두어서는 안 된다. 그 대신 우리가 갖춘 재능을 나열해 보자. 여러분이 스스로 인정하는 하나의 긍정적인 자질을 찾아보자. 그 자질을 도구삼아 여러분 안에 있는 모든 잠재력을 스스로 마음껏 발휘해 보자. 오늘이 바로 자신에 관해 새롭고 긍정적이며 삶을 풍요롭게 하는 자세를 키워가는 첫날이다.

얼마 전 나는 나를 집요하게 괴롭히는 심장발작 증세를 보여 미시간주 그랜드래피즈에 있는 버터워스 병원의 중환자실로 실려 갔다. 의사들은 내 심장에 피를 공급하는 혈관 내부의 폐색을 제거하기 위해 바이패스 수술을 했다. 오래 병원 신세를 지는 동안 고통스럽게도 내게 두 가지 선택이 있다는 것이 분명해졌다. 하나는 내가 이전과 똑같이 지내다 가족 묘지에 묻히지 않으면 결국 다시 수술대 위에 오르는 것이고, 다른 하나는 진지하고 장기적인 변화를 시도해 장수하며 살길 바라는 것이었다.

병원 침대에 누워 내 생명을 지탱해 주는 모든 장치에 연결된 채 그것이 밤에 깜빡이면서 소리 내는 것을 들으며 나는 의사의 충고를 진지하게 생각했다. 그는 내 동맥이 막히게 된 세 가지 요인은 유전과 좋지 않은 식단 그리고 운동 부족이라고 했다. 그 세 가지 요인은 내게 내 생명을 구할 수 있는 교훈도 가르쳐주었다. 그것은 우리 자세를 실패를 야기하는 것에서 성공으로 이끄는 것으로 바꾸는 데도 동일하게 적용된다.

이렇게 한번 생각해 보자. 덱스터는 가로막힌 느낌이었다. 꿈은 있었지만 무언가가 그의 꿈을 가로막고 있는 듯한 느낌이었다. 그는 그 느낌이 자신에 관한 부정적인 마음가짐이었음을 깨달았다. 그 '할 수 없어.'라는 마음가짐을 내 혈관 속을 막고 있던 폐색의 한 종류라고 생각하면 어떨까? '유전, 나쁜 식단, 운동 부족'이라는 세 가지 요인도 동일하게 적용할 수 있지 않을까? 우리 자신을 믿지 않는 것이 우리가 물려받은 무언가가 될 수 있을까? 식단이 변화를 일으킬 수 있다는 새로운 생각은 가능한 것인가? 부정적인 조건을 타개하고 우리의 기업가정신이 다시 한번 자유로이 흐르도록 우리 마음을 단련할 방법이 있는가?

유전. 내 아버지 사이먼 C. 디보스는 쉰아홉 살이라는 이른 나이에 세상을 떠나기 전까지 몇 번의 심장발작으로 고통을 겪었다. 내가 아버지에게 물려받은 내 성공을 이끈 많은 요인이 있는데 나는 그 하나하나에 모두 감사한다. 그러나 내가 물려받은 심리적, 생리적 특성에는 위험하고 불리한 요인도 있었다. 내 유전적인 것을 심각하게 여겨본 적은 없지만 나는 병실에 누워 '만약 나도 아버지의 이른 죽음을 따라간다면?' 하는 의구심을 가졌다.

우리의 결점을 두고 비난할 대상을 찾으려는 것이 요점은 아니다. 이 것만 기억하자! 그것이 누구에게서, 어디에서 왔든 할 수 없다는 마음가 짐은 '대물림'될 수 있다. 꼭 유전적으로가 아니라 한 세대가 다음 세대 에게 어떤 특성을 물려줄 수 있다는 면에서 그렇다.

만약 여러분의 부모가 자신들을 패배자로 간주한다면, 만약 그들에게 성공을 향한 확신이나 욕구가 없다면, 여러분에게 어떤 종류의 마음가짐 을 물려주었겠는가? 어쩌면 여러분은 스스로를 패배자로 여기도록 가르 침을 받아왔을지도 모른다. 이걸 두고 반드시 부모의 잘못이라고 할 수는 없다. 그들은 그 나름대로 맞서 싸워야 하는 자신만의 '유전적 특성'을 지 녔을 수도 있다. 좋든 나쁘든 우리는 부모의 강점과 약점을 모두 물려받 는다. 그렇다고 여러분이 바뀔 수 없다는 것은 아니다. 여러분이 물려받 은 나쁜 특성을 이해하자. 그리고 좋은 특성에 감사하며 꼭 붙들고 있자.

덱스터가 회상했다.

"내 어머니는 의지가 매우 굳은 여성이었어요. 어머니는 약하고 아픈 허리 때문에 평생 힘들어 했지요. 의사들은 어머니가 결코 아이를 낳을 수 없을 거라고 했으나 어머니는 5남매나 낳았어요. 또 의사들은 어머니 에게 아이를 들거나 안지 말라고 경고했지만 어머니는 그 말을 무시하고 우리를 자주 그것도 오래 안아주었지요. 우리가 어렸을 때 의사들은 어 머니의 고혈압을 발견하고는 우리에게 어머니가 일찍 돌아가실지도 모 르니 준비하라고 했죠. 어머니는 웃으셨고 어머니 자신과 허약한 몸을 계속 믿었어요. 어머니는 의사들의 말을 결코 심각하게 받아들이지 않았 고 그 의사들보다 더 오래 살다 여든 살에 돌아가셨어요."

"어머니의 여든 번째 생신이 지나고 얼마 지나지 않아 어머니가 뇌졸중으로 오른쪽이 마비되자 간호사들은 어머니를 부드럽게 휠체어에 태우고는 '다시는 걷지 못하세요.'라고 말했어요. 악의 없이 얘기한 그 간호사들은 내 어머니를 몰랐죠. 어머니는 치료받기 시작한 첫 주에 지팡이가 필요하다며 '나, 다시 걸을 거야.'라고 말씀하셨어요. 얼마 후 병원에 있는 어머니를 찾아뵌 나는 어머니의 병실에 서서 어머니가 휠체어에서 일어나려 고군분투하는 모습을 보고 깜짝 놀랐습니다. 어머니는 '얘야, 좋은 아침이구나. 이리 와서 엄마 좀 안아줘.'라고 하시더니 미소 지으며 내게로 걷기 시작했어요. 어머니에게는 스스로를 믿고 자신의 꿈과 일치하지 않는 모든 것, 모든 이들을 극복할 수 있다는 굳은 의지가 있었던 거죠."

덱스터는 기억을 다시 떠올렸다.

"내 아버지는 키가 170센티미터도 안 되었지만 강인한 분이었어요. 내가 롬에서 자라던 꼬마였을 때 마을에 졸속으로 대충 지은 집이 많은 구역에 살았어요. 어느 토요일 젊은 펑크족 두 명이 아버지에게 싸움을 걸어왔습니다. 아버지는 싸움을 피하려 했지만 한 대 맞은 뒤 호랑이처럼 그들에게 달려들었어요. 우리가 그 두 사람을 마지막으로 봤을 때 그들은 죽을힘을 다해 남쪽으로 도망치고 있었죠."

"오랫동안 내 책상 위에는 작은 명판이 있었는데 거기에 이런 글귀가 적혀 있었어요. '중요한 것은 싸우는 사람의 체격이 아니라 투지의 크기다.' 이 글귀를 볼 때마다 나는 아버지를 떠올렸고 아버지가 내게 물려준 투지의 크기를 생각했습니다."

덱스터와 마찬가지로 우리는 모두 가족과 친구에게 좋든 나쁘든 어떤 영향을 받는다. 하지만 우리가 받은 것에 만족하면 안 된다. 그것을 바탕으로 발전하자. 만일 여러분이 자신의 잠재력을 과소평가하는 것을 물려받았다면 싸워서 극복하자! '나는 패배자가 아니고 할 수 있으며 성공할 것이다.'라고 스스로에게 말하자. 내 부모님과 조부모님에게 걸림돌이던 상황이 내게도 걸림돌이 될 수는 없다. 아무도 말해주지 않은 것을 누군가가 말해주는 것에 감사하자. 여러분은 할 수 있다!

식단. 우리는 강인하면서도 유연한 신체를 물려받았다. 그러나 만일 우리가 계속해서 프렌치프라이와 치즈버거, 초콜릿케이크, 맥주를 먹으면 어떤 일이 일어날지 여러분은 잘 알고 있다. 우리가 특별히 운이 좋지 않다면 결국 동맥이 막히고 혈관 내부는 녹슬고 오래된 파이프처럼 보일 것이다. 그렇지만 균형 잡힌 저지방 음식을 먹으면(사실 이런 음식이 그렇게 맛있는 것은 아니다) 우리의 동맥은 좋은 상태를 유지할 가능성이 크다.

우리 마음도 마찬가지다. 만약 계속해서 정신건강에 해로운 생각을 받아들이면 무슨 일이 일어날까? 스스로에 관해 불건전한 태도를 기르고 만다.

'당신이 먹는 것이 곧 당신이다.'라는 말이 있다. 만약 여러분이 부정적이고 할 수 없다는 생각을 계속 머릿속에 넣으면 틀림없이 여러분은 실패한다!

예거 부부와 이야기를 나누는 동안 텍스터가 갑자기 몸을 숙여 유리잔 하나를 집어 들었다. 그가 말했다.

"이 유리잔을 보세요. 콜라와 얼음으로 가득하죠. 내가 이것을 다 마셔버리면 유리잔은 공기로 가득 차게 됩니다. 빈 잔 같은 건 없습니다."

덱스터가 이어갔다.

"마찬가지로 빈 마음도 없습니다. 우리 마음은 부정적인 생각, 긍정적인 생각 또는 이 두 가지가 섞인 생각으로 가득 차 있어요. 행복한 기억, 슬픈 기억, 모든 것이 함께 우리 머릿속에 떠다녀요. 희망과 절망의 감정도 나란히 일렁이고 있죠. 이 유리잔처럼 우리 마음도 비어 있지 않아요. 우리는 마치 변기의 물을 내리듯 독소와 쓰레기를 씻어내는 법을 배워야 해요. 그런 다음 좋고 긍정적이며 희망적이고 도움을 주며 용기를 북돋우는 생각으로 우리 마음을 다시 채우는 법을 익혀야 합니다."

1960년대에 덱스터와 예거 부부가 재정적 위험을 무릅쓰고 생소한 사업에 뛰어들었을 때를 그려보라. 그들은 그때까지 1955년형 스테이션 웨건을 타고 연립주택에 살고 있었다. 하지만 매일 밤 덱스터는 도미닉 스트릿을 걸어 롬에 단 하나밖에 없는 캐딜락 매장으로 갔다.

그가 기억했다.

"어둠 속에 서서 쇼룸 창문 안에서 밝게 빛나는 캐딜락을 바라보았어요. 호화로운 가죽 시트와 전동 창문이 있는 연한 청색 드빌만 쳐다보았죠. 은행에 돈이 단 10센트도 없었지만 깜깜한 어둠 속에 서서 내게 '언젠가 저 캐딜락 드빌은 내 것이 될 거야.'라고 수없이 말했죠."

버디는 우리에게 상기시켰다.

"덱스터에게만 꿈이 있었던 건 아니에요. 그가 포드를 캐딜락 드빌로 바꾸려는 꿈을 꾸는 동안 나는 롬의 교외에 있는 동네에 집을 짓겠다는 꿈을 꾸었어요. 우리 아이들이 평화롭고 안전한 거리에 있는 잔디가 깔린 뒷마당과 작은 연못을 갖춘 곳에서 사는 것을 꿈꿨죠. 내가 덱스터에게 꿈을 얘기하자 그는 즉시 차로 15분을 달려 내 꿈의 집 앞에 낡은 포드 차를 세워놓고는 '이 집은 나와 우리 가족을 위한 집이다.'라고 선언했어요. 덱스터가 거기 서서 그 집을 응시하며 '저곳은 내 것이다.'라고 떠들어도 이상하게 이웃들이 경찰을 부르지 않더군요."

덱스터는 설명했다.

"내가 원하는 것에 집중하는 법을 배웠어요. 다른 사람들이 내게 원하든 원치 않든 모든 쓸데없는 것을 씻어버리는 가장 좋은 방법이었죠. 나를 위한다고 여기면서 자신들의 꿈이 내 것보다 더 낫다고 생각하는 '선의'의 사람들에게서 내 삶을 되찾아야 했어요. 밤낮을 가리지 않고 나는 내 미래의 꿈에 의지했습니다."

지금 예거 부부는 노스캐롤라이나 샬럿에서 그들이 꿈꾸던 대저택에 살고 있다. 오래된 연립주택은 단지 추억으로 남았고 녹슨 포드의 스테이션 웨건 대신 값비싼 골동품 차를 수집하고 있다. 나아가 그들이 지원하는 크리스챤 활동과 지역·국가적 자선활동을 돕는 한편 아이들이 자유기업 시스템을 배우고 어떻게 아이들도 자유기업 시스템으로 성공할 수 있는지 보여주는 캠프도 열고 있다. 예거 부부는 전 세대가 '나는 할 수 없어.'에서 '나는 노력하면 할 수 있어.'로 생각을 바꾸는 것을 돕고 있다. 그렇지만 그들도 처음엔 자신들을 바꿔야 했다.

여러분의 '식단'을 개선하는 중요한 한 가지 방법은 테이프를 듣고 책을 읽는 것이다. 우리 두뇌는 어린 시절부터 모든 순간을 녹음할 수 있는 마이크로폰이 내장된 테이프 레코더처럼 작동한다. 일부 전문가에 따르면 우리가 듣는 목소리는 자궁에서부터 양쪽 귀 사이 어딘가에 감춰져 있는 신비로운 창고에 영원히 저장된다고 한다. 어떤 목소리는 우리에게 좋은 충고를 하고 또 어떤 목소리는 나쁜 충고를 한다. 모든 목소리는 저장되고 우리가 좋아하든 아니든 그 오래된 테이프, 특히 나쁜 충고를 저장한 테이프는 우리 머릿속에서 반복적으로 돌아간다.

"너는 못났어!"

"너는 바보야."

"너는 그냥 계집애야."

"너는 사고뭉치야, 알아?"

"한 번 실패하면 영원히 실패야!"

이렇게 테이프는 계속 돌아간다. 우리는 더 이상 예전의 테이프를 믿지 않지만 그것을 멈추게 할 수는 없다. 잠시 시간을 내 자신에게 물어보라. 여러분의 자존심에 상처를 주고 여러분의 잠재력을 과소평가하게 만드는 테이프 내용은 무엇인가? 덱스터에게는 대학 학위, 부족한 어휘력 그리고 이질감을 느끼게 하는 동네에서 자란 것 등이다. 여러분을 의기소침하게 만드는 테이프는 어떤 것인가? 여러분을 다시 고무하기 위해 어떤 새로운 것을 들어야 하는가?

수년 전 내 특별하고도 막역한 친구인 가스펠 필름의 빌리 제올리 사장(내게 이 책을 쓰도록 부추기는 데 가장 큰 책임이 있는 친구)이 오스트리아 인스부르크에 있는 올림픽 스타디움에서 연설을 했다. 자유기업과 그 혜택을 막 알기 시작한 수천 명의 유럽인에게 빌리는 윈스턴 처칠이 죽기 직전 잘 알려진 한 영국 대학 졸업생들에게 했던 연설을 이야기했다.

행사장에 조금 늦게 도착한 처칠은 중절모를 쓰고 두꺼운 코트를 입은 채 커다란 강당으로 걸어들어 왔다. 전직 수상은 학생들의 환호를 받으며 천천히 모자와 코트를 벗어 자기 옆에 있는 스탠드에 걸쳐놓았다. 연로한 그는 지쳐 보였으나 당당하고 꼿꼿하게 학생들 앞에 섰다.

청중은 잠잠해졌다. 그들은 이번이 연로한 전직 수상의 마지막 연설이 될지도 모른다는 것을 알고 있었다. 천 명의 상기된 얼굴이 나치의 위협으로부터 영국을 구해내기 위해 용감하게 전쟁을 이끈 바로 그 사람을 응시했다. 정치인, 시인, 예술가, 작가, 전쟁 특파원 그리고 남편과 아버지로 살아온 그의 풍부하고 충만한 삶은 이제 거의 끝나가고 있었다. 과연 그는 학생들에게 어떤 조언을 했을까? 그가 어떻게 그 모든 경험을 160분 연설 속에 응축해 담을 것인가? 처칠은 1분 동안 청중을 가만히 바라보더니 이 세 마디를 말했다.

"절대 포기하지 마세요!"

학생들은 이 연로한 정치가가 무슨 말을 할지 기다리며 그를 바라보았다. 적어도 30초에서 45초 동안 전 수상은 그들을 그냥 쳐다보기만 했다. 그의 눈이 반짝이고 얼굴에서는 광채가 났다. 그는 다시 말을 했다. 이번에 그는 좀 더 큰 소리로 우렁차게 외쳤다.

"절대 포기하지 마세요!"

마지막에 처칠은 숨을 가다듬었다. 강당 안에 둘러서 있던 교수들의 눈은 눈물로 가득 차 있었다. 나치 비행기들이 런던 상공에서 학교, 집, 성당을 폭격하던 그때가 생각났던 것이다. 그들은 처칠이 왼손에 시가를 움켜쥐고 오른손으로는 승리의 사인을 그리며 만신창이가 된 그들의 꿈의 잔해 사이를 걸어오던 모습을 기억했다. 그날 그의 끝없는 침묵 속에서 가장 어린 학생까지도 감격해 눈물을 흘렸다. 마지막에 그는 한 번 더 크게 외쳤다.

"절대 포기하지 마세요!"

처칠의 세 마디 졸업 연설은 강당에 울려 퍼졌다. 처음에 청중은 놀라서 침묵하며 다음 말을 기다렸다. 누구도 미동조차 하지 않았다. 차츰 그들은 더 이상의 말이 필요 없다는 것을 깨달았다. 처칠은 이미 모든 것을 다 이야기했던 것이다. 그는 위기를 겪으면서도 결코 포기하지 않았고 세계는 그의 존재 덕분에 영원히 변하게 되었다.

처칠은 천천히 다시 그의 모자와 코트를 집어 들었다. 청중이 그의 연설이 끝났다는 것을 깨닫기도 전에 그는 몸을 돌려 무대에서 걸어 나가기 시작했다. 그 순간 환호와 박수갈채가 쏟아졌고 그것은 연로한 정치가가 사라진 뒤에도 한참 동안 멈추지 않았다.

빌리 제올리는 녹화 중이던 그의 연설 말미에 처칠의 이 이야기를 했다. 수천 명의 사람들이 그 녹화 테이프를 요청했는데 그중에는 젊은 독일인 볼프강 바크하우스도 있었다. 그가 그 테이프를 독일로 가져갔을 때 그는 아내와 독일에서 새로운 사업을 시작하고 있었다.

볼프강이 우리에게 말했다.

"나와 아내가 그 테이프를 얼마나 많이 들었는지 모릅니다. 베를린 장벽이 무너지자 우리는 지금이 바로 우리 제품과 플랜을 동독으로 가져갈 때라는 것을 알았어요. 그렇지만 쉽지는 않았죠. 우리는 기회를 잡았어요! 우리가 플랜을 설명하는 자리에 사람들을 초대했지요. 자유기업의 효력을 이해하는 사람도 기회를 잡으려는 사람도 거의 없었죠. 우리는 그만두고 싶을 때마다 빌리의 연설 테이프를 틀어놓고 처칠이 남긴 '절대 포기하지 마세요!'를 듣고 또 들었습니다."

이제 바크하우스 부부의 ABO 그룹은 유럽 전역에 뻗어 있다. 그들은 '절대 포기하지 마세요!'를 들으며 그들의 마음속에 있던 '우린 할 수 없어.'를 몰아냈다.

콜츠의 미식축구 스타였던 브라이언 헤로시언과 그의 아내 데이드레는 사업 초반에 영감과 정보를 주는 테이프를 듣는 것이 마음가짐을 바꾸는 열쇠라는 결론을 내렸다. 브라이언은 이렇게 강조했다.

"우리는 우리를 고무해 주는 테이프를 하루에 하나씩 들어요. 차에서, 거실에서, 침실에서 듣고 휴가를 가서도 들어요. 아침 산책을 할 때나 헬스클럽에서 운동할 때도 듣죠."

이제 도움을 주는 테이프를 듣고 동기부여 책과 카탈로그를 읽는 것은 브라이언과 데이드레에게 습관이 되었다. 브라이언이 말했다.

"우리는 매일 긍정적인 것을 읽고 들어요. 특히 어려운 시기를 극복한 사람들의 증언을 좋아합니다. 우리가 마주하는 어려운 시기에 좀 더 자신감을 갖게 해주거든요."

덱스터와 버디 예거 부부도 여기에 동의한다. 덱스터가 회상했다.

"내 어머니는 독서가였어요. 거의 매일 저녁 어머니는 앉아서 성경을 읽었지요. 어머니에게 성경을 왜 그렇게 열심히 읽는지 여쭤보면 단숨에 대답했어요. '어떤 사람들은 매일 밤 앉아서 TV를 보잖니. 그렇지만 TV나 자신이나 세상을 좀 더 긍정적으로 생각하도록 해주지 않아. 그래서 대신 나는 하나님의 말씀을 읽는 거야.'"

덱스터가 결론을 내렸다.

"내 어머니의 삶을 돌아보며 어머니의 강인함은 그렇게 매일 저녁 혼자 읽었던 성경에서 왔다는 것을 비로소 알게 되었어요. 어머니는 창조 이야기를 읽으면서 어머니의 영적 뿌리를 찾았죠. 문제에 봉착하거나 두려움을 느낄 때 어머니는 시편을 외웠어요. 구약에서는 모세의 누이 미리암, 에스더와 선지자 드보라, 룻과 나오미 이야기를 알고 감흥을 받았어요. 신약에서는 예수님의 어머니 메리와 그의 친구인 메리와 마사, 리디아, 그 외에 세상을 변화시키는 데 도움을 준 용감한 유대인 여성들의 이야기에 고무되었죠. 어머니는 예수님의 삶과 가르침을 읽으면서 용서와 은혜를 발견했고 어머니의 힘들었던 삶의 여정에서 스스로를 강하게 다졌어요."

할머니 예거는 자녀와 손주에게 성경뿐 아니라 모든 종류의 책을 읽는 기쁨, 독서열을 물려주었다. 덱스터는 대학을 다니지 않았지만 어머니의 영향으로 지난 30년간 닥치는 대로 탐독했다. 이보다 더 좋은 교육이 어디 있겠는가? 평생 독서로 뒷받침하지 않으면 학위가 무슨 소용이 있는가?

덱스터는 헤로시언 부부의 말을 본떠 이야기했다.

"우리는 일주일에 적어도 책 한 권씩은 읽으려고 노력해요."

그가 웃으면서 이어갔다.

"자기계발서부터 영감을 주거나 영적인 책, 기술개발서, 성공과 조직이론에 관한 책까지 다양하죠. 성공적인 사업 운영을 다룬 책도 해롭지 않아요. 결국 우리는 사업을 하는 사람들입니다. 그러니 사업에서 성공을 거둬야죠! 의사는 과학적인 연구를 계속해야 하고, 변호사는 새로 발생하는 모든 판례를 알고 있어야 합니다. 성직자는 죽는 날까지 성경과 신학서를 읽어야 하고요. 그런데 왜 컴패셔닛 캐피털리스트들은 그보다 덜 해야 하나요?"

여러분은 어떤 책을 읽고 있는가? 어떤 테이프를 듣고 있는가? 여러분이 기업가로서 자신과 자신의 잠재력에 더 긍정적인 태도를 갖는 데 도움을 주는 것인가? 우리 Amway에서는 한 주에 책 한권 읽기를 권한다. 지금까지 우리 내면의 영혼을 풍요롭게 해서 스스로에게 좀 더 긍정적인 태도를 갖는 것을 이야기했다. 지금부터는 친구의 힘을 생각해 보자. 우리의 주위 사람들은 상상 이상으로 우리 태도에 많은 영향을 미친다.

우리 회사의 성공 비결은 공통적인 꿈을 향해 함께 움직이는 예거, 헤로시언, 바크하우스 부부 같은 '사람'에 있다. 세미나와 랠리에서, 식탁이나 벽난로 주변에 모여 앉아서, 이들은 함께 생각을 나누고 꿈을 꾼다. 신약에는 사도 바울이 신생 교회들에 전한 다음과 같은 조언이 나온다.

"너희들이 함께 모이는 것을 막지 말라."

그리고 2,000년 후 비틀스는 "나는 친구들에게 도움을 좀 받아 그럭저럭 살아가."라는 내용의 노래를 불렀다.

불행히도 우리에게는 새로 삶을 풍요롭게 하는 태도를 기르는 데 아무런 도움을 주지 않는 친구가 아주 많다. 그들은 우리를 끌어내린다. 한 정치가가 드골 대통령에게 친구들이 자기를 무기력하게 만든다고 불평하자 드골은 "친구를 바꿔!"라고 말했다. 그보다 100여 년 전 또 다른 프랑스인 자크 드리에는 우리 모두가 진지하게 생각해 볼 필요가 있는 말을 했다.

"관계는 운명이 정하지만 친구를 선택하는 것은 당신 자신이다."

여러분은 좋지 않게 말하는 사람, 불길한 일이 닥칠 거라고 말하는 사람, 흠을 잡는 사람, 우울한 이야기만 해대는 사람들에게 둘러싸여 있지 않은가? 혹은 같이 있으면 여러분이 더 귀한 사람이 되고 여러분의 미래가 더 희망적이라고 느끼게 하는 친구들이 점점 늘어 가는가? 쓰레기를 넣으면 쓰레기가 나올 뿐이다. 이 점을 명심하자!

운동. 정말 건강해지려면 더욱 꾸준히 운동을 해야 한다. 이런 말을 하는 사람처럼 되지 말자.

"운동하고 싶은 생각이 날 때면 그 생각이 사라질 때까지 누워 있는다."

기업가가 되고자 한다면 체력을 단련해야 한다. 나가서 뛰어야 하기 때문이다.

윈스턴 처칠은 "성공은 큰 열정을 가지고 실패를 거듭하는 데서 나온 다."라고 했고, 토머스 에디슨은 "성공은 90%의 땀과 10%의 영감으로 이뤄진다."라고 했다. 처칠과 에디슨은 모두 성공 가능성이 있으려면 경 쟁에 뛰어들어야 한다는 것을 알고 있었다.

여러분이 모든 경기를 다 이길 수는 없다. 실제로 실패를 거듭할지도 모른다. 그러나 박차고 나가 단련하는 것이 여러분의 재능을 키워가는 데 도움이 된다. 그렇게 할 때 여러분은 좋은 상태를 유지해 갈 수 있다. 사람들은 대부분 무언가를 성취하기 위해 노력하지 않고 성공하는 데 필요한 '기업가적 근육'을 결코 키우려 하지 않는다.

내 고향에는 올바른 태도가 만들어낸 차이를 보여주는 사례가 많다. 이탈리아 이민자의 아들이자 친구인 피터 시키아는 자신의 구세계 가족이 교육은 시간과 에너지 낭비라고 말하는 것을 들었지만 귀 기울이지 않았다.

또 다른 친구 폴 콜린스는 사실상 모든 이에게 어린 흑인은 운동선수나 재즈음악가가 될 순 있어도 성공한 화가가 되진 못한다는 말을 들었지만 역시 듣지 않았다.

세 번째 막역한 친구인 에드 프린스는 어려서 아버지가 일찍 돌아가신 가엾은 아이는 사업에서 성공할 수 없다고 귀가 따갑게 들었지만 에드 또한 귀담아 듣지 않았다.

오늘날 피터 시키아는 이탈리아 주재 미국 대사이고 폴 콜린스의 웅장한 미술 작품은 전 세계 권위 있는 갤러리와 박물관에 걸려 있으며 에드 프린스는 그가 소유한 성공하고 존경받는 기업의 최고경영자다.

이들 세 사람은 자신이 물려받은 과거의 '세뇌', 즉 자신의 기업가정신을 발휘하지 못하게 하는 부정적인 생각을 극복했다. 그들은 건전하고 긍정적인 생각으로 자신을 채웠고 주변에는 건전하고 긍정적인 생각을 하는 사람들이 있었다. 그들은 자신을 끌어내리는 부정적인 친구와 지인을 멀리했다. 자신의 좋은 상태를 계속 유지하기 위해 그들은 자신의 기업가적 근육을 단련했다. 그들은 꿈을 꿨고 위험을 감수했으며 그 과정에서 동요하고 실패한 시기가 있었음에도 불구하고 옳은 자세 덕분에 오늘날 성공자가 되었다.

여러분이 물려받은 자신에 관한 부정적인 생각을 극복하기 위해 열심히 노력하라. 긍정적이고 용기를 북돋워주며 희망찬 사고로 채워라. 오늘 당장 여러분의 기업가적 근육을 단련하기 시작하라. 아이디어가 있는가? 당장 시도하라! 자신이 얼마나 성공적일 수 있는지 알고 놀랄 것이다. 내게는 그의 인생 이야기가 이것을 증명하는 친구들이 많다.

빌과 호나 차일더스는 정확히 말하면 가난하게 자라지는 않았다. 호나가 설명했다.

"단지 부도가 났을 뿐이에요."

호나의 아버지는 정비사였고 자신의 정비 공장을 운영했다. 빌의 아버지는 소규모 섬유 제조 공장을 소유하고 있었다. 아버지가 병들자 빌은 아버지를 간호하기 위해 대학교를 중퇴했고 아버지가 돌아가시면서 밀려드는 청구서를 해결하기 위해 공장을 팔아야 했다. 저축한 것도 보험도 유산도 없었다. 몇 년 후 호나의 아버지도 어린 두 자식 빌리와 베스 그리고 아내를 남겨두고 사망했다.

삶에서 그런 순간이 찾아오면 차일더스 부부는 자신들의 처지에 낙담했을 법도 하다. 그들이 떠안은 책임은 무거웠고 수입은 부족했다. 군복무를 마친 빌은 노스캐롤라이나주 샬럿에 있는 철강재단회사 영업부에서 일했고 호나는 폴라로이드 도우미로 시간제 근무를 하며 쇼핑몰에서 카메라를 홍보하고 샬럿 주변의 콘도미니엄 일반공개 때 안내를 맡기도 했다. 그들에게는 일류 대학 학위도 저축도 부자 삼촌도 없었다. 그렇지만 그들은 스스로를 믿었다. 그들의 태도는 옳았다. 그들은 자신에게 재정적 안정을 가져다줄 어떤 기회가 올 것이라고 진심으로 믿었고 1973년 자기사업을 할 기회를 만났을 때 어떤 대가를 치르더라도 감수하겠다고 결심했다.

이제 차일더스 부부는 아름다운 저택에 살고 있다. 박제실 한쪽에는 빌이 잡은 대략 227킬로그램의 청새치가 있고 또 다른 한쪽 벽에는 그가 콜로라도에서 잡은 450킬로그램이 넘는 엘크 사슴이 걸려 있다. 무엇보다 그들의 미래와 아이들의 재정적 미래가 보장되었고 그들 부부의 어머니들도 사랑으로 보살핌을 받고 있다. 매일의 재정적 걱정에서 자유로워진 빌과 호나는 자신들의 시간, 돈, 리더십을 그들이 깊이 관심을 기울이는 자선활동에 마음껏 나눠주고 있다. 허리케인 앤드루가 플로리다를 쑥대밭으로 만들고 지나간 후 차일더스 부부는 미국 전역에서 자발적으로 찾아온 ABO들과 현장을 찾아가 피해를 본 사람들에게 희망을 전하고 도움을 아끼지 않았다. 차일더스 부부는 가진 것 없이 큰 꿈과 긍정적인 자세만으로 사업을 시작했다. 그렇지만 그 긍정적인 자세는 그들에게 성공을 안겨주었다.

지금은 역사상 중요한 시기다. 우리는 현재에 살고 있다는 사실을 기뻐해야 한다. 물론 여러 가지 문제가 있긴 하지만 과거에 우리가 극복한 문제들을 보자. 우리는 모두 인류 종말을 예언하는 사람들과 인류 문명이 곧 멸망할 것이라는 날카롭고 비관적인 목소리에 지쳐 있다. "천연자원이 고갈되고 있다!" "금융 시스템이 곧 붕괴될 것이다!" "닥쳐올 대공황은 우리가 알고 있듯 삶을 파괴할 것이다!" "종말이 가까워졌다!"

일부 종말론자는 이런 거짓 경고로 많은 돈을 벌었다. 그들은 어려운 상황을 돕는 대신 우리의 영혼을 불구로 만들고 우리를 절망으로 이끈다. 우리는 끊임없이 부정적인 그들에게 귀 기울여서는 안 된다!

내 아들 덕 디보스가 열세 살 때 나는 아들과 미시간 호수로 보트를 타러 갔다. 모터가 윙윙거렸고 바람은 우리가 물살을 가르며 나아갈 때마다 가느다란 물보라를 튀겼다. 나는 아들에게 소리쳤다.

"너는 언젠가 이것보다 훨씬 더 빠른 보트를 갖게 될 거야."

그러자 덕 디보스가 대답했다.

"그럴 수 없을 거예요. 내가 보트를 갖기도 전에 휘발유가 고갈될 거예요."

나는 엔진을 껐고 우리는 잠시 침묵 속에서 표류했다. 나는 힘주어 말했다.

"네가 보트를 살 때쯤이면 휘발유를 걱정할 필요가 없을 거야. 보트에 평생 연료를 공급하는 장치가 내장될 거거든."

덕 디보스가 "아빠가 그걸 어떻게 아세요? 확신할 순 없어요."라고 회의적으로 말하자 내가 얘기했다.

"몇 년 전까지만 해도 나는 워싱턴D.C.에서 파리까지 세 시간 만에 날아갈 거라고는 생각지도 못했단다. 또 몇 초면 미국 어디에든 메일을 팩스로 보내고 받게 될 거라는 것도 몰랐지. 그렇지만 그렇게 되었잖니. 어제 넘을 수 없던 문제가 오늘은 쉬워 보이지. 그리고 우리는 오늘 해결하지 못하는 문제가 내일은 쉽게 풀릴 거라고 계속 믿어야 해."

나는 못 말리는 낙관론자다. 나는 하나님이 연료 고갈이나 전 세계 기아 같은 문제를 해결하라고 우리 안에 두신 창조적 천재성을 믿는다. 만약 우리의 신념과 비전을 계속 지닌다면 우리는 계속해서 전 세계가 직면한 심각한 문제의 해결책을 찾아낼 것이다. 여러분의 자세와 마음이 인간으로서 그리고 사업가로서 우리의 성공에 지대한 역할을 할 것이다.

6년 전 덱스터와 버디 예거는 그들이 처음에 꿈꿨던 것 이상으로 사업에서 성공을 거두었다. 그들의 비전과 노력으로 수만 명의 사람들이 모이고 단련되었다. 예거 부부는 부를 거머쥐었을 뿐 아니라 힘이 생겼다. 다섯 명의 역대 미국 대통령이 전 맥주회사 영업사원과 그의 아내를 백악관에 초대했다. 예거 부부는 구름 위에 살고 있었고 또 다른 큰 시련이 그들 앞에 놓여 있다는 사실을 알지 못했다.

1986년 10월 덱스터는 그의 왼쪽 손과 팔에 이상한 느낌이 들었다. 그는 회상했다.

"나는 무언가가 신경을 건드리는 거라고 생각했어요. 그것 때문에 다른 사람들이 신경 쓰게 하고 싶지 않았죠. 그래서 그 느낌이 없어질 때까지 무시하기로 했어요. 그렇지만 이번만은 없어지지 않았습니다."

3일 후 덱스터는 걷지 못했다. 그의 오른쪽이 완전히 마비되었고 응급 대원들이 그를 중환자실로 데려갔다. 의사들이 호출돼 검사를 진행했고 그의 혈압은 치솟았다.

버디가 그날이 떠올라 머리를 흔들며 말했다.

"의사들은 내게 덱스터가 살더라도 다시는 걷지 못할 거라고 경고했어요. 가족과 내가 그의 병원 침대에 둘러 모였죠. 우리는 이 자존심 세고 에너지가 넘치는 사람이 죽을 때까지 반신불수가 된 채로 거기에 무기력하게 누워 있어야 한다는 것이 두려웠습니다. 의사들은 우리가 바랄수 있는 최상의 희망은 여생 동안 덱스터를 휠체어에서 내리고 태우는일이 될 거라고 했어요."

덱스터가 말했다.

"모든 것을 받아들이는 데는 시간이 좀 걸렸어요. 나는 지난 20년 이상내가 사랑하는 사람들을 돌보기 위해 세상을 뛰어다녔지요. 이제 그들이나를 보살펴야 할 때가 온 거죠. 의사는 내게 불구라고 선언했어요. 다시는 걷지 못할 거라고요."

덱스터가 의사들을 믿고 그의 미래에 관한 그들의 진단을 신뢰해 그의예측이 흐려지게 하고, 그의 꿈을 바꾸게 하는 것은 얼마나 쉬웠을까? 거기서 며칠 누워 있던 덱스터는 미래에 관해 결심을 했다. 웨스트 앤 브루어리 트럭 안에서 폭풍우를 만난 그날 이후 덱스터와 버디는 하나님의가장 커다란 선물, 즉 긍정적인 자세의 힘을 발견해 왔다. 그때부터 6개월 동안 그들은 그 어느 때보다 더 강력하게 그 힘을 쏟아부었다.

그는 차분히 얘기했다.

"나는 매일 죽은 수족을 소생시키려고 처절하게 노력했어요. 오른쪽이 마비되어 대신 왼쪽을 사용하는 법을 배웠죠. 버디와 아이들이 나를들어서 돌리고 문지르며 돌보았어요. 간호사와 물리치료사는 펴주고 당겨주고 감아주고 두드려주었지요. 의사는 처방을 내리고 차트를 작성했고요. 친구들은 수천 장의 카드와 꽃을 보내왔어요. 전화가 쇄도하고 사람들은 기도했어요. 나는 아주 조금씩 파란색 매트에서 나를 끌며 움직였습니다. 커가는 희망 아래 내 비틀어진 팔과 쓸모없는 다리를 내려다보았어요. 그 모든 것을 겪는 동안 내 안에 있는 목소리가 말하고 있었어요. '너는 할 수 있어. 너는 다시 걸을 수 있어. 부정적인 말에 귀 기울이지 마!'"

늦은 1988년 노스캐롤라이나주에 있는 대경기장은 덱스터와 버디 그룹의 ABO들로 가득 찼다. 계획은 간단했다.

'버디가 덱스터를 휠체어에 태워 무대로 올라온다. 그는 건강한 왼쪽 팔을 흔들고 몇 마디 격려의 말을 한 뒤 다시 휠체어에 실려 무대를 내려온다.'

그런데 그때 덱스터에게 좋은 생각이 떠올랐다. 거기 모인 사람들은 그날 밤 환호할 분위기가 아니었다. 그들의 친구이자 멘토인 덱스터가 반신불수가 되었으니 말이다. 그들은 그가 안타까운 모습으로 나타나 좋았던 날을 떠올릴 거라고 예상하고 있었다. 그때 덱스터가 나타났다. 그는 휠체어에 앉아 있지 않았다. 분명 그는 걷고 있었다. 그것은 한 발짝 내딛고 끌고 다시 한 발짝 내딛는 그 이상의 것이었다. 그렇게 그는 걷고 있었다. 그러자 사람들의 우울함은 커튼처럼 걷혔고 그들의 눈엔 온통 눈물이 가득했다. 슬픔이 아닌 기쁨과 감사의 눈물이었다. 덱스터는 걷고 있었다.

비록 한쪽 손이 그의 허리에 힘없이 매달려 있고 오른쪽 다리를 끌어야 했지만 그것은 조금도 중요하지 않았다. 정말로 중요한 것은 하나님과 그의 가족, 친구의 도움으로 덱스터 예거가 극복했다는 것이었다. 그는 모든 전문가의 암울한 예견에도 불구하고 걷고 있었다. 덱스터는 자신을 믿었다.

　과거에 무엇이 여러분을 다치게 했든, 무엇이 여러분을 패배자로 느끼게 했든 또 여러분이 자신의 꿈과 사업에 어떤 두려움을 갖고 있든 여러분 안에 있는 그 목소리에만 귀를 기울여라!

　"너는 할 수 있어. 너는 다시 걸을 수 있어. 부정적인 말에 귀 기울이지 마!"

10.
멘토란 무엇이고
왜 우리를 이끌어줄 멘토가 필요한가

신조10

우리는 컴패셔닛 캐피털리스트로 성공하려면 우리를 이끌어줄 경험이 풍부한 멘토가
있어야 한다고 믿는다.

그러므로 우리는 우리가 이루고자 하는 것을 이미 성취한 우리가 존경하는 사람을 찾
아 그에게 우리의 목표를 달성하도록 도움을 요청해야 한다.

1950년 11월 9일 유엔군은 한국에서 중공군과 전면전에 돌입할 위기
에 처했다. 중공군 2개 사단이 선전포고도 없이 국경선을 넘어 물밀듯이
밀려들었다. 허를 찔린 유엔군은 전면 퇴각해야 했다. 또 다른 중공군 5
개 사단 30만 명이 전투태세를 갖추고 만주에 집결해 압록강을 건널 준
비를 하고 있었다. 사태가 급진전하자 놀란 트루먼 대통령은 미국 전역
에 긴급사태를 선포하고 모든 미국인에게 '공산제국주의'와의 전투에
참가해 줄 것을 촉구했다.

간부 후보생 학교를 갓 졸업한 빌 브릿 소위는 38도선 부근의 미군 기지

에서 그의 부하들 앞에 서 있었다. 빌은 모든 군대가 경계태세였다고 회고했다.

"잔뜩 긴장하고 있던 그 순간 한국에 막 배치되어 내 부대로 온 부하 하나가 실수를 했습니다. 무얼 잘못했는지 기억나진 않는데 여하튼 부하들이 정렬한 가운데 내가 그를 몹시 꾸짖었어요. 차려 자세를 취한 그는 너무 당황한 나머지 눈물을 흘리며 눈을 깜박거렸죠."

그 뒤 빌 브릿 소위가 명령을 내리자 부하 장병들은 구보로 각자 임무를 향해 달려갔다. 그가 급히 자기 막사로 돌아가려 하는데 산전수전 다 겪은 듯한 한 중사가 점잖게 그의 앞을 가로막으며 빌을 불렀다.

"소위님, 막사에서 잠시 말씀 좀 드려도 될까요?"

막사로 들어가 책상 앞으로 간 빌은 중사를 향해 몸을 돌렸다.

"나는 상관뿐 아니라 부하 장병들과도 관계가 매우 좋았습니다. 나는 그들을 존중했고 그들도 나를 존중했죠. 그러나 그 중사는 나를 못마땅하게 여기는 눈치가 분명했어요."

그는 단도직입적으로 빌에게 말했다.

"소위님, 소위님은 바로 여기에 있는 막사에서 조용히 꾸짖으십시오. 다음번에 소위님께서 부대원이 못마땅하실 때면 저를 불러주십시오. 제가 그 부대원을 여기로 직접 데려오겠습니다. 제가 나가면 소위님은 그 부대원을 마음껏 야단치십시오."

빌은 소위인 자신이 도전받고 있다는 사실에 놀랐다. 그러나 그 중사는 빌보다 나이가 많았을 뿐 아니라 더 현명하고 경험도 훨씬 풍부했다. 중사는 이렇게 말을 맺었다.

"소위님은 어디에서나 벌을 내릴 권리가 있습니다. 제가 말씀드리는 것은 제 권고입니다. 다른 사람들 앞에서 야단치지 말고 바로 여기서 야단치십시오. 그러면 부하들은 소위님을 더욱 존경할 것입니다."

상관에게 정면으로 이렇게 말하려면 용기가 필요하다. 빌은 중사의 말이 옳다는 것을 알았고 자신의 잘못을 깨달았다. 빌은 "중사!" 하고 부르며 책상을 돌아 나와 그에게 악수를 청했다.

"중사 말이 맞네. 내가 미처 몰랐어. 충고 명심하겠네."

그 중사는 동료들에게 돌아가기 위해 서둘러 밖으로 나갔다.

"지뢰를 제거하고 다리를 놓아야 했던 그 힘든 시절 포화 세례를 받으며 나는 그의 실질적인 충고에 많이 의지했습니다. 내가 다른 공병부대로 전출될 때 나는 그 중사와 함께 가게 해달라고 특별히 요청했죠. 지금은 그의 이름마저 생각나지 않아 몹시 안타깝지만 내 인생에서 가장 어렵던 그 시절 그는 내 멘토이자 친구였습니다."

왜 우리는 사업과 인생에서 성공하기 위해 멘토를 필요로 하는가

기원전 8세기 그리스 작가 호메로스는 오디세우스가 트로이 전쟁 후 귀국하기까지 10년에 걸친 모험을 그린 서사시를 썼다. 오디세우스는 집을 떠나면서 사랑스런 아들 텔레마코스의 양육과 교육을 자신이 신뢰하는 친구인 멘토에게 맡겼다.

3,000여 년이 지난 지금 그 이름 멘토는 현명하고 신뢰할 만한 조언자를 뜻한다. 오랫동안 사람들은 '멘토'를 존경하는 스승, 현명한 주인, 직접 관련 있는 친구, 경험이 풍부한 교육자, 노련한 안내자를 나타내는 말로

사용해 왔다.

만일 우리가 운이 좋으면 생애 동안 이 멘토가 나타나 우리를 도와준다. 한국전쟁 당시 전선에 갓 배치된 빌 브릿 소위의 멘토는 용기와 지혜로 그에게 충고한 그 중사였다. 여러분의 생애를 돌이켜볼 때 여러분 앞에 나타나 삶에 도움을 주고 일생의 친구가 되거나 아니면 그냥 사라져버린 멘토가 있는가?

나는 고교시절 제이 밴 앤델을 만났다. 처음 만난 순간부터 나는 그가 좋았는데 그는 총명하고 착실했으며 항상 긍정적이었다. 우리는 둘 다 자기사업을 꿈꾸고 있었다. 태양이 작열하던 어느 여름 나는 브루클린의 소화전에서 쏟아져 나오는 물처럼 아이디어를 쏟아냈다. 자기절제에 능숙한 제이는 의문을 제기하고 암시를 던지면서 우리의 에너지를 한 방향으로 모았다.

우리는 동업자이자 가장 절친한 친구가 되었다. 거의 50년에 걸친 우리의 성공(혹은 실패)에 제이는 내게도 똑같이 공을 돌리겠지만 그는 현명하고 신뢰가 가는 조언자이자 친구이며 멘토였다. 나는 앞으로 늘 우리의 우정에 기뻐하며 그것을 감사하게 여길 것이다.

멘토는 중요한 전통과 삶의 이야기를 지키는 파수꾼이다

앞으로 할 이야기는 우리의 개인적인 성장뿐 아니라 목표 달성에 꼭 필요한 얘기다.

재능이 많은 빌 브릿의 할머니는 빌이 일곱 살이 되던 해 그의 멘토가 되었다. 그는 이렇게 고백했다.

"내 아버지는 알코올 중독자였습니다. 술에 취하지 않으면 참 선량했으나 일단 술이 들어가면 모든 것이 변했죠. 아버지는 우리 가정을 엉망 진창으로 만들었고 우리는 다음에 또 무슨 일이 일어날지 몰라 불안했지 요. 어느 일요일 우리 집에 오신 할머니가 내 손을 잡고 주일학교에 데려 갔습니다. 할머니는 '네가 하나님을 영접하면 좋겠구나.' 하고 말씀하셨 죠. 나는 그날 처음 또 다른 아버지인 영원한 멘토이자 친구가 되실 하늘 에 계신 아버지를 알게 되었습니다."

우리의 부모는 가장 훌륭한 멘토일 수 있으나 어떤 때는 그렇지 못하 다. 누군가가 레너드 번스타인의 아버지에게 왜 당신은 아들이 어렸을 때 좀 더 용기를 북돋워주지 않았느냐고 힐난하자 그는 이렇게 변명했다.

"내가 어떻게 내 아들이 자라서 레너드 번스타인이 될 줄 알았겠소."

만일 빌 브릿의 아버지가 살아 있다면 그는 아마 "내가 미리 알았더라 면." 하고 말했을 것이다. 그는 아들에게 멘토가 되어주지 못했다. 그는 비통과 슬픔만 남겨주었고 빌은 이를 극복하기 위해 노력해야 했다. 다 행히 그의 할머니가 개입해 어린 손자를 위대한 크리스챤이 되도록 인 도했다.

멘토는 우리에게 우리 스스로 배우기 어려운 지식을 전달한다

멘토가 없으면 우리는 시대가 바뀔 때마다 인생의 수레바퀴를 처음부 터 다시 굴려야 한다. 아리스토텔레스는 "우리 스스로 행함으로써 필요 한 것을 배운다."라고 말했다. 우리가 무언가를 하는 도중에 배우는 것은 사실이다. 그러나 멘토는 그가 했던 실수를 우리가 똑같이 되풀이하지 않도록 할 수 있다. 멘토는 자신의 지식으로 우리가 다른 사람보다 앞서 게 할 수 있고 우리가 경쟁에서 우위를 유지하게 해주며 우리의 지식을 확장해 준다.

훗날 로마 가톨릭 추기경이 된 프랜시스 스펠먼은 여덟 살 때 아버지의 식료품 가게에서 일을 거들었다. 아버지가 어린 스펠먼에게 해준 충고는 영원히 그의 마음속에 자리 잡았다. 아버지는 아들에게 "항상 너보다 현명한 사람들과 친하게 지내거라."라고 말했다. 덧붙여서 그는 (씩 웃거나 윙크를 하면서 말했으리라) "너는 그런 사람들을 어렵지 않게 찾을 수 있을 것이다."라고 했다.

빌 브릿은 다음과 같이 회상했다.

"고등학교 때 내 성적은 형편없었어요. 아버지는 알코올 중독자였기 때문에 한 직업에 오래 종사하지 못했고 우리 가족은 늘 이사를 다녔습니다. 고등학교 3학년 때 우리는 플로리다주 데이토나 비치에서 살았는데 나는 매일 생활비를 벌기 위해 중심가에 있는 주유소에서 밤까지 일했죠. 아버지는 술을 마시고 취기가 돌면 주유소의 금전등록기에서 돈을 꺼내가려 했고 나는 그곳을 밤낮으로 지켰어요. 내게는 운동할 시간도 음악회나 댄스파티 같은 학교 행사에 참가할 시간도 없었어요. 친구를 사귈 시간도 없었지만 무엇보다 안타까웠던 건 공부할 시간이 없었다는 겁니다. 책을 집에 가져온 적이 없고 겨우 졸업장을 받을 수 있을 만큼만 공부했죠."

잠시 입을 다문 빌이 다시 말을 이어갔다.

"군에 있을 때 리더십 트레이닝 훈련에서 1등으로 뽑혀 간부 후보생학교에 선발되었을 때 나는 깜짝 놀랐어요. 잘하고 싶긴 했어도 논문을 쓰는 방법은 고사하고 시험공부를 어떻게 해야 하는지도 몰랐거든요. 나는 첫 번째 시험에 낙제했고 쫓겨날 것이 분명하다고 생각했어요. 어느 날 오후 한국전쟁에서 부상당한 유대인 장교 슈바르츠 대위의 호출을 받았죠. 당시 그는 간부 후보생 학교 고문을 맡고 있었어요. 그는 나를 '브릿 생도'라고 불렀고 그 말에 나는 미 육군 장교가 되고 싶은 내 꿈이 무너졌다고 생각했습니다. '자네는 확실히 장교감이네.' 나는 내 귀를 의심했어요. '자네는 신체적으로 건강해.'라고 그는 말했죠. '자네는 다른 사람에게 존중받고 있네. 또 명석하고 훈련도 빨리 습득하네. 자네는 머리가 좋아. 한데 단지 공부하는 법을 모르고 있을 뿐이야.' 너무 흥분한 나머지 심장이 쿵쾅거리는 소리가 들릴 정도였어요. 그는 내게 다시 한번 기회를 주려고 하는 것이었어요. 그는 학생으로서 내가 어떠한가가 아니라 내가 무엇이 될 수 있나를 본 거죠. 그는 일부러 시간을 내어 내 장점을 인정해 주었고 아마도 나를 실패로 이끌었을지도 모를 단점을 내가 극복하도록 도와주려 했어요. '여기 앉게.' 그는 자신의 철제 책상 옆에 있는 의자를 가리키며 말했어요. '공부하는 비결을 몇 가지 알려주겠네. 첫째, 다른 사람들이 잘 때 자지 말고 밑줄을 치며 책을 읽게. 둘째, 모든 과목에서 그 과목을 잘하는 학생을 찾아가 도움을 구하게. 셋째, 모든 과목마다 요점을 적어놓게. 자기가 읽은 책의 요점도 적고 강의시간마다 요점을 좀 더 첨가하게. 교수가 어떤 책을 인용하면 그 책을 도서관에 가서 한번 훑어보게. 그런 다음 요점정리 노트에 덧붙여놓게.' 슈바르츠 대위는 15분 내지 20분을 할애해 공부하는 법을 가르쳐주었죠. 학교에 다닐 때 어떤 선생님도 나를 그렇게 가까이 쳐다보면서 내 머리가 좋다는 걸 일깨워주고, 내가 머리 쓰는 법을 모를 뿐이라고 말해주지 않았어요. 내 점수는 100점 만점에 18점에서 20점 정도였는데 갑자기 90점에서 95점 정도로 올라갔어요. 결국 나는 간부 후보생 학교를 우등으로 졸업했죠. 이는 공부하는 비결을 나보다 많이 알고 있던 사람이 시간을 내 내게 그 방법을 전수해 준 덕분입니다."

멘토는 성공적인 삶을 위해 우리가 알아야 할 것을 가르쳐준다

소크라테스는 스스로를 '마음으로부터 지식과 지혜가 탄생하도록 도와주는 산파'로 묘사했다. 마음속에 꿈을 품고 있는 자신을 한번 그려보라. 멘토는 여러분의 꿈이 끔찍한 산고를 겪는 동안 여러분 옆에 서서 여러분을 편안하게 해주고 호흡하는 것을 도와준다. 멘토는 그 꿈이 산실 밖으로 나와 햇빛을 보도록 돕는다. 또 멘토는 마치 산파가 갓 태어난 아기에게 하듯 여러분의 꿈을 거꾸로 들어 올리고 엉덩이를 두들겨 생명을 부여한다. 그런 다음 갓 태어난 꿈을 여러분 팔 위에 놓고 미소를 지으며 또 다른 진통을 겪고 있는 사람들에게로 간다.

기원전 4세기 그리스의 의사이자 근대 의학의 아버지인 히포크라테스는 다음과 같이 말했다.

"학생은 토양과 같고 교사는 씨를 뿌리는 사람이다. 적시에 씨를 뿌리는 것은 교사의 임무고 부지런한 학생은 그 밭을 가꾼다."

한국전쟁이 끝나자 고향인 노스캐롤라이나로 돌아온 빌 브릿은 전역 군인 원호법의 혜택을 받아 공학을 전공하고자 노스캐롤라이나주립대학교에 입학했다. 거기서 페기 가너를 만나 사랑에 빠진 그는 그녀와 결혼했다. 졸업 후 빌이 선택한 첫 번째 직업은 노스캐롤라이나주 롤리시의 시정 보좌관이었다.

"내 상사는 빌 카퍼였고 그는 남부의 커다란 도시 중 하나인 롤리시의 시정을 맡아보고 있었죠. 그는 거의 매일 나를 자기 사무실로 불러 큰 소리로 '빌, 오늘은 무엇을 배웠나?' 하고 물었어요. 오래전 나는 나 자신에게 그와 같은 질문을 던졌었죠. '나는 이 위원회에서 무엇을 배웠나? 이 계획서에서는 무엇을 배웠나? 복도에서 마주친 동료에게 어떤 새로운 정보를 얻었나? 저 예산안에서는 어떤 새로운 정보를 얻었나?' 내 멘토 같았던 빌 카퍼는 내가 시정 담당관으로서 성공하길 바랐어요. 그는 바쁜 일정 중에도 하루에 몇 분씩 할애해 내가 사고하고 분석하고 지적으로 성장하며 하나님이 내게 주신 재능을 계발하도록 자극을 주었죠."

멘토는 가장 사랑하는 사람에게 가장 많이 가르쳐준다

오거스틴은 가르침은 사랑의 가장 위대한 행위이며 사랑은 교육을 위한 최대 도구라고 단언했다. 누가 다음 말을 첨가했는지 모르겠지만 이 말은 내게 항상 영감을 주었다.

"가장 사랑하는 사람이 가장 잘 가르친다."

내 친구들은 이 고전 사상을 달리 표현한 말 중 이것을 가장 좋아한다.

"그들은 네가 얼마나 관심이 있는지 알기 전에는 네가 얼마나 알고 있는지에 관심이 없다."

여러분 생애에서 여러분을 가장 사랑한 사람을 생각해 보라. 그들이 여러분을 가장 많이 가르치지 않았는가?

페기 브릿의 아버지는 빌과 페기 부부가 신혼 초였을 무렵 그들의 멘토였다. 빌이 말했다.

"나는 페기의 집에서 아버지의 사랑을 배웠어요. 가정을 불안과 근심으로 가득 차게 했던 내 아버지와는 달랐죠. 롤리시에서 냉장고와 냉동고 서비스센터를 운영한 장인은 자신을 위해서는 옷 한 벌 사는 것도 아낄 정도로 인색했지만 가족에게는 그렇지 않았습니다. 처가 사람들은 각자 자기 일로 바빴으나 장인은 늘 부드러운 미소를 지었고 집 안에 들어서면 누구에게나 스며드는 사랑이 느껴져 좋았어요. 장인의 사무실은 집 안에 있었고 조그만 트럭에 장비를 싣고 다니면서 수리 요청 전화가 올 때마다 혼자 달려가셨죠. 그러나 한밤중에 긴급 수리 전화가 오면 전 가족이 장인의 트럭에 올라타고 함께 갔습니다."

페기가 그때를 회상했다.

"아버지는 가능하면 저녁에는 가족이 함께 있어야 한다고 믿으셨어요. 가족이 한자리에 있을 때 전화벨이 울리면 우리는 아버지 트럭에 올라타 아버지에게 연장을 건네고 음료수를 가져다드리는 걸 당연하게 생각했어요. 일이 끝나고 돌아올 때는 그 대가로 아이스크림 가게에 들르곤 했어요."

빌이 덧붙였다.

"장인과 장모는 모두 훌륭한 분이죠. 두 분은 그들의 사랑을 우리 부부에게 전해주셨어요. 지금 우리는 그런 사랑을 우리 사업에 새로 합류한 수천 명에게 전해주려고 합니다."

멘토에게는 반박할 용기가 있다

오거스틴이 교육은 사랑으로 원활히 이뤄진다고 한 말은 옳지만 때로는 우리를 좋아하지 않는 사람에게서 통찰력이 나오기도 한다. 결국 반박도 때론 일종의 사랑이다. 만일 사람들이 여러분에게 전혀 관심이 없다면 구태여 '당신은 이런 점이 잘못되었으니 이렇게 시정하라.'는 말을 해서 분란을 일으킬 이유가 있겠는가?

우리 회사의 한 젊은이가 내게 그 점을 일깨워줬다. 수년 전 나는 리우

데자네이루에서 열린 한 모임에 참석해 성공적인 ABO들이 가득 모인 그 방의 앞에 서 있었다. 당시 나는 패튼 장군처럼 거칠게 방을 왔다 갔다 하면서 열정적인 연설을 마치고 질문이 있으면 하라고 했다. 그러자 사람들은 놀랄 정도로 조용해졌다. 아무도 이야기하는 사람이 없었다. 그들은 예의 바르게 박수를 보내고는 아래를 내려다보거나 다른 곳을 쳐다보았다.

"정말 질문이 없습니까?"

나는 방 안을 이리저리 살피며 누군가가 질의응답 시간을 이끌어가도록 첫 질문을 던졌으면 하고 바랐다. 아무도 입을 열지 않았다. 어색한 침묵이 한동안 흐른 뒤 한 젊은이가 부드럽게 말했다.

"감히 회장님께 질문을 할 수가 없습니다."

그는 잠시 멈추더니 침을 꿀꺽 삼키고 용기를 내 다음 말을 계속했다.

"제가 말을 마치면 제 바지를 끌어내리고 저를 벌거숭이로 세워놓으실 것 같으니까요."

미처 깨닫지 못했고 또 일부러 그런 것도 아니지만 내가 사람들을 업신여기는 듯한 태도를 보였던 것이다. 나는 정보를 서로 교환하기보다 그저 일방적으로 전달했을 뿐이었다. 사람들은 내게 말하기를 두려워했지만 나는 내가 그들에게 휘두르는 무지막지한 힘을 느끼지 못했다. 본의 아니게 나는 사람들이 더 이상 내게 솔직해지고 싶지 않은 지경까지 그들을 몰고 간 것이었다.

무려 20년 전 일이지만 아직도 누가 내게 질문할 때마다 나는 그 장면이 생각난다. 그 젊은이가 용기를 내 나를 꼬집어준 덕분에 내 인생은 바뀌었다. 그 후 나는 누가 내게 질문을 하든 그의 기분이 상하지 않게 하려고 노력했다. 나는 상대가 어떤 사람인지 느낌으로 터득하려 하고 내 답변을 이해와 사랑의 정신으로 감싸려고 한다.

멘토는 언제나 당신이 필요로 할 때 필요한 자리에 나타난다

성공적인 ABO 그렉 던컨은 이 책을 위해 인터뷰할 때 감동적인 이야기를 들려주었다. 그렉의 이야기는 내게 희망을 주었고 나는 그 희망을 키워왔다.

그렉은 우리의 〈컴패셔닛 캐피털리즘〉 비디오 시리즈물 감독 빌리 제올리에게 말했다.

"그 이전까지 나는 리치 디보스와 단둘이 있어 본 적이 없어요. 아내로리와 나는 아직 신출내기라 그 바쁜 사람과 면담 약속을 하기가 좀 민망스러웠지요. 그가 매일 아침 혼자 해변을 산책한다는 말을 듣고 아침 7시에 백사장을 따라 조깅을 했지만 그를 만나지 못했습니다. 그다음 날에는 6시에 일어났으나 역시 그를 놓쳤어요. 마침내 포기하고 호텔 식당에 가서 아침을 먹으려고 바다가 내려다보이는 테이블에 자리를 잡았죠. 그런데 갑자기 거기에 리치가 나타난 거예요. 그는 한 손에 과일접시를 들고 나를 보며 '안녕하십니까, 그렉 씨.' 하더군요. 그는 스물여덟 살의 신출내기 이름을 기억하고 있었어요. 나를 기억할 아무런 이유가 없었는데 말이죠."

그렉은 아직도 흥분이 남아 있는 듯했다.

"나는 이것저것 질문을 많이 했어요. 리치 디보스가 대답할 때까지 미처 기다릴 틈이 없었죠. 45분간 식사를 하면서 그는 거의 말을 하지 않았고 내가 말하게 했어요. 그는 내가 스스로 문제를 해결할 때까지 질문만

312

조금 했을 뿐입니다. 그는 내게 리더는 남의 말을 잘 들어야 한다는 것을 가르쳐주었고 가장 훌륭한 멘토는 대답이 아니라 질문을 잘한다는 것을 보여주었어요. 그날 리치는 나와 헤어지기 전 결코 잊을 수 없는 충고를 해줬지요. '젊은 나이에 성공하면 자칫 자기만족에 빠져 현실에 영원히 안주하기 쉽습니다.' 그런 다음 내게 영원히 영향을 줄 꿈을 내 마음속에 심어주었죠. 수년 후 나는 리치의 말이 사실이라는 것을 깨달았어요. 그는 내게 이렇게 조언했죠. '꿈을 실현하면 항상 그 꿈을 더 큰 꿈으로 대체하세요. 그러면 당신은 평생 생동감 있고 흥미진진한 기분으로 살아갈 수 있을 겁니다.'"

브릿은 한국전쟁 중에 만난 멘토에게 배운 덕분에 우리 회사에서 위대한 멘토 중 하나가 되었다. 그의 판매망은 노스캐롤라이나주 더햄부터 미국 각 주뿐 아니라 전 세계 10여 개국에 흩어져 있다. 그와 페기 브릿은 불과 30달러의 Amway 비즈니스 키트를 가지고 Amway를 시작했다. 그들은 멘토의 자질을 발휘해 수백, 수천, 수백만 명을 이 사업으로 안내했다. 빌 브릿은 자신의 멘토 역할을 '아버지의 힘'이라고 부른다.

"이 사업에서 우리는 그것을 아버지와 어머니의 힘이라고 부릅니다. 우리 같은 업라인인 '아빠, 엄마'는 다운라인인 '아들딸'의 부모 역할을 배워야 합니다. 우리는 좋은 부모처럼 우리의 아들딸이 자라서 동료가 되고 나아가 우리를 넘어서기를 바랍니다. 부모의 영향력과 마찬가지로 우리의 영향력도 세대를 거쳐 이어집니다. 구약의 출애굽기에서 모세는 우리가 자식뿐 아니라 4대 손자에게까지 사랑을 보여줄 수 있음을 상기시킵니다. 우리가 아들딸을 사랑하고 그들을 사랑이 가득한 본보기로 가르칠 때 그들도 그들의 아들딸을 사랑할 겁니다. 이 사업에서 우리의 '손자들'과 '증손자들'은 우리가 그들 부모를 사랑한 것처럼 사랑을 베풀고 우리의 커다란 꿈을 넘어 사업에서 성공할 것입니다. 그러면 우리는 편히 앉아 경이로운 눈으로 그들을 쳐다볼 테지요."

우리에게는 대부분 부모가 첫 번째 멘토다. 부모가 우리에게 물려주신 것을 우리는 자녀에게 물려주고 그들은 또 손자에게 물려주며 계속 후세에 물려준다.

스탠 에번스의 아버지는 농부였고 스탠은 자신이 이 사업에서 성공하도록 이끌어준 아버지를 멘토로 여긴다.

"농부들은 장비를 서로 바꿔 씁니다. 우리 이웃은 농사를 시작할 무렵 아버지의 파종기를 빌려갔고 추수 때 우리는 이웃의 수확기를 빌려왔죠. 때로 아버지의 농기구가 녹슬고 부서지고 연료가 다 떨어진 상태로 돌아올 때도 있었어요. 하지만 아버지는 농기구를 다 쓰고 돌려줄 때 항상 처음보다 더 좋은 상태로 손질을 해서 보냈습니다. 아버지는 늘 '사리에 맞는 일만 하지는 마라. 관대하게 처신해라. 그러면 네 이웃은 그걸 결코 잊지 않을 것이다.'라고 말씀하셨어요."

스탠은 아버지가 모범을 보였다고 말했다.

"빌려준 농기구가 고장 난 채로 돌아오면 아버지가 고쳤어요. 기계 상태가 나쁠 경우 아버지는 기계를 분해해서 수리했죠. 벨트가 낡으면 교체하고 타이어가 펑크 난 상태면 새것으로 갈아 끼웠습니다. 물론 관대하려면 아버지의 돈을 써야 했지만 결국 그 관대함은 아버지에게 경제적 이득을 안겨주었습니다. 아버지는 '내가 이웃에게 농기구를 빌려 쓰며 사용료를 내겠다고 하면 그들은 항상 괜찮다고 했다. 그래서 나는 늘 돌려주기 전에 수리하고 연료를 넣고 기어를 깨끗하게 해서 보냈지. 그것이 감사를 표하는 방법이라고 생각했단다. 보통사람 같으면 기름을 치거나 진흙을 물로 닦는 정도였을 게다.'라고 설명하셨어요."

스탠은 감사하는 마음으로 예전 일을 회상했다.

"아버지는 다른 사람의 기분을 헤아려주는 것이 어떤 일인지 솔선수범으로 보여주셨죠. 그건 상대방이 내게 해줬으면 하는 것을 내가 상대에게 해주는 것입니다. 나는 그 규칙을 가족과 이 사업에 몸담은 사람들에게 물려주고 싶었습니다. 그 결과는 우리 모두에게 이익이었죠."

버니스 한센은 1950년대부터 '어머니의 힘'을 제이와 내게 보여주었다. 그 시절 나와 버니스의 멘토인 월터 바스는 버니스 그리고 그녀의 남편 프레드와 사업을 논의하기 위해 오하이오주 쿠야호가 폴스에 있는 그녀의 집으로 갔다. 그때는 트루먼 대통령 집권기로 시간당 최저임금은 75센트에 불과했다.

남편이 사망한 뒤 버니스 한센은 미국 전역과 전 세계 52개국에 크고 성공적인 판매망을 구축했다. 제이와 나는 버니스에게 늘 '아들들'에 불과했다. 그녀의 기분 좋은 미소와 강한 사랑이 넘치는 모습은 수십 년 동안 우리에게 큰 힘을 주었다. 항상 열정적으로 살아가는 버니스는 1987년 은퇴한 안과의사 랠프 길버트 박사와 재혼했다. 버니스 한센 길버트 여사의 충고와 조언은 지난 40년 동안 제이와 내게 신선한 직관과 방향을 제시해 주었다. 우리 역시 그녀 같은 사람들이 우리에게 전해준 것을 수천 명의 다른 사람에게 전해주고자 최선을 다했다.

조와 헬린 빅터 부부는 가정에서뿐 아니라 사업 전반에서 부모의 힘을 보여주었다. 조는 오하이오주의 작은 도시 쿠야호가 폴스에서 소젖을 짜며 살고 있었다. 그 무렵 프레드와 버니스 한센 부부가 그 마을로 이사를 왔고 그들은 독자적인 Amway 판매망을 구축하는 자기사업을 꿈꾸었다. 이발사였던 프레드 한센은 그 꿈을 월터 바스에게 전해 들었다. 미시간주 에이다시에 있는 한 이발소에서 프레드의 손님으로 간 월터 바스가 그 꿈을 이야기했던 것이다. 프레드는 그 꿈을 쿠야호가 폴스의 조와 헬린 빅터 부부에게 전해주었다. 그리고 빅터 부부는 다시 아들 내외인 조디와 캐시 빅터, 론과 데브라 빅터에게 전해주었다.

조디는 최근 내게 말했다.

"아직도 회장님이 쿠야호가 폴스에 있는 우리 집으로 트럭에 가득 실은 프리스크를 처음 배달하던 날이 기억납니다. 그때 제 나이 열한 살이었어요. 저는 그 첫 번째 Amway 제품에 상표를 붙이는 일을 하면서 1톤에 5센트씩 받았지요. 밤에 잠들기 전 저는 회장님이 제 부모님과 한센 부부, 더츠 부부와 함께 첫 번째 계획을 추진하는 이야기를 들었어요. 저는 아직 어렸지만 그 꿈이 항상 저를 사로잡았습니다."

사업 초기 우리의 작은 제조 공장은 미시간주 에이다에 있었고 Amway ABO들은 오하이오주 쿠야호가 폴스에 있었다. 사업이 커지면서 헬린 빅터는 식탁을 반으로 잘라 두 개의 책상으로 만든 뒤 조와 하나씩 나눠 썼다. 오늘날 빅터 부부는 20여 년 전 사무실로 썼던 거실을 사무실과 회의실로 꾸며놓았다. 빅터 부부는 우리의 판매 계획에 서명하고 그 계획을 이루는 꿈을 자녀에게 물려준 선구자다. 확실히 그들은 자녀 교육에 성공했다. 오늘날 조디와 캐시, 론과 데브라는 미국 전역과 세계 곳곳에 사업체를 소유하고 있다.

부모, 형제자매, 아들딸 등 우리는 각자 주위의 모든 사람에게 영향을 주어 세계 변화를 유도할 힘을 발휘할 수 있다. 빌 브릿은 이렇게 말했다.

"당신이 결혼해서 아이를 낳으면 당신은 단지 아이들뿐 아니라 그들의 아이와 그 아이의 아이들에게까지 영향을 미칩니다. 악이든 선이든 당신이 가르치는 모든 것은 세대에서 세대로 계속 이어집니다. 당신이 아이들을 현명하고 성실하게 가르칠 때 당신은 손자에게 심오하고 지속적인 영향을 주는 셈입니다. 이것은 바로 예수님께서 말씀하신 것입니다."

빌은 씩 웃으며 결론을 내렸다.

"그분은 오직 12명의 사도를 가르쳤지만 훌륭한 가르침을 주셨고 이제 그의 품속에서 15억 명의 제자가 그의 가르침을 배우고 있습니다."

훌륭한 멘토인 예수

신약성서는 '티처Teacher'를 58회나 언급하고 있고 그중 절반 이상이 예수와 관련되어 있다. 티처Teacher의 그리스 어원을 찾아보면 가르치다, 설명하다, 알리다, 증명하다, 보이다 등 폭넓은 의미로 쓰였다.

예수는 이 모든 분야에 능숙한 멘토로 그는 사도나 적들에게도 존경을 받았다. 그는 여러 사람을 대상으로 혹은 일대일로 만나 가르침을 주었고 그렇게 가르침을 받은 사람들이 배운 것을 다른 사람에게 전해주기를 바랐다.

신약성서에서 간음죄로 붙잡힌 젊은 여인의 이야기를 읽어보았는가? 분노한 군중이 그녀를 예수님의 발아래에 내동댕이쳤을 때 그들은 여인의 도덕성에 관심이 있었던 게 아니다. 그들은 예수를 시험해 보고 싶었던 것이다. 구약성서 계율은 간음을 저지른 사람에게 돌을 던져 쳐 죽이라는 것이었다. 그때 예수는 구약성서 계율에 복종하는 것과 가련한 젊은 여인의 생명 중 하나를 택해야 했다.

경청하는 멘토를 찾아라

그를 함정에 빠뜨리려 한 시끄러운 무리에게 둘러싸인 예수는 처음에 아무 말도 하지 않았다. 이는 훌륭한 멘토에게 배울 수 있는 첫 번째 교훈이다. 성급하게 조언하지 않는 사람이 가장 믿을 만한 멘토다. 들어주기 위해 오랫동안 진지하게 기다릴 줄 아는 사람이 가장 좋은 조언을 해줄 수 있다.

어떤 조치를 취하는 대신 예수는 모래 위에 무릎을 꿇고 앉아 손으로 글을 썼다. 그 글이 무엇인지는 알려지지 않았다. 확실한 것은 그가 행동하기 전에 듣고 생각하고 기도하고 감정을 평온히 하고 침착하기 위해 잠시 멈췄다는 점이다.

귀를 기울이는 멘토를 찾아라

꽤 오랜 시간이 흐른 뒤 고개를 든 그는 군중이 금방이라도 돌로 쳐 죽일 기세로 손에 돌을 꽉 쥐고 있음을 알았다. 그들의 질문을 무시한 채 예수는 한마디를 던졌다.

"너희 중에 죄를 짓지 않은 자가 먼저 돌을 던져라."

이것은 정말 훌륭한 말이었다. 예수의 말이 의미하는 바는 '저 여자가 유죄일지 모르지만 너희 중 누가 죄인이 아니냐.'였다. 이로써 그는 사람들이 할 말을 잃게 만들었다.

이는 훌륭한 멘토가 갖춰야 하는 또 하나의 뛰어난 자질이다. 무엇을 언제 말해야 하는지 아는 사람은 성급히 말을 쏟아내는 사람보다 훨씬 더 많은 도움을 준다. 사람들은 차례로 돌을 조용히 내려놓은 뒤 사라졌고 그곳에는 예수와 그의 제자 그리고 그 여인만 남았다. 예수는 그의 발 밑에서 공포에 떨고 있는 젊은 여인에게 물었다.

"누가 너를 비난하느냐?"

주저앉은 바닥에서 천천히 고개를 든 그녀는 자신의 눈을 의심했다. 자신을 괴롭히던 사람들이 모두 사라지고 없었던 것이다. 그녀는 두 번째 삶의 기회를 맞이한 것이었다. 그녀는 대답했다.

"아무도 없습니다."

예수는 부드럽게 말했다.

"나도 너를 책망하지 않는다."

그런 다음 비난이나 판결을 내리는 게 아니라 이런 희망의 말을 덧붙였다.

"가라. 그리고 더 이상 죄를 짓지 마라."

좋은 조언을 해주는 훌륭한 멘토를 찾아라

마지막에 이 훌륭한 멘토는 짤막한 지혜의 말을 던졌다. 여러분은 예수가 그의 발아래에서 떨고 있는 가엾은 여인에게 무엇을 말하려 했다고 생각하는가? 예수는 그녀를 책망하지 않는다고 했다. 그는 그녀에게 더이상 죄를 짓지 말라고 충고했는데 여인이 이미 스스로 그런 결심을 한 것으로 보이지 않는가? 자신을 비난하는 사람들에게 둘러싸인 그녀가 이렇게 생각했을 것 같지 않은가.

'만일 제가 이 자리를 모면할 수 있다면 다시는 나쁜 짓을 하지 않겠습

니다.'

예수의 말은 희망의 언어다. 예수는 그녀가 이제껏 살아온 삶을 청산하기가 얼마나 어려운 일인지 알고 있었다. 그러므로 예수가 "가라. 그리고 더 이상 죄를 짓지 마라."라고 했을 때는 그녀가 마음속으로 이미 다짐한 것을 꼭 이루리라는 희망을 그녀에게 심어준 것이었다.

사랑에서 우러난 충고를 하는 멘토를 찾아라

예수의 말은 그녀의 내면에 담긴 질문의 답이었다.

'제가 바뀔 수 있을까요? 이 악몽을 끝낼 수 있을까요? 제게 정말 희망이 있을까요?'

예수의 말은 이런 의미를 내포하고 있다.

'물론이지. 너는 할 수 있다.'

"가라. 그리고 더 이상 죄를 짓지 마라."는 예수의 말이 처음에는 비난의 소리처럼 들렸을지도 모른다. 다시 되새겨보라. 그녀가 그 말을 듣던 때의 심정으로 다시 들어보라.

그분은 명성이 널리 알려진 현명하고 사랑이 충만한 멘토다. 이미 "나도 너를 책망하지 않는다."는 말로 대답을 시작했고 "가라. 그리고 더 이상 죄를 짓지 마라."는 말로 끝맺었다. 나는 그날 그녀가 예수의 말을 희망과 약속의 말로 받아들였을 것이라고 확신한다. 그녀는 용서받았고 분명 다시 일어섰으리라. 예수의 축복을 받은 그녀는 새로운 삶을 시작했을 것이다. 그날 그녀가 예수에게 느낀 사랑은 그녀의 삶을 영원히 바꿔놓지 않았을까. 사랑은 훌륭한 멘토가 갖춰야 할 최상의 덕목이다.

데이비드 테일러가 이 사업을 시작할 무렵 그는 볼티모어 콜츠팀에서 왼쪽 태클을 맡고 있었다. 데이비드는 회고했다.

"많은 사람이 비웃었고 혼자 힘으로 사업에서 성공할 수 있을지 의문을 보였습니다. 내 첫 번째 계획을 사람들에게 알리려는 시도조차 낙담스러웠죠. 포기하고 싶던 적이 한두 번이 아니었습니다. 어느 날 그룹미팅에 참석했다가 내 멘토 렉스 렌프로와 빌 브릿을 만났죠. 그들은 내게 사랑한다고 말했어요. 또 나를 믿고 자랑스럽게 여긴다고 했어요."

그는 자신이 받은 느낌을 설명했다.

"나는 수년간 미식축구 선수였어요. 미식축구 선수들은 나를 넘어뜨리고 내가 일어서는 것을 도와주지도 않으면서 나를 무시하며 '이봐, 사랑해.'라고 놀렸죠. 내게 침을 뱉고 가버리는 것과 다름없었어요. 하지만 이 사업에서 만난 내 멘토들은 서로 사랑했고 그 사랑을 내게도 전해주었습니다. 그 어렵던 처음 몇 개월을 내가 무사히 넘긴 것은 그들의 조용한 충고와 사랑 덕분입니다."

엉터리 멘토를 조심하라

짐 존스라는 이름을 기억하는가? 1978년 10월 가이아나의 존스타운에서 전한 뉴스는 세계를 경악과 슬픔에 잠기게 했다. 아직도 풀리지 않은 수수께끼 같은 이유로 짐 존스 목사와 천여 명에 달하는 그의 추종자는 인민사원에서 죽음의 의식을 거행하며 독약이 든 쿨에이드(알코올음료)를 마셨다(혹은 강제로 마셨는지도 모른다). 정글 바닥에 널린 부풀어 오른 시신들 사진은 내 뇌리 속에 영원히 남을 듯하다. 짐 존스와 그의 죄 없는 추종자 이야기는 거짓 멘토를 영원히 경고할 것이며 거짓 멘토를 믿는 사람들의 말로를 보여주는 소름 끼치는 예로 남을 것이다.

훌륭한 멘토는 당신의 시간을 함부로 쓰지 않는다

짐 존스는 자신의 추종자들을 기진맥진한 상태로 만들었다. 존스타운으로 옮겨가기 전 인민사원은 샌프란시스코의 텐더로인 지역에 있었다. 존스와 그의 추종자들은 가난하고 의지할 데 없는 사람들, 즉 실직자, 마약중독자, 전과자, 노약자, 정박아를 돕기 위해 밤낮 없이 일했다. 그들은 그 지역사회의 굶주린 사람들에게 일주일에 수천 명 분의 식사를 무료로 제공했다.

그런데 그들은 그 일을 오래, 열심히 할수록 점점 더 기진맥진해졌다. 당시에는 이 사실을 아무도 몰랐으나 이는 존스가 노렸던 것 중 하나다. 사람들은 좋은 일을 할 때조차 너무 지쳐서 녹초가 되면 생각할 능력을 상실하고 현명한 판단을 하지 못해 자신과 사랑하는 사람들을 보호할 수 없다. 멘토가 여러분 능력의 한계를 넘어 과다한 것을 강요하면 여러분은 점점 더 기진맥진해질 수밖에 없다. 그러니 조심하라! 훌륭한 멘토는 여러분을 신체적, 정신적으로 편안하게 해준다. 그는 열심히 노력하는 여러분을 칭찬하면서도 지나칠 때는 경고하며 여러분이 자신의 페이스를 되찾도록 도와준다.

훌륭한 멘토는 당신의 돈을 함부로 쓰지 않는다

존스는 바쁜 사람은 가정을 말끔히 정리하고 수지타산을 따져볼 시간도 없다는 것을 알고 있었다. 그는 얼마나 많은 사람이 자기 통장을 들여다보지 않는지 잘 알았다. 그래서 그는 예금을 교회 명의로 하도록 권유했다. 그는 '그들 자신을 위해서'라는 명목 아래 추종자들의 신용카드와 저당문서, 주식과 채권까지 자기 명의로 해놓았다. 결국 그는 추종자들의 돈과 생명까지 좌지우지할 수 있었다.

만일 멘토가 여러분의 돈을 통제하고 싶어 하거나 여러분을 속이려 하거나 여러분에게 빚진 것을 일시적이나마 감추려 한다면 경계하라! 정당한 멘토는 여러분이 자기 재산을 잘 관리하도록 돕고 돈에 관한 결정은 여러분 스스로 내리도록 한다. 그는 여러분의 재정 독립을 위해 힘쓰며 결코 자신의 이익을 추구하거나 여러분의 돈을 악용하지 않는다.

훌륭한 멘토는 징벌을 남용하지 않는다

아주 많은 사람이 스스로 결정하는 것을 두려워한다. 그들은 자신 있는 사람이 자신을 대신해 결정해 주기를 원한다. 존스는 사람들의 이런 약점을 이용했다. 그는 그들에게 옳고 그른 것을 주입했고 개인적으로 그리고 공개석상에서 욕설과 신체 학대를 포함해 잘못한 것에 체벌을 가했다. 그는 사람들에게 고함을 질렀고 모욕을 주었다. 또 사람들의 엉덩이를 때렸으며 서로 엉덩이를 때리도록 했는데 이는 점차 구타로 발전했다. 사람들은 항상 두려움 속에서 살아야 했다.

만약 멘토가 공개석상에서 여러분을 모욕하고 욕설을 하거나 신체 학대 등 잘못된 대우를 한다면 경계하라! 훌륭한 멘토는 결코 여러분에게 말이나 행동으로 모욕감을 주지 않는다. 그가 여러분에게 잘못하거나 여러분을 당황하게 했다면 곧바로 사죄의 말을 할 것이다. 훌륭한 멘토는 여러분의 인격 형성에 도움을 줄지언정 여러분에게 해를 끼치는 일은 하지 않는다. 나아가 그는 여러분이 스스로 결정하도록 돕는다. 그는 여러분이 여러분 자신에게 의존하길 원하지 그에게 의존하는 것을 원치 않는다.

훌륭한 멘토는 당신에게 성적 모욕을 주지 않는다

존스는 자신의 성적 매력을 교묘히 이용해 신도들을 유인했다. 그는 남편이 아내를 잘못 대우한다는 것에 동정을 표하고 여성들이 필요로 하는 안락함과 관심을 주려고 했다. 점차 여성들의 신임이 늘어나면서 존스는 그 신뢰를 성적으로 이용했다.

멘토가 자신의 권력을 이용해 성적으로 접근하면 경계하라! 훌륭한 멘토는 결코 여러분을 성적으로 유혹하거나 모욕감을 주지 않는다. 그는 여러분이 상처받기 쉽다는 것을 알고 여러분의 취약점을 이용하지 않을 만큼 전문가답게 행동할 것이다.

훌륭한 멘토는 친분을 악용하지 않는다

노련한 사기꾼인 짐 존스는 추종자들 하나하나에게 신임을 얻었다. 그는 모든 사람의 이름을 알고 있었고 그들 모두와 단둘이 시간을 보내기도 했다. 또한 소문, 과장, 거짓말을 동원해 친구 사이를 이간질하고 그들의 관계를 파괴하기를 즐겼다. 그는 사람들이 자신만 신임하기를 원해 사람들을 인민사원 외부에 있는 그들의 친구와 가족으로부터 격리했다. 그다음에는 그들을 서로 고립시키기 위한 공작을 꾸몄다.

멘토가 여러분과 외부 관계를 파괴하려 한다면, 여러분이 그 자신만 신임하기를 원한다면, 경계하라! 훌륭한 멘토는 여러분과 여러분의 아내 혹은 남편, 아이들, 친구와의 관계를 소중히 여기고 이를 증진해 준다. 그리고 그들과의 관계에서 성공하는 것이 돈을 많이 버는 것보다 훨씬 더 중요하다는 것을 여러분에게 끊임없이 강조한다.

훌륭한 멘토는 권위를 남용하지 않는다

존스는 처음부터 낡은 권위에 보이는 추종자들의 신뢰를 파괴하려 들었다. 그는 그들의 부모가 얼마나 믿을 만한 가치가 없는지 역설하면서 그들이 가족에게 전화하거나 편지를 쓰지 않도록 했다. 그는 추종자들이 이전에 지녔던 종교적 믿음과 어린 시절부터 배워온 중요한 사상을 조소하곤 했다. 그는 책과 도서관에도 냉소를 보냈다(자신이 추천한 책은 제외하고). 또한 추종자들이 서로 조언하지 못하도록 경고했다(자기 말을 인용하는 것을 제외하고). 나아가 자신의 권위를 의심하는 것을 용납하지 않았으며 추종자들의 질문에 정직하게 대답하지 않았다.

멘토가 여러분의 질문에 대답하지 않으면, 여러분을 외부 정보와 단절시키면, 경계하라! 훌륭한 멘토는 여러분이 어떤 질문을 해도 항상 경청한다. 그는 여러분의 질문에 위협을 느끼지 않으며 최선을 다해 정직하고 직접적이면서도 완전하게 답변해 준다. 신뢰할 만한 멘토는 여러분의 가치체계, 정신적 믿음과 전통을 존중한다. 그들은 여러분과 자기 경험을 공유하며 여러분이 대응할 방법을 스스로 결정하게 한다. 이때 그들은 결코 여러분이나 여러분의 신념을 격하하지도 비하하지도 않는다.

훌륭한 멘토는 항상 성장한다

1972년 찰스 메이요는 "환자에게 가장 안전한 것은 의학 교육을 받은 사람의 보살핌을 받는 일이다. 의사는 의학을 활용하면서 항상 학생의 자세를 지녀야 한다."라고 말했다.

인생과 사업에서 성공한 사람들은 결코 발전을 멈추지 않는다. 그들이 위대한 멘토인 까닭은 항상 다른 사람들을 자신의 멘토로 보기 때문이다. 그들은 제각각 재능과 경험이 다르지만 다음 황금률 앞에서는 하나가 된다.

"하나님과 이웃을 자기 자신처럼 사랑하라."

사랑은 발전을 낳는다. 이것은 성공적인 멘토의 비결이자 언제 어디서 실천하든 컴패셔닛 캐피털리즘의 바탕이다.

빌 브릿은 알코올 중독자인 아버지에게 그런 사랑을 받지 못했다. 그러나 빌 브릿의 할아버지는 어린 그에게 사람을 바꿔놓을 정도로 강한 사랑의 힘을 보여주었다. 그는 할아버지가 그의 팔을 붙잡고 눈물을 닦아주며 언젠가 모든 것이 잘될 거라는 희망을 심어주던 날을 여전히 기억한다.

"할아버지의 농장은 노스캐롤라이나주의 킹스톤 외곽에 있었어요. 나는 아직도 작은 벽돌집과 왕관처럼 버티고 있던 할아버지의 흔들의자가 눈에 선합니다. 할아버지는 거기 앉아 채소밭과 멀리서 담배를 말리는 모습, 시냇물이 졸졸 흐르는 푸른 초원에서 소떼가 풀을 뜯어먹는 모습을 바라보셨죠. 내가 일곱 살 때쯤 아버지의 주벽이 가정을 파괴할 지경에 이르렀어요. 우리 가족은 아버지의 화가 언제 폭발할지 몰라 늘 공포에 떨었죠. 어느 날 오후 할아버지는 아버지가 얼마나 난폭하게 변했는지 직접 보셨어요. 오랜만에 우리 집에 들른 할아버지는 가시는 길에 '얘는 내가 데려가겠다.'라고 단호히 말씀하셨지요. '1년 아니면 그 이상 우리 집에 있을 게다.' 어머니가 내 옷가방을 쌌고 나는 할아버지와 함께 차를 타고 넓은 들판을 지나 농장으로 향했어요. 차를 타고 한참을 가서 할아버지 댁에 도착한 우리는 늦은 일요일 아침을 먹기 위해 식탁에 앉았지요. 나는 아직도 집에서 만든 버터와 딸기잼을 듬뿍 바른 할머니가 손수 만드신 신선한 오트밀 비스킷의 맛을 기억합니다. 아침식사가 끝나자 할머니는 부엌으로 급히 들어가셨고 할아버지는 집 앞 현관에 있는 흔들의자에 가서 앉으셨어요. 나는 그때 겨우 일곱 살이었고 주위는 조용했죠. 나는 복도에 서서 짙푸른 여름 하늘에 떠 있는 흰 구름을 바라보았어요. 갑자기 슬퍼져서 울컥 목이 메었죠. 왜 그랬는지 이유는 정확히 모르겠지만 내 눈에 눈물이 맺히기 시작했는데 아무리 참으려 해도 눈물을 멈출 수가 없었어요. 그때 할아버지가 나를 팔로 감싸주셨지요. 그러고는 나를 살짝 안아 복도를 가로질러 그 낡은 흔들의자로 데려가 무릎에 앉히셨어요. 나는 아직도 할아버지가 농사일로 거칠어진 손으로 내 머리를 부드럽게 쓰다듬던 그 느낌을 기억합니다. 할아버지가 '곧 괜찮아질 게다. 모든 것이 잘되는 걸 보게 될 거야.'라고 속삭이시던 목소리가 여전히 생생합니다."

잠깐 입을 다문 빌이 다시 그때를 회상했다.

"순간 내 몸이 뻣뻣해져서 할아버지가 나를 쓰다듬어 주셨어요. 아버지는 한 번도 나를 팔로 감싸주신 적이 없었죠. 나는 한 번도 아버지 가슴에 머리를 파묻거나 아버지 앞에서 울어본 적이 없었습니다. 차츰 울음을 그쳤고 나는 할아버지의 모직 조끼에 기대 앉아 있었어요. 그리고 전에 한 번도 들어보지 못한 소리를 들었습니다. 마술 같은 그 소리는 바로 할아버지의 심장박동 소리였죠. 그것은 사랑으로 충만한 할아버지의 넓은 가슴에서 나는 소리였어요. 그때 나는 처음 내가 사랑받고 있고 할아버지의 크나큰 사랑으로 모든 것이 잘되리라는 것을 느꼈습니다."

11.
목표는 왜 우리의 성공에 그토록 중요하고
그것을 어떻게 세우고 지속해야 하는가

신조11

우리는 성공은 목표를 세우고 그 목표를 달성하기 위해 열심히 노력하는 사람에게만 돌아간다고 믿는다.

그러므로 우리는 멘토의 도움을 받아 즉시 단기목표와 장기목표를 설정하고 매 단계마다 진행상황을 검토하며 우리가 성취한 목표를 축하하고 달성하지 못한 목표에서 배워야 한다.

렉스 렌프로는 링컨 기념관 계단에 홀로 서 있었다. 국회의사당 뒤쪽에서 서서히 태양이 떠오르며 어두운 겨울 하늘을 꿰뚫는 찬란한 황금색 빛이 보였다. 예전에 그는 거대한 대리석으로 만든 링컨의 동상 밑을 새벽에 홀로 거니는 것을 좋아했다. 그러나 오늘은 대리석 기념관 벽에 새겨진 자유와 관련된 링컨의 말이 그를 괴롭혔다. 렉스는 과거를 회상했다.

"연방정부에서 일하던 시절에는 내가 자유롭다고 생각했어요. 어느 한 곳에서 열심히 오랫동안 일하면 기술을 연마해 작은 사업을 시작할 만한 밑천을 벌 것이라고 상상했죠. 불현듯 나이 마흔에 이르고 내 꿈을 실현해야 할 그 장소에 서 있는데 내 꿈은 발밑에서 산산조각이 나 있었지요."

렉스는 4년간 군복무를 한 뒤 연방정부에서 GS-3 사무원으로 일했다. 이것은 정부 조직의 가장 말단이었지만 대학 교육을 받지 못한 렉스는 그 직급에 감사하고 있었다. 그는 정말 열심히 노력하면 농무성에서 국가 공무원까지 올라갈 수 있고 그때가 되면 충분히 저축해 사업을 시작해도 좋을 것이라고 믿었다. 그 지위에 오르기 위해 무엇이든 할 용의가 있었다.

한동안 그의 아내 베티 조 렌프로는 생활비를 벌고자 직장에 다녔다. 그러나 그들 부부가 드루와 멜린다를 그린스보로에 있는 보육원에서 입양한 후 베티 조는 아이들과 함께 있기 위해 직장을 그만두었다.

"우리는 애들이 어릴 때는 둘 중 하나가 늘 아이들과 함께 있어야 한다고 생각했죠. 시대에 뒤떨어진 생각인지도 모르지만 우리는 과자 굽는 냄새가 진동하고 아이들의 웃음소리, 부모와 자식 간의 대화로 가득한 가정을 원했어요. 우리는 드루와 멜린다가 무릎을 다쳤을 때나 친구들과 다퉜을 때 옆에 있어 주고 싶었습니다. 보모나 유아원 선생님이 아무리 훌륭해도 우리는 애들이 사랑이 무엇을 의미하고 책임감 있는 사람이란 무엇을 뜻하는지 부모에게 배우기를 바랐거든요. 결국 렉스는 수입을 메우기 위해 야간과 주말에 주유소에서 휘발유를 넣고 오일을 갈아주고 유리창을 닦는 일을 했죠. 하지만 아무리 일을 해도 힘든 줄 몰랐어요."

렉스에게는 자기사업을 하겠다는 꿈이 있었고 이를 위해 무엇이든 가리지 않았다. 그는 정부가 보내는 대로 노스캐롤라이나에서 뉴멕시코로, 사우스다코타로, 마지막에는 워싱턴D.C.의 농무성 본부로 가족을 데리고 전근을 다녔다. 워싱턴D.C.에서는 새벽 5시 50분에 출근해 저녁 6시

30분에 집으로 돌아오는 경우가 많았다. 어떤 날은 책상에 15시간이나 계속 앉아 있을 때도 있었다. 렉스는 이렇게 회상했다.

"일주일에 단 몇 달러를 벌기 위해 노예처럼 일한 지 26년 6개월 만에 마침내 나는 GS-14 등급에 올라갔습니다. 그동안 나는 GS-14 등급이 되면 내 사업을 시작할 돈을 보장받을 거라고 생각했지요. 그게 내 목표였고 목표를 향해 한 계단, 한 계단 올라가면 목표에 조금씩 접근하리라고 믿었어요."

그날 아침 태양이 수도의 하늘 위로 떠오를 때 렉스는 따스함도 설렘도 느끼지 못했다. 오히려 렉스는 슬프고 실망스러웠다. 그는 공무원 승진기회를 잡았어도 처음 공무원 일을 시작할 때보다 경제적으로 더 안정되지 않았다. 인플레이션 탓에 월급이 올라도 별 소용이 없었고 저축한 돈도 없었다. 월말이면 돈이 바닥나는데 어떻게 저축을 할 수 있겠는가? 그 전날 렉스가 상관에게 언제쯤 다시 승진에 도전할 수 있느냐고 묻자 그는 유감스럽다는 듯 말했다.

"렉스, 대학 졸업장이 없으면 이 이상 올라갈 수 없어."

렉스가 내게 말했다.

"내겐 내 사업을 하겠다는 꿈이 있었죠. 그런데 반평생을 노력한 후에야 나는 비로소 내 꿈을 실현할 수 없음을 깨달았어요. 대학 졸업장이 없는 사람은 아무리 열심히 노력하고 아무리 일을 잘해도 더는 승진할 수 없다고 상관이 말했을 때 나는 정신없이 한 방 맞은 기분이었어요."

자기사업을 한다는 것은 커다란 꿈이다. 렉스 렌프로가 그 꿈을 실현할 수 없음을 알았을 때 그는 크게 실망했다. 사실 그는 노스캐롤라이나의 자기 집 담배농장에서 일하던 10대 이후 줄곧 그 꿈을 키우고 있었다.

여러분에게도 그런 꿈이 있는가? 그 꿈을 추구하는 사람 중에는 오래지 않아 성공을 맛보는 사람도 있다. 그러나 렉스에게는 그 꿈을 실현하는 것이 길고 어려운 여행처럼 느껴졌다. 나는 가끔 제이 밴 앤델과 내가 마치 아침에 제이의 지하실에서 사업을 시작해 저녁에 백만장자가 된 것처럼 과장하는 말을 듣는다. 비록 우리의 성공 속도에 감사와 경이를 느끼긴 하지만 우리가 꿈을 실현하는 데는 거의 반평생이 걸렸다. 우리 역시 처음으로 돌아간 적이 있고 도중에 한두 번 재앙을 겪기도 했다.

제이와 나는 고등학교 시절부터 함께 사업을 하겠다는 꿈을 키웠다. 우리는 방과 후 서로 만나 계획을 세웠다. 제이가 고3이 되었을 때 제이의 아버지는 우리를 고용했고 그것으로 첫 번째 사업에 발을 내딛었다. 제이의 아버지는 자동차 정비공장과 중고차 매장을 소유하고 있었다. 몬태나에 있는 고객에게 중고 픽업트럭 두 대를 가져다주기 위해 우리는 3주간 흥미진진한 6,437킬로미터의 여정에 올랐다. 드디어 사업에 뛰어들어 우리 일을 시작한 것이다. 타이어가 펑크 나거나 길이 험해도 우리는 그 여행의 매 순간이 즐거웠다.

그런데 2차 세계대전으로 우리 사업을 소유하겠다는 목표가 처음 지연되었다. 우리는 육군 항공부대에 입대했고 휴가차 집에 들렀을 때 실질적으로 최초의 사업 계획을 구상했다. 그것은 그랜드래피즈에 있는 두 사람 집 근처의 콤스톡 공원에 비행학교를 세워 전세 비행기 서비스를 운영하는 일이었다. 처음에 우리에게는 비행 기술이 없었다. 그래서 우리는 군복무 후 저축을 털고 대출을 받아 비행사를 고용하고 중고 파이퍼컵 비행기를 한 대 구입해 '월버라인 에어 서비스'라는 커다란 간판을 내걸었다. 그런데 그 지역의 유일한 활주로는 진흙 밭이었다. 우리는 우리의 작은 비행기에 수상비행기처럼 플로트를 붙여 근처의 강을 활주로 대용으로 썼다. 말할 것도 없이 그 사업은 대단한 성공은 아니었다.

시간이 좀 남자 우리는 두 번째 계획을 세웠고 그것은 아마도 세계 최초라 할 수 있는 드라이브인 레스토랑이었다. 우리는 임시 활주로 끝에 조립식 건물을 세워놓았다. 나는 주로 햄버거를 굽고 제이는 차를 불러들였는데 홀수 날에는 서로 자리를 바꿨다. 돈을 많이 벌지는 못했으나 아무튼 우리는 계속 꿈을 추구하고 있었다. 자기사업으로 우리 자신을 위해 일하고 있었던 것이다.

1945년 제이와 나는 11미터짜리 범선 '엘리자베스호'를 샀다. 우리는 사업을 그만두고 대서양 해안을 따라 항해하다 카리브해 연안 섬들을 돈 다음 남미까지 항해할 계획을 세웠다. 그것은 일종의 항해 휴가 계획이었다. 항해 경력이 없는 우리는 배와 항해를 배우고 배 전세나 여행 사업도 알아볼 생각이었다. 결국 우리는 한 손으로는 항해 책을 들고 다른 한 손으로는 키의 손잡이를 쥐고 여행을 떠났다. 그런데 우리는 뉴저지 앞바다의 안개 속에서 그만 길을 잃었고 바다에서 너무 멀리 떨어진 늪지까지 들어가 버렸다. 우리를 발견하고 몹시 놀란 해안경비대는 굵은 밧줄을 사용해 우리 배를 대서양으로 다시 끌어다주었다. 우리가 겨우 항해술을 익혔을 때 이번에는 '엘리자베스호'에서 심각하게 기름이 새기 시작했다.

1949년 3월 어두운 밤 아바나를 출발해 타이티로 가고 있을 때 우리의 초라한 낡은 범선에 물이 차기 시작했다. 우리는 열심히 물을 퍼냈으나 범선은 쿠바 북부 해안에서 16킬로미터 떨어진 곳에 이르러 457미터 물밑으로 가라앉았다. 3일 후 우리는 화물선의 도움을 받아 푸에르토리코의 산후안 항구에 내렸다.

그렇지만 렉스 렌프로나 그와 비슷한 수많은 사람처럼 우리는 그때까지도 자기사업을 운영할 생각이었고 꿈의 종착점이 어딘지 몰랐지만 그 꿈을 추구하기로 했다.

불운한 항해에서 돌아온 직후인 1949년 8월 네덜란드에서 이민 온 제이의 먼 친척 네일 마스칸트가 우리에게 건강식품회사의 일종인 뉴트리라이트 제품의 독립 디스트리뷰터가 될 기회를 주었다. 작은 선전용 책자에 '건강하게 사는 법'이라고 적혀 있었다. 그렇게 우리는 고객을 직접 만나 판매하는 마케팅 시스템을 세 번째 사업으로 선택했다.

몇 년 지나지 않아 우리는 뉴트리라이트의 실적 좋은 독립 디스트리뷰터들로 훌륭한 팀을 만들었다. 장시간 열심히 노력한 덕분에 우리 사업은 번창했고 1957년 뉴트리라이트의 창업주 칼 렌보그가 제이에게 사장이 되어달라고 요청했다. 심사숙고 끝에 제이는 그 제안을 거절했고 우리의 꿈은 다시 한번 우리가 뭉치게 해주었다. 무슨 일이 있어도, 아무리 많은 봉급과 호화로운 사무실을 준다 해도 우리는 자기사업을 할 작정이었다.

1958년 우리는 뉴트리라이트의 우리 그룹 디스트리뷰터들에게 새로운 상품을 함께 취급한다고 선언했다. 그 결과 1959년 Amway가 탄생했다. 정확히 60여 년이 지난 지금 100여 국가와 지역에서 400만 명이 넘는 Amway ABO가 100억 달러에 달하는 판매 실적을 올리고 있다. 제이와 나는 Amway를 설립하기까지 여러 가지 사업 계획을 세우며 40년을 함께 보냈다. 지난날을 되돌아볼 때 우리는 우리의 성공을 수십억 달러라는 금전으로만 평가하지 않는다. 우리는 꿈에 충실했다는 사실로 우리의 성공을 평가한다. 우리는 줄곧 자기사업을 원했고 그 꿈을 이룬 것이다.

당신의 꿈은 무엇인가

어쩌면 여러분은 자기사업을 하지 않는 대신 대기업이나 작지만 건실한 회사에서 일하고 싶어 할지도 모른다. 아니면 책을 쓰거나 목사가 되거나 정치를 하고 싶어 할지도 모른다. 또는 직업군인, 경찰, 소방관이 되려고 결심했을 수도 있다. 자기사업을 하든, 운동선수나 예술가가 되든, 공직을 수행하든, 개인 기업체에서 일하든, 여러분에게는 컴패셔닛 캐피털리스트 혹은 기업가로서 여러분의 능력을 발휘할 기회가 있다. 컴패셔닛 캐피털리스트란 생애 중 커다란 도전에 기꺼이 응하려는 훌륭한 기업가를 말한다. 그리고 여러분의 꿈이 무엇이든 앞서 말한 것은 어디에나 통용된다.

우선 자신을 믿어야 한다. 우리가 앞에서 긍정적 마음가짐의 중요성을 이야기한 이유가 여기에 있다. 그다음으로 목표를 향해 가는 동안 이끌어줄 멘토가 필요하다. 여기에다 올바른 마음가짐과 친구의 도움이 약간 있으면 준비가 된 셈이다. 이제 진지하게 여정을 시작하라. 여러분의 꿈을 꾸어라! 그 꿈을 성취할 계획을 추진하며 완성을 향해 열심히 노력하라! 무엇을 하든 여러분 밖에서 혹은 안에서 들리는 부정적 목소리인 '너는 아무것도 할 수 없어.' '아무리 노력해도 이렇게 어려운 시절에는 성공할 수 없어.' 등에 무릎 꿇지 마라.

자신의 꿈을 추구하라

젊은 폴 콜린스가 미시간주 에이다에 있는 내 사무실 의자에 걸터앉았다. 그는 "나는 화가가 되고 싶어요. 이것이 내 작품이에요." 하며 떨리는 손으로 자기 그림 몇 점을 내 회의실에 내려놓았다. 밝고 대담한 색상의 캔버스 안에서 생기발랄하고 활기 찬 얼굴들이 나를 쳐다보고 있었다. 내가 말했다.

"아주 훌륭한데."

폴은 조용히 대답했다.

"고맙습니다."

그는 미소를 억누르지 못하는 표정으로 말했다.

"정말 좋은 그림이지요!"

올바른 마음가짐을 지닌 폴 콜린스는 모든 난관에 맞서 자기 자신을 믿었다. 그는 흑인으로 그랜드래피즈의 가난한 빈곤층 가정에서 태어났다. 학교 선생님은 그의 재능을 인정했으나 폴에게 "우선 돈을 벌 수 있는 직업을 선택하고 그림은 취미로 그려라."라고 조언했다. 폴은 그 말을 듣지 않았다. 선생님은 폴을 믿지 않았지만 폴은 자신을 믿었다. 그에게는 꿈이 있었고 그는 꿈을 추구하기 위해 무엇이든 기꺼이 감수했다.

선생님은 폴에게 "그림을 팔아서는 생활에 필요한 돈을 충분히 벌 수 없단다."라고 말했으나 폴은 또다시 그들의 말을 무시했고 열여덟 살이 되었을 때 드디어 첫 그림을 팔았다. 그렇게 작은 승리감을 맛본 그는 재능을 살려 직업화가의 길을 택하기로 결심을 굳혔다. 그날 나는 내 사무실에서 캔버스 위의 빛나는 얼굴과 그 그림을 그린 화가의 결의에 찬 눈빛을 보며 꼭 미술비평가가 아니어도 누구든 폴 콜린스가 꿈을 실현할 것임을 알 것 같았다.

폴과 달리 렉스 렌프로는 사업에서 발휘할 만한 특별한 재능이 없었다. 그는 단지 자기사업을 하고 싶어 했을 뿐이었다. 아무래도 상관없다.

실제로 렉스는 자기 꿈을 실현하기 위해 돈 버는 데만 너무 많은 시간을 소비했다. 그 결과 중요한 선택을 할 시간도, 그 꿈을 실험해 볼 시간도, 자신의 재능을 살려볼 시간도, 자기 선택을 생각해 볼 시간도 누리지 못했다.

그렇게 자기사업을 하겠다는 꿈이 영원히 무산되었다는 생각을 하던 어느 날 렉스는 우리 회사의 판매 방식을 전해 들었다. 그는 곧바로 자기 사업을 시작했고 생각지도 못한 성공을 거두었다. Amway는 자기사업을 시작하는 수많은 아이디어 중 하나에 불과하다. 그러나 렉스 렌프로에게 Amway는 어둡고 긴 밤이 끝난 뒤 떠오르는 아침의 태양과도 같았다.

여러분이 자기사업을 하고 싶다면 그 꿈을 좀 더 구체화해야 한다. 즉, 어떤 종류의 사업을 원하는지, 일생을 어떻게 보내고 싶은지, 어떤 종류의 일을 원하는지 등을 생각해 봐야 한다.

10대였을 때 내게는 폴 콜린스 같은 재능이 없었다(내게 없는 재능을 보충하기 위해 열심히 노력하지도 않았다). 사람들이 "커서 무엇이 될래?" 같은 끔찍한 질문을 할 때면 나는 할 말이 없었다. 하지만 내 아버지는 개인적인 어려움을 겪은 후 일과 관련된 일종의 꿈을 내게 물려주었다. 아버지는 내게 조언했다.

"네 사업을 하거라. 다른 사람이 아닌 너 자신을 위해 일해라."

아버지는 19년간 제너럴 일렉트릭에 다녔는데 내가 고등학교에 다닐 때 그 회사는 아버지에게 디트로이트로 전근하는 조건으로 승진과 봉급 인상을 제의했다. 아버지는 그랜드래피즈를 사랑했고 가족에게 새 도시로 이사 가 새 학교로 전학하고 새 교회를 찾고 새 친구를 사귀라고 강요하고 싶어 하지 않았다. 결국 아버지는 출세할 수 있는 좋은 기회를 거절했다. 이후 아버지는 몇 가지 이유로 그랜드래피즈에 있는 상관의 눈에 들지 않아 해고를 당했다. 정년퇴직을 1년 앞두고 아버지는 수년간 열심히 일한 공도 없이 직장과 수당과 연금을 잃었다. 그 순간부터 오로지 한 가지 생각만 아버지를 사로잡았다.

'너 자신을 위해 일해라. 너 자신의 사업을 시작해라.'

아버지의 그 꿈은 곧 내 꿈이 되었다. 그러나 꿈만으로는 충분하지 않았고 제이와 나는 그 꿈을 지탱하기 위해 계획을 세워야 했다. 사업을 시작한 우리는 스스로에게 지금 꿈을 향해 가고 있는지, 거기에 도달하기 위해 무엇을 하고 있는지 등의 질문을 던졌다.

폴 콜린스에게는 화가가 되고 싶다는 꿈이 있었다. 제이와 내게는 항공 서비스, 다음에는 드라이브인 레스토랑, 그다음에는 뉴트리라이트 판매업에서 성공하겠다는 꿈이 있었다. 렉스 렌프로는 자신이 자랑스럽게 여기고 평생 소득원이 될 자기사업을 원했다. 여러분의 꿈은 무엇인가? 어떤 사업을 하고 싶은지 정확히 알지 못해도 걱정할 필요는 없다. 만일 꿈이 있다면 그것이 비록 대강의 윤곽만 잡혀 있더라도 그것을 좇아라. 그리고 그 꿈에 충실하라! 만일 아직도 꿈이 없거나 꿈의 실현을 확신하지 못한다면 다음 몇 가지 질문이 여러분이 결정을 내리는 데 도움을 줄 것이다.

그 꿈은 진정 당신의 꿈인가

만일 여러분이 어떤 직업을 선택할 수 있다면 어떤 것이 좋을까? 다른 사람이 여러분에게 바라는 것은 잠시 잊자. 여러분의 가족, 친구, 배우자가 여러분에게 바라는 일이 있을 것이다. 여러분이 진정 원하는 여러분의 모습은 무엇인가? 여러분의 감정에 충실하라. 그 꿈을 계속 살찌워라. 비록 단편적인 미래의 꿈일지라도 여러분을 들뜨게 하고 여러분에게 희망을 주는 꿈을 계속 발전시켜라.

여러분의 잠재력을 제한하는 내면의 목소리에 귀 기울이지 마라. 여러분의 감정이 말을 하게 하라. 여러분에게 원대한 꿈을 기대하는 사람들의 목소리에 귀 기울여라. 그 꿈을 대담하게 추구하라. 내 아버지나 렉스의 아버지가 그들의 꿈을 물려준 것만으로는 충분하지 않았다. 우리는 그들의 꿈이 진정 내 꿈인지 확신해야 했다. 제이와 나는 우리의 배가 침몰하고 있을 때조차 우리가 자기사업을 꿈꾸고 계획을 세우고 자유롭고 싶어 한다는 것을 알고 있었다.

당신의 꿈은 당신의 재능에 적합한가

꿈을 실현할 '알맞은 자질'이 있는 것과 꿈을 갖는 것은 별개의 문제다. 헬렌 켈러도 운전을 하고 싶었을지도 모른다. 하지만 그녀가 고속도로에 차를 몰고 나갔다면 큰 재앙을 불러일으켰을 것이다. 그녀는 장님이었기에 선택의 폭이 좁았다. 어쨌든 그녀의 꿈은 원대했고 그녀는 "만일 세상에 즐거움만 있다면 우리는 용기와 인내심을 결코 배울 수 없을 것이다."라고 썼다.

여러분의 한계를 두려워하지 마라. 아무것도 할 수 없다고 생각하지도 마라. 물론 여러분이 수학 실력이 부족하면 분자물리학자가 되기는 어렵다. 여러분의 키가 170센티미터 이하면 직업 농구선수로 성공하기는 쉽지 않다. 피만 보아도 기절한다면 유명한 외과의사, 정육점 주인, 직업 권투선수가 되려는 꿈은 재고해 봐야 한다. 만일 하나의 꿈을 포기했다면 다른 꿈을 가져라.

여러분이 특히 잘하는 것과 좋아하는 것을 생각해 보라. 아무것도 잘하는 게 없다고? 모든 사람이 모차르트 같은 천재성을 타고나는 것은 아니다. 또 여러분이 스티븐 킹 같은 베스트셀러 소설을 쓸 가능성도 희박하다. 그러나 우리 모두에게는 하나님이 준 재능이 있다.

성공한 사람은 대부분 자신을 천재로 생각하지 않는다. 그렇다고 하나님이 각자에게 능력과 인내와 노력할 역량을 주지 않은 게 아니다. 다른 사람이 여러분에게 재능이 없다고 말하지 못하게 하라. 여러분에게는 재능이 있다.

때로 사람들은 천재와 노력을 혼동한다. 천재가 노력하지 않고 위대한 일을 이루는 경우는 극히 드물긴 해도 있는 것이 사실이다. 만일 모든 음악가나 작곡가가 모차르트와 자신을 비교한다면 그들은 절망할 것이다. 그런데 우리는 위대한 음악가, 운동선수, 작가, 화가, 컴패셔닛 캐피털리스트가 피나는 노력을 기울여 그들의 천재성을 계발했다는 사실을 간과하는 경우가 많다.

여러분이 하고 싶은 것, 여러분에게 쉬운 것(노력이 필요하지 않아서가 아니라 여러분이 그것을 즐기기 때문에 쉬운 것), 다른 사람이 여러분에게 잘한다고 말하는 것을 생각해 보라. 이는 여러분의 재능을 알아내는 데 도움을 준다. 기업가가 되겠다는 여러분의 목표를 이루고자 할 때 재능을 발휘하면 성공 가능성은 놀랄 만큼 높아질 것이다.

렉스와 베티 조 렌프로 부부는 워싱턴 D.C.에 있는 친지와 이웃에게 우리 회사 제품과 마케팅 계획을 알리기 시작했다. 렉스는 계속 농무성에 근무했으나 저녁시간과 주말에는 전화를 걸고, 사람들을 불러 모아 제품설명을 하고, 이후에는 몇 번이고 확인 전화를 했다. 직장생활 26년 만에 마침내 그는 자기사업을 시작했고 그것은 매우 힘든 일이었다. TV 의 심야 프로에 나오는 사람들의 말을 믿지 마라. 경제적 안정과 성공을 이루는 데 빠르거나 쉬운 방법은 없다. 지지부진하고 어려웠던 사업 초 기에도 렉스와 베티 조 부부는 그들의 노력이 멀지 않은 미래에 경제적 보상을 안겨줄 것이라고 믿었다. 렉스는 이렇게 회상했다.

"내 노력이 무모한 것은 아니었습니다. 드디어 나는 나와 내 가족을 위 한 것 또한 영원히 우리 것이 될 무언가를 시작하게 되었죠. 예전에 나는 내 삶을 다른 사람들의 꿈에 바치고 있었어요. 그러다가 비로소 내 시간 과 에너지를 내 꿈을 실현하는 데 쓰게 된 겁니다."

당신의 꿈을 실현할 재원이 있는가, 아니면 재원을 조달할 방법이 있는가

렉스 렌프로가 우리 사업에 그토록 흥미를 느낀 이유 중 하나는 사업 을 시작하는 데 비용이 적게 든다는 점이었다. 렉스가 말했다.

"처음 Amway 사업을 시작할 때, 28달러짜리 스타터 키트를 구입했는 데 그것도 환불을 보장해 주는 조건이었죠. 나는 그만한 돈은 마련할 수 있었고 우리가 잃을 게 무얼까 하고 자문해 보았습니다."

사업에 착수하는 데 비용이 적게 드는 업종은 우리 사업 외에도 많이 있고 반대로 비용이 더 드는 업종도 있다. 햄버거와 피자 체인점 창업비 를 각각 비교해 보라. 일반적으로 창업비란 사무실 임대료와 사무실, 매 장, 스튜디오의 내부 시설비 등을 말한다. 사무실 기기, 컴퓨터 하드웨어 와 소프트웨어 경비도 더하라. 전화와 팩스, 문구류, 500여 장의 명함인 쇄에도 경비가 들어간다. 이만한 경비를 조달할 수 있는가? 이 경비를 여러분 돈으로 할 것인가, 아니면 남에게 빌릴 것인가? 만일 여러분 돈이 아니라면 얼마 만에 그 돈을 갚을 수 있겠는가? 렉스가 기억을 더듬어 말했다.

"이 사업을 시작하는 데 든 비용은 결혼기념일 저녁식사 비용보다 적었습니다."

베티 조도 씩 웃으며 덧붙였다.

"결혼기념일에 갔던 별 4개짜리 호텔의 레스토랑에는 환불제도가 없었지요."

어떤 사업을 선택하든 사업 초기 수입이 적을 경우에 대비해 견딜 만한 금전적 재원을 확보하자. 어떤 일을 시작하기 전에 비용을 계산해 보라는 말을 기억하라.

그 꿈이 당신이 추구하는 가치관과 일치하는가

꿈은 때로 위험하다. 꿈은 우리가 옳다고 믿는 것과 정면충돌할 가능성을 내포하고 있다. 꿈은 우리를 파멸의 길로 인도할 수도 있다. 그 길이 우리를 어디로 이끌지 초기에 판단을 내려라. 만일 여러분이 목표에 도달한다면, 만일 여러분이 꿈을 실현한다면, 여러분과 여러분이 사랑하는 사람들에게 기쁨을 안겨줄까? 혹은 부끄러움을 느끼게 할까? 그런 것을 미리 생각해 보자.

미국 대도시에서는 젊은이들이 마약 사업에 손을 대고 있다. 마리화나·코카인·헤로인을 팔아 훨씬 큰돈을 만질 수 있는데 구태여 햄버거나 신문, 자동차, 부동산, 비누를 팔려고 하겠는가? 그렇지만 그 젊은이들은 총에 맞아 죽지 않고 살아 있다면 언젠가 과거를 돌아보며 자신의 선택을 후회할 것이다.

렉스와 베티 조 렌프로 부부는 우리 모두가 해야 하는 질문을 스스로에게 던졌다. 제품이 고객에게 만족을 주는가? 나라면 이것을 쓰겠는가? 과대선전과 거짓말로 포장하지는 않았는가? 사업 계획에 타당성이 있는가? 회사 사람들은 정직하고 공정하며 개방적인가? 그 회사에 내 일생을 투자하는 게 흥미진진할까? 나와 아내, 내 아이들에게 어떤 영향을 미칠 것인가?

렉스는 과거를 회상했다.

"돌이켜보니 내 꿈은 인간적이었습니다. 나는 나 자신의 사업을 원하는 동시에 내가 다른 사람들을 도울 수 있는 사업을 원했죠. 이 사업이 사람을 돕는 사업이라는 걸 알았을 때 우리는 얼마나 기뻤는지 모릅니다. 회사가 추구하는 가치와 내가 추구하는 가치가 손을 잡은 것이나 다름없었죠."

당신의 꿈은 당신이 도전할 만큼 원대한가

목표는 너무 작아도 너무 안전해도 안 된다. 여러분의 현재 위치를 크게 넘어선 커다란 꿈을 꾸어라. 길을 안전하게 건너는 목표는 누구든 세울 수 있다. 크게 한 발 내딛고 세계를 보자. 진정으로 멋진 무언가를 성취할 수 있으면서도 하찮은 목표에 만족하지는 않는가? 여러분 자신을 믿어라! 여러분의 꿈을 추구하라. 그러면 여러분은 진정 커다란 발걸음을 내디딘 셈이다. 그 밖에 다른 것은 그대로 따라올 것이다.

우리 사업에 뛰어든 사람들은 대부분 처음에는 작은 꿈으로 시작한다. 거기에 잘못된 점은 없다. 우리가 취급하는 품목 중 3,000개 이상 제품의 할인 혜택을 받기 위해 서명하는 경우도 있다. 생활비를 충당하거나 만일에 대비한 저축을 위해 한 달에 400~500달러의 부수입이 필요한 경우도 있다.

나카지마 가오루는 재미있는 일본 설화를 우리에게 들려주었다.

한 늙은 농부와 개가 숲 속을 걷고 있었다. 그들은 10여 년 동안 숲 속을 헤매며 주인을 잃은 보물을 찾고 있었다. 갑자기 개가 어떤 나무 아래에 멈춰서더니 잠시 뿌리 근처의 냄새를 맡았다. 그리고는 짖어대기 시작했다. 그 개가 잘 짖는다는 걸 아는 노인은 괜히 그러는 것이라고 여겨 개가 그냥 따라오겠지 하고 앞으로 계속 걸어갔다. 개는 계속 짖기만 했다. 노인은 개에게 막대기를 던졌고 이제는 그 고집 센 개가 그만 짖고 따라오겠지 했다. 그래도 개가 말을 듣지 않자 노인은 나무로 돌아가 가방에서 삽을 꺼내 땅을 파기 시작했다. 30분쯤 파내려 갔을 때 노인은 값비싼 보물을 발견했다.

나카지마 씨는 설명했다.

"누군가가 내게 '아니오!' 하며 거절하면 나는 그것을 우리 관계의 마지막이 아니라 시작으로 간주합니다. 그 개와 마찬가지로 나는 계속 고객에게 짖어대는 거죠. 1~2주일이 지난 뒤 나는 다시 전화를 합니다. 그러면 잠재고객은 내게 새로운 질문을 합니다. 고객은 저마다 내게 대답할 기회를 새로 주는 것이죠. 내가 포기하지만 않으면 오래지 않아 내 고객은 땅을 파기 시작합니다. 다음 단계는 고객이 보물을 발견하는 것이죠. 대부분의 사람에게 '아니요'는 끝을 의미합니다. 그러나 내게 '아니요'는 '예'라는 대답으로 가기 위한 첫 번째 단계일 뿐입니다."

계획을 세우고 열심히 노력하자!

여러분에게 꿈이 있다면 이제는 계획이 필요하다. 계획은 여러분이 가고 싶은 방향을 잡아준다. 계획은 진전사항을 점검하고 방향 감각을 제공해 주며 정확한 목표를 제시한다.

어떤 사람은 꿈은 있으나 그 꿈을 실현하기 위한 목표와 전략을 갖춰 계획을 세우려 하지 않는다. 계획이 없으면 우리는 제자리에서 맴돌거나 허송세월만 하고 만다. 또 다른 사람은 계획이 있긴 해도 그것이 때로 부적당하다. 그들은 캐피털리즘의 메커니즘을 잘못 이해해 결국 실패하고 만다.

렉스 렌프로는 자신의 꿈이 자기사업을 하는 것이라고 생각했지만 그것은 결코 그의 꿈이 아니었다. 그의 진정한 꿈은 그를 자유롭게 해주는 일정한 수입이었다. 그는 시인했다.

"사람들이 내게 부여한 제약에 진저리가 났어요. 나는 굉장히 창의적이고 원기 왕성해 내 능력을 제한받는 게 싫었습니다. 미래를 자유롭게 내 나름대로 결정하고 싶었고 그러려면 돈이 필요했죠."

마침내 렉스는 다른 사람과 마찬가지로 경제적 안정을 안겨줄 수단을 원하게 되었다. 진정 자유롭기 위해서는 돈이 필요하다. 꼭 몇백만 달러까지는 아니어도 생활비를 충분히 충당하고 만약을 대비해 약간의 저축을 할 정도는 돈이 있어야 한다.

우리는 물질적 행복을 향한 욕구를 결코 부끄러워해서는 안 된다. 정직하게 번 한 푼 한 푼을 자랑스럽게 여기고 감사히 생각해야 한다. 여러분이 번 돈은 여러분 자신과 가족의 삶의 질을 높여주는 동시에 (만일 여러분이 컴패션을 실천한다면) 주위나 세계 도처의 기아, 빈곤, 무주택, 질병을 없애는 데 기여할 수 있다. '이윤추구'는 사업의 좋은 목표라는 걸 결코 잊지 마라. 여러분의 목표는 무엇인가? 여러분은 그 목표를 충족하기 위해 어떻게 계획을 세울 것인가?

목표란 무엇인가

목표를 마음속에 분명히 하는 것은 꿈을 현실로 만들고, 꿈을 실행하게 만들며, 꿈을 실현 가능하게 만든다. 그리고 비즈니스에서 가장 중요한 목표는 이윤이다.

경제적 안정은 장기목표에 도달하고자 수많은 단기목표를 설정하고 그것을 추구하는 일이다. 렉스 렘프로는 우리 사업을 시작할 때 한 달에 300~400달러의 추가수입을 희망하며 저녁과 주말에 일했다. 그 단기목표를 달성하자 렉스와 베티 조 부부는 한 달 수입 목표를 1,000달러로 높였다.

그 단기목표를 달성했을 때 렉스는 농무성을 그만두었다. 그때까지 그들의 사업은 번창해 경제적인 안정을 느낄 만큼 충분한 수입을 올렸다. 렉스와 베티 조 부부는 그렇게 자신들의 꿈이 현실화하는 것을 목격했다.

잭 스펜서는 고등학교 교사이자 체육 코치였다. 그는 거기서 멈추지 않고 석사학위를 받기 위해 밤늦게까지 공부했다.

"나는 17시간씩 일하는 날이 많았습니다. 열심히 일하고 공부를 더 하는 것이 성공 비결이라고 생각했기 때문이죠."

그러나 잭이 석사 과정을 끝냈을 때 그 노력의 대가가 겨우 실수령액

25달러 인상이라는 것을 알고 그는 낙담했다. 잭과 마기 스펜서는 그들이 투자한 시간과 에너지에 더 많은 보상이 돌아오길 바랐다. 그들은 수입에 제한이 없고 도중에 막다른 골목이 없는 사업을 시작한 덕분에 목적을 이룰 수 있었다.

데이비드와 마지 루이스는 미시간주 허시 마을을 떠나지 않고 성공적인 사업을 시작하고 싶었다. 데이비드가 미소를 지으며 말했다.

"사람들은 작은 마을에서는 성공할 수 없다고 말하더군요. 그들은 우리가 원하는 분야의 정상에 오르려면 대도시로 가야 한다고 조언했습니다. 하지만 우리는 허시를 좋아했고 그곳을 떠나고 싶지 않았습니다."

마지가 덧붙였다.

"우리는 애들이 비록 작지만 안정적이고 질서가 잡힌 지역사회에서 혜택을 누리며 자라길 바랐습니다."

데이비드와 마지는 대도시든 소도시든 상관없이 어디에서나 번창할 수 있는 사업을 시작해 목적을 이뤘다.

모든 성공적인 사업은 단 하나의 목표로 출발하며 그 목표는 곧 여러 개의 단기목표와 장기목표로 나뉜다. 그 목표들을 달성하기 위해서는 전술이라는 일련의 행동이 필요하다.

전술이란 무엇인가

전술은 목표 달성을 위해 우리가 취하는 하루하루의 실질 단계를 말한다. 'MW = NR + HE × T'라는 공식을 기억하는가. 만일 물질적 행복

(MW)이 우리의 장기목표라면 천연자원(NR), 인간의 에너지(HE), 도구(T)는 목표 달성을 위해 우리가 취하는 전술이다.

천연자원

상품과 용역은 대부분 지구의 천연자원을 창조적으로 사용해 생산한 것이다. 폴 콜린스 같은 화가가 필요로 하는 천연물질은 꽤 단순하다. 그림물감과 캔버스만 있으면 된다. 앞서 다룬 젊은 성공적인 기업가들은 성공을 위해 다양한 천연자원을 활용했다. 그것은 장미, 카네이션, 달걀, 설탕, 크림, 천연향, 조립하지 않은 컴퓨터 부품, 쇠똥 등이다.

우리 회사를 포함한 수천 개 기업은 지구상의 풍부한 자원을 이용해 수많은 신기한 상품을 개발했다. 지금도 많은 사람이 삶의 질을 높여줄 신상품을 가지고 미시간주 에이다에 있는 우리 사무실을 매일 방문한다. 도전하라. 발명하고 창조하라! 새롭게 변형하라! 꿈을 꾸고 상상력을 발휘하라! 모험하고 시도하라! 세상에는 아직도 창의력으로 변형할 수 있는 천연자원이 풍부하게 남아 있다.

인간의 에너지

혼자 '휴식시간이 좀 필요해.'라고 생각하지 않는가? 로저 코너나 벤과 제리 부부 같은 사람들은 정말 운이 좋았다. 놀랄 만큼 행운이 따른 그들은 우연히 적시적소에 있었지만 내게는 그런 행운이 없었다.

인생에서 행운은 한몫을 한다. 그렇지만 내 경험에 비춰보면 성공을 안겨주는 것은 노력이지 행운이 아니다. 캐나다의 경제학자이자 작가인 스티븐 리콕은 다음과 같이 말했다.

"나는 행운을 상당히 믿는다. 내가 열심히 일하면 일할수록 행운이 더욱더 내 편이 된다는 것 또한 알고 있다."

신은 우리에게 지구의 자원을 다른 물건으로 변형하는 데 사용할 에너지를 주었다. 다른 자원과 마찬가지로 여러분의 에너지는 한정되어 있다. 에너지를 낭비하지 마라! 과소평가하지도 마라! 여러분의 꿈을 실현하기 위한 계획을 세우고 그것을 성공적으로 수행하기 위해 자신의 모든 힘과 에너지를 사용하라.

우리 사업에서는 인간의 에너지가 만사를 해결한다. 일단 천연자원이 우리가 취급하는 3,000개 이상의 상품으로 바뀐 다음에는 상상을 초월할 정도의 이익을 올리는 큰 사업을 구축하는 데 사람의 에너지만 필요할 뿐이다.

도구

우리가 일을 좀 더 쉽고 효율적이며 경제적으로 하도록 도움을 주는 온갖 종류의 도구가 있다. 폴 콜린스는 여러 종류의 붓과 이젤, 캔버스를 고정하는 알루미늄 틀을 사용했다. 제트 비행기와 전화, 팩스도 그의 사업에 도움을 주는 도구다.

성공적인 기업가들이 자신의 계획을 이루기 위해 사용한 도구를 상상해 보라. 로저 코너는 꽃을 신선하게 보관하고자 오래된 냉장고를 활용했다. 벤과 제리는 아이스크림을 빨리 효율적으로 만들기 위해 큰 알루미늄 통과 반죽 기계를 사용했다. 잡스와 워즈니악은 첫 번째 컴퓨터를 조립하기 위해 간단한 도구와 납땜용 분무기를 썼다. 키드코의 아이들에게는 비료 사업을 위한 삽과 외바퀴 손수레, 건조용 판이 필요했다.

만일 여러분의 계획이 (상품 판매가 아니라) 서비스 제공이라면 이미 보유한(아니면 빌릴 수 있는) 도구를 계획에 포함해 여러분의 삶이 좀 더 편안하고 서비스가 더욱 효율적이게 하라.

기업가는 특히 절약 정신과 창의력이 풍부해야 한다. 누군가는 낡은 차를 이용해 피자나 약을 배달한다. 또 자전거로 신문을 배달하고, 전화로 설문조사를 하고, 펜·타이프·컴퓨터로 희곡이나 시를 쓰고, 작곡하고, 광고지나 다른 광고물을 인쇄한다. 아니면 자신의 잔디 깎는 기계로 정원 관리 사업을 시작하기도 한다. 세탁기나 건조기로 빨랫감을 받아다가 세탁하기도 하며 다리미판을 이용해 셔츠를 다리기도 한다.

우리 사업에 필요한 것은 전화, 주문받는 종이, 상품과 물건을 쌓아놓을 수 있는 곳, 시내를 다니기 위한(아니면 전 세계를 다니기 위한) 교통수단뿐이다. 어떤 사업을 시작하고 싶은가? 사용할 수 있는 도구는 무엇인가? 여러분의 창의성을 발휘해 보라.

재검토하자

여러분에게 꿈이 있고 스스로를 믿을지라도 성공하려면 계획이 필요하다. 그런 계획은 대부분 천연자원, 인간의 에너지, 도구를 창조적으로 사용하는 것을 포함한다. 그러한 계획이 어떻게 발전해 가는지 좀 더 자세히 살펴보자.

20여 년 전 폴 콜린스가 내 사무실에 왔을 때 그에게는 꿈이 있었다. 그가 "나는 아프리카인 인물화를 그리고 싶습니다."라고 말했을 때 그의 열정은 옆 사람에게 옮겨갈 정도로 강했다.

"그러니 내 여행경비를 대주시기 바랍니다."

자신과 자신의 꿈을 믿은 폴은 화가로서 생계유지를 위해 타당성 있는 사업 계획을 개발해야 했다. 내가 말했다.

"내가 여행경비를 대겠소. 단 그림의 50%는 내가 갖겠소."

잠시 폴은 나를 무뚝뚝하게 쳐다보았다. 그리고 물었다.

"50%나요?"

나는 대답했다.

"50%!"

그가 이의를 제기했다.

"하지만 일은 제가 다 하잖아요."

내가 대답했다.

"내가 모든 경비를 대잖소."

갑자기 그는 웃으며 손을 내밀었다. 그가 물었다.

"동업자인가요?"

나는 동의했다.

"물론 동업자요."

폴은 아프리카로 갔고 돌아올 때는 찬란하게 빛나고 감동적인 아프리카인 인물화를 한 아름 안고 왔다. 그는 첫 번째 작품 전시회로 단박에 미국의 뛰어난 인물화가 레벨로 올라섰다. 또한 그는 자신에게 비즈니스 수완도 있다는 것을 보여주었다. 폴의 계획은 간단했다.

"나는 나 자신의 주권을 파는 것입니다. 그 돈으로 여행하고, 스튜디오를 열고, 생활비를 대고, 그림을 그리지요. 그림이 팔리면 내 생활은 윤

택해지고 투자가들은 이윤을 많이 남깁니다."

빌 스웨츠는 "이것이 바로 내 사업 계획입니다."라며 내게 흰 종이를 내밀었다. 대학 1학년생인 빌은 "세분화한 예산 계획을 포함해 이것이 내가 시작하는 데 필요한 전부입니다."라고 말했다.

몇 주일 전 그는 내게 자신의 사업을 시작하는 데 필요한 충고를 요청했다. 내가 조언했다.

"너희 집 뒷마당을 들여다 보거라."

"우리 집 뒷마당에는 고물만 쌓여 있는데요."

우리 둘은 웃었다. 하지만 곧 빌의 눈이 빛나기 시작했다. 며칠 후 그는 계획을 가지고 다시 내게 왔다. 그는 환호성을 질렀다.

"우리 집 뒷마당은 보물로 가득 차 있어요. 낡은 의자, 테이블, 소파, 침대, 매트리스, 옷장, 램프, 카펫 등이 있어요."

그는 활짝 웃으며 말했다.

"가구는 내구성이 가장 강한 제품이지요. 그런데 사람들은 중고가구를 사고 싶어 하지 않아요. 왜냐하면 중고가구는 대개 지저분한 곳에서 팔기 때문이지요. 나는 중고가구를 깨끗하고 안전하고 부유층이 사는 곳에서 팔겠습니다. 이것이 바로 사업을 시작하는 데 필요한 목록입니다."

나는 빌의 사업 계획서를 보았다. 계획은 보통 누가, 어디서, 무엇을, 왜, 어떻게, 언제 하는지와 돈이 얼마나 필요한지 등 기본 질문과 그 답변이 주요 내용이다.

- **내가 원하는 것은 무엇인가?**

  제품을 판매하는 것인가?

  서비스를 제공하는 것인가?

  예술 재능이나 운동 재능을 향상시키는 것인가?

- **그것을 어떻게 할 것인가?**

  어떤 단계가 나를 내 목표로 이끌어줄 것인가?

- **그것을 이루는 데 누가 나를 도와줄 것인가?**

  도중에 나를 도와줄 수 있는 사람은 누구인가?

- **그것을 이루는 데 내게 필요한 것은 무엇인가?**

  어떤 자원이 필요한가?

  어떤 도구가 필요한가?

- **어디서 하는 것이 가장 좋은가?**

  이미 내가 사용 가능한 곳에서?

  아니면 앞으로 개발해야 할 곳에서?

- **비용은 얼마나 드는가?**

  착수부터 완료까지 필요한 돈은 얼마인가?

- **어디서 돈을 구할 것인가?**

  내 돈은 충분한가?

  돈을 빌려야 하는가?

  내 아이디어에 투자할 동업자가 필요한가?

- **투자비용을 회수하려면 얼마나 시간이 필요한가?**

  투자비용을 회수하기 위해 물건 값을 얼마로 정할 것인가?

  내가 계획하는 수입은 얼마인가?

아무리 계획이 좋아도 추측으로 답을 내릴 수밖에 없는 경우도 있다. 기업가에게는 위험이 따른다. 완전하고 신뢰할 수 있는 계획을 세우도록 최선을 다하라. 목표를 정하라. 그 목표를 충족하기 위한 계획을 보여주는 뚜렷한 전략을 일목요연하게 적어라. 각 전략 옆에 필요한 경비를 적고 그 전략을 성공적으로 달성하길 희망하는 날짜를 미리 정하라. 그다음에는 완성한 계획을 여러분의 멘토에게 보여주고 그들의 반응을 보라.

나는 빌 스웨츠의 계획을 재빨리 훑어보았다. 종이 4~5장 위의 모든 질문에는 대답이 적혀 있었다. 대부분의 사업가(특히 은행가)와 마찬가지로 나는 실제 경비, 즉 빌이 생각하는 계획의 소요 경비에 관심이 많았다.

"5만 달러? 큰돈이군."

나는 약간 놀라면서 그를 쳐다보며 중얼거렸다. 그가 대답했다.

"저도 알아요. 제가 대출을 신청한 두 은행도 그렇게 말하고는 웃으면서 저를 쫓아냈어요."

훗날 빌은 내가 그 은행원들에게 전화를 걸어 그의 대출에 보증을 서 줬으면 하고 바랐다고 고백했다. 나는 그에게 질문하기 시작했다.

"새 매장에 왜 카펫이 필요한가? 시멘트 바닥이면 안 될 이유라도 있나? 칸막이벽은 왜 필요하지? 탁 트인 전시장이면 어떤가? 세 대의 계산기와 두 대의 현금출납기가 정말 필요한가? 한 대면 충분하지 않은가?"

나와 이야기가 끝날 즈음 빌의 사업 계획에 들어갈 비용은 5,000달러로 줄어들었다. 내가 전화하지 않았어도 빌이 거래하는 은행의 직원은 위험을 같이 부담하겠다고 쾌히 승낙했다. 수년이 지난 지금 빌 스웨츠는 4개 주에 20개의 새로운 가구 임대 전시장을 소유하고 있다. 그의 계획은 단순했고 그 계획을 약간 손질한 후 놀랄 만한 성공을 거뒀다.

여러분의 꿈은 무엇인가? 그 꿈의 실현을 도와주는 계획은 있는가? 여러분의 목표는 무엇이고 목표 달성을 위해 여러분이 사용하는 전략은 무엇인가? 20년 전 렉스 렌프로는 Amway 사업 계획을 들었고 Amway 사업 성공에 인생을 걸었다. 오늘날 그와 베티 조는 미국뿐 아니라 세계 각지에 판매망을 구축해 사업을 펼치고 있다. 그들은 컴패션을 실천하는 것이 자신들을 성공으로 이끌어준다는 사실을 일찌감치 깨달았다. 렉스가 내게 말했다.

"이 사업은 사람을 우선시하고 이윤은 그다음입니다. 처음부터 우리의 멘토는 다른 사람들의 욕구를 충족해 줌으로써 우리의 욕구를 충족할 수 있다는 걸 보여주었습니다."

마크 스테파노와 그의 아내 린은 워싱턴D.C.의 메릴랜드 교외에서 조그마한 피자가게를 운영했다. 마크는 피자를 만들면서 일주일에 96시간 동안 손님을 기다렸으나 사업은 지지부진했다. 그의 결혼생활도 마찬가지였다. 린은 다가올 별거와 이혼에 대비해 석사학위를 받고자 공부하고 있었다. 그들의 자녀들은 부모를 거의 보지 못했고 간혹 보더라도 주로 부모가 싸우는 장면만 보았다.

렉스와 베티 조가 우리 회사의 사업 계획을 스테파노 부부에게 알려주자 마크는 비웃었다.

"우리에게는 비누를 팔 시간이 없어요. 지금 우리는 겨우 살아가고 있다고요."

연방정부에서 일한 경험에 비춰 렉스는 마크의 문제를 이해했다. 그런데 린 스테파노가 그 계획에서 희미한 희망을 발견하고는 남편에게 한번 해보라고 설득했다. 렉스는 그때를 이렇게 기억했다.

"마크는 문제아였죠. 그는 학교도 거의 다니지 않았고 사업 감각도 없었습니다. 어렸을 때 그의 아버지는 그를 쓸모없는 멍청이 같은 놈이라고 불렀습니다. 무엇보다 나빴던 것은 마크가 자신을 믿지 않았다는 것이었죠. 어쨌든 나와 내 아내는 그를 믿었습니다. 그는 영리했고 열심히 일했어요. 성공할 진정한 잠재력이 있었던 거지요. 우리는 그에게 당신은 현명하며 그것을 해낼 수 있다고 계속 이야기했습니다."

베티 조가 회상했다.

"밤마다 우리 부부는 그 작은 피자가게로 가서 마크가 우리 책자를 보고 이해하도록 도와주었습니다. 또한 그가 친구들에게 제품 설명회에 와 보라고 전화할 때도, 직접 제품설명을 할 때도 도왔습니다. 워싱턴에서 메릴랜드까지 왔다 갔다 하며 스테파노 부부가 사업을 시작하는 걸 도운 거죠. 우리는 매일 마크의 눈을 쳐다보고 미소 지으며 그를 안아주었습니다. 마크가 자신이 뛰어나다는 사실을 깨달을 때까지 계속 그를 칭찬해 주었죠. 몇 년이 걸렸는지 모릅니다. 우리는 마크와 린 스테파노 부부가 생산적인지 아닌지를 떠나 그들을 힘닿는 데까지 사랑했습니다. 그들의 사업은 성장했고 결혼 위기도 극복했죠. 가족이 다시 서로를 사랑하게 되었고요."

드디어 그들은 Amway 사업에서 성공을 거두었다. 이 사업에 종사하는 사람들이 우레와 같은 박수를 치는 가운데 그들은 단상으로 올라갔고 마크는 울음을 터뜨렸다. 렉스는 이렇게 회상했다.

"작년 크리스마스 때 신문을 주우려고 현관문을 열었더니 크고 아름다운 포인세티아 화분이 현관 앞에 놓여 있었습니다. 화분에 꽂힌 쪽지를 보니 결코 잊을 수 없는 말이 적혀 있더군요. '제게 새 남편을 주셔서 고맙습니다. 린 스테파노'"

렉스가 덧붙여서 이야기했다.

"마크와 린 부부가 성공하리라는 보장은 없었어요. 그러나 우리 경험에 비춰보면 컴패션은 항상 보답을 합니다. 스테파노 부부가 다시 합치게 하고 그들이 꿈을 실현하도록 도와줌으로써 우리는 이윤도 얻고 장기적인 꿈도 실현했습니다."

이야기가 여기서 끝난 것은 아니다. 1991년 6월 11일 렉스와 베티 조에게 비극이 닥쳤다. 그들의 양딸 멜린다가 간질병 발작 도중 사망한 것이다. 몇 분 내에 미국 전역에서 전화가 쇄도했다. 그다음 날 수백여 통의 카드, 편지, 꽃이 쏟아져 들어왔다. 이 사업을 하면서 사귄 친구들이 차나 비행기를 타고 버지니아 페어팩스로 달려와 슬픔을 함께 나누었다. 천여 명이 넘는 친구가 멜린다의 장례식 날 교회를 가득 메웠다. 렉스가 말했다.

"우리는 Amway 사업을 함께하는 모든 사람을 사랑했습니다. 그 보답으로 우리에게 돌아온 사랑은 정말 놀라웠습니다. 아내와 나는 멜린다가 묻힌 무덤 옆에 서 있었죠. 그때 마크 스테파노가 장미 한 송이를 들고 우리에게 걸어왔습니다. 그는 눈물을 흘리고 있었지요. 잠시 그는 무슨 말인가 하려다 그냥 아내에게 들고 있던 꽃을 주더니 나를 어색하게 껴안고는 다시 린과 자기 아이들이 있는 곳으로 돌아갔습니다."

렉스는 생각에 잠겼다가 덧붙였다.

"Amway 사업이 우리에게 가져다준 것을 보세요. 그날 내 딸 무덤 옆에 서 있던 나는 세계에서 가장 부유한 사람이었을 겁니다."

12.
어떤 자세, 행동, 각오가 우리를 성공하도록
도울 것인가(성공의 기본 원칙)

신조12

우리는 목표 달성에 도움을 주고 우리의 임무와 직간접적으로 관련된 특정한 태도, 행동, 각오가 있다고 믿는다.

그러므로 우리는 멘토의 도움을 받아 우리의 성공에 도움을 주는 성공의 기본원칙을 즉시 배워야 한다.

1971년 어느 날 밤 노스캐롤라이나주립대학교 기숙사는 유별나게 떠들썩했다. 3학년 학생 몇 명이 빌과 페기 브릿 부부의 집에서 열리는 Amway 미팅에 참석하기로 결정한 것이었다. 폴 밀러는 레크리에이션 룸에서 맞은편에 있는 축구팀 동료 선수에게 소리쳤다.

"가기 전에 맥주나 마시자!"

잠시 후 맥주병을 따는 소리와 맥주를 따르는 소리가 들렸다. 그들이 자축하는 것도 이상한 일은 아니다. 폴 밀러와 타힐스Tar Heels팀 동료 선수들에게 1970년은 가장 신나는 한 해였다. 폴은 등뼈 수술 후 부상을 극복하고 선발팀에 복귀했다. 의사들은 그에게 다시는 축구를 하지 못할 것이라고 말했으나 폴은 그들의 생각이 틀렸다고 생각했다. 그는 퇴원한 지 이틀 만에 거추장스런 허리 보호대를 그대로 두르고 건강을 되찾기 위해 보행 연습을 시작했다. 그는 그해 노스캐롤라이나팀 동료들을 이끌고 애틀랜틱 코스트 챔피언십에 이어 피치볼까지 출전했다. 대학 4학년 때까지도 그는 이런저런 대회에 출전하며 실력을 뽐냈다. 폴이 회상했다.

"나는 프로축구 스카우터들이 나를 뽑기 위해 줄을 서 있을 거라고 생각했어요. 그러나 전화벨은 울리지 않았고 편지함은 텅 비어 있었죠. 비로소 나는 직업선수가 되기는 틀렸고 이제 일을 해야 할 때라고 생각했지요. 불행히도 내 친구들과 마찬가지로 내게는 인생 목표가 없었습니다. 비즈니스나 변호사 같은 일도 생각해 보았죠(그러다 나는 채플 힐에 있는 법학대학원에 진학해 법학 학위를 받고 변호사 시험에 합격해 16개월 동안 그 지긋지긋한 연수까지 받았어요). 그렇지만 내 사업을 하겠다는 생각을 하기 전까지는 어떤 것에도 흥미가 생기지 않았습니다. 이 회사에 호기심을 느낀 건 그래서죠. 첫 미팅에 가기 전에 얼마나 술을 마셨는지 기억조차 나지 않아요. 도착했을 때 술에 취해 있었던 것은 생각납니다. 우리는 뒷줄에 앉아 팔꿈치로 서로를 쿡쿡 찌르고 정신 나간 사람들처럼 낄낄 웃었죠. 마지막 순간 나는 27달러를 주고 샘플용 키트를 샀습니다. 그걸 가지고 무얼 해야 하는지도 모른 채 기숙사로 돌아왔죠. 내 사업에서 성공하려면 무엇을 해야 하는지는 더더욱 몰랐어요."

공교롭게도 바로 그다음 날 폴은 모르는 사람에게서 의심 없이 빨래세제 한 상자를 주문받았다. 한데 그는 우리 회사가 방문판매업체가 아니라는 사실조차 몰랐다. 폴은 그런 식으로 첫 번째 판매를 했지만 그는 본사에 주문 전화를 넣지도 않았고 물건을 배달하지도 않았다.

몇 년 후 폴은 데비를 만나 결혼했고 마침내 그는 사업에 진지해졌다. 폴이 말했다.

"나는 페기 브릿의 대리점에서 창고 직원으로 일했습니다. 짐을 풀고 물건 상자를 쌓고 주문을 받고 배달을 했지요. 그때 브릿 부부와 이 사업에서 성공한 다른 사람들을 유심히 살펴보았어요. 데비와 나는 미팅에 참석해 머릿속이 꽉 찰 때까지 듣고 읽고 배웠습니다. 어느 날 드디어 데비와 나는 머뭇거리는 짓을 그만두고 사업에 착수했지요. 기본사항만 되풀이해도 사업은 날로 번창했고 마침내 우리 꿈을 실현할 수 있었습니다."

20년도 지나지 않아 밀러 부부는 커다란 판매망을 구축했다. 어떻게 성공했느냐는 질문을 받으면 그들은 주저하지 않고 대답한다.

"우리는 그저 기본에 충실했을 뿐입니다."

내 아들 댄은 10대 초반 무렵 내게 테니스를 가르쳐달라고 했다. 누구든 내가 테니스 시합을 하는 걸 본 사람은 윔블던에는 결코 출전할 수 없으리라는 것을 알겠지만 나는 기본기를 습득했고 그것을 기꺼이 아들에게 가르쳐주었다. 나는 서브를 잘하려면 공을 어떻게 위로 던져야 하고 라켓을 어떻게 쥐어야 하는지, 공을 되받아칠 때는 어떤 위치에서 하고 네트 대시는 어떻게 하는지 등을 머릿속으로 정확히 알고 있었다. 나는 기본기를 머리로는 알고 있었다. 댄은 나보다 한 걸음 더 나아가 서브를 연습했고 상대방의 공을 어떻게 되받아쳐야 하는지도 습득했다. 또 기본기를 계속 반복해 속도와 기술, 체력이 늘었다. 그리고 마침내 어느 날 놀랍고 분하게도 아들은 나를 무참히 이겨버렸다.

여러분이 시작하는 사업이 무엇이든 기본적인 것은 거의 다 비슷하다. 그러나 기본기를 아는 것만으로는 부족하다는 점을 명심하라. 다음에 나오는 성공의 기본 원칙은 내가 기본적인 것을 배우고 경험한 대로 서술한 것이다. 여기서는 26가지의 마음가짐, 행동, 헌신을 보여주고 있는데 이것은 제이와 나 그리고 우리 친구들이 사업을 하면서 터득한 것들이다. 존 웨들리의 다음 말을 기억하라.

"책에 적힌 것을 그냥 집어삼키지 마라. 1온스의 사랑은 1파운드의 지식과 가치가 같다."

내가 깨달은 게 있다면 우리가 어떠한 기술도 쓸모없다는 생각이 들 때도 노력(기본 원칙 준수)과 동정심만 있으면 이를 극복할 수 있다는 것이다.

Adversity: 역경은 당신의 친구가 될 수 있다

로리 던컨은 겨우 열여섯 살이었을 때 자동차 충돌 사고로 자동차의 앞 유리를 뚫고 차 밖으로 튕겨져 나갔다. 깨진 유리조각 때문에 로리의 얼굴에는 깊은 상처가 생겼다. 의식불명에서 겨우 깨어났지만 수년간에 걸친 성형수술을 해야 했다. 10대 소녀가 얼굴에 깊은 상처가 났다는 사실에 얼마나 괴로워했을지 한번 상상해 보라. 로리는 고백했다.

"처음에는 차라리 사고로 죽었으면 좋았겠다고 생각했습니다. 병원에 있는 동안 정말 끔찍했지요. 퇴원해서 다시 학교에 다니기 시작했을 때 선생님과 친구들은 동정 어린 눈으로 나를 쳐다봤어요. 내가 좋아했던 남자 애들은 나를 보고 싶어 하지 않았죠. 성형수술은 할 때마다 너무 아파서 악몽 같았고 보기 흉한 상처가 새로 생겨났어요. 아무리 노력해도 그 비극에서 벗어날 수 없었고 매일 아침저녁으로 거울 속에서 그 비극을 보아야 했죠."

누구나 한두 번은 역경에 직면한다. 인간관계나 사업 실패, 불치병, 부상, 죽음 등으로 희망과 꿈이 무너져 고통·절망·근심·슬픔을 느낀다. 로리는 감사하는 마음으로 이야기했다.

"그때의 비극을 되돌아보면서 그것이 내게 두 가지 중요한 교훈을 주었다는 걸 깨달았습니다. 하나는 내 얼굴이 변할 수 없다는 사실을 내가 받아들여야 한다는 점입니다. 더 중요한 다른 하나는 내가 상황을 바꿀 수 있다는 것입니다."

9년 후 로리는 그렉 던컨과 화목한 가정을 꾸리고 사업을 성공적으로 쌓아 올렸다. 그렉은 이렇게 시인했다.

"성공은 대부분 만사가 순조로울 때뿐 아니라 역경이 닥쳐올 때도 기회를 포착하는 데서 옵니다. 로리가 그것을 내게 가르쳐주었죠. 불운도 친구나 멘토로 생각하면 별로 나빠 보이지 않아요."

제프 무어는 육해공 전군 대표 권투선수로 올림픽 대표팀에 선발될 것이 거의 확실했다. 그런데 그때 그에게 베트남전쟁에 참전하라는 명령이 떨어졌다. 전투 중 제프는 타고 있던 차량이 지뢰 위를 지나가는 바람에 고막이 찢어졌다. 그가 귀향한 뒤 알게 된 사실은 더 이상 권투선수로 뛸 수 없다는 것이었다. 6개월에 걸쳐 수술을 했지만 부상당한 귀는 본래대로 돌아오지 않았다.

제프와 안드리아 무어 부부는 알래스카로 가서 가게를 열었다. 그들은 오두막집을 한 채 사서 24시간 내내 식료품과 사냥·낚시용품을 팔았지만 늘어가는 빚에 허덕이다 실패하고 말았다.

그들은 절망과 두려움에 무릎 꿇지 않고 Amway 사업을 시작했다. 자신들이 직면한 역경으로부터 불행이 닥쳐도 살아남을 수 있다는 중요한 교훈을 얻은 덕분이다. 제프는 법원 집행관이 도중에 자신을 제지할까 봐 두려웠던 순간에도 프레젠테이션을 끝까지 해냈다. 지금 제프와 안드리아는 빚을 모두 청산했다. 그들의 사업은 번창하고 있고 알래스카와 미국 전역에 있는 사람들에게 여러 가지 방법으로 동정을 베풀 여유도 생겼다.

제프가 말했다.

"우리에게 어떤 일이 닥치든 멈추면 안 됩니다. 1987년 우리의 갓난아기가 죽었죠. 그러나 비극이 닥친다고 해서 삶이 멈추는 것은 아닙니다. 이 사업에서 내가 얻은 교훈은 비극과 난관에도 불구하고 결연히 일어나 맡은 바 최선을 다하고 환경을 한탄하지 않아야 한다는 것입니다."

만일 여러분이 역경에 직면했다면 그 역경으로부터 배우고 다시 시작하라. 만일 대학 학위가 없거나 고등학교 교육마저 제대로 받지 못했다면 여러분에게 있는 것을 최대한 활용하라. 만일 오늘 한 건도 판매하지 못했다면 내일은 판매하도록 노력하라. 내가 이 역경에서 배울 수 있는 게 무엇인지 자문하라. 역경이 여러분의 친구와 멘토가 되게 하라.

Basics: 기본은 영원하다. 기본을 중단하지 말고 계속 실행하라!

한 젊은이가 루이지애나주립대학교 캠퍼스 내에 방음장치가 된 언어교정실에 앉아 있었고, 거기서는 언어교정사가 그 젊은이의 말더듬 장애가 얼마나 심각한지 측정하고 있었다. 댄 윌리엄스는 평생 말을 더듬는 버릇으로 고통을 겪었다. 댄은 이렇게 말했다.

"나는 말더듬을 극복하는 훈련을 평생 해왔습니다. 이제 사람들은 내게 말을 더듬는 버릇이 있다는 걸 거의 눈치 채지 못합니다. 실제로 빌리 제올리가 나와 내 사업 동료들을 포드 대통령에게 소개하는 그 가슴 벅찬 순간에도 나는 말을 더듬지 않았습니다. 내가 말을 더듬는 버릇을 극복한 것은 기본 훈련을 익힌 뒤 한시도 멈추지 않았기 때문이죠."

댄은 반농담조로 초창기 성공은 말을 더듬는 버릇 덕분이었다고 말했다.

"내가 말더듬이였을 때 내게 사업 계획을 들은 사람은 실제로 똑같은 말을 열 번은 들어야 했을 겁니다."

나는 댄이 전국 각지에서 모여든 청중 앞에서 유머를 구사하는 걸 직접 들었다. 과거에 그는 이야기 솜씨가 능란하지 않았고 우스갯소리를 잘 기억하지도 못했다. 그는 수년 동안 유머를 적어놓고 외워가면서 익숙해지도록 노력했다. 그렇게 기본을 습득한 댄과 버니 윌리엄스 부부는 기술적으로 일관성 있게 실행해 텍사스주 오스틴에서 유통업으로 대단한 성공을 거두고 있다.

빌과 샌디 호킨스는 미네소타에서 성공한 ABO이다. 다른 더불어 사는 자본가와 마찬가지로 사업에서 성공해 꿈을 실현한 빌이 말했다.

"일단 어느 지점에 이르면 돈은 점점 덜 중요해집니다. 돈을 남에게 주는 것이야말로 우리가 진심으로 즐기는 일이죠. 우리는 올해 다른 해보다 더 많은 돈을 남에게 줄 수 있었습니다. 그것은 정말 기쁘고 가슴 벅찬 일이죠."

호킨스 가족은 기본을 반복해서 실행해 이 멋진 목표를 실현했다. 샌디의 말을 들어보자.

"우리도 이 사업에서 잘못을 많이 저지를 수 있었어요. 그렇지만 이 기회를 남과 함께 나누려고 노력하다 보니 좋은 일이 많이 일어나더군요."

여러분 사업의 기본 원칙은 무엇인가? 성공하기 위해 규칙적으로 실행해야 하는 행동 목록을 만들어본 적이 있는가? 만일 여러분이 기본을 성실히 반복하면 사업은 번창할 것이다. 만일 여러분이 나태해져 시간을 흘려보내면 실패할 것이다. 나카지마 가오루는 다음과 같이 지적했다.

"한 번만 짖는 경비견은 주인을 깨울 수도, 도둑을 쫓아버릴 수도 없다. 영리한 경비견은 자기 할 일을 완수할 때까지 멈추지 않고 계속 짖어댄다!"

매일 기본을 충실히 실행하라. 그러면 성공할 것이다.

Count: 푼돈을 소중히 여겨라. 그러면 돈 문제는 해결된다

냉동기기 수리업에 종사한 페기 브릿의 아버지 가너 씨를 기억하는가? 그가 젊었을 때인 1929년 주식시장이 붕괴되었는데 그는 딸에게 값진 교훈을 남겨주었다. 그녀가 말했다.

"아버지는 내게 돈에 관한 책임감을 가르쳐주셨어요. 아버지는 늘 '쓸 돈이 있다는 것은 내일을 위해 저축할 돈도 그만큼 있다는 뜻'이라고 말씀하셨지요."

개인이나 국가의 적자가 눈덩이처럼 불어나고 있는 요즘 우리가 명심해야 할 프랑스 격언이 있다.

"빚이 없으면 위험도 없다!"

볼티모어 콜츠팀의 풋볼선수였던 브라이언 헤로시언은 다음과 같이
말했다.

"나는 돈 가방에 구멍이 난 줄도 모르고 평생을 돌아다니다 어느 날 그
구멍을 막아야 한다는 걸 깨달았습니다."

우리는 너무 오랫동안 돈이 마르지 않을 것이라고 생각하며 돈을 헤프
게 써왔다. 이제 돈은 고갈되었다. 지금이야말로 다음 질문을 우리 자신
에게 정기적으로 던져야 할 때라고 생각하지 않는가.

"이것이 정말 내게 필요한가? 지금은 가방이나 지갑에서 신용카드를
없애버리고 대신 저축해야 할 때가 아닌가? 오늘은, 이번 달에는, 올해는
저축을 얼마나 했나?"

우리는 성공 척도가 지출한 돈의 합계가 아니라 저축한 돈의 합계여야
한다는 것을 배워야 한다. 그렉 던컨은 이런 질문을 한다.

"당신은 한 달에 1만 달러의 보수와 첫 달에 1페니, 둘째 달에 2페니,
셋째 달에 4페니, 넷째 달에 8페니 하는 식으로 50개월 동안 받는다면 어
느 쪽을 선택하겠는가?"

나는 계산해 보지 않았지만 그렉은 후자를 선택하라고 강력히 권고한
다. 만일 매달 받는 금액이 두 배씩 늘어나면 30개월째에는 10,737,418
달러 24센트를 받는다고 한다. 푼돈을 아껴라. 당장의 만족을 뒤로 미뤄
라. 장기목표를 추진하라. 처음에는 돈 없이 지내야만 할지도 모르지만
결국 여러분은 부자가 될 것이다.

Decide : 당신에게 무엇이 중요한지 결정해 어떤 대가를 치르든 그것을 실행하라

　우리의 좋은 친구 빌 니콜슨은 우리 회사가 눈부시게 성장하는 데 많은 도움을 주었다. 그는 내게 자신이 경험한 가슴 아픈 이야기를 들려줬다.

　빌이 젊었을 때 하루는 아버지와 낚시를 갔다. 그들은 둘 다 생활이 바빠 함께 지낼 시간이 별로 없었다. 그들에게는 해야 할 일이 많았고 아직도 살아갈 날이 많이 남아 있다고 생각했다. 그런데 갑자기 빌의 아버지가 낚싯배 안에서 치명적인 심장발작을 일으켰다. 그의 아버지가 가슴을 움켜잡고 한 마지막 말은 "지금은 안 돼! 지금은 안 돼!"였다.

　마크 트웨인은 "내일까지 미룰 수 있는 것을 오늘 하지 말라."고 말한 적이 있다. 그것은 옳지 않다. 설령 중요한 장기목표를 세워도 매일 중요하고 급박하고 위급한 일이 생겨 그 목표를 지연시킨다. 만일 그것이 여러분에게 중요한 일이라면 오늘 당장 시작할 방법을 찾아라! 우리는 빌의 아버지가 죽으면서 생각했던 것이 무엇인지 모른다. 단지 그가 한 말의 의미는 알고 있다.

　"지금은 안 돼! 지금은 안 돼!"

　나는 이 이야기를 듣고 내게 남은 시간 동안 중요한 일을 할 것을 다시 한 번 다짐했다.

Everybody : 누구에게나 우리가 상상하는 것 이상의 가능성이 있다

환호하는 관중으로 가득 찬 체육관에 서서 크리스 쉐레스트는 이렇게 말했다.

"미시간주 그랜드래피즈에서 온 두 네덜란드계 소년이 빈털터리 무일 푼에서 자산 가치가 수십억 달러에 달하고 NBA 프로 농구팀까지 있는 사업체를 소유하게 되었다면 다른 사람도 누구나 그럴 수 있다고 믿습니다."

나는 그의 말에 동의한다.

브라이언 헤이스는 어느 날 자기사업을 하라고 말하는 한 트럭 운전기 사를 만났다. 브라이언이 다음과 같이 회상했다.

"나는 그를 몇 달러 정도 더 벌고 싶어 하는 별 볼일 없는 젊은이라고 생각했습니다. 그를 거의 무시하면서 별다른 기대감 없이 그가 말하는 Amway 사업 얘기를 들었지요."

옷차림도 형편없고 배경도 없었던 트럭 운전기사 덕에, 모토로라회사 역사상 가장 젊은 부사장이었던 브라이언은 그의 아내 마거릿과 함께 성공적인 ABO로 활약하고 있다. 이 성공으로 그들은 아동기금이나 구세군 같은 자선단체에 기부하는 경제적 자유도 누리고 있다.

댄과 자넷 로빈슨 부부가 리처드를 만났을 때 그들은 별로 깊은 인상을 받지 못했다. 자넷이 씩 웃으며 말했다.

"리처드는 구두닦이 왕초 같았습니다. 그는 우리 눈을 똑바로 쳐다보지도 않았고 어깨까지 내려오는 머리에다 수염은 엉키고 덥수룩했죠. 또 먼지가 뽀얗게 앉은 낡은 자전거를 타고 다녔으며 말할 때 웅얼거렸어요. 어쨌든 우리는 우리 계획을 그에게 이야기했고 리처드와 그의 아내는 그 자리에서 자기사업을 시작하기로 결심했습니다."

댄이 시인했다.

"우리는 리처드를 정말이지 과소평가했습니다. 몇 주 내에 그는 수염을 깨끗이 깎고 난생처음 양복과 넥타이를 샀습니다. 만날 때마다 그의 자신감이 커가는 걸 우리 눈으로 볼 수 있었죠. 지금 그와 그의 아내는 사업에서 성공해 새로운 삶을 살고 있습니다."

예로부터 내려오는 격언 중에 "책 표지만 보고 책을 판단하기란 얼마나 어려운 일인가."라는 것이 있다. 꼭 성공할 것처럼 보이는 사람도 도중에 그만두거나 실패할 수 있으며, 꼭 실패할 것처럼 보이는 사람이 커다란 성공을 거둘 수도 있음을 명심하라. '패자에게 한번 말을 걸어보라.' 그러면 여러분은 뜻밖에도 그들이 승자로 변해 여러분에게 그 대가를 안겨주는 것에 놀라움을 금치 못할 것이다.

Failure : 실패는 성공의 어머니다. 실패를 두려워 말고 실패에서 배워라

처음에는 실패했으나 결국 성공한 사람들의 이야기는 우리 사업에 전설로 남아 있다(또한 재미있기도 하다). 조 폴리오도 그중 하나의 사례다. 어느 날 밤 그는 샌디에이고의 이웃집에서 몇 쌍의 부부에게 판매 방식을 설명하고 있었다. 그때 그 집의 커다란 개가 갑자기 식탁 밑으로 기어들어가 조의 발에 똥을 쌌다. 언젠가는 어느 정신과의사의 집을 방문해 대형 목욕탕에서 판매 방식을 설명했는데 거기 모인 사람은 모두 벌거벗고 있었다. 세 번째로 재수 없는 사업설명은 어둡고 외진 곳에서 이뤄졌다. 어둠 속에서 조는 그 집을 겨우겨우 찾았다. 그가 들어가 불을 켜자 자신을 부른 사람은 아무도 들어가지 못하게 노란 경찰 테이프가 쳐진 차압당한 집에서 살고 있었다. 창고를 개조한 스튜디오에서 네 번째 사업설명을 할 때는 시작하기 전에 화장실에 갔는데 화장실의 불을 켜자 악어가 욕조에서 그를 노려보고 있었다.

크리스 쉐레스트는 150번이나 프레젠테이션을 했지만 단 한 번도 성공하지 못했다. 짐 도년은 이 사업에 뛰어든 첫 번째 달을 '실패의 연속'이라고 회상한다. 그는 "처음에는 모든 것을 잘못했죠."라고 회고했다. 그래도 조와 크리스, 짐은 멈추지 않았다. 그들은 실수했고 실패도 늘어났으나 그때마다 가치 있는 새로운 교훈을 얻었다. 그들은 실패 원인을 분석했으며 나중에는 성공적인 사업을 이끌게 되었다.

여러분뿐 아니라 우리가 속한 모든 사업의 성공 비율이 어느 정도이든 실패를 두려워하지 마라. 영국의 한 TV회사 중역이자 아나운서인 휴 웰던은 프로듀서 지망생들에게 이렇게 말했다.

"실패는 죄악이 아니다. 성공의 기회를 박차는 것이 죄악이다."

Goals: 먼저 목표를 설정하라. 모든 것은 따라오게 마련이다!

마가렛 하디는 서인도제도에서 태어나 그곳에서 자라다가 열다섯 살 때 뉴욕으로 왔고 그녀의 남편 테럴은 사우스캐롤라이나주 스파턴버그 태생이다. 어렸을 때부터 흑인은 백인처럼 출세할 수 없다고 들어온 둘은 우리 사업에 참여했다.

우리는 모든 사람을 한 가지 기준으로만 판단한다. 즉, 여러분이 성과만 올리면 여러분의 피부색이 무엇이든, 신조가 무엇이든 여러분은 보상받을 수 있다! 그때까지 하디 부부는 평생을 따라다닌 여러 가지 제약 때문에 많은 상처를 입었다. 그들은 자신들이 이 사업에 흥미를 보일 무렵 10대 아들 퀜틴이 우리 회사 잡지 〈아마그램〉을 갑자기 내던진 날을 아직도 생생히 기억하고 있다. 퀜틴은 눈물을 글썽이며 "우리는 여기서 말하는 다이아몬드가 결코 될 수 없어요."라고 중얼거렸다.

테럴이 이야기했다.

"그날 마가렛과 나는 아들의 말이 옳다고 생각했습니다. 우리가 다이아몬드에 도달할 수 없는 이유는 우리 스스로 다이아몬드 수준까지 목표를 세우지 않았기 때문이죠. 목표를 세우긴 했어도 그 목표가 너무 낮았던 겁니다. 가족이 함께 모인 그날 밤 우리는 삶을 바꿀 장기목표를 적어 내려갔습니다. 그러면서 12개월 내에 Amway 다이아몬드를 성취하리라고 굳게 다짐했죠."

마가렛과 테럴은 결국 그 이상을 달성했다. 아들 퀜틴도 대학을 졸업하고 독자적으로 Amway 사업을 성장시키고 있다. 이 모든 것은 그들 가족이 목표를 설정해 어떤 대가를 치르더라도 거기에 도달하기로 결심한 순간부터 시작되었다.

데이비드 험프리는 현역 의사로 일하며 ABO 활동을 시작했다. 한 간호사가 데이비드에게 우리 회사 플랜을 소개하고 그를 세미나에 초대했다. 그곳에서 험프리 박사는 자기사업에 굉장한 매력을 느끼고 모든 사람 앞에서 아주 짧은 시간 내에 다이아몬드 레벨에 도달하겠다고 선언했다. 흥분과 혼란 속에서 무대를 내려온 그는 첫 번째로 부딪친 사람에게 수줍은 듯 물었다.

"제가 지금 무슨 말을 했죠?"

그 사람은 웃으며 대답했다.

"그건 잘 모르겠지만 올해가 당신에게는 굉장한 한 해가 될 겁니다."

진정 목표를 실현하고 싶다면 확실하고 분명한 어조로 다른 사람에게 목표를 공개하는 것이 좋다. 적어도 여러분을 격려하는 사람에게는 그 목표를 말해야 한다. 험프리 부부는 이 사업에서 그들의 목표를 성취했을 뿐 아니라 훨씬 더 높은 것도 달성했다.

우리가 직면하는 불리한 조건은 대부분 우리 자신이 설정한 것이다. 분명한 장기목표가 없다면 우리가 거기에 도달하지 못한다고 해서 놀랄 것이 뭐가 있는가? 올해 목표는 무엇인가? 향후 10년 목표는? 목표를 적어본 적 있는가? 진전 상황을 도표로 만들고 필요한 경우 코스를 수정해본 적 있는가? 여러분을 이끌어줄 목표가 없으면 아무 곳에도 도달할 수 없다. 이 경우 여러분 자신 외에 비난할 사람은 아무도 없다.

Hard: 성공하려면 노력이 필요하며 때로는 희생도 필요하다

켄 스튜어트는 낮에는 건설현장에서 일하고 밤과 주말에는 자기사업을 시작하고자 준비했다. 브라이언 헤로시언은 볼티모어 콜츠팀에서 선수로 활약할 때도 일주일에 이틀 밤을 회계학 학위를 받기 위해 대학에서 공부했고 부업으로 자기사업을 시작했다. 론과 토비 헤일 부부는 수중의 돈을 몽땅 털어 내 연설 테이프 '미국식 판매법' 25개를 사서 친구들에게 나눠주었다. 앨 해밀턴은 그의 첫 번째 제품설명 때 덜덜 떨었다. 그는 연설 경험이 없었고 대중 앞에서 연설하는 것을 두려워했으나 어쨌든 그는 해냈다.

일본 히로시마에 사는 슈지와 하나모토 도모코 부부는 직업에 얽매여 사는 작고 사치스런 새장을 벗어나 넓고 푸른 하늘을 자유롭게 훨훨 날고 싶었다. 그들은 자기사업을 시작하려면 모든 특권, 즉 정기적인 월급, 오키나와에서 열리는 회사의 스쿠버다이빙 여행, 연금과 보너스 등을 포기해야 했다. 더 나빴던 것은 슈지 아버지가 아들이 우리 사업에 합류한 것을 알고 분노와 실망을 표현한 일이다. 아버지는 아들에게 말했다.

"내 집에 발도 디디지 마라!"

부모의 희망을 거역하는 것보다 더 큰 희생은 없지만 슈지와 하나모토 도모코에게는 꿈이 있었고 이를 위해 그만한 대가를 치를 용의가 있었다. 많은 희생을 치르며 열심히 일한 그들은 지금 경제적으로 풍요로우며 삶을 더 즐기고 있다. 한마디 덧붙이자면 그가 아버지를 히로시마의 세미나에 초대했다는 점이다. 그 세미나에서 슈지와 하나모토 도모코 부부가 뉴 Diamond 핀을 받을 때 2,000여 명이 축하의 기립박수를 보냈다. 그날 밤 맨 앞줄에 앉아 있던 슈지의 아버지는 아들을 보고 희색이 만면해 다른 사람들과 함께 박수갈채를 보냈다.

If: 만일 당신이 타인에게 관심을 보이면 타인도 당신에게 관심을 보일 것이다

스탠 에번스는 한 ABO가 자동차 세제 19리터를 주문했을 때 기일 내에 배달하지 못하는 실수를 저질렀다. 그 ABO가 전화를 걸어 불평하자 스탠은 머뭇거리지 않고 대답했다.

"옳은 말씀입니다. 맞습니다. 제가 잘못했습니다."

그 ABO는 321킬로미터 떨어진 곳에 살고 있었다. 그는 직접 운전을 하고 가서 그 물건을 전달했고 결국 왕복 642킬로미터 운전으로 약속을 지켰다. 분명 그 ABO는 그 일을 결코 잊지 못할 것이다. 에번스가 말했다.

"무언가를 약속하면 나는 그것을 반드시 지킵니다. 사람들은 당신이 신뢰할 만한 사람인지 알고 싶어 합니다. 일단 그들이 당신을 신뢰하면 그들은 영원히 당신의 고객으로 남을 것입니다. 만일 내가 누군가에게 1달러 50센트의 보너스 상품을 줄 것이 있으면 나는 그 액수가 아무리 적어도 약속한 기일 내에 보내줍니다. 내가 약속을 지키면 ABO는 내가 그들에게 보여준 것과 똑같은 예의와 존경으로 나를 대해주기 때문입니다."

빌과 페기 브릿의 ABO들 중 한 부부가 결혼생활에 문제를 겪고 있었다. 그들은 그 젊은 부부를 위해 자기 집을 개방했다. 페기는 "수개월간 그들과 열두 번 이상 만나 인생 상담을 해줬다."고 기억했다. 빌이 덧붙였다.

"우리는 성경에 나오는 대로 리더는 봉사자여야 한다는 말을 믿습니다. 우리 직업은 단지 물건을 파는 게 아니라 그들의 삶이 그들이 원하는 방향으로 가도록 돕는 것입니다. 이 사업에서 우리는 10여 쌍 이상이 결혼 위기에서 벗어나 가족의 상처를 치유하도록 도왔습니다. 우리 사업은 상품이 아니라 사람이 우선이니까요. 흐르던 피가 멈추고 상처에서 벗어나면 사람들은 헌신하겠다는 새로운 마음가짐으로 자기 일로 돌아갑니다. 그러면 그들의 사업은 번창하지요. 그들이 원하는 것을 이루도록 도와줌으로써 우리는 우리 꿈이 이뤄지는 것을 목격하죠."

Just: 행동하라. 행동하지 않으면 결코 알 수 없다

타임스퀘어 광장에는 나이키 광고판이 8층 높이에 걸려 있는데 그 게 시판에는 '행동하라.Just Do It'라고 쓰여 있다. 우리가 얼마나 자주 우왕좌 왕하며 망설이는지 알고 있는가? 이솝은 "미지근한 사람과는 상종하지 않겠다."라고 말했다. 요한계시록에서 세례 요한은 "네가 이렇게 미지근 해서 차지도 않고, 뜨겁지도 않으니 내가 너를 내 입에서 뱉어 낼 것이다 (요한계시록 3:16)."라고 말하고 있다.

제지회사 세일즈맨이던 댄 로빈슨과 그의 아내 자넷은 1979년 이 사업 을 시작했다. 댄이 이렇게 회상했다.

"인플레이션으로 우리는 막심한 손해를 보았습니다. 꿈에 그리던 집 을 지었는데 세금을 낼 돈이 없어서 집을 잃고 말았죠. 그래서 무언가를 절실하게 빨리 해야 했습니다."

댄과 자넷은 과감하게 모험에 도전했다. 그 조마조마하고 흥분하던 날 이후 그들은 사업에서 해마다 더 높은 실적을 올렸다.

팀 브라이언과 그의 아내 셰리가 우리 사업을 처음 알았을 때 팀은 학 교에서 5학년을 가르치는 교사였고 셰리는 변호사 사무실 비서였다. 셰 리의 회고를 들어보자.

"나는 집에서 아이들과 함께 있고 싶었어요. 전혀 새로운 사업을 시작 한다는 것이 두려웠죠. 그러나 우리는 시작했고 잠시라도 과거를 그리워 하거나 후회해 본 적이 없습니다."

하고 싶지 않은 일이 기다리고 있는가? 거쳐야 할 위험한 단계가 있는 가? 흥미롭긴 하지만 시작하기가 두려운가? 그렇다면 행동에 옮겨라. 자기사업을 시작하고 싶은가? 사장에게 임금 인상을 요구하거나 상관에게 자리를 옮겨달라고 부탁하거나 아니면 동료에게 스테레오 볼륨을 낮춰달라고 부탁하고 싶지 않은가? 그렇다면 시도하라. 해보지 않으면 모른다. 지금 바로 하지 않으면 영원히 할 수 없을 것이다.

Kids: 자녀를 참여시킨다

그렉과 로리 던컨 부부는 성공한 다른 ABO와 마찬가지로 사업 시작 첫날부터 아이들을 참여시켰다. 그렉의 얘기를 들어보자.

"데빈이 겨우 여덟 살이고 딸 위트니가 여섯 살이었을 때 아이들은 전화를 받는 법과 중요한 전달사항을 받아 적는 법을 배웠습니다. 아이들은 우리와 함께 미팅에도 참석해 성공 사례를 들으며 흥미진진해했죠. 집 앞마당에서 액티브-8 Active-8을 파는 자기사업을 시작하게 허락해 달라고 요구하기도 했습니다."

던컨 부부는 단시간 내에 자기사업에서 새로운 단계에 도달하겠다는 목표를 세웠다. 로리가 이렇게 설명했다.

"우리는 목표 달성을 위해 아이들을 참여시켰어요. 우리가 실패했을 때 처음에는 우리가 아이들을 망치기라도 한 것처럼 당황해서 어쩔 줄 몰랐습니다. 실제로는 그들을 망친 게 결코 아니었어요. 돌아보면 아이들에게 성공뿐 아니라 실패하는 것까지 보여준 것이 굉장히 중요했다고 봅니다. 아이들도 언젠가는 실패를 겪을 테고 실패한 우리가 재장전하고 재조준해 재발사하는 것을 지켜봤으니 그들도 실패를 극복하고 다시 시작하는 법을 알게 되었을 것이니까요."

성공한 ABO 중 하나인 빌과 페기 브릿 부부는 조지아주 애틴스에서 세 자녀와 함께 살고 있다. 그 부부는 두 아들 이름을 리치Rich와 제이Jay 로 지었다고 자랑스럽게 내게 말했다. 딸은 호프Hope라고 지었다. 아이들 셋은 모두 어렸을 때부터 부모의 사업을 도왔다. 열여섯 살인 호프는 가족과 함께 일해서 새 자동차의 첫 달 할부금을 자기 돈으로 낼 만큼 돈을 벌었다. 페기는 단언했다.

"우리 부부가 이 사업의 리더들에게 배운 것은 아이들이 원하는 것을 모두 다 주면 안 된다는 것입니다. 대신 우리는 아이들이 성공 원칙을 배우고 실행하도록 옆에서 도와주었습니다. 성공하려면 무엇이 필요한지 깨닫도록 우리는 아이들이 어렵고 힘든 일을 부모와 함께 경험하도록 했습니다."

빌이 덧붙였다.

"그렇다고 아이들에게 너무 심하게 한 것은 아닙니다. 아이들은 자기가 한 일에 적절한 보상을 받았죠."

실제로 리치와 제이와 호프 브릿은 오스트레일리아, 하와이, 유럽, 미국 전역에서 열린 회사 행사에 부모와 함께 참여하기도 했다.

여러분의 사업이 무엇이든 아이들에게 한 가지 역할을 분담하게 하는 것이 좋다. 아이들이 성공할 때 환호하고 실패할 때 그들을 붙잡아줌으로써 아이들이 진정한 삶을 배우게 하라.

처크와 진 스트렐리는 이 사업에 아이들을 참여시킨 또 하나의 사례다. 진은 이렇게 현명한 질문을 던졌다.

"10년 전 타마라가 열네 살, 남동생 스코트가 열세 살이었을 때 우리는 아이들에게 사업 목표를 이야기했습니다. 왜 아이들이 어두운 곳에 남아 부모가 하는 것을 몰라야 합니까?"

처크가 덧붙였다.

"부모는 아이들에게 최고의 본보기입니다. 아이들은 부모에게 삶을 배우지요. 우리는 처음부터 약속을 하고 그 약속을 지키는 것의 중요성을 가르치려 노력했습니다."

1980년 스트렐리 집안의 모든 가족은 유럽 쪽 사업을 구축하기 위해 독일에서 7개월간 살았다. 그들 가족은 함께 독일 언어와 관습을 배웠는데 지금 스트렐리 집안의 자녀들은 어른이 되었지만 아직도 이따금 사업이나 여행을 목적으로 함께 유럽에 간다.

내가 자녀 이야기를 하면서 어떻게 내 아이들을 한마디도 언급하지 않을 수 있겠는가. 밴 앤델과 디보스의 여덟 자녀는 모두 이 회사 발전을 위해 열심히 노력하고 있다. 나와 제이의 아이들은 정책위원회 위원으로 활동 중이며 우리는 한 달에 한 번 새로운 아이디어와 장기간의 계획을 위해 만난다. 이미 우리의 동료가 된 아이들은 경영에 도움을 주고 있으며 Amway의 미래를 위해 특별한 역할을 맡고 있다. 스티븐 밴 앤델은 회장이자 북남미 지역 담당자며 낸 밴 앤델은 제조업 분야 이사다. 바버라 밴 앤델은 2개의 중요한 Amway 부동산인 Amway 그랜드플라자호텔과 영국령 버진아일랜드에 있는 피터 아일랜드 휴양 단지를 관리하고 있다. 내 아내 헬렌과 내 아이들도 Amway와 전 세계 400만 명에 달하는 ABO들을 위해 헌신하고 있다. 장남인 딕은 최근 나를 승계해 Amway 본사의 프레지던트가 되었으며 경영위원회 멤버다. 댄은 부사장을 맡고 있고 또한 경영위원회 멤버다. 덕은 북미 세일즈 담당 부사장이다.(현재는 Global Amway Co-Chairman이다) 셰리(디보스) 밴더와이드는 아내이자 어머니로서 더 많은 시간을 보내겠다고 결정하기 전까지 패션과 색상에 관한 그녀의 재능을 살려 우리의 화장품 부문을 새롭게 변화시켰다.

누가 여러분과 내 아이들이 그렇게 책임감과 창의력이 있고 자기 일에 충실한 어른이 될 거라고 상상이나 했겠는가? 아이들을 처음부터 사업에 참여시키는 것은 그들의 성장과 이해에 매우 중요하다. 지금 아이들을 소외시키면 후에 사업 세계에서 자신들의 방향을 찾지 못하는 것은 물론 부모의 사업에 참여하고 싶은 흥미나 능력도 얻지 못할 것이다.

Loving: 타인에게 사랑받는 것이 성공 열쇠다!

톰 믹머슈이젠, 켄 모리스, 게리 스미트, 래리 밀러, 젝 라이트, 래리 시어, 밥과 짐 루커 형제 등은 50년 이상을 Amway와 함께 성장해 왔다. 그들이 제이와 나, 직원, ABO, 고객에게 보여준 너그럽고 희생적인 사랑에서 우러난 행동은 다른 사람을 사랑하는 것과 관련해 우리에게 많은 것을 가르쳐주었다.

데이비드 테일러는 성공 뒤에 깨지지 않는 확고한 법칙이 있다는 것을 우리 모두 상기하게 해주었다. 그는 말했다.

"사람을 사랑하고 돈을 잘 이용해야지 돈을 사랑하고 사람을 이용하면 안 된다."

모든 사람, 즉 고객, 납품업자, 동료, 상관, 종업원을 사랑으로 대하라. 여러분이 베푼 사랑은 다시 여러분에게 돌아온다. 데이비드는 이렇게 말했다.

"자신감을 회복하고 새롭게 변화하려면 어디로 가야 하는가? 당신이 승자이고 당신이 무언가를 할 수 있다는 말을 사람들에게 듣고자 할 경우 어디로 가야 하는가? 이런 것은 학교에서 가르쳐주지 않는다. 가정과 교회에서조차 배울 수 없는 경우가 너무 많다. 우리는 서로에게 이것을 가르쳐주어야 하며 그렇게 할 때 우리는 성공한다."

Mentors : 멘토는 당신이 모르는 것을 알고 있다. 그들에게 귀를 기울여라!

독일에서 리네이트 바크하우스가 자기사업을 시작하겠다고 결심했을 때 그녀는 이미 스포츠의학 전문의로 개업한 상태였다. 그녀의 말을 들어보자.

"남편 볼프강과 나는 성공이 안겨줄 자유에 흥분했습니다. 설명회에 참석한 뒤 제품을 써봤는데 즉각 마음에 들었지요. 우리는 Amway 마케팅 플랜을 이해한 다음 사업에 뛰어들었지만 실패했습니다. 돌이켜보면 왜 우리가 처음에 성공하지 못했는지 확실히 알 수 있어요. 그때는 내가 막 7년간의 대학원 공부를 끝냈을 때였는데 너무 오랫동안 학교에 있었던 터라 모든 걸 다 안다고 생각했죠. 우리는 멘토의 말을 귀담아듣지 않았어요. 우리가 멘토보다 더 현명하다고 생각했거든요. 우리가 잠시 멈춰 멘토의 말에 귀 기울이기 시작할 때부터 우리 사업은 눈부시게 성장했습니다."

닥터 피터 & 에바 부부, 볼프강과 리네이트 바크하우스 부부는 통일 후

구동독에 들어가 거대한 사업을 구축했다. 리네이트는 이렇게 시인했다.

"멘토의 충고가 없었다면 우리는 실패했을 거예요. 그의 충고로 우리는 꿈을 넘어선 성공을 거두었죠."

안톤 체호프의 《벚꽃동산》에 보면 한 부유한 여인이 젊은이에게 질문을 한다.

"아직도 학생인가?"

그 젊은이는 "나는 죽을 때까지 학생일 겁니다."라고 대답한다. 나는 이 대답을 내 것으로 만들었다. 제이와 나는 수많은 비즈니스맨과 비즈니스우먼을 가르쳐왔다. 우리가 우리의 경험으로 그들을 가르친 것과 마찬가지로 그들은 자신의 경험으로 우리를 가르치고 있다.

Never: 결코 뒤돌아보지 마라. 한 번에 한 걸음씩 앞으로 나아가라!

루 리건은 아메리칸항공사의 기장이었고 그의 아내 달린은 패션 디자이너 겸 코디네이터였다. 둘 다 자기 분야에서 성공한 그 부부는 노력에 따른 보수도 좋았다.

루가 Amway ABO 앞에서 이 사업에 전념하고자 파일럿을 그만두겠다고 선언한 것은 상당히 충격적인 일이었다.

"내 자리에 들어오고 싶어하는 사람들이 천여 명의 젊은 파일럿이 대기하고 있었습니다. 내가 그만두자마자 회사는 사람을 보충했죠. 그야 당연한 일이고 나도 망설이지 않았습니다. 아니, 뒤를 돌아볼 수가 없었죠. 우리 부부에게는 꿈이 있었고 시간제로 일해서는 그 꿈을 달성할 수 없었습니다. 이 선택을 한 번도 후회한 적이 없어요. 때론 불안정하고 불확실했으나 우리는 목표인 경제적 독립을 향해 앞으로 나아갔습니다. 우리 부부는 서로 약속한 시간에만 만날 수 있는 것에 지쳐 있었고 자유롭게 같이 일하고 싶었죠. 그리고 우리는 충분한 경제적 안정을 원했습니다."

그들이 꿈을 실현한 것은 과거로 통하는 다리를 불태우고 결코 뒤를 돌아보지 않았기 때문이다. 나는 데이빗 서번이 그의 파트너인 ABO들에게 한 충고를 특히 좋아한다.

"자기가 한 일을 감상하기 위해 뒤로 물러선 고층 빌딩 유리창닦이처럼 되지 마라."

어떤 사업에서든 여러분이 한 일을 자축하거나 올바른 방향으로 나아가고 있는지 의심하느라 뒤로 물러설 시간은 많지 않다. 물론 우리는 사려 깊어야 하고 자신의 실수와 실패로부터 배워야 한다. 그러나 지나칠 정도로 곰곰이 생각할 시간은 없다. 여러분이 성공하면 자신의 어깨를 툭툭 두드리며 5분간 자축한 뒤 다시 일로 돌아가라. 실패하면 한바탕 실컷 울고 눈물을 닦아라. 해야 할 일과 개척해야 할 분야가 아주 많다. 또 도전해야 할 새로운 한계와 쟁취 가능한 대단한 성공이 기다리고 있다.

Opportunity : **기회가 다가오고 있다. 받아들일 만반의 준비를 갖춰라!**

잭 도리는 우리에게 이런 말을 해주었다.

"학생이 준비를 갖췄을 때 선생님이 나타난다."

나는 이 말에 담긴 지혜를 많이 생각해 보았다. 기회는 우리 주위에 있다. 우리가 만반의 준비를 갖추고 있을 때만 그 기회를 잡을 수 있고 그래야 훗날 후회하지 않는다.

기회에 대비해 만반의 준비를 갖춘다는 것은 무엇을 뜻하는 것일까? 대학 학위가 도움을 줄지도 모르지만 그것이 준비를 갖추게 할 수는 없다. 돈은 중요하지만 은행에 있는 현금이 준비를 갖추게 해줄 수는 없다. 높은 지위에 있는 친구, 영향력 있는 정보망, 이력서, 추천서가 여러분이 준비를 갖추게 해줄까? 그렇지 않다. 갑자기 기회가 나타났을 때 그것을 알아보고 붙잡도록 준비를 갖추게 하는 것은 여러분 마음과 머릿속에서 '나는 할 수 있고 해내고야 말 것이다.' 라고 말해주는 신비롭고 강력한 그 무엇이다. 그것은 우리가 서로에게 줄 수 있는 선물이다. 때로 우리가 자신에게 주어야 하는 선물이다. 경제적으로 어려운 시기에도 성공 기회는 과거와 똑같이 많이 있으며 어쩌면 더 많을지도 모른다.

먼저 준비하라. 여러분을 믿는 친구를 찾아내라. 그러면 언젠가 여러분은 자신을 믿게 될 것이다. 그날 기회는 찾아올 것이다. 여러분이 준비되면, 멘토는 나타난다.

안젤로 나돈이 아메리칸대학교에서 특수교육 석사 과정을 마쳤을 때 기회가 찾아왔다. 학교 친구 하나가 그에게 우리의 Amway 세일즈 앤 마케팅플랜을 들려주었고 그는 곧장 집으로 달려가 국방부에서 비서로 일하는 그의 아내 클라우디아에게 이 이야기를 해줬다. 그들은 즉각 모험에 도전했고 단기간 내에 성공적인 사업을 이끌게 되었다. 안젤로는 이렇게 충고한다.

"당신의 삶은 당신 자신이 주도하라. 당신이 상황을 주도하라. 결코 상황이 당신을 주도하도록 내버려두지 마라."

People: 제품보다 사람이 우선이다. 중요한 것을 먼저 행하라

모든 사업에서 중요한 것은 장기적인 성공이며 이를 위해 제품보다 사람을 우선시해야 한다. 우리는 얼마나 많은 시간을 선반 위의 하찮은 것을 정리하느라 소비하는가? 하찮은 것은 저절로 정리되도록 내버려두고 사람들과 함께 시간을 보내라. 그러면 여러분은 자신도 모르는 사이에 사업에서 성공을 거둘 것이다.

캘리포니아 카피스트라노 출신인 크레이그와 캐롤 할리데이는 사람을 우선시하는 우리 사업의 원리를 완벽하게 요약했다.

"당신은 당신의 꿈 때문에 사람들을 필요로 합니다. 그러나 그다음에는 그들의 꿈이 중요합니다."

최근 수개월간 나는 내 딸 셰리 밴더와이드가 일생의 목표를 두고 어렵게 결정을 내리는 것을 지켜봤다. 패션과 디자인 분야의 재능이 탁월한 셰리가 우리 회사의 화장품 부문이 새롭게 변화하는 데 도움을 주는 걸 지켜본 나는 딸이 관련 분야에서 성공가도를 달릴 거라고 생각했다. 그런데 딸은 첫째아들이 태어나자 아내와 어머니로서의 목표를 위해 시간제로 근무하겠다고 결정했다.

여러분의 목표는 무엇인가? 여러분에게 중요한 목표를 순서대로 적어본 적 있는가? 오늘은 제일 위에 적힌 목표가 무엇이고 그것을 달성하는 데 도움을 줄 수 있는 사람은 누구인가? 사람들이 자기 스스로를 돕도록 도와주는 것이 성공을 지속하는 열쇠다. 여러분은 그것을 확신하는가? 지금 그것을 하고 있는가? 발등의 불에만 관심을 쏟다보면 인생에서 진정 중요한 일을 놓쳐버리기 십상이다. 고대 로마 시인 베르길리우스는 "그렇게 하고 있는 동안 시간은 흘러간다."라고 썼다.

Quitting: 포기는 진정으로 노력하지 않았음을 의미한다.
결과가 나올 때까지 고수하라!

제이와 내가 이 사업을 막 시작했을 때 나는 Amway 세일즈 앤 마케팅 플랜을 소개하기 위해 피닉스에 갔다. 그때 단 한 사람 프랭크 델리슬만 그 모임에 참석했다. 먼 도시에서 버스를 타고 온 그는 우리가 빌린 호텔 미팅룸에 혼자 앉아 있었다.

나는 그 모임을 취소하고 프랭크에게 사과한 다음 비행기로 집에 돌아올 수도 있었다. 하지만 나는 프랭크를 앞에 두고 모든 프레젠테이션 과정을 진지하게 진행했다. 고개를 끄덕인 그는 열정적으로 내 손을 잡고 기뻐했다. 우리는 그렇게 헤어졌고 나는 그 출장 전체가 실패라고 생각했다. 그러나 프랭크는 집에 돌아가 아내 리타에게 열정적으로 얘기했고 그들 부부는 우리 회사 역사상 가장 큰 사업을 구축했다.

어떤 새로운 일을 시작할 때 간혹 뭔가 큰 실수를 저지르고 있는 게 아닌가 싶을 때가 있다. 우리 사업에서 성공한 또 다른 친구는 이 시기를 '신념의 시기'라고 부른다. 그는 자신이 아내와 함께 이 사업을 시작한 그때를 기억한다.

"우리는 열심히 일했지만 목표에 도달하지도 못했고 아무런 진전도 없는 것처럼 느꼈지요."

누구에게나 어려운 시기는 있게 마련이지만 그런 시기는 지나간다. 내 친구는 "신념을 지니고 그것을 고수하라."라고 충고한다. 옳은 일을 계속하라. 그러면 좋은 일이 생길 것이다.

계속 성실하게 노력하면서 하루에 몇 시간씩 기본에 충실하며 포기하기를 거부하는 사람은 어느 날 갑자기 수백만 명의 승자 중 하나가 된다. 그만두고 싶은 욕구는 여러분과 여러분의 꿈을 저지하는 최대 장애물이다. 새 집, 새 차, 은행에 있는 충분한 현금, 유럽이나 타이티에서의 휴가 등을 생각하라. 버텨라. 누구나 때로 그만두고 싶다. 그렇지만 그래서는 안 된다.

Risk : 모든 것을 걸고 목표를 달성하라

"용기 있는 자가 승리한다!"

모든 비즈니스의 성공 사례는 이 말의 진실성을 확인해 준다. 아무런 장애 없이 성공한 사람은 존재하지 않는다. 어떤 사람에게 그것은 돈일 수 있다. 안젤로와 클라우디아 나돈은 둘 다 워싱턴 D.C.에서 안정적인 공무원으로 일했으나 적은 수입에 지친 나머지 ABO가 되었다. 오늘날 그들이 성취한 경제적 성공 외에 그들은 이스터실 소사이어티Easter Seal Society를 위한 우리의 운동에 수백만 달러를 모금했다.

어떤 사람은 가족의 명예를 내걸고 이 사업에 도전한다. 미도리 이토는 부유한 상류층 출신으로 그녀의 가문에는 일본 전 수상과 동경 주지사도 있다. 따라서 미도리가 Amway 사업에 뛰어든 것은 집안의 체면을 손상하는 일이었지만 그녀는 그 모든 것을 걸고 결국 승리했다.

어떤 사람은 자신의 명성을 내걸기도 한다. E. H. 에릭이 이 사업을 알게 되었을 때 그는 일본의 인기 있는 TV쇼 진행자였다. 그는 자신의 명성을 걸고 자기사업을 시작해 성공했다.

여러분의 직업적 꿈은 무엇인가? 여러분은 꿈을 실현하기 위해 무엇을 걸겠는가? "아무 모험도 하지 않으면 아무것도 얻을 수 없다."라는 격언이 있다. 한마디를 더 한다면 "커다란 모험이 커다란 보상을 준다."

Sow: 씨앗을 많이 뿌려라. 그러면 더 큰 수확을 얻을 것이다

3,000여 년 전 솔로몬 왕은 "물 위에 빵을 던져라. 그러면 네게 무언가가 돌아올 것이다."라고 썼다. 고대 이집트 농부들은 홍수로 범람하던 나일강의 물이 줄어들기 시작하면 물이 빠진 얇은 진흙층에 씨를 뿌려야할 시기를 정확히 알았다. 어떤 농부는 더 편리한 시기까지 기다렸고 또어떤 농부는 여기저기 조금씩 뿌리고 흐뭇해했다. 당연한 얘기지만 많이수확하는 쪽은 적시적소에 많이 뿌린 농부다.

제품 소개를 하면서 150번이나 번번이 거절당한 크리스 쉐레스트를기억하는가. 그의 얘기를 더 들어보자.

"당시에는 제품을 한 번 소개하는 데 2시간 30분이 걸렸습니다. 나는거의 8개월간 밤마다 집집을 방문했지만 모두 거절당했죠. 다행히 내게는 미래의 꿈이 있었고 그것이 너무 커서 다른 것이 들어갈 여지가 없었습니다. 그러나 나는 곧 내 꿈만으로는 충분치 않다는 걸 깨달았습니다. 먼저 다른 사람의 꿈에 귀를 기울여야 했지요. 나를 그들의 집까지 데려간 것은 내 꿈이지만 그들이 예스라고 응답하는 것은 자기 꿈을 실현하기 위해서니까요. 일단 그것을 이해하자 만사가 달라지더군요. 결국 151번째 프레젠테이션에서 드디어 젊은 부부가 예스라고 답했습니다. 캐나다의 안드레와 프랑수아 블랑사드 부부는 씨 뿌리기와 관련해 우리에게 많은 것을 가르쳐주었습니다."

안드레는 그의 고향 퀘벡에서 식료품 체인점 지배인으로 일했다. 중학교 1학년을 중퇴한데다 영어마저 짧았던 그는 1967년 당시 주급 97달러 직업에 만족해야 했다. 법률사무소 비서로 일한 프랑수아는 남편보다 월급이 많았으나 둘의 월급을 합쳐도 생활비가 모자랐다. 안드레는 이렇게 회고했다.

"13년간 우리는 매 순간 씨를 심었습니다. 수백 명에게 Amway 세일즈 앤 마케팅 플랜을 소개했죠. 수백 통의 전화를 걸었고 수십만 킬로미터를 여행했습니다. 때론 의심도 했죠. 지쳐서 그만두려고 했던 때도 있습니다. 그렇지만 우리는 씨 뿌리기를 멈추지 않았습니다. 그 결과는 우리의 원대한 꿈을 넘어서는 풍작이었습니다."

오늘날 안드레와 프랑수아 부부는 전망 좋은 언덕의 수영장이 딸린 집에서 살고 있다. 블랑사드 부부가 이룬 경제적 안정보다 더 중요한 것은 자녀들과 마음껏 시간을 보내고 퀘벡의 어린이들을 위한 더불어 사는 사회활동에 참여할 수 있다는 점이다. 고대 철학자는 "씨앗을 많이 뿌려라. 그러면 더 큰 수확을 얻을 것이다."라고 말했다. 이 말에 씨 뿌리는 걸 그만두면 결코 아무것도 자라지 않는다는 것을 덧붙였으면 좋을 뻔했다.

Tithe: 어려운 사람에게 수입의 일부를 나눠주어라. 그러면 위대한 일이 벌어질 것이다

우리 Amway의 ABO들은 모든 계층, 모든 인종을 망라한다. 국적이 다양한 이들은 인정과 신조도 다양하며 여기에 규칙이나 기준은 없다. 아무튼 우리가 지난 수년간 하나씩 배운 것은 어려운 사람을 돕는 데 관대하면 관대할수록 우리가 더욱더 너그러워진다는 점이다.

16세기 영국 철학자 프랜시스 베이컨은 "자선에는 지나침이라는 것이 없다."라고 말했다. 내 아내 헬렌과 나는 '사람은 하나님보다 더 클 수 없다.'고 생각한다. 헬렌이 우리 총수입의 10%에 해당하는 금액을 교회와 자선단체에 매달 기부하겠다고 결정한 것은 현명하고도 유익한 방향이었다. 도움이 필요한 사람을 찾아내 그를 도와라. 그러면 그것이 여러분과 여러분의 가족뿐 아니라 사업에 얼마나 많은 이득을 주는지 알 것이다.

Understanding: 시작하기 전에 기본을 이해하라

사업에서 성공하는 사람들은 시작하기 전에 반드시 자신에게 많은 질문을 던진다. 누가? 무엇을? 어디서? 어떻게? 언제? 왜? 그리고 얼마나? 등이 그 질문이다. 어떤 사람과 마주 앉아 우리 제품을 권하거나 세일즈 플랜을 설명할 때도 솔직하고 납득할 만한 대답을 듣기까지 만족해서는 안 된다.

린다 하타이스는 남편 프레드와 이 사업을 처음 시작할 때 자신이 맡은 부분을 처리할 자신감이 없었다고 한다.

"준비를 갖추고 있어야 비로소 일을 처리할 수 있는 법이죠. 처음에는 지금 내가 할 수 있는 것처럼 할 수 없었지요. 책임감은 한 번에 조금씩 생깁니다. 시간과 에너지를 투자해 하나하나 수행하다 보면 당신은 오래지 않아 스스로 할 수 있으리라고 꿈도 못 꿨던 일도 하고 있을 겁니다. 우리 부부는 아이들을 위해 우리가 원한 것에 계속 집중했어요. 토냐, 프레디, 안젤라가 자고 있을 때면 우리는 가족의 미래를 구상했습니다."

첫걸음을 주의 깊게 내디뎌라. 무엇을 해야 하는지 반드시 이해하라. 여러분이 하고 싶은 대로 할 수 있다는 데 자신감을 가져라. 일단 납득이 가면 과거의 질문은 옆으로 밀어놓고 모험을 시작하라. 진행하는 도중 새로운 문제를 생각할 시간은 충분히 있다.

Value: 다른 무엇보다 우정을 소중히 하라

이 사업에 종사한 여러 해를 돌이켜보니 내 평생 동업자이자 가장 오랜 친구인 제이 밴 앤델과 온갖 시절을 함께한 것이 기억난다. 우리는 실패에 직면하든 성공에 직면하든 늘 함께 대처했다. 물론 서로 싸우던 나쁜 시절도 있었다. 그렇지만 그 시절을 함께한 제이가 없었다면 내 삶이 얼마나 삭막했을까 싶다.

우리 우정의 비결 중 하나는 "그것 봐, 내가 뭐랬어?"라는 말을 하지 않기로 처음부터 약속한 것이다. 결단해야 할 문제에 의견이 일치하지 않던 어려운 시절도 있었다. 결과가 나오고 내가 잘못 결정했음을 깨달았을 때 제이는 한 번도 내가 어리석었다는 기분이 들게 하거나 죄책감을 느끼게 하지 않았다. 그 시절 나는 한 번도 그에게 "그것 봐, 내가 뭐랬어? 내가 그럴 거라고 했잖아."라는 말을 들은 적이 없었다. 그에게 그렇게 말할 권리가 충분히 있었는데도 말이다.

오랜 세월 동안 나는 많은 친구를 사귀었다. 우리가 함께 벌었거나 앞으로 벌 돈보다 그 친구들이 훨씬 더 소중하다. 친구들의 사망 소식을 접할 때마다 우리는 얼마나 큰 슬픔을 느끼는가. 헬렌 켈러는 "내가 사랑하는 친구들이 죽을 때 내 일부가 땅에 묻힌다. 그러나 내가 행복하고 강하고 깨닫게 만들어준 그들의 공헌은 그대로 남아 변화한 세상에서 나를 지탱해 준다."라고 말했다.

여러분에게는 사업을 함께 하는 친구가 있는가? 그 우정을 지속하기 위해 어떤 일을 하고 있는가? 점심이나 저녁을 함께한 적이 있는가? '너를 생각하고 있어.'라는 말을 적은 카드나 꽃을 아무 예고 없이 보낸 적 있는가? 나는 요즘 최소한 한 명의 좋은 친구를 두는 것은 우리의 중요한 과제라는 사실을 믿기 시작했다. 친구는 우리가 필요로 할 때 위안을 주고 바른 말을 해준다. 친구는 우리가 목표를 지탱하는 데 도움을 주고 우리에게 진실을 말해준다.

Winners: 승자에게 관심을 기울이고 투덜대는 자는 무시하라

우리는 대부분 승자를 좋아한다. 우리 회사 행사의 중심은 노력하는 사람들의 업적을 인정하는 일이다. 우리는 이 사업에서 목표를 설정해 그것을 달성한 사람들에게 마치 열광하는 아이들처럼 환호하며 감사를 표한다. 그들은 승자다. 그들은 자신을 믿는다. 여러분이 승자 곁에 있을수록 여러분도 승자가 될 수 있다고 믿게 된다.

그 반대는 비극이다. 《헨리 5세》의 1막에 보면 자기 삶이 엉망이 된 젊은 왕자가 소리치는 장면이 나온다.

"친구들이, 못된 친구들이 나를 망쳐놓았다!"

투덜대는 사람, 잘 헐뜯는 사람, 불평하는 사람, 불길한 예측만 하는 사람, 무엇이든 반대만 하는 사람, 인종차별주의자, 꼬투리를 잡는 사람, 증오하는 사람 옆에 있으면 여러분도 결국 그들처럼 된다. 승자 옆에 있으면 언젠가는 사람들이 여러분에게 환호를 보낼 것이다!

Xcuses: 변명은 아무런 도움도 되지 않는다. 용서하라! 잊어라! 계속 앞으로 나아가라!

단과 낸시 윌슨 부부는 사업 초기의 실패에 세 가지 핑곗거리가 있었다고 했다. 먼저 돈 윌슨이 회고했다.

"첫째, 충분한 시간이 없었습니다. 낸시는 하루에 10시간 동안 간호사 일을 했고 나는 일주일에 60~80시간을 코치로 근무했어요. 둘째, 우리는 스스로를 세일즈맨으로 생각하지 않았습니다. 낸시는 굉장히 수줍어 했죠. 나는 제품을 선전할 때 당황하거나 쩔쩔맸고요. 셋째, 우리가 성공 하리라는 확신이 없었습니다."

낸시는 감사에 찬 어조로 말했다.

"단은 아주 무뚝뚝했죠. 나는 큰 키에 비쩍 마르고 공부만 하는 타입이 었어요. 우리는 스스로를 믿지 않았고 우리의 평계가 타당하다고 생각하 며 변명만 했지요. 그 무렵 덱스터 예거가 나타났어요. 그는 우리 부부를 사랑했고 우리가 해낼 수 있다고 말하며 책과 테이프를 가져다주었습니 다. 우리는 그에게 질문을 하면서 이 사업이 어떻게 돌아가는지 배웠죠. 내가 덱스터에게 많은 사람들 앞에서 도저히 얘기할 수 없다고 하자 덱 스터는 웃으며 말했어요. '그들 모두가 속옷만 입고 있는 것을 마음속으 로 그려보세요.' 이 말을 듣고 사람들 앞에 섰을 때 나는 조금도 두려움을 느끼지 않았고 오히려 웃음을 터뜨릴 뻔했습니다."

단이 회상했다.

"그 후 우리는 몇 군데에 전화를 걸었습니다. 그렇게 사람들을 모아 차 례로 프레젠테이션을 성공적으로 마쳤는데 그때마다 조금씩 자신감이 생겼죠. 덱스터는 우리를 믿고 사랑했어요. 우리를 가르치고 자극해서 목표에 가까이 다가가게 했습니다."

오늘날 단과 낸시 윌슨 부부의 사업은 날로 번창하고 있다. 그들이 변 명하기를 그만두었을 때 새로운 인생이 펼쳐지기 시작했다.

존 크로에게도 윌슨 부부와 마찬가지로 자기 신세를 한탄할 많은 이유 가 있었다. 그러나 그는 변명하지 않았다. 1981년 6월 15일 그의 아내 제 니 벨은 선천성 기형아로 태어나 생명이 위험한 갓난아기 존 크로 5세를 데리고 주말을 친정에서 보내려고 친정에 가고 없었다. 존은 근처 도시에서 있었던 프레젠테이션을 마친 후 한밤중에 집으로 돌아왔다. 그때 마약에 취한 네댓 명이 집 앞에 숨어 있다가 그를 습격했다. 그들은 그를 집으로 끌고 들어가 원하는 걸 내놓지 않으면 죽여 버리겠다고 위협했다.

존이 그때 일을 들려주었다.

"나는 본능적으로 그들이 나를 죽일 거라고 생각했어요. 그래서 가까이에 있는 총을 잡으려고 애썼죠. 그 뒤에 벌어진 격투에서 나는 가까스로 강도 중 한 명에게 총을 세 방 쐈으나 나 역시 무차별 사격으로 머리와 왼손에 총을 맞았죠. 경찰이 도착했을 때 나는 인사불성이었습니다. 충격요법이 나를 살렸고 헬리콥터로 가까운 병원으로 후송되었습니다. 24시간 내 우리 친구들이 연락망을 가동해 2,000파인트(1파인트는 0.473리터)의 피를 헌혈해 주었습니다. 많은 친구가 나를 살리기 위해 피를 헌혈하고자 몇 시간 동안 줄을 서서 기다린 거죠. 그 후 6개월간 나를 위해 5,000파인트 이상의 피를 더 헌혈했습니다."

존이 범인들의 인상착의를 대충 알고 있었으므로 경찰은 그가 다시 한 번 위험에 처할지 모른다고 경고했다. 이 사업을 함께하는 친구들은 병원에서 밤낮으로 그를 지켰고 그의 가족에게도 먹을 것을 가져다주며 보살폈다.

"그 총격사건 이후 내가 마비되었음을 알고 살기 위해 발버둥을 쳤습니다."

병원에 있는 동안 그는 신에게 버림받은 기분이었다. 그 사건이 있기 6개월 전 아들이 심한 기형으로 태어났는데 이제는 그가 마비된 것이다. 그는 하나님께 물었다.

"당신이 이 모든 것이 내게 일어나게 했는데 왜 내가 당신을 사랑해야 합니까?"

존은 중환자실에서 고통스럽고 외롭게 보낸 첫날밤을 기억했다. 그날 그의 멘토 빌 브릿은 비행기를 타고 오면서 도중에 그의 아내와 아들을 데려왔다. 빌 브릿은 중환자실에서 그의 귀에 대고 신약에 나오는 구절을 속삭였다.

"모든 것은 하나님을 사랑하는 자들을 위해 또한 하나님의 뜻을 위해 이뤄진다."

존이 자신이 사랑하는 친구들 덕분에 하나님이 그의 고통 한가운데에 있음을 깨닫기까지는 오랜 시간이 걸리지 않았다.

"내겐 선택의 여지가 별로 없었어요. 내 처지를 불쌍히 여기며 사업을 포기하거나 아니면 삶에 감사하고 찢긴 조각을 주워 모아 계속 전진해야 했죠. 나는 친구들의 도움으로 후자를 선택했습니다."

나는 헬렌 켈러의 말을 프린트해 사무실 벽에 붙여놓았다.

"만일 당신이 태양을 향하고 있다면 어두운 그림자를 결코 못 볼 것이다. 매일 어두운 그림자가 당신의 삶을 어둠속에 빠뜨리려 할 때 태양을 바라보면 당신의 생은 다시 한 번 빛으로 가득 찬다."

마비에도 불구하고 존 크로는 아내의 헌신적인 사랑에 힘입어 내 친구들에게 본보기가 될 Amway 네트워크를 구축했다. 존이 고백했다.

"우리는 큰 집이나 좋은 차를 원해서 이 사업을 한 것이 아닙니다. 당신의 아들이 식도가 1.3센티미터 짧은 기형으로 태어나 생명의 위협을 받는다면 캐딜락이나 저택에 관심이 가지는 않을 겁니다. 다행히 경제적 안정 덕분에 아들에게 들어가는 치료비를 아낌없이 쓸 수 있었죠. 더 중요한 것은 아들이 우리를 필요로 할 때면 언제든 일하지 않고 집에 있으면서 아들을 강하게 만들어줄 사랑을 듬뿍 줄 수 있었다는 겁니다."

로마 시인 호라티우스는 "기회를 잡아라!"라고 말했다. 핑계는 찢어진 상처 같은 것이라서 우리가 죽을 때까지 피를 철철 흘려가며 우리의 힘을 빼앗아버린다. 그리고 시간은 멈추지 않고 계속 지나간다. 여러분은 시도하지 않기 위해 어떤 '핑계'를 댈 것인가? 여러분의 실패를 누구 탓으로 돌리겠는가? '때를 붙잡아라!' 만일 어떤 구실이 여러분을 가로막는다면 무엇을 위한 구실인지 밝혀라. 여러분을 가르쳐줄 수 있는 누군가에게 손을 내밀어라. 여러분 자신을 믿고 '기회를 붙잡아라!'

You: 당신은 할 수 있다! 끊임없이 당신 자신을 믿어라

브라이언 헤로시언은 그가 원하던 모든 것을 가지고 있었다. 미식축구팀인 볼티모어 콜츠팀과의 연봉 계약, 아름다운 아내 제인, 곧 태어날 첫째아이까지 말이다. 브라이언이 그때를 회상했다.

"거의 순식간에 내 완전한 삶이 산산조각이 났습니다. 콜츠팀이 나를 몰아낸 거죠. 나는 직업을 잃었고 비슷한 수입을 보장하는 좋은 직업을 찾을 준비도 갖추지 못했습니다. 설상가상으로 내 아들은 두 발과 한쪽 손이 없는 상태로 태어났죠. 의사들은 우리에게 안타깝다는 듯 '뫼비우스 증후군입니다'라고 말했습니다. '매우 드문 경우입니다. 캐나다 전역에서 단 세 사례가 보고되었지요.' 1979년에는 내 아내가 시속 105킬로미터로 달리다가 운전 과실로 트레일러트럭을 정면으로 들이받았습니다. 부서진 차 파편 속에 끼여 꼼짝할 수 없었던 나는 옆에 앉아 있던 제인이 죽은 걸 보았습니다. 중환자실에서 의사들은 내게 목이 부러졌는데 운이 좋으면 다시 걸을 수 있을 거라고 말했지요.”

만일 여러분이 미래를 믿는 게 어렵다면 브라이언 헤로시언을 기억하라. 그는 자신의 꿈이 산산이 부서진 데 굴복하지 않고 불사조처럼 일어섰다.

“쉽지는 않았습니다. 하나님과 이 사업을 함께한 친구들의 도움이 없었다면 나는 의심과 실망의 소용돌이 속에 빠져버렸을 겁니다.”

브라이언은 굴복하지 않았다. 우리는 그에게 그 어렵고 외로운 날들을 어떻게 버텨냈는지 물었다.

“모든 걸 다시 시작해야 했어요. 나는 상대 플레이를 블로킹하고 태클하고 뛰는 미식축구는 잘 알고 있었죠. 하지만 자유기업에는 문외한이었습니다. 자유기업을 배우고 싶어서 매주 책을 한 권씩 읽고 매일 테이프를 한 개씩 들었습니다. 그 속에서 내 멘토들을 발견했지요. 그들은 내가 원하는 삶을 살았고 내가 원하는 것을 하고 있었습니다. 나는 그들에게 질문하는 것을 두려워하지 않았습니다. 나는 열려 있었고 가르침을 받아들일 태세를 갖추고 있었죠. 하나님이 매일 나를 이끌어주실 것을 믿어 의심치 않았으며 끊임없이 나 자신을 믿었습니다.”

지금 브라이언 헤로시언은 사업을 성공적으로 운영하고 있고 아름다운 새 아내 데이드레와 함께 모범적인 가정을 꾸려가고 있다. 브라이언의 열다섯 살 된 아들 벤 역시 그의 장애를 극복했다. 그는 우등생으로 작가가 되겠다는 꿈을 꾸고 있다.

과연 무엇이 브라이언이 자신을 믿게 했을까? 그것은 수수께끼다. 그것은 브라이언의 미래 열쇠이자 여러분의 미래 열쇠이기도 하다. 만일 여러분이 스스로를 믿는다면 여러분은 성공할 것이다. 만일 그렇지 않다면 브라이언의 충고를 따르라. 불행을 극복한 사람들의 이야기를 읽어보라. 여러분을 고무하고 활력을 불어넣는 테이프를 들어보라. 긍정적이고 여러분을 신뢰하는 사람들을 찾아내라. 하나님께 맡기고 자기 자신을 믿어라. 그러면 브라이언과 마찬가지로 여러분은 잿더미 속에서 일어나 여러분의 꿈을 실현할 수 있을 것이다.

Zero: 하나님을 믿는 것은 전혀 새로운 세상의 시작이다

제이와 내가 이 사업을 시작했을 때 우리에겐 아무것도 없었다. 이전 사업이던 항공 서비스, 드라이브인 레스토랑, 낡은 범선은 우리를 빈털터리로 만들어놓았다. 그래도 우리는 끊임없이 스스로를 믿었고 하나님께 모든 것을 내맡겼다. 나는 여러분이 누구를, 무엇을 믿는지 알 수 없으나 제이와 내게는 스스로를 믿는 것 이상으로 값진 것은 없었다. 또한 우리는 사랑이 충만한 하나님을 믿었다. 그의 꿈은 우리가 우리에게 기대하는 꿈보다 훨씬 더 원대했다. 자, 이제 우리(하나님과 우리 모두)가 함께 이룬 일을 살펴보자.

나는 우리 회사를 성공으로 이끌어준 수백만 명의 사람들에게 감사를 표할 더 좋은 방법이 있었으면 하고 바란다. 하나님이 이룩하신 것을 우리의 공으로 돌리는 것은 부끄러운 일이다. 이 사업에서 우리가 쓰고 있는 모든 천연자원은 하나님의 창조물이지 우리의 창조물이 아니다. 연구개발부터 고객 서비스와 납품에 이르기까지 인간이 쏟아 부은 에너지는 하나님이 부여한 선물이다. 1981년 그랜드래피즈에서 열린 Amway 그랜드플라자호텔 개업식에서 나는 거대한 계단에 서 있었다. 내 한쪽 옆에는 동업자 제이 밴 앤델이, 다른 한쪽에는 제럴드 포드 전 대통령이 서 있었다. 리본을 끊고 호텔을 공식 오픈하는 행사였다. 수많은 친구와 사업상의 동료가 그 화려한 행사를 축하하기 위해 모였고 TV 카메라와 사진기자들이 내가 연설하기를 기다리고 있었다. 나는 그날 행사를 위해 연설을 준비하지 않았다. 그때 갑자기 내 가슴속 저 밑에서부터 이런 말이 튀어나왔다.

"하나님께 영광을! 그가 이룩하신 위대한 것에 영광을!"

바흐는 새 작품 밑에 가끔 다음 말을 휘갈겨 놓았다.

"하나님께 영광을!"

만일 내게 커다란 매직펜이 있다면 공장과 창고, 사무실 여기저기에 이렇게 쓰고 싶다.

"하나님께 영광을! 그가 이룩하신 위대한 것에 영광을!"

만일 여러분이 거래하는 은행이나 영혼의 은행, 심리적 은행에 잔고가 전혀 없어도 두려워하지 마라. 여러분이 가지고 있는 것을 하나님의 손에 내맡기고 무슨 일이 일어나는지 경이의 눈으로 지켜보라.

결론

한 노파가 자기 집 앞에 서서 햇빛이 눈부신 듯 손에 든 행주로 눈을 가리며 먼 곳을 쳐다보고 있었다. 갑자기 그녀는 아이를 반기는 어머니처럼 소리쳤다.

"그 '선생님'이 또 오신다!"

단 윌슨은 메인주의 숲이 무성한 언덕에 있는 낡은 농가의 열린 문으로 달려갔다. 흰색의 긴 차가 자기 집 쪽으로 방향을 틀어 막 시골길로 들어서고 있었다. 단이 회상했다.

"어찌 보면 내 어머니 말씀이 옳았어요. 덱스터 예거는 사업 초창기에 내 멘토였습니다. 리치 디보스나 제이 밴 앤델 같은 멘토와 더불어 덱스터는 지금 내가 알고 있는 사업의 모든 기초적인 것을 가르쳐주었죠."

간호사인 단의 아내 낸시는 수년간 뉴햄프셔에 있는 큰 병원의 심장절개 수술실에서 일했다. 단은 고등학교 교사이자 야구코치로 그 지역의 체육 프로그램을 이끌고 있었다. 윌슨 부부는 둘 다 교육을 받았고 직업 경력도 많이 쌓았으나 둘의 봉급을 합쳐도 항상 빠듯했다. 단이 말했다.

"우리는 자기사업을 하면 안정적인 수입을 확실히 보장받으리라는 희망에서 Amway 사업에 뛰어들었습니다."

낸시가 말을 이어받았다.

"처음에는 실패했어요. 단은 우리가 90일간 의심하는 사람들이라고 말했죠. 하지만 사업에 뛰어든 지 90일 후에도 우리는 과연 우리가 무엇을 하고 있는지 의심을 했습니다. 29개월이 지났어도 여전히 그 사업으로는 생활할 수 없었죠. 그때 덱스터 예거가 우리를 발견하고 방법을 가르쳐주었어요."

단이 무척 감사한 표정으로 말했다.

"그는 우리를 믿었습니다. 우리가 일단 기본을 습득하면 크게 성공하리라는 신념을 보였지요."

덱스터 예거는 꿈을 실현하는 데 지름길은 없다는 사실을 알고 있었다. 어떤 사업이든 성공하려면 배우고 실천하는 기술과 훈련이 필요한데 그는 그것을 윌슨 부부에게 가르쳐주었고 그들은 성공적 인 사업을 구축할 수 있었다.

어느 날 메인주의 한 조그만 레스토랑에서 단과 낸시 부부 그리고 단의 부모가 함께 저녁식사를 하고 있었다. 메인주의 그 '녹슨' 오두막집은 이제 과거의 일로 남았다. 28만 5,000킬로미터나 달린 낡은 회색 스포츠카는 폐차했고 경제 상태는 흑자로 돌아섰다. 덱스터 예거를 멘토(스폰서)로 모신 뒤 그들은 성공했다. 윌슨의 어머니는 예거의 첫 번째 방문을 떠올리며 부끄러운 듯 미소를 머금고 말했다.

"나는 그가 네게 무언가를 바라는 그런 사람이 아닌지 염려했었다."

단이 대답했다.

"그는 진정 우리의 멘토였어요, 어머니. 그는 우리에게 어떻게 하면 성공적으로 사업을 할 수 있는지 가르쳐주었어요."

낸시가 조용히 덧붙였다.

"그가 우리에게 무언가를 원하긴 했지요. 바로 우리가 최선을 다하길 원했어요."

윌슨의 어머니는 고개를 들고 씩 웃으며 눈짓으로 대답을 대신했다.

"나는 그 모습으로 알아챘습니다. 어머니는 착용하신 싸구려 보청기의 상태가 나쁘면 그런 표정을 지으셨죠. 그때 나는 아무 생각 없이 '아버지, 어머니에게 새 보청기를 사드려야겠어요.' 하고 말했어요. 아버지는 변명하듯 대답했죠. '그럴 여유가 없구나.'"

윌슨 씨 부부는 연금으로 살아가고 있었다. 그들은 고정 수입만으로는 생활비 외에 다른 것은 엄두도 내지 못했다. 그때는 막 성공 궤도에 오른 단과 낸시가 금전적 여유가 생겨 기뻐하고 있을 무렵이었다. 단이 아버지에게 물었다.

"좋은 보청기 하나에 얼마죠?"

아버지는 "500달러"라고 대답했고 단은 조용히 호주머니에서 지갑을 꺼내 500달러를 아버지 쪽으로 밀어놓았다. 단의 아버지는 기분 나쁜 표정으로 "너희 돈은 필요 없다."라며 돈을 밀어냈다. 단은 "집어넣으세요." 하고 그 돈을 다시 아버지 쪽으로 밀어놓았다. 둘이 잠시 옥신각신하다가 단이 "아버지, 어머니가 아버지 말씀을 더 잘 들을 수 있으면 좋지 않겠어요?" 하자 갑자기 아버지는 누그러졌다. 아들에게 돈을 받는 것은 탐탁지 않지만 아내가 예전처럼 잘 듣는다면 얼마나 좋겠는가. 눈물을 글썽이며 돈을 집어든 아버지가 말했다.

"고맙다."

윌슨 부인이 남편 손에 자기 손을 가만히 얹었다. 그녀도 남편과 마찬가지로 울기 시작했다. 종업원이 테이블에 다시 왔을 때 거기에 있는 모든 사람이 울고 있었다. 단이 회상했다.

"그때까지 주머니에서 돈을 꺼내 부모님께 500달러를 드리는 기쁨이 어떤 것인지 몰랐습니다. 나는 내 사업을 하면서 안정감을 느꼈고 내가 사랑하는 사람도 안정감을 느끼게 해주었습니다. 그 뒤 우리는 부모님께 새 자동차를 사드렸고 하와이, 영국, 유럽 등지로 여행도 보내드렸습니다."

이 모든 것은 단과 낸시 윌슨, 폴과 데비 밀러 같은 수백만 명이 자유기업을 진지하게 생각해 보겠다고 결정한 순간부터 시작되었다. 그들은 기본을 습득했고 이를 충실하게 실행했다. 그러면 그 나머지는 그들이 말하듯 모두 과거지사가 된다.

여러분도 마찬가지로 성공할 수 있다. 기회를 붙잡아라! 멘토를 찾아라! 성공의 기본 원칙을 습득해 여러분의 미래를 위해 사용하라. 일단 한번 시도해 보라. 여러분의 꿈을 실현하는 것을 볼 기회와 다른 사람이 꿈을 실현하도록 도와줄 기회를 제외하고 무엇을 잃겠는가?

폴 밀러가 대학 시절 노스캐롤라이나 타힐스팀에서 챔피언십 시즌을 즐기고 있을 때 그 팀의 라커룸 관리인은 모리스 메이슨이었다. 그는 현명하고 사랑이 넘쳐흐르는 흑인으로 20여 년 동안 선수들을 뒷바라지했다. 폴이 말했다.

"그는 평생 선수들과 코치를 뒷바라지했습니다. 나는 10대 때 채플 힐에 왔는데 당시 열등감을 느끼면서 팀의 일원이 되지 못할까 봐 두려움에 떨고 있었죠. 그 시절 모리스 메이슨이 내 눈을 쳐다보며 다정하게 내 이름을 부를 때마다 나는 다시 자신감을 되찾고 희망을 가질 수 있었어요. 그는 수건을 건네주고 지친 몸을 안마해 주는 것 이상의 일을 했습니다. 스트레스와 긴장 속에 있던 선수들에게 보내준 그의 친절한 말과 부드러운 미소는 우리의 영혼까지 쓰다듬어 주었습니다."

1982년 폴과 데비 밀러는 모리스 메이슨이 은퇴한다는 소식을 듣고 그에게 존경과 고마움을 표하고자 그의 이름으로 장학금을 지급하기로 결정했다. 대학 관계자들은 메이슨을 치하하기 위해 퇴임 기념식을 계획했다. 사우스캐롤라이나 전역에 있는 많은 운동선수와 코치가 그 행사를 보고자 채플 힐로 모여들었다. 데비가 말했다.

"나는 결코 그날을 잊지 못할 겁니다. 폴과 나는 메이슨 씨 부부와 함께 테이블에 앉았죠. 모리스 메이슨 기념 장학금이 발표되자 우리는 일어서서 환호했습니다. 메이슨 씨는 놀란 나머지 아무 말도 못하고 앞만 바라보고 있었죠. 그는 미소를 짓고 있었지만 눈물이 볼을 타고 흘러내려 그의 회색 양복을 적셨어요. 그는 '감사합니다! 정말 감사합니다!'라고 말했습니다."

폴이 말했다.

"우리는 이 사업에서 많은 돈을 벌었습니다. 자본주의 덕분에 우리는 좋은 차와 좋은 집을 샀죠. 그러나 그날 밤 대학 캠퍼스 옆에 있는 작은 연회장에서 컴패서닛 캐피털리즘이 해낸 일을 목격한 뒤 좋은 차와 좋은 집은 잊기로 했습니다. 대신 나는 메이슨 씨의 눈물 가득한 표정을 결코 잊지 않을 겁니다."

Rich DeVos

COMPASSIONATE CAPITALISM

4
PART

성취: 나 자신과
다른 사람을 돕는 일

REACHING THE GOAL:
HELPING OURSELVES AND HELPING OTHERS

13.
우리는 왜 사람들이 스스로를 돕도록
도와야 하는가

신조13

우리는 사람들이 스스로를 돕도록 도와야 한다고 믿는다. 다른 사람을 이끌거나 가르치거나 격려하기 위해 우리의 시간과 돈을 나눌 때 이미 우리에게 주어진 것의 일부나마 돌려주는 것이다.

그러므로 멘토가 되라. 누구를 도와 그가 목표를 달성하고 꿈을 이루는 것을 보겠는가?

윌리 바스는 결코 잘생긴 남자는 아니었다. 쉰 살이라는 나이에 비해 주름투성이고 지친 모습이 역력했다. 참으로 힘들게 살아온 그의 얼굴에서는 많은 술집에서 수없이 싸운 흔적을 볼 수 있었다. 그는 짓궂게 웃으며 "연애하다가 얻은 상처는 아니죠."라고 말했다.

노스캐롤라이나주의 가난한 농가에서 태어난 윌리는 늘 헐렁한 작업복 차림이었다. 마치 낡아빠진 옷을 허수아비에게 입혀놓은 것처럼 여기저기 기운 옷이 그의 좁은 어깨와 여윈 몸매를 감싸고 있었다. 평생 용접일을 해온 윌리는 매일 뜨거운 철제 위에 구부리고 앉아 마스크를 쓰고 불을 휘둘렀다. 몇 년 동안 수많은 용접봉에서 증발한 금속이 그의 폐로 들어갔다. 그렇게 독한 가스 속에서 호흡하며 작업하다 보니 폐 기능이 많이 약해졌다.

그렇지만 그는 아내 나오미와 아이들에게 진심으로 헌신적이었다. 가족이 자신에게 의존하고 있음을 잘 알기에 윌리는 의사가 용접공으로 계속 일할 수 없을 만큼 몸이 나쁜 상태라고 말했을 때도 일을 그만두지 못했다. 그는 버스정류장까지 발을 질질 끌며 겨우 걸어 다녔고 숨을 쉴 때마다 헐떡였다. 그런 비참한 생활이 매일 계속되었다. 용접 마스크를 쓰고 불을 휘두른 윌리는 사랑하는 가족을 위해 죽음을 들이마시고 있었다. 그는 사랑하는 가족을 실망시키기보다 오히려 자신이 죽는 편이 더 낫다고 생각했다.

윌리는 허름한 집에 살면서 매달 112달러 정도씩 주택융자금을 갚고 있었다. 만약 윌리가 직장을 그만두면 그의 장애인연금이 186달러에 불과해 그의 가족은 도저히 그 돈으로 살아갈 수 없는 형편이었다. 그는 아무런 희망도 없이 무력감과 궁핍에서 헤어나지 못하는 자신을 발견했다. 아침마다 내키지 않는 발걸음으로 직장에 갔고 저녁마다 피로에 지쳐 거의 초죽음 상태로 비틀거리며 조그만 자신의 집으로 돌아왔다. 우리가 윌리 바스를 위해 할 수 있는 일은 무엇일까?

그냥 모른 체할 수도 있다. 혹은 윌리를 자선 대상으로 삼을 수도 있다. 아니면 윌리가 스스로 자신을 돕기를 바랄 수도 있다.

24년 전 론 헤일이 바로 그런 상황에 놓여 있었다. 윌리 바스와 론 헤일은 이웃으로 론은 가끔 윌리가 버스정류장까지 천천히 왔다 갔다 하는 모습을 보았다. 그래서 자신과 마찬가지로 윌리에게도 무언가 문제가 있음을 알아차렸다.

헤일 부부는 경제적 어려움에 처했을 때 독립적인 유통 사업을 시작했다. 월리를 좀 더 알게 되자 헤일 부부는 월리가 절실하게 절망의 늪에서 빠져나올 필요가 있음을 깨달았다. 마침내 헤일 부부는 월리가 스스로를 돕도록 도와야겠다는 생각을 했다. 월리가 그들의 도움을 허락한다면 헤일 부부는 그의 훌륭한 멘토가 되어줄 작정이었다.

짐 플로어는 남부 캘리포니아 가스회사의 성공한 로비스트였다. 그는 자기 회사와 로스앤젤레스 시의회, 로스앤젤레스 카운티 감독위원회의 연락관으로 일했다. 월리와 달리 짐과 마지 플로어는 안락하게 생활했다. 아름다운 오렌지카운티 교외에 커다란 집도 있었고 월급도 많았으며 여행 경비나 일반 판공비도 상당했다.

외형만 보면 누구도 짐 플로어를 월리 바스와 비교하지 않을 것이다. 그러나 내면을 들여다보면 짐에게도 불만이 많았고 그에게는 이루지 못한 꿈이 있었다. 짐의 친구이자 동료인 프레드 보그다노프가 그에게 특별한 관심을 보이기 시작했다. 당시 프레드는 자기사업에서 막 결실을 거두기 시작한 즈음이었다. 그는 짐 플로어를 그가 가르치고 싶어 한 사람들 중 첫 번째로 꼽았다.

10년 반이 지난 지금 월리 바스와 짐 플로어 두 사람의 삶에는 놀랄 만한 변화가 일어났다. 나는 이 이야기가 여러분이 멘토가 되겠다고 결심하고 또 사람들이 스스로를 돕도록 도와주는 사람들의 대열에 참여하겠다는 생각을 하는 데 도움을 주기를 바란다.

Step1 : 멘토는 사람들의 성공 잠재력을 믿는다

론은 이렇게 회상했다.

"우리는 월리를 무기력하고 무능한 노인으로 보지 않았습니다. 조금 길을 잘못 들어 올바른 길로 돌아서도록 도와줄 필요가 있는 가능성이 많은 사람으로 보았지요."

프레드는 다음과 같이 기억했다.

"누구라도 짐과 마지 플로어를 보면 야심이 많고 성공한 사람으로 여길 것입니다. 하지만 그들은 더 큰 꿈을 꾸고 있었고 그 꿈을 어떻게 이뤄야 할지 확실히 모르는 상태였지요."

사람들이 스스로 돕는 것을 도와주는 사람은 먼저 신이 사람들을 대하듯 그들을 바라봐야 한다. 내가 이 책의 서두를 창조주가 인간 모두에게 가지고 있는 꿈 이야기로 시작한 것도 그런 이유 때문이다. 우리가 인생을 어떻게 망쳐놓았든(혹은 엉망인 상태로 인생을 물려받았든) 하나님은 여전히 우리를 믿고 있다. 우리가 인생에서 얼마나 성공했든 하나님은 여전히 우리를 가능성 있고 가치 있는 존재로 보고 있다. 이것은 아주 좋은 소식이다(바로 여기서부터 사람이 사람을 돕는 과정이 시작된다). 만일 하나님이 계속 우리를 믿는다면 우리도 서로를 믿어야 한다.

론이 나타나기 전까지 월리는 스스로 자신의 잠재력을 믿지 않았다. 그렇지만 론은 월리에게서 그의 한계 이상을 보았다. 가장의 의무를 다하기 위해 그토록 열심히 일하는 사람에게는 뭔가 특별한 것이 있을 거라는 생각이 들었다. 그는 월리와 월리의 장래성을 믿었고 그 믿음을 바탕으로 기꺼이 노력해 볼 용의가 있었다.

프레드가 짐 플로어를 이끄는 것은 훨씬 쉬웠다. 짐은 이미 성공한 사람이었기에 그가 계속 성공가도를 달리지 못할 이유는 전혀 없었다. 아쉽게도 짐은 자신이 계속 성공가도를 달릴 수 있고 또 달려야 한다고 확신하지 않았다. 이미 잘 지내고 있는데 왜 쓸데없는 수고를 하며 새 사업을 시작하느라 새로운 위험을 감수해야 하는가? 짐에게는 온갖 변명거리가 다 있었다. 프레드는 어떻게든 짐의 그 방어벽을 뚫고 들어가야 했다. 그래야 짐의 친구 겸 멘토로 성공할 수 있었다.

윌리와 짐은 분명 달랐지만 한 가지 면에서는 공통점이 있었다. 그것은 둘 다 자신의 성공 잠재력을 믿어주는 사람이 곁에 있었고 덕분에 다른 수백만 명과 마찬가지로 그들에게 전혀 새로운 생명을 불어넣는 과정이 시작되었다는 점이다.

Step 2: 멘토는 자기가 믿는 사람에게 잠재력이 있다고 말하는 용기를 낸다

윌리의 가능성을 믿는 것과 그것을 윌리 자신이 확신하게 만드는 것은 별개의 문제다. 아무리 상대방을 믿어도 그에게 그것을 말하고 그 사람도 자신을 믿도록 만들기 전까지 그 믿음은 단지 희망사항에 불과하다.

론은 몇 주에 걸쳐 자기사업을 하는 것과 그에 따르는 희망, 자유를 이야기해 주었다. 윌리는 그저 미소를 지으며 고개를 흔들 뿐이었다. 그는 바보가 아니었고 그것이 얼마나 위험한 일인지 알고 있었다. 자신의 나이와 건강을 고려할 때 사업을 시작하는 것은 이룰 수 없는 꿈처럼 여겨졌다. 그래도 헤일 부부는 계속 그를 설득했다. 윌리는 열심히 들으며 조금씩 희망을 품기 시작했고 어느덧 그것이 마음속에 크게 자리 잡기 시작했다.

짐은 이렇게 기억했다.

"남부 캘리포니아 가스회사의 직장동료 프레드 보그다노프가 자기사업을 말해주려고 나를 처음 초대했을 때 나는 Amway를 전혀 모르고 있었습니다. 그때 나는 가겠다고 약속하고는 가지 않았죠. 프레드는 내 멘토가 되겠다고 결심하고 내가 거절할 수 없게 아예 우리 집으로 와서 사업플랜을 들려주었어요. 그는 우리를 돕기 위해 직접 손을 뻗어준 것입니다."

프레드는 2시간 30분 동안 설명한 후 다소 초조했으나 짐의 장래에 진지한 관심을 보였다. 짐은 프레드가 진정 자신에게 관심을 보이는 것에 감사했다. 짐은 그가 제시한 사업 계획을 이해할 수 있었지만 꼭 사업을 시작할 필요를 느끼지 않았다.

짐이 그때의 상황을 회고했다.

"사실 나는 경제적 안정이 필요했고 그것이 개인의 자유를 보장해 주리라는 것도 알고 있었어요. 그렇지만 그 사실을 시인하지 않았지요. 동료이자 친구라서 그런지 자존심 때문에 정직하게 행동하지 못한 것이죠."

14년이 지난 지금 짐과 마지 플로어는 우리 사업으로 상당한 성공을 거뒀고 그들 자신도 경험 많고 유능한 멘토가 되었다. 짐이 말했다.

"프레드가 내 멘토가 되기로 결심했을 때 프레드는 멘토가 극복해야 할 두 가지 중요한 문제를 경험했습니다."

첫째, 사람들은 인생이 자기 뜻대로 풀려가지 않는다는 걸 인정하기 싫어한다. 이런 저항에 직면하면 멘토는 성실하게 임하면서 참을성을 보여야 한다. 이때 멘토는 자기 이야기를 해주는 것이 좋다. 자신에게도 그런 의구심이 있었음을 시인하고 자신의 약점도 인정해야 한다. 상대방에게 시간을 주어야지 다그쳐서는 안 된다. 일단 상대가 여러분을 진정 신뢰하면 그들 역시 필요로 하는 게 있음을 인정할 것이다.

둘째, 사람들은 새로운 일에 쉽게 마음을 열지 않는다. 영국 소설가 로저먼드 레이먼은 이렇게 표현했다.

"다른 사람에게 기회를 제공할 수는 있다. 하지만 그들에게 능력까지 줄 수 있는 것은 아니다."

다시 말해 서둘지 말아야 한다. 우선 여러분의 주장을 분명히 전달한 다음 그들이 필요로 하는 만큼 충분한 시간 여유를 준다. 그들이 질문하면 그것을 경청한 뒤 정직하게 요점에 맞게 답변한다. 이때 이해를 돕기 위해 자신의 경험도 인용한다. 그러면 닫혔던 마음의 문이 서서히 열릴 것이다.

윌리 바스와 짐 플로어는 전혀 다른 삶을 살아온 사람들이었다. 그들의 멘토는 두 사람을 위해 극복해야 할 것이 너무 많았다. 론과 프레드는 애정과 인내심으로 윌리와 짐이 의혹, 의문, 두려움을 극복할 때까지 기다렸다. 그런 다음에야 비로소 그들이 스스로를 돕도록 도와주는 모험을 실질적으로 시작할 수 있었다.

Step 3 : 멘토는 실용적인 계획을 제시하고 그 계획을 실행하도록 돕는다

론 헤일은 "윌리에게 할 수 있다고 설득하는 데만 3개월이 걸렸다."라고 말했다. 한번 해보겠다고 말한 후에도 수줍음이 많은 윌리는 사람들에게 말하지 못했다. 그런 일을 한 번도 해본 적이 없었기 때문이다. 론은 이렇게 기억을 더듬었다.

"8~9개월 동안 우리는 윌리가 사람을 불러 모으도록 도움을 주었습니다. 그런 다음 밤낮을 가리지 않고 윌리의 모임에서 그를 대신해 얘기를 했지요. 상품이나 유통 계획에 의문과 관심을 보이는 사람들에게 계속 프레젠테이션을 해주었어요."

론이 윌리를 지도하는 동안 프레드 보그다노프는 짐 플로어에게 온 신경을 쏟고 있었다. 프레드 자신도 아직 초보였지만 그는 영리했다. 짐과 마지 플로어의 까다로운 질문에 답할 수 없을 때는 더 경험 많은 사람을 불러 답을 해주었다. 프레드는 플로어 부부에게 사업 능력과 개인 발전에 필요한 테이프, 책, 팸플릿을 전해주기도 했다. 또 한 달에 한 번씩 이들을 모임에 데려가 경험자들의 성공담과 체험을 듣게 했다.

멘토에게 초기 몇 달은 참으로 길고 어려운 시간이다. 사람들이 스스로를 돕도록 도와주는 데는 아주 많은 시간과 인내심이 요구된다. 특히 윌리 바스처럼 이전에 스스로를 전혀 믿지 않던 사람은 마치 갓 태어난 아이와 같다. 스스로 먹기 전까지 떠먹여주어야 하고 혼자 걷기 전 얼마 동안은 안고 다닐 필요가 있다. 그리고 무엇보다 포용과 사랑이 많이 필요하다. 자신을 믿기는 해도 사업에 문외한인 플로어 부부 같은 사람들 역시 사랑과 보살핌이 필요하다.

짐 플로어는 우리에게 이런 교훈을 일깨워주었다.

"치열한 경쟁 사회에서 스스로 성공한다는 것은 상당히 어려운 일입니다. 우리는 초기의 어려운 시기뿐 아니라 영원히 서로를 필요로 합니다. 함께 일하면 얼마나 큰 힘이 생기고 또 얼마나 많은 일을 할 수 있는지 사람들이 깨닫도록 하는 건 어렵습니다. 그건 Amway 사업의 특징이기도 하죠."

짐은 이렇게 덧붙였다.

"멘토는 곧 자신도 가르침을 받고 있음을 깨닫습니다. 가르침을 받던 사람은 곧 자신도 멘토를 가르치고 있음을 알게 됩니다. 즉, 모든 사람이 똑같은 혜택을 받는 거죠. 사람들이 스스로를 돕게 하는 것은 두 길을 동시에 걷는 일입니다."

마침내 윌리는 스스로 사업설명을 할 용기를 냈다. 론은 그의 첫 사업설명을 다소 서툴렀지만 매우 신선한 웅변이었다고 평가했다. 폐가 나쁜 윌리는 약간 더듬거렸으나 힘 있는 목소리로 말했다. 그는 연설이나 강연을 들은 적이 없었고 달변의 영업사원도 아니었다. 그렇지만 과장된 수사 없이 직설적인 그의 연설은 퍽 인상적이었다. 윌리는 꾸밈없이 솔직하게 진실을 전달했고 말이 상당히 다채로웠다. 가령 그는 대부분의 사람들이 비누나 광택제 같은 상품에 잘 쓰지 않는 형용사를 거침없이 사용했다.

윌리의 첫 사업설명은 언변이 좋아서가 아니라 그가 성실하게 임한 덕분에 성공했다. 사람들은 그의 말에서 희망을 느낄 수 있었다. 과연 윌리는 어디서 그 희망을 얻었을까? 바로 헤일 부부와 그 밖에 다른 사람들이다. 이것이 바로 각자가 스스로를 돕도록 도와주는 것을 믿는 사람들에게 여러분이 받을 수 있는 중요한 선물이다. 그들은 여러분을 믿고 마침내 여러분도 스스로를 믿게 된다. 그들은 여러분의 미래에서 희망을 보고 그 희망은 차츰 여러분의 가슴에도 싹트기 시작한다.

짐과 마지 플로어에게 사업설명은 쉬운 일이었다. 짐은 사람들 앞에서 이야기하는 데 익숙했고 마지는 마케팅 플랜을 발표하면서 재빨리 대중 연설 기술을 터득했다. 그들의 사업은 금세 번창하기 시작했다. 짐이 회상했다.

"우리는 한 달에 4천~5천 달러를 벌었어요. 그러다가 금방 세 배로 늘었죠. 우리는 사업을 한다는 것이 한계를 만드는 게 아니라 노력한 만큼 얻는 걸 의미한다는 것을 알게 되었어요."

그때쯤 짐 플로어는 승진해서 남부 캘리포니아 가스회사보다 더 비중 있는 자리로 옮겼고 월급도 올랐다. 곧이어 플로어 가족은 교외의 비싼 주택으로 이사했다. 이제 그들은 주지사 사무실의 중요한 직책부터 주의회 의원까지 캘리포니아주의 주요 지도자급 인사를 상대하고 있다. 짐은 다음과 같이 기억을 더듬었다.

"잠깐 동안 주의 수도에서 새로 시작한 생활에 온 정신을 빼앗겼습니다. 내 사업에 보였던 희망도 한동안 잊었어요. 고객 기반을 넓히는 일도 그만두었고 사업설명도 점차 줄어들다가 마침내 전혀 하지 않았죠. 그렇지만 내 처음 멘토 프레드는 계속 내게 관심을 기울였지요. 새로 만난 클리프 민터라는 친구가 제2의 멘토가 되어 내게 전화도 하고 편지도 보내면서 내 꿈에 솔직해지고 그걸 추구하라고 충고했습니다. 내가 어찌 지내는지 알아보려고 클리프가 전화했을 때 나는 거짓말을 했어요. '잘 지내고 있어요.'라고요. 과녁을 1킬로미터 넘게 벗어나 있는데도 여전히 목표물을 명중하고 있는 것처럼 허세를 부렸지요."

짐이 잠시 멈췄다가 말을 이었다.

"그다음에 3시간 정도 떨어진 레딩에서 열리는 모임에 갔습니다. 그곳에서 데이빗 서번이 어떤 일을 시작하기만 하고 완수하지 못하는 사람들의 이야기를 했지요. 연설 말미에 데이비드는 잠시 멈추더니 마치 나를 염두에 둔 것처럼 말했습니다. '여기에도 그런 사람이 있습니다. 하나님이 주신 재능을 낭비하는 사람이 있지요. 그렇게 자기 식으로 안일하게 살아가면 그에게 어떤 일이 일어날지 생각만 해도 끔찍하군요.' 나는 그 연사가 누구인지 전혀 몰랐어요. 하지만 그의 말이 망치처럼 내 가슴을 쳤습니다. 돌아온 뒤 나는 내가 알거나 한 번이라도 만난 사람들의 목록을 만들었지요. 그런 다음 차례대로 하나하나 접촉하기 시작했습니다."

Step 4: 멘토와 그들의 가이드를 받은 사람들, 그밖에 나머지 모든 사람이 함께 이익을 나눈다

사람들이 스스로를 돕도록 도와주는 일은 특히 처음에 상당히 어렵다. 그러나 그것은 장기적으로 놀랄 만한 혜택으로 돌아온다. 그 혜택은 멘토나 그가 가르치는 사람들만 공유하는 것이 아니라 전 세계로 파급된다.

가르침을 받은 사람도 혜택을 공유한다. 더 많은 돈을 버는 것이 1차 목표이므로 먼저 재정적 혜택을 살펴보자. 운이 좋은 사람은 멘토가 그의 잠재력을 발견하도록 돕고 그다음에 스스로 자신의 잠재력을 믿고 행동해 조금이나마 성공한 윌리와 짐처럼 놀라운 재정적 이득을 얻는다.

윌리 바스에게 일어난 일을 한번 보자.

자기사업을 시작한 지 13개월 만에 그는 우리 Amway의 ABO가 되었다. 수입이 두 배, 세 배로 늘어난 그는 용접일을 그만두고 자신의 건강을 보살폈으며 자신과 가족의 생활수준을 향상시킬 만큼 돈을 모았다.

생전 처음 월리는 모든 청구서의 돈을 지불했으며 자신이 죽은 후에도 가족의 경제적 안정을 보장해 줄 돈을 은행에 저축할 수 있었다.

월리 바스와 마찬가지로 짐과 마지 플로어도 다시 한 번 자기사업을 진지하게 진행하면서 놀랄 만한 결과를 얻었다. 짐이 회상했다.

"우리 사업은 날로 번창했습니다. 처음으로 우리가 일하지 않아도 수입이 계속 늘어났지요. 우리 사업체를 소유하고 장기 이윤을 공유하면서 우리가 투자한 시간과 노력보다 매년 더 많은 것을 되돌려 받았습니다. 우리 부부는 경제적 안정이라는 꿈을 실현했고 나는 남부 캘리포니아 가스회사에 사직서를 제출했지요. 나는 더 이상 누구 밑에서 일할 필요가 없게 되었죠. 마지와 나는 재정적 안정을 이루겠다는 꿈을 실현했어요."

사람들이 스스로를 돕도록 도와주는 일에는 돈 이상의 의미가 있다. 월리가 어른이 된 이후 항상 느끼던 절망감을 극복했을 때 자신의 가치를 어떻게 생각했을지 상상해 보라. 그가 영원히 용접 불꽃을 치워버리겠다고 생각했을 때 마음속에 생긴 새로운 희망을 생각해 보라. 매일 버스정류장까지 걸어가느라 숨을 헐떡일 필요가 없었을 때 경험한 새로운 자유, 아내 그리고 가족과 함께 생활하며 지낼 수 있음을 깨달았을 때 느낀 희열을 상상해 보라. 돈을 번다는 것은 월리 바스에게 일어난 일의 일부에 불과하다. 충분한 수입은 그에게 새로운 희망, 자유, 기쁨을 안겨주었다. 이보다 더 좋은 일이 있을 수 있겠는가?

짐과 마지 플로어 역시 돈 이상의 혜택을 받았다. 짐은 이렇게 기억했다.

"우리는 자유로웠습니다. 가족이 많은 시간을 함께 지냈고 우리 마음대로 스케줄을 짤 수도 있었지요. 물론 새로운 비즈니스라 사업 초기 2~3년 동안에는 이런저런 고생도 많았죠. 그래도 우리는 여전히 자유로웠고 우리 생각대로 여행을 가거나 집에 머물 수 있었습니다. 무엇보다 좋은 것은 새로운 친구를 많이 사귄 것입니다. 그들이 이 사업을 시작한 이유도 우리와 비슷했습니다. 그들도 경제적 안정과 다른 분야에서의 안정을 꾀할 수 있기를 원했지요. 우리는 같은 꿈과 가치 때문에 서로 끌려서 모인 겁니다."

짐은 다음과 같이 덧붙였다.

"가치를 공유하는 사람과 어울릴 때 창출하는 상호 협조적인 분위기를 설명하기란 참으로 어렵습니다. 우리의 최고 멘토인 리치와 제이는 한때 미국을 인도한 원칙을 우리에게 전해주었지요. 인간의 잠재력에 보이는 믿음, 모든 청구서를 제때 지불하고 경제적 안정을 꾀하는 것, 목표를 정하고 기록해 계속 추구하는 것, 목표에 도달했을 때 감사하는 것, 열심히 일하는 것, 정직한 삶을 꾸려가는 것, 우리에게 많은 관심을 보이고 우리를 우리의 단점으로 판단하지 않는 사람들의 신뢰를 저버리지 않는 것, 사람들이 스스로를 돕도록 도와주는 것 등이 그것입니다."

짐은 계속해서 말했다.

"학교에서는 더 이상 이런 원칙을 가르치지 않아요. 가정과 교회에서도 이들 원칙을 아이들에게 전해주지 않습니다. 생각이 같은 친구들, 영원히 소중히 여길 만한 친구들을 만난 것이 무엇보다 큰 혜택이었습니다."

멘토도 이러한 혜택을 공유한다. 윌리와 짐이 자기사업을 시작했을 때 그들의 멘토인 론 헤일과 프레드 보그다노프도 경제적 혜택과 개인 성장이라는 이득을 공유했다. Amway 사업에서 멘토는 자신이 가르친 사람들이 성공할 때 가장 큰 수확을 올린다.

그러면 헤일 부부는 노력에 따른 보상만 받았을까? 윌리 바스를 돕는 일은 단시일 내에 쉽게 이뤄지지 않았다. 헤일 부부는 윌리와 그의 가족에게 수년간 사랑과 관심을 쏟아 부었다. 그들은 윌리를 믿고 보살폈으며 언제나 그의 곁에 있었다. 보그다노프 부부는 어땠을까? 짐과 마지 플로어의 멘토가 되어 얻은 것은 무엇일까? 왜 프레드는 플로어 가족이 자신의 꿈을 포기한 후에도 여전히 그들 곁을 떠나지 않았을까? 단지 돈 때문이었을까, 아니면 그 이상의 무엇이 있었을까?

여러분은 지금 내가 말하고자 하는 것을 믿기 어려울지도 모른다. 그래도 상관없다. 그건 충분히 이해하니까. 나 역시 처음에는 그것을 믿기 어려웠다. 헤일 부부, 보그다노프 부부, 플로어 부부 그리고 이 사업에서 성공한 사람들은 돈을 버는 기쁨보다 다른 사람을 돕는 기쁨을 우선으로 여긴다! 믿거나 말거나 그들은 다른 사람이 꿈을 실현하는 걸 보는 것이 그 과정에서 벌어들이는 돈보다 훨씬 더 자기 가치를 인식하게 하고 개인적 성취감을 안겨주는 보상이라고 믿었다.

나는 이 말에 이의를 보내는 사람들에게 자신 있게 반박할 수 있다. 나는 성공적인 Amway 사업을 구축한 수많은 사람들을 대신해 반론할 수 있다. 그러나 그렇게 하지는 않겠다. 다만 윌리 바스와 짐 플로어 사례로 그것을 대신하겠다. 윌리가 무슨 말을 할 것이라고 생각하는가? 과연 그는 론 헤일 부부가 자기 인생에 끼친 공헌을 어떻게 느낄까?

론은 이렇게 말했다.

"13년 후 윌리 바스가 죽었을 때 나는 그의 무덤 옆에 서서 많은 것을 회상했습니다. 그가 크고 단단한 손으로 내 손을 잡은 적이 얼마나 많았는지, 그가 내 눈을 똑바로 쳐다보며 사랑과 감사를 표하고 싶어 한 적이 얼마나 많았는지, '고마워요, 론!' 하고 말한 적이 얼마나 많았는지 그리고 마음속에 품은 말을 다 전하지 못할 때는 다만 내 손을 꼭 잡고 서서 눈물을 글썽이며 미소 짓던 일을 떠올렸지요."

전 세계 각지의 많은 부부가 헤일 부부처럼 사람들이 스스로를 돕도록 하면서 돈을 벌었다. 만일 그들이 도움을 준 사람들이 그 도움에 감사한 다면 무슨 권리로 그 동기에 의심의 눈길을 보낼 수 있겠는가? 헤일 부부는 그들이 꿈을 실현하는 것을 보기 위해 열심히 일했다. 윌리 바스를 도우면서 그들은 그 꿈과 이상을 성취했다.

사람들이 스스로를 돕도록 도와주면 모든 사람이 혜택을 본다. 윌리가 인생 방향을 전환했을 때 그의 세상은 어떻게 바뀌었는가? 그의 방향 전환을 생산성 증대, 소비력 증가, 정부의 새로운 세원 추가, 교회 헌금 증가 같은 식으로 해석할 수 있는가? 윌리와 홀로서기를 배운 다른 모든 남녀에게 일어난 일은 우리 모두에게 영향을 미친다. 연못의 수면 위로 퍼져가는 파문처럼 한 사람의 새로운 탄생은 세상 모든 사람에게 희망과 자유를 주는 파급 효과가 있다.

예를 들어 윌리의 가족을 생각해 보자. 윌리의 마음속에 새로운 희망이 생겼을 때 그들이 얻은 새 희망을 상상해 보라. 그들의 삶은 바뀌었고 그 영향은 주변 모든 사람에게로 퍼져갔다. 윌리의 이웃은 어떠한가? 몇 년 동안 숨이 차서 버스정류장을 오가던 윌리가 새 옷을 입고 새 자동차를 타고 다니는 것을 본 이웃이 어떤 영향을 받았겠는가? 윌리의 직장동료, 직장상사, 사장은 어떠한가? 그들이 "도대체 윌리에게 무슨 일이 일어난 거지? 그에게 일어난 일이라면 내게도 일어날 수 있어!"라고 수군거리는 것을 듣지 않겠는가?

헤일 부부는 이런 유명한 말을 했다.

"당신이 다른 사람을 도우면 당신은 영웅이 됩니다. 그러나 다른 사람이 스스로를 돕도록 도와주면 그들 스스로 영웅이 됩니다."

만일 헤일 부부가 윌리에게 돈을 주거나 직장까지 자동차로 태워주거나 원조기관에 소개해 그에게 도움을 주고 만족했다면 어땠을까? 물론 그들은 옳은 일을 했다고 볼 수 있다. 그렇다면 윌리는 어떤가? 그가 옳다고 칭송했겠는가? 아마 어느 정도 자존심은 세웠겠지만 그는 여전히 피곤하고 지친 절망적인 사람으로 남았을 것이다. 더 나쁘게 생각하면 헤일의 자선 행동으로 윌리는 더 절망적이고 의존적이 되거나 더 많은 비애를 느꼈을지도 모른다.

홀로 서기 위해 우리는 서로를 필요로 한다

자립심은 사람들이 갈망하는 아주 오래된 가치다. 혼자 강인하게 선다는 것은 우리 문화에서 공통된 주제지만 어떻게 자립할 수 있는가에 관해서는 거의 들을 수 없다. 우리가 처음부터 용기와 성실성, 희망을 가지고 태어나는 것은 아니다. 어느 날 갑자기 강해지고 자립하는 것도 아니다. 살아가면서 어떤 일에 부딪히다 보면 힘과 자립할 방법을 터득해 간다. 그런 일은 어떻게 일어나는가?

대답은 간단하지만 쉽지는 않다. 우리는 자립심이라는 선물을 서로에게 준다. 수년 동안 내 친구 프레드 마이어는 그 선물을 수천 명에 이르는 자신의 직원들에게 나눠주었다. 프레드의 아버지 헨드릭 마이어는 우리 동네에서 신화적인 인물이다. 헨드릭은 1907년 고국 네덜란드를 떠나 미시간주의 홀랜드로 이주해 왔다. 그는 자본주의에 혐오감을 보인 스물세 살 난 공장 노동자였다. 나막신을 신은 이 젊은 반항아는 대공황기에 식료품 가게를 시작했고 사업이 점점 커져 마이어라는 이름의 거대한 슈퍼마켓과 할인백화점 체인으로 발전했다. 이 가게는 현재 그의 아들이 맡아 운영하고 있다.

마케팅과 경영 재능이 뛰어난 프레드는 특히 다른 사람에게 자립심이라는 선물을 전달하는 데 탁월하다. 그의 특별한 재능을 보여주는 이야기가 하나 있다. 1950년대 중반에서 1960년대 중반까지 미국은 인종 문제로 분열되어 있었다. 앨라배마주 몽고메리에서 로자 파크스라는 흑인 여인이 버스 뒷자리로 옮겨 앉지 않았다고 체포·투옥되었을 때 흑인들의 업무 거부 사태가 일어났다. 남부 침례교회 목사 마틴 루터 킹은 이 사태를 조직화해 시민운동으로 확대했고 이는 곧 전국으로 퍼져갔다.

그 무렵 프레드 마이어는 그랜드래피즈에 있는 본사에 비서가 한 명 필요했다. 그때 세 여성이 지원했고 그중 한 명은 흑인이었다. 인사부장이 세 명 모두 훌륭한 자격을 갖췄다고 말하자 프레드는 두말없이 "페티본 부인을 고용하세요."라고 했다. 인사부장이 말했다.

"그녀는 흑인인데요. 지금까지 흑인을 고용한 적은 없습니다."

프레드가 말했다.

"나도 알아요. 그 부인으로 정하세요."

인사부장은 다시 그 이유가 무엇이냐고 물었다. 프레드는 간단히 대답했다.

"두 백인 여성은 다른 곳에서도 일자리를 구할 수 있겠지만 페티본 부인은 그럴 수 없을 테니까요."

여러분의 인생을 한번 돌아보라. 능력을 증명할 기회를 주기 위해 여러분에게 손을 내민 용기 있고 사려 깊은 사람이 몇 명이나 있었는지 떠올려보라. 만약 있다면 그들에게 감사하라. 지금까지 남아 있는 위대한 사람들의 감동적인 이야기는 사실 그들이 위대해지는 데 도움을 준 주위 사람들의 수많은 이야기가 모여 이뤄진 것이다.

어렸을 때부터 장님과 귀머거리였던 헬렌 켈러는 외부 세계와 단절된 채 분노와 좌절 속에서 살았다. 그런데 오늘날 그녀의 이름은 전국 초등학교 어린이들의 존경 대상이다. 헬렌 켈러가 어둠과 침묵의 세계에서 벗어나기 위해 혼자 노력한 것은 아니었다. 그녀의 부모는 먼저 알렉산더 그레이엄 벨에게 도움을 요청했다. 그의 도움으로 헬렌은 앤 설리번이라는 선생님을 만났는데 앤 역시 약간 시력이 약해진 상태였다. 앤은 그 어린 제자를 위해 큰 꿈을 꾸었고 그녀는 헬렌의 어린 시절 내내 성실하고 두려움 없는 멘토였다. 1904년 헬렌 켈러는 래드클리프대학을 우등으로 졸업했다.

오늘날 전 세계에서 그녀의 지혜로운 말을 인용하고 있지만 헬렌 켈러를 위대하게 만든 것은 그녀의 멘토 앤 설리번과 보스턴의 농아학교 선생님들 그리고 뉴욕시 라이트 휴먼슨 구화학교 선생님들이었다. 그녀 자신의 힘으로만 이룬 게 아니었다. 훌륭한 멘토가 없었다면 헬렌 켈러는 어둠과 침묵의 세계에서 죽어갔을 것이다.

우리 모두에게는 과거에 우리가 자립하도록 도와준 사람이 있다. 감히 우리 자신의 힘으로 오늘날 이 자리에 서게 되었다고 생각하지 마라. 잠시라도 다른 사람의 도움은 필요 없다고 생각하는 것은 건방지고 위험하며 잘못된 일이다. 돌이켜 생각해 보라. 또 기억을 더듬어보라. 오늘날 여러분의 성공을 뒷받침하는 능력을 얻도록 도와준 사람은 누구인가?

사람들은 "하늘은 스스로 돕는 자를 돕는다."라는 말이 성경에서 나온 것으로 알고 있지만 실은 6세기에 쓰인 《이솝 우화》에 나오는 말이다. 사실 이 말은 유대 기독교 전통과 완전히 반대되는 감정이다. 누군가가 길을 가르쳐주지 않은 상태에서 사람이 스스로를 돕는 것이 얼마나 어려운 일인지 이솝은 알고 있었을까? 스스로 돕는 자를 돕는 기쁨은 알고 있었을까?

한 세대는 다음 세대가 스스로를 도와 일어서도록 도와주어야 한다. 그것이 바로 세상이 돌아가는 이치다. 부모는 아이들에게 자립하는 법을 가르친다. 아이들은 또 자기 자녀와 손자에게 이를 전해준다. 이렇게 수 세기가 지나면서 사람들은 스스로를 돕는 사람을 돕게 된다.

예수님이 "서로 사랑하라."라고 말씀하신 것은 Amway를 설립하는 바탕을 마련해 준 셈이다. 사람들이 스스로를 돕도록 도와주는 것은 '서로를 사랑하는' 가장 훌륭하고도 효과적인 방법이다.

나는 누군가가 "왜 누구누구는 이렇게 행동하지 못할까?" 하는 말을 들을 때마다 놀란다. 그럴 때 나는 '왜 당신이 그 누구누구에게 어떻게 해야 하는지 보여주지 못하는가.'라고 반응한다. 사람이 자립하는 법을 알고 태어나는 것은 아니다. 자기 스스로를 돕는 방법도 거의 모르고 있다. 컴패셔닛 캐피털리즘의 가장 핵심은 헤일 부부가 월리에게 했듯 사람들에게 성공에 이르는 길을 가르쳐주고자 하는 열망에 있다.

우리 사업은 만일 우리가 사람들에게 스스로를 돕는 법을 가르쳐주면 그들이 스스로를 도울 것이라는 믿음에 근거하고 있다. 세계 각국에서 행한 내 연설에는 간단한 두 가지 주제가 있다. 그것은 '당신도 할 수 있다.'

와 '바로 이렇게 하면 된다.' 이 두 가지다.

　이것은 분명하게 증명된 믿을 만한 아이디어다. 그런데도 정부와 많은 민간기관이 알게 모르게 사람들이 의지하게 만들고 스스로를 돕지 않도록 하는 데 모든 노력을 기울이고 있다. 나는 결국 사람들이 자립할 수 없게 만드는 시도는 실패할 수 밖에 없다고 믿는다.

자선 그 자체는 컴패션이 아니다

　19세기 어느 성직자가 "자선을 베풀며 돌아다니는 사람들만큼 해악을 끼치는 사람은 없다."라고 말했다가 큰 고초를 겪었다.

　나는 자선을 믿으며 이 책의 주제는 바로 컴패션이다. 세상에는 스스로를 도울 수 없고 앞으로도 영원히 도울 수 없는 사람이 많이 있다. 이들 역시 사랑받을 가치가 있으며 우리는 이들에게 실질적이고 희생적인 관심을 보여야 한다. 다음 장에서는 이 문제와 함께 이러한 신념을 보인 컴패셔닛 캐피털리스트의 흥미진진한 이야기를 다루고자 한다.

　그렇지만 먼저 단순한 자선은 사람들을 자기비하에 빠뜨릴 수 있다는 점을 기억하자. 그 의도가 아무리 고귀해도 받는 사람의 자존심에 결정적 타격을 줄 수 있다. 자선은 자신의 문제를 해결할 능력과 의욕을 상실하게 만들기 십상이다. 이것은 컴패션이 아니다.

　정부는 수십 년 동안 이러한 사회 문제에 돈을 써왔지만 별다른 효과가 없었다. 정부는 사회봉사기관 설립과 컴패션을 혼돈해 왔다. 비록 동기는 훌륭했으나 이들 기관은 종종 자존심이 있는 사람들을 비하하고 파괴해

버린다. 컴패션의 수단으로 시작한 일이 결국 실패로 끝나버리는 것이다.

진정한 컴패션은 사람들이 스스로를 돕도록 돕는 것이다

이런 컴패션이 아니면 다른 어떤 종류의 컴패션도 위선이다. 단기적인 구제는 진정한 컴패션이 아니다. 구호품 제공은 기껏해야 일시적인 문제 해결에 불과하다. 무엇보다 사람들이 사회가 필요로 하는 사람으로 거듭 나게 만드는 중요한 문제는 전혀 해결하지 못한다. 더구나 이 단기적 해 결책에는 많은 비용이 들어간다. 어떤 사람은 사회적 혜택을 무상 제공으로 알고 있지만 실은 그렇지 않다. 복지 사업을 위해서는 세금을 많이 거 둬들여야 하고 그러면 의존적인 사람을 더욱더 의존적으로 만들고 만다.

컴패션은 간혹 급히 필요한 것을 충족해 주기 위해 자선으로 시작하지 만 사실 진정한 컴패션은 자선 이상의 것이다. 단기적인 도움으로는 충 분치 않다. 진정한 컴패션은 장기적으로 사람들이 스스로를 돕도록 도와 주는 일이다.

만일 어느 날 아침 여러분이 현관문을 열고 나왔을 때 신문배달 소년 이 잔디밭에 피를 흘리며 쓰러져 있다면 어떻게 하겠는가? 분명 급히 도 우러 갈 것이다. 그것이 자선이다. 아무 생각 없이 여러분 힘으로 할 수 있는 한도 내에서 소년의 생명을 구하려고 모든 것을 하지 않겠는가. 절 망적이거나 생명을 위협하는 상황에 직면하면 우리는 먼저 그것을 해결 하려 한다. 아무런 보상을 바라지 않고 말이다.

그러나 위급한 상황이 끝나면 또 다른 형태의 컴패션이 필요해진다.

그것은 장기적인 컴패션, 즉 사람들이 스스로를 돕도록 도와주는 일이다. 그 신문배달 소년은 어떻게 다쳤을까? 누구의 잘못일까? 만일 뺑소니차가 소년의 자전거를 치고 생명까지 앗아갈 뻔했다면 먼저 목격자를 찾고 번호판을 추적해 가해자가 법의 심판을 받게 해야 한다. 무모하고 무책임한 운전자는 처벌받아야 마땅하다.

만일 신문배달 소년의 부주의가 원인이라면, 길을 건널 때 신호를 제대로 보지 않았다면, 조그만 자전거에 너무 많은 신문을 싣고 다녔다면, 컴패션의 다음 단계는 소년에게 사고가 일어난 원인을 설명하고 사고 재발을 막기 위해 소년이 어떻게 해야 하는지 이해하도록 도와주는 일이다.

사람이 고통을 받으면 우리는 그곳이 구소련이거나 절망적으로 퇴락해 가는 이웃 동네거나 상관없이 고통을 멈추기 위해 최선을 다해야 한다. 컴패셔닛 캐피털리즘은 우리에게 많은 것을 요구한다. 우리는 기꺼이 다가서고자 하는 용기를 내야 하고 사람들이 스스로를 도와 다시는 그런 고통을 겪지 않도록 도와주는 용기를 발휘해야 한다.

진정한 컴패션은 사람들이 독립적이고 스스로 일어서게 하는 데 모든 노력을 집중한다

컴패션은 사람들이 자기만족과 자기 가치를 느끼게 하는 새로운 일을 만든다. 진정한 컴패션은 사람들에게 일할 기회를 주고 그 일을 잘 수행했을 때 대가를 지불받게 한다.

우리는 일하는 사람에게 보상해야 한다. 그것이 적극적인 컴패션이다.

아무것도 요구하지 않는 수동적 컴패션은 의미가 없다. 진정한 컴패션은 인생에서 승리하도록 사람들에게 실질적 기회를 제공하는 일이다.

사람들은 성공 기회를 알면 고된 일도 마다하지 않는다. 반대로 일하지 않아도 아무런 처벌이 따르지 않으면 일을 해볼 생각조차 하지 않는다. 성공할 가능성이 없거나 일하지 않아도 처벌받지 않으면 여러분에게는 올바른 일을 하지 않아도 될 두 가지 이유가 있는 셈이다. 아무튼 사람들은 결국 일해야 하고 스스로를 도와야 한다.

우리가 사람들이 스스로를 돕도록 도와주면 그들의 일에 보상을 안겨줄 수 있다. 제록스사 직원인 댄 민첸도 다른 사람이 자립하도록 도와주었다. 〈로스앤젤레스 타임스〉가 특집기사에서 다룬 댄은 한때 뉴욕주의 버펄로 라디오 방송국 기자였다. 1971년 댄은 아티카주 교도소 폭동 문제를 취재하라는 임무를 부여받았다. 그는 그 일을 하면서 본 여러 가지 장면 때문에 오랫동안 충격에서 헤어나지 못했다. 아티카 교도소 내 사람들은 사실 절망과 비탄에 갇혀 있었다. 가석방되어도 절망의 벽은 허물어지지 않았다.

교도소에 있다가 나온 사람이 할 수 있는 일이 도대체 무엇이겠는가? 누가 그에게 직장을 구하고 개인 문제를 해결하며 범죄를 저지르지 않고 생활하도록 가르쳐줄 것인가? 누가 그의 멘토가 될 것인가? 댄 민첸이 바로 그런 멘토였다. 그는 자기 회사가 지원하는 지역봉사 프로그램에 참여했다. 제록스와 IBM은 직원들에게 일정 기간 휴가를 주어 지역 사회단체에서 일하게 했다. 참으로 훌륭한 생각이 아닌가!

제록스사는 댄이 휴가를 내 교도소 출감자가 사회생활에 적응하도록 돕는 종교 봉사단체 세퍼스 아티카 재단에서 일하는 동안 정규 월급을 지불했다. 세퍼스는 출감자에게 직업훈련 기회를 제공하고 사회로 나가고자 하는 사람에게는 상담을 해주는 곳이었다. 〈타임스〉 기사에서 민첸은 이렇게 말했다.

"30년 동안 수감되어 있던 사람 옆에 앉아 그를 쳐다보면 우리와 별로 다를 게 없음을 알게 됩니다. 물론 그들과 같이 있다고 해서 그들처럼 되는 것도 아니죠. 다른 사람과 관계를 맺는 것은 매우 중요한 일입니다."

사람들이 스스로를 돕도록 도와줄 때 도와주는 사람이나 도움을 받는 사람 모두의 인생을 풍요롭게 해주는 유대관계가 생성된다.

우리 Amway는 사람들이 스스로를 돕도록 도와주는 원칙 아래 설립되었다. 우리 ABO는 그들이 후원하는 사람들이 모두 성공할 때만 진정 성공했다고 말할 수 있다. 성공한 ABO는 이 사실을 잘 알고 있다. 이것은 렉스 렌프로 역시 마찬가지다. 그가 성공한 근원은 다른 사람을 돕는 그의 탁월한 재능에 있다. 렉스는 다음과 같이 말했다.

"당신은 다른 사람을 위한 시간을 남겨두어야 합니다. 나는 내키지 않을 때도 다른 사람이 프레젠테이션을 할 수 있도록 도와준 적이 여러 번 있습니다. 아침에 다른 일을 해야 한다는 것을 알면서도 한두 시간 거리를 달려 기꺼이 그들을 도와주러 갔지요. 나는 대부분의 사람이 눈여겨보지도 않을 사람들까지 도와주러 갔습니다. 사람들을 돕는 것은 정말 중요합니다. 어떤 사람에게 관심을 기울이고 그의 눈을 똑바로 쳐다보면서 '도와주겠습니다.'라고 말하면 강력한 힘을 발휘하지요. 가끔은 특별한 방법으로 도울 수도 있고 당신이 상상하지도 못했던 그들의 생활 영역에서 필요한 것을 충족해 줄 수도 있습니다."

그의 말을 더 들어보자.

"먼저 주면 얻게 됩니다. 우리는 계속 다른 사람과의 만남을 꾀할 때마다 먼저 주려고 합니다. 그렇게 사람들을 도울 경우 그들은 당신이 진정 그들을 위한다는 것을 깨닫습니다. 그리고 그들도 같은 방법으로 사업을 수행하지요. 결국 모두가 스스로 돕도록 도와주는 법을 배웁니다."

수만 개의 크고 작은 미국 기업 역시 사람들이 스스로를 돕도록 도와주는 원칙을 믿는다. 진정한 더불어 살기는 여러분이 멘토가 되어 다른 사람에게 성공하는 법을 가르쳐줄 때 시작된다.

속담 중에 "Give a hand, not a handout"라는 말이 있다. 길거리의 돈 없고 배고픈 수많은 사람들은 일시적인 자선이 아닌 자신을 먹여 살릴 방법을 찾고 싶어 한다.

제록스와 IBM은 직원들과 그들의 전문 지식을 이용해 이들을 도와주고 있다. 물론 비영리단체에 돈을 기부하는 것도 필요하고 도움을 주는 일이다. 그렇지만 여러분의 우수한 직원들이 그들에게 전문 기술을 가르치면 영원한 유산으로 남을 것이다. 그들은 자신이 배운 기술을 계속 전수할 수 있다. 1971년 이래 제록스는 400명 이상 직원의 기술을 자선단체에 이전해 주었다. IBM은 21년 동안 사회봉사 프로그램을 운영하면서 1,000명 이상의 숙련된 직원을 지역사회에 제공해 왔다.

다른 사람이 성장하도록 도우러 다가가면 우리 자신도 성장한다. 만일 그 사람이 성공하지 못할지라도 우리 자신은 충분히 노력했음을 알고 있다. 별로 성공적이지 못한 사람에게 시간을 투자할 때도 있다. 가능성이 있는 사람이 앞으로 나아가기를 거부할 때는 정말 슬프다. 가능성이 있는 사람이 최선을 다했는데도 실패하면 더 슬프다. 가끔은 이런 일도 일어난다. 아무튼 실패하는 사람도 있지만 분명 성공하는 사람도 많다.

최근 Amway가 멕시코 국립관현악단 연주회를 후원한 적이 있다. 훌륭한 그 관현악단 지휘자는 연주회 직후 열린 연회에서 왜 자선 문화행사 후원에 회사 돈을 지출하느냐고 물었다. 나는 이렇게 대답했다.

"우리가 사업을 하며 벌어들인 만큼 그 지역에 환원해야 한다고 믿기 때문이죠."

그는 반문했다.

"아직 멕시코에서 돈을 벌고 있지도 않잖아요. 이제 막 사업을 시작하지 않았나요?"

내가 말했다.

"아직 멕시코에서 돈을 벌고 있지 않아요. 수천 명의 멕시코인이 우리 사업으로 돈을 벌 때까지는 아무런 수익도 없을 겁니다. 우리는 언젠가 여기서 이윤을 창출할 수 있으리라는 신념 아래 돈을 투자하는 중입니다. 그때까지는 관대함이 곧 훌륭한 사업인 셈입니다."

그 지휘자는 놀란 표정으로 물었다.

"다른 멕시코 회사들도 그 점을 배워야겠군요. 그런데 누가 그런 것을 가르쳐주죠?"

내가 "당신이 하면 되죠."라고 하자 그는 놀라움과 걱정이 담긴 표정으로 "나라고요?" 하고 되물었다. 내가 웃으며 말했다.

"그래요. 당신은 할 수 있어요."

한참 동안 말이 없던 그가 물었다.

"나를 도와주시겠습니까? 이곳에 와서 부유한 사람들을 만나 당신의 꿈을 들려주시겠습니까?"

1991년 나는 다시 멕시코를 방문했다. 그 지휘자와 나는 기업과 금융계 고위층 인사들을 만났는데 사실 나는 별로 한 일이 없었다. 그저 멕시코 지휘자가 열정적으로 후원을 호소하는 동안 옆에서 무언의 응원만 보냈을 뿐이었다. 돈 많은 기업인들은 그의 말에 감동을 받아 긍정적인 반응을 보였다. 이것이 바로 굉장한 일의 시작이었다. 그 관현악단에 후원금을 제공한 것은 시작에 불과했다. 그 다음에는 그 관현악단과 지휘자가 스스로를 돕는 것을 배운 것이다.

나는 내가 사람들이 스스로를 돕도록 도와줄 수 있었던 많은 기회에 감사한다. 분명 나와 제이도 다른 사람들의 도움을 받았기 때문이다. 월리 바스와 짐 플로어의 성공은 먼저 헤일 부부와 보그다노프 부부 그리고 그들의 멘토로 이어지는 성공의 일부에 불과하다.

혼자서는 결코 성공할 수 없다. 내가 아는 사람 중 누군가의 가이드를 받지 않고 성공한 사람은 하나도 없다. 나는 다른 사람을 도와주려는 의지가 부족한 성공한 사람들을 이해할 수가 없다. 그들이 거부하면 다음 세대도 계속 성공할 수 있게 만드는 '사람의 끈'이 끊어져버린다. 한 세대에서 컴패션이 부족하면 이는 그다음 세대에게 많은 영향을 미친다. 사람들이 스스로를 돕도록 도와주는 것은 빈곤을 끝내기 위해 누군가에게 비열하게 의존하던 습관을 버리게 한다.

그에게 13년 동안 내적 평화와 안정을 준 것은 분명하다. 헤일 부부는 월리에게 스스로를 도울 수 있는 선물을 주었고 월리는 그 보답으로 우리 모두에게 희망이라는 선물을 주었다.

짐 플로어는 이 점을 입증하는 감동적인 이야기를 해주었다. 2년 전 어느 성공적인 ABO 부부가 LA에서 세미나를 마치고 집으로 돌아가고 있었다. 피곤했던 아버지는 열여섯 살 된 딸에게 잠시 운전을 부탁하고 눈을 붙였다. 아버지의 갑작스런 지시에 당황한 딸은 급회전을 시도했고 차는 언덕 아래로 굴렀다. 두 부부는 그 자리에서 즉사했다. 열여섯 살 난 딸과 열두 살 된 남동생은 살아났지만 이 사고로 둘 다 정신적인 상처와 무시무시한 허탈감을 떠안았다.

짐이 말했다.

"두 남매는 서로 돕는 분위기 속에서 살아갔습니다. 그들은 곧 아이가 없던 부모의 상위 멘토 가정에 입양되었죠. 부모가 사망한 순간부터 두 아이는 그들을 사랑으로 돌봐주고 가르쳐줄 새 부모를 얻은 것이지요."

이 이야기는 여기서 끝나지 않는다. 처음 그 비극이 일어났을 때 아이들의 상담을 맡은 심리학자는 사람들이 서로 돕는 것에 깊은 감명을 받아 자신도 사랑으로 연결된 가족의 일원이 되고자 우리 사업을 시작했다.

멘토가 되어라. 사람들이 스스로 돕도록 도와주어라. 그에 따른 혜택은 놀라울 정도이며 또 영원히 계속된다. 반면 우리가 먼저 다가가지 않으면 좋지 않은 결과를 맞을 뿐이다. 사람들에게는 많은 욕구가 있지만 우리는 단지 한 번에 한 사람의 문제만 해결해 줄 수 있다. 탈무드에 이런 말이 있다.

"자선에 문을 열지 않는 집은 의사에게 문을 열게 될 것이다."

멘토가 되어라. 사람들의 치유를 돕는 과정이 곧 여러분 자신도 치유하게 도와준다.

14.
우리는 왜 스스로를 도울 수 없는 사람들을 도와야 하는가

한밤중 어둡고 긴 병원 복도에는 걱정스런 표정의 부모들로 가득했다. 아버지들은 식은 커피를 손에 들고 어두운 복도와 복잡한 휴게실 사이를 절망적인 표정으로 왔다 갔다 하고 있었다. 놀란 어머니들은 우는 아기를 안고 달래고 있었다. 간호사들은 이 방 저 방 분주히 다니며 주사를 놓고 성심껏 위로의 말을 전하고 있었다. 아직 초록색 수술 모자와 가운을 입고 있는 의사들은 근심 어린 부모와 친구들에게 둘러싸여 무고한 어린 생명을 위협하는 알려지지 않은 병을 설명했다.

짐 도넌이 조용히 말했다.

"척추 파열이라고요?"

그의 커다란 두 눈은 평생 고통받을 병에 걸린 신생아 부모의 고통을 그대로 말해주었다. 짐은 힘겨웠던 그때를 기억했다.

"낸시와 나는 점점 두려움을 느끼며 의사의 말에 귀를 기울였습니다. 우리는 출산보험에 가입하지도 않았어요. 낸시가 겨우 3일 동안 입원할 수 있는 돈밖에 없었죠. 조그만 저금통에 모아둔 현금으로 병원비를 지불한 다음에야 겨우 입원할 수 있었어요."

에릭 도넌은 태어난 첫날 8시간의 수술을 받았다. 태어나자마자 뇌수종에 걸려 뇌에 생명 유지 장치 '션트'를 부착하기 위해 뇌 수술실로 옮겨졌지만 그 장치도 소용이 없었다. 마침내 에릭은 로스앤젤레스 소아 병원으로 이송되었고 생후 9개월 동안 아홉 번의 뇌수술을 받았다. 낸시 도넌은 이렇게 회상했다.

"우리 아들은 1년 동안 거의 집에 있지 못했어요. 주로 병원에 있었기 때문에 우리 부부도 늘 그 병실에서 지냈지요."

에릭이 두세 살이 되자 도넌 가족의 의료비는 10만 달러를 넘었고 아직 얼마나 더 들지 알 수 없었다. 지금 짐과 낸시 도넌은 성공담의 주인공이지만 에릭이 태어났을 때는 막 사업을 시작하려던 참이었다. 도넌 부부가 엄청난 병원비에 직면했을 때 그들의 경제 사정은 매달 주택융자금을 겨우 낼 수 있는 정도였다. 짐이 말했다.

"엄청난 빚더미에 올라앉자 밍크코트나 롤스로이스 같은 것은 문제가 아니었어요. 큰 집이나 화려한 휴가는 우리와 아무 상관도 없는 일이었지요. 우리가 원한 것은 다만 아들의 생명을 구하고 새로 지출할 돈 걱정을 하지 않고 아이에게 필요한 조치를 다 취해주는 것이었습니다. 또 아이가 고통을 겪을 때 우리가 곁에 있도록 자유를 얻을 돈이 필요했습니다."

실제로 대부분의 캐피털리스트는 짐과 낸시처럼 아주 소박한 꿈을 갖고 산다. 그들은 필요한 것을 충족하고 자신이 사랑하는 사람들의 삶의 질을 높이기 위해 일한다. 유명한 영국 사회주의자 실비아 판크허스트는 다음과 같이 말했다.

"내가 자본주의자에게 맞아 죽더라도 나는 자본주의자와 맞서 싸울 작정입니다. 주변의 모든 사람이 굶주리고 있는데 당신 같은 사람이 편안하게 잘 먹고 있는 것은 잘못된 일입니다."

실비아 판크허스트는 캐피털리즘을 잘못 이해했다. 지난 200년 동안 굶주리고 집 없이 병들어 죽어가는 사람들의 욕구를 충족해 준 것은 캐피털리즘에 반대하는 사람들이 아니라 인정 넘치는 캐피털리스트들이었다. 물론 과거에도 그랬고 앞으로도 곤궁에 빠진 사람을 돕지 않으려는 욕심 많은 캐피털리스트는 늘 존재할 것이다. 그렇지만 그들로 인한 추한 기억 때문에 수백만 명에게 희망과 치유를 안겨준 인정 많은 캐피털리스트들의 관대함을 간과해서는 안 된다.

컴패션은 지금도 계속 필요하다. 통제할 수 없는 인구 증가로 빈곤·기아·무주택·질병 등이 심화하고 종교와 인종 갈등 문제, AIDS 전염, 자연재해로 복잡해진 전 세계는 상상을 초월할 만큼의 난국에 직면해 있다. 컴패셔넛 캐피털리즘이 세상 사람들에게 희망을 주고 치유해 주는 유일한 길은 아니지만 최선의 방법이긴 하다.

최근 공산주의 폭정을 종식시킨 사람들을 돕는다는 것은 이미 자비로운 자본주의가 세계를 치유하고 변화시키는 위력이 있다는 걸 증명하고 있습니다. 우리는 카를 마르크스의 아이디어가 실패한 것에 대해 기뻐할 여유가 없습니다. 공산주의는 양질의 삶을 박탈 당하고 존엄성을 빼앗기고 절망에 빠지고 심지어 살해당한 수백만 명의 사람들에게 비극적인 결과를 가져 왔습니다. 우리는 그들을 사랑과 컴패션으로 대해야 합니다.

지금은 "자선은 집에서부터 시작된다."는 말을 진지하게 받아들여야 할 때다. 만일 우리가 스스로를 돌보지 못한다면 다른 사람을 돌보는 것이 얼마나 오래갈 수 있겠는가? 국내외에서 생명의 위협을 받는 많은 무고한 사람들이 도움을 필요로 하고 있다. 우리는 모두 이들이 필요로 하는 것을 충족해 주기 위해 돈과 시간과 열정을 쏟아야 한다.

우리 부부의 신혼 시절 헬렌은 교회에 십일조 헌금을 하자고 주장했다. 그녀는 결혼 후 첫 일요일 아침 "십일조 헌금 봉투야. 우리 수입의 10%를 이 속에 넣어!"라고 말했다. 헬렌에게 십일조는 선택의 여지가 없는 절대적인 것이었다. 일단 돈이 그 봉투에 들어가면 빌려 쓰는 것은 불가능했다. 당시 우리는 일주일에 100달러를 벌었고 10달러는 결코 적은 돈이 아니었다. 지금 우리 수입은 훨씬 더 많은데 헬렌은 여전히 내가 국내외에 지원하는 자선단체나 교회에 적정 액수의 돈을 기부하는지 확인하고 있다.

대부분의 미국 기업과 마찬가지로 우리 회사도 자선이라는 명분을 내세우는 단체나 행사를 적극 지원해야 한다고 생각한다. 한번은 말레이시아에서 열린 한 연회에서 내가 그 나라 공주의 옆자리에 앉게 되었다. 우리 회사가 부랑아들을 도와준 덕분에 공주는 우리를 특별히 대우해 주었다. 자발적으로 전 세계에 원조를 해주는 수많은 기업처럼 우리도 말레이시아의 탁아소나 유아원, 기타 자선 프로젝트를 지원하고 있다. 이것은 우리가 할 수 있는 최소한의 일이다. 내가 공주에게 그렇게 설명했을 때 그녀가 내게 한 말은 꽤 놀라웠다.

"회사가 수익의 일부를 떼어내 아동들을 돕는 데 쓰는 것이 얼마나 특별한 일인지 말로 다할 수 없군요."

사실 자유기업시스템의 혜택을 받는 개인이나 기업이 수입의 일부를 궁핍한 사람과 나누는 것은 별로 특별한 일이 아니다. 해마다 북아메리카, 유럽, 일본에서 너그러운 수많은 개인과 회사가 교회·양로원·자선단체·문화단체에 수십억 달러를 기부하고 있다. 자선은 꼭 필요하다. 지난 200년 동안 자본가들은 세계 각지의 자선기관에 전례 없이 많은 기금을 지출했다.

내가 아는 컴패션은 대부분 그랜드래피즈에 있는 내 가족과 친구들에게 배운 것이다. 내 고향 사람들은 내가 앞서 말한 역사적 사례에 등장할 만큼 알려져 있지는 않지만 그들의 모범적인 자선 봉사활동은 우리 지역에 잘 알려져 있다. 그리고 진정으로 인정 넘치는 캐피털리스트인 내 아내 헬렌은 자선을 말로만 한 것이 아니었다. 우리에게 저축한 돈이 있든 없든 그녀는 일요일마다 우리 수입의 10%를 교회로 보냈다. 어느 일요일 아침 내가 조용히 물었다.

"십일조를 좀 더 있다 낼 수는 없을까? 최소한 우리가 경제적으로 자립할 때까지 좀 적게 내면 어떨까?"

헬렌은 말없이 웃으면서 십일조 봉투를 쟁반 위에 올려놓았다.

제이 밴 앤델 부부와 헬렌은 동업 초기부터 우리 지역사회에서 활동하며 자선을 실천하는 자본가의 귀감이었다. 밴 앤델 부부는 자신들이 지원하는 단체에 재정적 후원을 하는 것만으로 만족하지 않았다. 그들은 4H클럽부터 제럴드 포드 도서관, 미국 상공회의소, 전국 민주주의 실천기금까지 수십 개 지역·전국 단체를 위해 봉사하고 귀중한 아이디어를 제공해 왔다. 최근 제이는 그랜드래피즈의 강가에 세울 시립박물관 기금 모금운동 회장에게 표창을 받았다. 이것은 우리 도시를 바꿔놓고 새롭게 만들기 위해 시간, 돈, 창의력을 투자한 그의 수많은 노력 중 하나에 불과하다. 가장 인상적인 것은 제이의 자선활동이 거의 눈에 띄거나 드러나지 않는다는 점이다. 그는 "왼손이 하는 일을 오른손이 모르게 하라."는 성경의 충고를 충실히 따르고 있다. 제이는 이성적으로 안 된다는 판단이 섰을 때조차 마음에서 우러나는 대로 행동할 때가 많다.

톰 미치미슈이젠은 우리 회사에서 두 개의 사내 기록을 보유하고 있다. 하나는 30년이 넘는 성실한 근속연수고 또 하나는 월급 지급명세서 상 이름이 가장 길다는 것이다. 톰은 Amway 초기의 어려웠던 시절 제이가 행한 자발적이고 관대한 행동과 관련해 수많은 것을 기억한다. 톰은 입가에 미소를 띠며 회상했다.

"처음 1~2년 동안 나는 ABO와 회사 직원들로 가득 찬 중고버스를 몰았습니다. 어느 날 엔진이 고장 나면서 시골길에 멈춰 섰지요. 제이가 제일 먼저 내려갔어요. 보닛을 열고 한참이나 들여다보더니 그는 얕은 신음소리를 내며 장비통을 달라고 했습니다. 그리고는 모두가 송구스럽게 지켜보고 있는 가운데 회전축을 꺼내 수리하기 시작했지요. 그런 혼란 속에서도 제이는 내 옷에 기름이 묻은 것을 알아보고 '미안해요. 옷에 기름이 묻었군요.'라고 말했습니다. '내일 세탁해서 내게 영수증을 보내줘요.'라고 덧붙였죠. 그다음 2주일이 지난 어느 날 갑자기 제이가 손으로 직접 쓴 쪽지를 하나 내게 보내왔어요. '당신 옷 때문에 정말 미안합니다. 웰시가에 있는 조지 불리스 남성복 가게에 가서 새 옷을 하나 고르세요.' 약간 미심쩍었지만 내가 그 도시에서 제일 고급스러운 그 가게에 들어서자 전 종업원이 민첩하게 움직이더군요. 제이의 지시에 따라 그들은 내게 양복, 셔츠, 넥타이, 벨트, 신발 그리고 회사 사장이나 입을까 말까 한 외투까지 완벽하게 한 벌의 옷을 갖춰주었습니다."

우리는 모두 제이의 사려 깊은 면을 기억하고 있다. 특히 내 기억에 남아 있는 것은 어느 ABO에게 선천성 유전병으로 죽어가는 두 아들이 있다는 사실을 알았을 때의 일이다. 그들의 마지막 삶에 약간의 기쁨이라도 주려고 제이는 회사 비행기에 두 아이를 태우고 미시간 호수 상공을 날았다. 두 아이가 굉장히 기뻐하자 그다음에는 그 가족이 모두 올랜도의 디즈니월드에 가서 매직 킹덤을 보게 해주었다.

모든 여행 경비를 제이가 지불했음은 물론이다. 그는 아이들에게 감사 편지를 받고 눈물을 글썽이며 내게 그 얘기를 해주었다. 그 여행 후 두 아이는 세상을 떠났고 제이는 아직도 아이들의 흥분과 감사가 그에게 가져다준 기쁨을 기억하고 있다.

그랜드래피즈에 있는 많은 다른 친구도 인정 넘치는 캐피털리즘을 실천해 왔다. 폴 콜린스는 아직 인정받지 못하던 젊은 화가 시절에도 자신의 재능을 나누는 걸 아끼지 않았다. 지금 그는 자신이 소중하게 여기는 문제에 관해 대중의 의식을 환기하려는 기금을 모으고자 그림을 경매하고, 포스터와 광고를 제작하고, 전시회를 개최한다.

내 친한 친구이자 프린스 코퍼레이션의 창립자인 에드 프린스도 컴패션을 잘 실천하는 사람 중 하나다. 에드의 아버지는 그가 열두 살 때 돌아가셨다. 그는 줄곧 고학으로 미시간대학교를 졸업했고 어린 시절부터 돈을 벌면 사람들과 그 혜택을 나누리라고 결심했다.

에드와 엘사 프린스는 개인 수입뿐 아니라 회사 수익도 십일조 헌금으로 냈다. 그들은 수년간 돈과 시간을 들여 수백 개의 중요한 복지사업을 후원했고 수천 명의 자원봉사자가 있는 노인복지 시설 에버그린 커먼스를 창립하기도 했다. 에버그린 커먼스는 아주 단순한 동기로 시작되었다. 이것은 어떻게 기업가가 동시에 사회사업가가 될 수 있는지 보여주는 훌륭한 사례다.

어느 일요일 오후 에드와 엘사는 미시간 홀랜드 운하에서 낯선 한 부인을 자기들 배에 태워주었다. 우아한 그 노부인은 배가 해안에 닿자 "고맙습니다. 배를 타고 이 호수를 건넌 건 처음이에요."라고 말했다. 에드와 엘사는 미시간에서 평생을 보낸 수많은 노인들이 배를 타고 그 호수를 건넌 적이 한 번도 없다는 사실을 알고 깜짝 놀랐다. 그래서 그들은 나룻배를 하나 구입해 무료로 노인들을 태워주었다. 두 딸 에밀리와 에일린은 패밀리밴에 노인들을 태우고 선착장까지 가서 한 시간씩 호수를 유람하게 해주었다.

그 배로 500명 이상의 노인을 태우면서 에드와 그의 가족은 그곳에 사는 노인들이 무엇을 필요로 하는지 알게 되었다. 마침내 에드와 엘사는 노인복지 일을 담당하는 마지 헉스마와 만나 노인들의 욕구를 좀 더 실질적으로 충족해 줄 방법을 논의했다. 현재 매달 3,500명 이상의 노인을 돌보는 에버그린 커먼스는 두 명의 인정 많은 자본가와 적어도 천 명 이상의 자원봉사자 덕분에 탄생한 것이다.

아이오와주 오렌지시티에 있는 노스웨스턴대학교의 두 건물에는 미시간주 출신의 자선가 마빈 드위트라는 친구의 이름이 붙어 있다. 이는 마빈과 제레인 드위트 부부가 상담과 지원을 아끼지 않은 많은 종교·교육 단체 중 한 예에 불과하다.

마빈과 그의 동생 빌은 칠면조를 사육하는 농부였다. 1938년 그들은 17마리의 칠면조로 빌마 코퍼레이션을 시작했다. 마빈은 빙그레 웃으며 말했다.

"암컷 14마리와 수컷 3마리였어요. 그리고 주급 4달러로 집안일을 돌보며 저축한 내 누이에게 30달러를 빌렸죠."

드위트 가족은 무더운 여름의 열기와 질병, 경기침체 그리고 생산시설의 90%를 파괴하고 1,000명 이상 직원의 일자리를 앗아간 화재를 겪으면서도 칠면조 사업을 계속했다. 그때를 회상하며 마빈은 "하나님은 우리에게 자비로우셨어요."라고 말했다. 성공 요인이 무엇이냐는 질문에 그는 "우리는 열심히 일했고 번 돈 이상은 지출하지 않았어요."라고 했다.

최근 마빈과 그의 동생은 빌마와 미스터 터키 공장 전부를 1억 6,000만 달러에 사라 리 코퍼레이션에 매각했다. 드위트 가족은 미국의 어느 기업에서도 전례를 찾아볼 수 없는 선의와 도량으로 매각 금액 중 500만 달러를 근속연수와 직책에 맞춰 직원들에게 골고루 나눠주었다. 공장을 처분한 후 몇 달 동안 마빈과 제레인 드위트 부부는 그들이 후원하는 개인과 단체에 수백만 달러를 기부했다.

내게 컴패션을 가르쳐준 또 다른 친구는 짐과 낸시 도넌 부부로 그들은 선천성 척수 기형아인 아들을 돕기 위해 사업을 시작했다. 어렸을 때부터 아들 에릭은 여러 번 발작과 경련을 일으켰다. 얼마 동안 오른손을 쓰지 못하더니 그다음에는 다리가 마비되었다. 조금 나아지나 싶으면 다시 뇌의 인공혈관이 막혀 급히 대수술을 받아야 했다. 열일곱 살 때 에릭의 몸무게는 거우 25킬로그램에 불과했고 서른 번의 뇌수술을 받았다. 지난 18년간 도넌 가족의 의료비에는 특수조끼 3,000달러, 휠체어 7,000

달러, 매주 물리치료비 500달러, 등 뒤 목부터 허리까지 삽입한 척추 연결막대 비용 등이 포함되었고 그 외에도 수십만 달러에 달하는 수술비와 입원비가 들었다. 짐은 진심으로 감사하는 표정으로 말했다.

"우리에게는 의료보험이 있지만 예외 항목이 몇만 달러에 이릅니다. 내 사업을 하지 않았다면 어떻게 이 돈을 감당할 수 있었겠어요. 사실 우리는 장애자 아이를 둔 아버지의 70% 정도가 슬픔, 죄책감, 경제적 부담 때문에 가족을 떠난다는 것을 알게 되었습니다. 우리는 사업을 한 덕분에 에릭에게 드는 돈을 감당했고 우리만큼 행복하지 않은 사람들도 도울 수 있었지요."

지난 몇 년 동안 도넌 부부와 네트워크 21에서 일하는 그들의 친구들은 올리브 크레스트 보호센터를 후원했다. 여기는 법원이 폭력을 행사하는 부모에게서 데려온 학대 피해아동을 위한 프로그램을 운영하는 곳이다. 낸시는 이렇게 설명했다.

"아이들은 보통 두서너 살에서 10대까지였어요. 이곳 창립자인 돈과 로이 벨러는 평화로운 이곳에 주택 25채를 구입했지요. 주정부에서 각 어린이에게 기본 양육비를 보조하고 나머지 기금은 모두 자원봉사자가 모읍니다."

여러분이 이미 스스로를 도울 수 없는 사람들을 돕기 위해 시간과 돈을 투자하는 컴패셔닛 캐피털리스트라면 나는 정말 여러분을 찬양한다. 만일 그렇지 않다면 우리와 함께 일하지 않겠는가? 물론 나는 학대 피해아동이나 에이즈 환자, 정신적·신체적 장애자 같은 사람들을 위해 자진해서 내놓는 시간·돈·아이디어·에너지가 얼마나 소중한 것인지 잘 알고 있다. 명분이 무엇이든 장기적으로 볼 때 그 일은 여러분의 값진 시간과 돈을 투자한 가장 소중한 경험으로 남을 것이다.

컴패션을 실천하는 캐피털리스트가 된다는 것

컴패션을 실천하는 캐피털리스트가 되기 위해서는 적어도 다음 6단계를 거쳐야 한다. 어떻게, 어떤 순서로 이 6단계가 일어나는지는 그리 중요하지 않다.

1. 변명하기를 멈춘다.
2. 자기 자신을 믿는다.
3. 사람들이 뭘 필요로 하는지 알아낸다.
4. 자기 자신의 동기를 찾는다.
5. 스스로 계획을 수립한다.
6. 계획을 완수하기 위해 열심히 노력한다.

변명하기를 멈춘다

불행히도 자신이 직면한 문제를 다른 누군가가 해결해 주기를 바라는 사람이 너무 많다. 그들은 다른 사람이나 단체가 그 문제를 해결하기 위해 행동에 나설 것이라고 기대한다. 그냥 주저앉아 기다리면서 이런저런 트집을 잡고 자신의 벽을 쌓기만 한다. 그러나 사실은 더 이상 기다릴 시간도, 비난할 사람도, 우리의 나태함의 결과가 빚어내는 사태로부터 우리를 보호해 줄 만큼 높은 벽도 없다. 우리는 스스로를 도울 줄 모르는 사람을 도와야 한다.

아래와 같은 변명을 더 이상 해서는 안 된다.

무슨 문제? 내가 보기에는 아무 문제가 없는데

우리는 오랫동안 문제를 무시하고 있으면 결국 그 문제가 사라져버릴 것이라고 여기는 경향이 있다. 문제를 회피함으로써 문제가 없다고 믿으려고 하는 사람도 있다. 장기적인 문제를 보지 않는 것은 단기적인 긴장을 면하는 데 도움을 주기는 한다. 그러나 문제를 보고도 못 본 체하는 것은 십중팔구 컴패션 실천에 중요한 장애물이다.

그것은 그들 잘못이지 우리 잘못이 아니야

사람들은 정치적인 집회나 뒤뜰 울타리 너머에서 이웃을 향해 "그들이 문제를 일으켰으니 그들이 해결하게 해!"라고 고함친다. 누군가를 비난하기란 얼마나 쉬운가! "가난한 자들은 일을 하지 않으려고 해."라는 말을 들으면 곧 "부자는 세금을 제대로 내지 않아."라는 반박을 한다. 부자든 가난한 사람이든 누군가를 비난함으로써 이득을 보는 사람은 하나도 없다. 비난한 다음에는 법이나 새로운 세금, 제한 등으로 그 불평등을 시정하려 한다. 누군가가 "가난한 자들이 일하도록 만들어야 해."라고 말하면 다른 사람이 "부자들의 돈벌이를 제한해야 해."라고 받아친다. 이런 식으로 남을 탓하는 것은 절망적이고 아무런 도움도 되지 않는 규제로 이어지고 문제는 계속 미해결 상태로 남으며 욕구는 충족되지 않은 채 방치된다.

예를 들어 올랜도 매직 농구팀 선수들이 내게 와서 시카고 불스팀 마이클 조던의 스피드와 기술 때문에 졌다고 그를 비난하면 어떤 일이 일어날지 상상해 보자. 그들이 '마이클의 점프력이 지나치게 좋고 굉장히 빨리 달려서 공정하지 않다. 발에 무거운 것을 좀 달게 하라. 그가 시속

24킬로미터 이상 달릴 때는 호각을 불어라. 바닥에서 1.5미터 이상 점프하면 반칙으로 간주하라.' 등의 요구를 하면 어떻게 될까? 이건 정말 우스운 얘기다.

마이클 조던이 공기를 가르며 뛰어오를 때 우리 팀도(이를 지켜보는 수백만 팬도) 똑같이 뛰어오를 수 있기를 꿈꾼다. 하나님은 마이클에게 놀라운 재능을 주었지만 그 재능을 계속 계발하고 단련한 것은 바로 마이클이다. 그래서 그는 우리 모두보다 한 단계 우위의 경기를 펼친다. 그는 마치 본보기를 보여 우리도 자신의 재능을 인식해 그것을 계발하고 단련하라고 말하는 것 같다. 마이클 조던을 규제하려고 하지 마라. 그의 성취를 보고 우리도 분발해야 한다. 그 과정에서 우리도 새로운 수준에 도달해 보려는 의지를 다지게 될 것이다.

그건 정부의 문제지 우리 문제가 아니다

아직도 많은 사람이 문제해결의 열쇠는 연방행정부나 주정부, 시정부가 쥐고 있다고 생각한다. 관료 체제를 확대해 기관을 세우고 임무를 부여하면 수십억 달러의 지출이 발생해 세금이 올라간다. 그렇지만 실질적으로 변한 것은 아무것도 없어 보인다. 오히려 문제는 더 악화되고 해결방안은 점점 줄어들고 있다. 정부는 문제해결보다 문제창출에 더 능한 것 같다. 사실 여러 방면에서 정부 자체가 문제인 경우가 많다.

나중에 할게요

사람들은 대부분 스스로를 도울 수 없는 사람을 돕기를 원하지만 빨리 행동으로 옮기지 못한다. 시간과 돈을 기꺼이 베풀고자 하는 사람은 많다. 그런데 그들은 더 유명해지고, 돈을 더 많이 벌고, 시간이 더 많아질 때까지 기다린다. 그렇게 기다리고 또 기다리다가 결국 때를 놓쳐버린다. 짐 잰스는 "사업이 소규모일 때 자선을 실천하지 않으면 나중에라도 자선을 실천할 가능성은 전혀 없다."라고 경고했다.

우리가 자선을 실천하지 못하게 만드는 변명을 우리는 끝없이 늘어놓을 수 있다. 우리가 아는 변명의 예를 몇 가지 들어보면 '돕고는 싶지만 지금 너무 바빠서', '지금 대금을 지불하지 못한 청구서가 좀 있어서', '어디서부터 시작해야 할지 몰라서' 등이 있다.

짐과 낸시 도넌이 올리브 크레스트에 있는 160명의 학대 피해아동 이야기를 들었을 때 그들도 끝없이 변명을 늘어놓을 수 있었다. 자기 아들 에릭을 돌봐야 한다는 것만으로도 충분한 변명이 되지 않겠는가? 에릭의 수술비와 입원비가 이미 수만 달러에 육박하고 있었다. 그런데 어떻게 다른 사람을 돕기 위해 돈을 지출할 수 있겠는가? 에릭이 중태에 빠졌을 때 도넌은 석 달 동안 병원의 아들 침대 곁에서 밤을 새웠다. 어떻게 학대당한 다른 아이들을 돌봐줄 시간이 있겠는가? 도넌 부부에게는 그 아이들에게 시간과 돈을 줄 수 없는 이유가 넘칠 정도였다. 하지만 그들은 아무런 핑계도 대지 않고 학대 피해아동들에게 다가갔다. 이 행동은 그들 자신과 아동들에게 얼마나 많은 영향을 끼쳤던가.

자기 자신을 믿는다

인정 많은 캐피털리스트가 된다는 것은 여러분이 뭔가 할 수 있다고 믿는 것에서 시작된다. 우리가 세상 문제를 혼자 다 해결할 필요는 없다. 그러나 우리도 뭔가를 할 수 있다고 충분히 확신할 정도로 스스로를 믿어야 한다. 짐은 이렇게 회상했다.

"우리도 해보기 전에는 더 이상 어떻게 돈을 구하고 봉사할 시간을 낼지 몰랐습니다. 우리는 우리가 그렇게 많은 일을 할 수 있으리라고 생각지도 못했는데 그 아이들의 얼굴을 쳐다보기만 해도 뭔가 하고 싶은 욕구가 생겼어요. 우리는 그 목적을 위해 수만 달러의 기금을 조성했고 그것은 정말 우리 모두에게 대단한 자부심을 안겨주었어요."

여러분은 여러분 자신을 믿는가? 여러분도 변화를 일으킬 수 있다고 확신하는가? 적어도 기꺼이 시도라도 해보겠는가? 만일 그렇다면 여러분은 Step 3으로 옮겨갈 준비를 갖춘 셈이다.

사람들이 뭘 필요로 하는지 알아낸다

우리는 세상사 걱정에 너무 깊이 빠져들어 그중 어느 것도 해결할 수 없는 마비 상태에 놓일 수도 있다. 어쩌면 모든 목표를 너무 열심히 추구하다가 진이 빠지고 지쳐버려 문제를 해결하는 게 아니라 오히려 문제의 일부가 되어버릴지도 모른다. 모든 것을 다 겨냥하는 사람은 아무것도 맞힐 수 없다.

스탠 에번스는 아버지가 자신의 시골 마을을 위해 봉사하는 것을 지켜보았다. 스탠은 이렇게 기억하고 있다.

"아버지는 생계를 유지하고 모든 청구액을 제때 지불할 수 있도록 열심히 일했어요. 그러나 주말에는 언제나 자원봉사를 했죠. 아버지는 토지보존구역 이사회, 학교 이사회, 소방위원회에서 봉사했습니다. 마을 문제를 택해 한 번에 하나씩 해결하려 했지요. 아버지는 너무 많은 일에 관여하면 재능을 소진하고 가족에게 상처를 주며 결국 자신을 지치게 만든다는 사실을 제게 가르쳤습니다."

스탠 에번스의 아버지는 지역구의 토지개량사업위원회, 교육위원회, 소방안전위원회 일원으로 봉사했다. 그리고 그는 마을의 문제점을 하나씩 실질적인 방법으로 해결해 나갔다. 여러분은 지금 어떤 문제에 특히 관심을 기울이고 있는가? 모임에 가면 어떤 문제에 가장 관심이 가는가? 그 문제를 이해하고 있는가? 도움이 필요한 문제를 연구해 본 적 있는가?

어떤 문제를 해결하려면 먼저 그 문제를 충분히 이해해야 한다. 우리가 직면하는 문제는 상당히 복잡하고 판단의 오류를 범하기도 쉽다. 문제의 실태를 파악할 책임은 우리에게 있다. 그렇지 않으면 득보다 해를 끼칠 위험이 생긴다.

우리의 친구 나카지마 가오루는 일본의 어느 공항에서 시각장애인을 안내하는 안내견을 보았다. 나카지마는 이렇게 말했다.

"그건 내가 처음 본 안내견이었습니다. 단지 그 개가 일하는 걸 보는 것만으로도 큰 감동을 받았어요. 여행에서 돌아오자마자 나는 일본에 있는 안내견협회 주소를 찾아보았어요. 협회 사무실을 방문해 훈련을 받는 개들도 보았습니다. 협회 연례보고서를 읽어보고 그 단체가 기부금에 의지해 간신히 유지되고 있다는 것도 알았지요. 몇 가지 조사를 끝낸 뒤 나는 그들에게 백만 엔을 기부했습니다. 얼마 전 나는 어떤 젊은 맹인 여성이 오사카 거리에서 안내견 덕분에 아무 두려움 없이 빨리 걸어가는 것을 보았어요. 그때 나는 스스로를 도울 수 없는 그 여성을 내가 조금이나마 도왔음을 떠올리고 마음이 뿌듯했습니다."

세상 사람들의 문제해결 방안은 저 멀리 정부의 관료 체제에 있는 것이 아니라 우리 이웃의 마음속에 있다. 우리가 나가 문제의 실태를 파악하는 바로 그때 우리는 문제해결을 향해 한 걸음 내디딘 셈이다. 사람과 지구에 관한 많은 문제가 우리의 관심을 기다리고 있다. 우리는 건강하게 살아갈 수 있는 환경뿐 아니라 정의로운 사회도 원한다. 우리의 목적은 건강한 지구와 그 속에서 살아가는 사람들의 건강에 있다. 우리가 처한 이 세계의 실태를 몇 가지 검토해 보자.

자기 자신의 동기를 찾는다

동기는 여러 가지 방법으로 우리에게 찾아온다. 길을 가다가 우연히 마주친 사람의 행동에 감동을 받을 때도 있다. 전혀 계획이 없었지만 그 사람과 그의 빈곤에 관심이 생기기도 한다. 어느새 그 사람의 문제가 우리 문제가 되고 그것이 우리가 시간과 돈을 나눠줘야 할 동기가 된다.

빈곤

1991년 약 3,600만 명, 즉 미국 전체 인구의 14.7%가 빈곤하게 살아간다는 통계가 있었다. 테레사 수녀는 이렇게 말했다.

"가난한 사람들은 우리의 형제자매입니다. 그들은 우리들의 사랑과 보살핌과 배려를 필요로 합니다."

빈곤의 실상은 어떠한가? 부자와 빈자 사이의 차이를 없애기 위해 우리가 할 수 있는 일은 무엇인가? 우리 동네에서 스스로를 돕지 못하는 가난한 사람은 누구이고 그들을 돕기 위해 우리가 할 수 있는 일은 무엇인가?

유아 사망

유아 사망의 실상은 어떠한가? 왜 우리의 유아들이 죽어 가는가? 그들을 구하기 위해 우리가 할 수 있는 일은 무엇인가?

충분하지 못한 의료보험

우리는 의료보험제도를 실시하고 있지만 많은 사람이 그 혜택을 받지 못하고 있다. 사람들이 제안하는 많은 해결책은 때론 위험하고 그르치는 경우도 있어서 그에 맞는 조치를 취해야 한다. 의료보험의 실상은 어떠한가? 도움을 주기 위해 손을 내미는 사람이나 자선단체에는 무엇이 있나? 우리는 어떻게 여기에 가입할 수 있는가?

문맹

교육의 질이 점점 떨어지고 있다. 심지어 고등학생이 쓰고 읽지도 못하는 상태로 졸업하기도 한다. 전문가들은 미국의 문맹 인구가 2천만~3천만 명에 달한다고 주장한다. 교육의 실상은 어떠한가? 학교에 어떤 조치를 취해야 하는가? 내가 교사를 도와 코치, 개인교수, 학급을 돕는 부모, 근처 학교나 도서관의 친구로 봉사할 수 있는가? 도와주기 위해 우리가 할 수 있는 일은 무엇인가?

범죄와 마약

미국은 세계에서 마약과 관련된 범죄와 살인율이 가장 높다. 우리 동네 범죄와 마약의 실상은 어떠한가? 우리 지역의 아동과 희생자를 돕기 위해 어떤 조치를 취해야 하는가? 도움이 절실히 필요한 사람들을 돕기 위해 위험을 감수하면서까지 거리로 나가는 교회, 단체, 개인이 있는가? 우리는 어떻게 도울 수 있는가?

노숙자 (홈리스)

미국에는 약 3,000만 명의 노숙자가 있는데 그들의 평균 연령은 서른 두 살이며 가족 단위 노숙자가 전체 노숙자의 25%를 차지한다. 우리 동네 노숙자는 누구인가? 그들이 적절한 주택을 구해 다시 생산적인 삶을 살아가도록 우리가 도와줄 수 있는 방법은 무엇인가?

이처럼 인간적인 많은 문제를 해결하는 데 인정 넘치는 캐피털리스트들의 도움이 절실히 필요하다. 우리는 스스로 자립할 방법을 찾기 전에 급한 도움을 필요로 하는 사람을 도처에서 볼 수 있다. 정부가 미약하게나마 몇 가지 시도를 했지만 결국 관료 체제는 실패하고 말았다. 우리의 가난한 이웃들에게 자유기업시스템의 혜택을 누릴 기회나 동기를 부여하는 것은 해결해야 할 과제 중 하나다. 컴패셔닛 캐피털리스트는 정부가 실패한 곳에 먼저 뛰어들어 새로운 아이디어와 효율적인 행동으로 그 간격을 메워야 한다.

차별

인종, 종교, 성별, 연령 차별은 컴패셔닛 해결을 필요로 하는 중대한 문제다. 이들 문제를 파악하는 것은 우리 자신과 국가가 해야 할 일이다. 단순한 설명이나 일방적 견해로 문제를 해결하려 하지 마라. 컴패셔닛 견해를 보이되 정보를 바탕으로 한 비판적인 것이라야 한다. 실상은 어떠한가? 우리의 학교, 교회, 이웃에서 일어나는 차별에 어떤 조치를 취해야 하는가? 어떤 분야가 내가 봉사할 수 있는 곳인가?

노사관계

인정 넘치는 캐피털리즘은 노동자와 경영자 모두에게 이득을 준다. 또한 양쪽은 서로에게 책임이 있다. 진정 인정이 넘치는 캐피털리즘은 시장에 혁신적 영향을 미칠 수 있다. 이것은 마르크스주의가 결코 창출할 수 없는 혁명이다. 실상은 어떠한가? 여러분의 가족관계, 교사와 학생의 관계, 상사와 직원 간의 관계를 개선하기 위해 무슨 일을 해야 할까?

법적 책임

모든 사람이 다른 모든 사람을 소송하려 하는 것은 자신의 행동에 결코 책임지지 않으려는 사회가 낳은 산물이다. 미국은 소송에 수십억 달러의 비용을 지출하고 있다. 그것은 소비자물가 상승을 유발하고 또 새로운 창안과 발명의 상품화를 막는다. 의료비 역시 엄청나게 상승하고 자동차 보험료도 올라간다.

컴패션을 실천하는 캐피털리스트는 '이런 끔찍한 상황을 멈출 방법을 어떻게 찾아야 하는가?'라고 묻는다. 쟁의를 조정하고 정당하게 보상하기 위해 어떤 공정하고 평등한 수단을 고안해 낼 수 있는가? 보상에 보이는 탐욕을 어떻게 막을 수 있는가? 서로가 서로에게 소송을 제기하는 사태의 이면에는 어떤 실상이 존재하는가? 우리가 잘못했을 때 무엇을 해야 하는가? 다른 사람이 우리의 실수를 책임지고 그 책임을 떠맡겠지 하는 기대를 하지 않을 수 있는가?

국가 채무

미국은 단기 만족에 도취된 국가다. 우리는 모든 것을 지금 당장 원한다. 즉, 기다리기를 싫어한다. 그래서 실제로 돈을 벌기도 전에 외상으로 물건을 산다. 미국인은 다른 선진국에 비해 실질적인 저축을 전혀 하지 않는다. 빌릴 수 있는데 왜 저축을 하는가? 이것이 미국인의 생각이다. 정치인이 이와 똑같이 행동하는 것은 하나도 이상할 것이 없다.

컴패션을 실천하는 캐피털리스트들은 다음 세대에게 유산을 남겨주고 싶어 한다. 다시 말해 균형 잡힌 국가 예산과 풍부한 천연자원이란 유산을 남기기를 원한다. 미국 부채의 실상은 어떠한가? 우리는 무엇을 할 수 있는가? 우리 자신은 빚을 지지 않기 위해 노력하고 있는가?

짐과 낸시 도넌이 올리브 크레스트의 아이들을 돕기 전 그들은 미국에서 아동학대가 점점 큰 문제가 되고 있다는 글을 읽었다. 네 아이 중 하나가 다섯 살 이전에 부모에게 심각한 학대를 당하고 있다는 사실도 알았다. 이 통계만으로도 사태의 심각성을 알 수 있었지만 도넌 부부는 학대 피해아동들의 보호소를 방문해 겨우 걸음마를 하는 아이들의 상처 난 얼굴, 부러진 팔다리, 화상, 끔찍한 흉터 등을 직접 보자 통계의 실상이 현실감 있게 다가왔다.

문제를 직접 겪거나 곤란에 빠진 사람을 만나면, 그들을 돕기 위해 문제의 현장에 있는 사람들과 성실하게 대화하면, 무언가가 달라진다. 우리의 초점은 더 분명해지고 목표는 더욱 좁혀진다. 문제를 자신의 것으로 받아들일 경우 변화를 위해 노력하는 입장이 된다. 반면 문제를 객관화하면 문제해결은 나와 상관없는 일이 되어버린다. 이 차이를 알겠는가? 우리, 즉 여러분과 나는 기여할 무언가를 가지고 있다. 우리는 사태를 바꿔놓을 수 있지만 먼저 실상을 알아야 한다.

지금까지 내 관심을 끄는 몇 가지 문제와 내가 그 문제를 이해하는 데 도움을 주는 몇 가지 실상이나 통계를 나열했다. 하지만 이것은 준비 단계일 뿐이다. 여러분이 충족해 주길 원하는 이웃(혹은 세상)의 문제는 무엇인가? 여러분 자신의 목적을 정하는 것이 스스로를 돕지 못하는 사람을 도와주는 재미있는 여행의 세 번째 단계다.

때로 어떠한 동기가 직접 우리를 찾아오기도 한다

내 친구 댄 윌리엄스를 기억하는가? 그는 캘리포니아에서 매우 성공한 ABO 중 한 사람으로 말을 더듬는 장애를 극복했다. 콜로라도주 베일에 있는 포드 대통령의 집을 방문하는 동안 그는 심한 말더듬이인 메기라는 딸을 둔 한 가족을 만났다. 댄이 회상했다.

"그 아이는 아주 작고 예뻤는데 말더듬증 때문에 항상 당황했어요. 그날 점심 때 나는 메기에게 말더듬증을 고치기 위해 내가 평생 기울인 노력을 말해주었습니다. 그 아이는 놀란 표정이었고 우리는 곧 친구가 되었죠. 지난 몇 년간 나는 메기 그리고 메기의 부모와 함께 노력했어요. 그 아이가 말더듬증 문제를 극복하도록 도와주는 것과 그 과정에서 부모의 상담역을 해주는 것이 내 진정한 목적이었습니다."

때로는 급한 도움이 우리에게 필요할 때도 있다

맥스와 매리엔 슈바르츠는 이웃의 얘기를 듣고 급히 골수이식을 해야 하는 자기 동네의 어린 소녀를 알게 되었다. 경비가 엄청난 그 수술을 빨리 받지 않으면 소녀는 죽을 거라고 했다.

친구들과 이웃사람들이 모금을 했지만 아직도 수술비가 4만 마르크 (약 3,000만 원) 정도나 부족한 상태였다. 맥스와 매리엔은 결심을 해야 했다. 그 어린 소녀를 도울 것인가? 그들은 이미 고향 근처의 고아원과 동독의 어린이 암병원을 후원하고 있었다. 매리엔이 기억을 더듬었다.

"우린 돈을 내기로 했어요. 그해 사업에서 수익이 많았다는 것에 감사했고 도움이 필요한 아이와 그 수익을 나눌 수 있어서 기뻤지요."

태풍 앤드루가 플로리다와 루이지애나를 휩쓸고 지나갔을 때 Amway 는 150만 달러 정도의 식품과 청소도구를 재난 지역에 급히 보냈다. 전국의 ABO들은 비상구호품을 전달하기 위해 돈과 연장, 그 밖에 도움을 줄 수 있는 것을 보내왔다.

빌 차일더스의 다음 말은 모든 ABO의 심정을 대변한다.

"우리는 전체의 일부에 불과합니다. 참으로 많은 훌륭한 분들이 이 도움에 동참했습니다. 우리는 적십자, 구세군, 국제구호센터, 수십 개의 크고 작은 단체 그리고 도움의 손길을 자청한 전국 국민과 함께 일했습니다. 나는 Amway 사람들이 무척 자랑스럽습니다. 그들은 '도움이 필요할 때 우리를 부르면 즉시 달려가겠다.'고 한 말이 진심이었음을 입증했습니다."

스스로 비슷한 고통을 겪은 까닭에 동기가 생기는 경우도 있다

피터와 에바 미어캣츠 부부에게는 정신박약증을 보이는 아이가 있었다. 그 경험을 바탕으로 그들은 동네의 장애자 공동체를 지원 대상으로 삼았다. 피터는 미소를 지으며 말했다.

"우리는 작은 공동체를 후원했지요. 그들이 우리를 필요로 했기 때문입니다. 그게 다예요. 그곳 환자들도 한때는 학위를 취득했고 자기사업도 하던 지적이고 생산적인 사람들입니다. 불행히도 어떤 지독한 질병을 앓다 보니 정신적, 감정적 장애를 일으킨 것이죠. 그들은 더 이상 자신을 돌볼 수 없게 되었어요. 그래서 우리가 관여하게 된 것이지요."

미어캣츠 가족은 로코 코퍼레이션에 비용을 대주고 그 장애인들이 할 수 있는 일에 고용을 알선하고 있다. 에바가 자랑스럽게 말했다.

"그들은 우편물을 접어 봉투에 넣거나 과자를 만들기도 해요. 달력을 붙이기도 하지요. 우리는 계속 그들이 스스로를 도울 수 있는 직업을 찾는 동시에 그들이 자기 존엄성과 가치를 회복하도록 노력하고 있습니다."

짐과 낸시 도넌은 한 가지 이유로 학대 피해아동들을 위한 일을 선택했다.

"우리는 아이들을 사랑해요. 그래서 아이들이 고통받는 모습을 못 보겠어요. 더구나 우리에게는 두 아들 에릭과 데이비드, 딸 헤더밖에 없으니 160명의 아동을 더 돌보지 못할 이유가 없지 않아요?"

바이패스 심장수술을 하면서 죽을 뻔한 경험을 한 후 나는 무엇을 배웠는지 생각하게 되었다.

첫째, 나는 며칠 동안 고통에 시달리며 병원이 얼마나 중요한지 깨달았다. 병원과 의사들 역시 우리의 도움을 필요로 했다. 생명을 구하는 새로운 기술은 값이 굉장히 비쌌고 저소득층에게는 간혹 그림의 떡일 뿐이었다. 버터워스 병원과 우수한 의료진에게 감사를 표하기 위해 헬렌과 나는 버터워스 병원에 건물 한 동을 지어 기부했다. 병원 측에서는 지역사회를 위한 아내의 봉사를 기리고자 그 건물을 '헬렌 디보스 여성 & 아동 의료센터'라고 명명했다.

둘째, 나는 적시에 이뤄지는 봉사와 열정은 돈만큼이나 중요하다는 것을 다시금 깨달았다. 직원이든 사장이든 우리는 모두 바쁘고 스트레스를 받으며 살아간다. 우리는 대부분 아침에 일찍 일어나 출근하고 밤늦게 기진맥진해서 잠자리에 든다. 그렇지만 우리가 자선단체나 종교단체에 기부하는 시간은 우리 사회의 건강과 복지에 상당히 중요하다. 현재 나는 내가 주장한 것을 실천하기 위해 또 병원과 의료진에게 감사하는 마음에서 버터워스 헬스 코퍼레이션의 이사회 회장을 맡고 있다.

셋째, 심장병으로 생사를 헤맬 때 나는 나 자신을 포함해 많은 사람이 예방의학에 무지하다는 것을 깨달았다. 우리는 평소 자기 몸을 돌볼 줄 모른다. 어떤 병에 걸렸을 때는 너무 늦다. 이런 이유로 나는 스티브와 패트리샤 월터스, 지퍼블래트 박사에게 그랜드래피즈로 와서 우리 회사 직원들을 보살펴달라고 간청했다.

나는 지퍼블래트 박사가 캘리포니아주 샌터모니카에 있는 프리티킨 의료원 원장이고 패트리샤가 프로그램 담당 이사일 때 그를 만났다. 사실 이 부부 의료팀은 내 생명을 구해주었다. 겉보기에 아무 이상이 없었으나 스티브와 패트리샤는 내가 프리티킨 센터를 방문하는 동안 종합검진을 받을 것을 강하게 주장했다. 트레드밀 위를 뛰는 운동을 하며 검사를 받는 동안 그들은 내 심장이 불규칙하게 뛰는 것을 알아차렸다. 곧 나는 바이패스 심장수술을 받기 위해 버터워스 병원에 입원했다.

스티브와 패트리샤는 "당신의 생명은 당신 손에 있다."라는 격언을 자주 상기시킨다. 그들은 내 초대를 신중히 고려한 뒤 그랜드래피즈로 이사를 왔고 Amway 그랜드플라자호텔에 Better Life 연구소를 차렸다. 지퍼블래트 부부는 생활을 바꾸는 아이디어로 생명을 구하는 제3의 재능을 지닌 대표적 인물이다. 올해 스티브와 패트리샤는 Amway와 Better Life 연구소를 대표해 미국 전역과 전 세계를 여행하며 적절한 운동, 스트레스 줄이기, 체중조절, 생명을 구하는 행동양식 변화, 건강식 등을 우리 회사 직원들에게 강의했다. Amway 그랜드플라자호텔에서 7일간 숙식하며 진행하는 프로그램은 이미 수천 명에게 도움을 주었고 또 실제로 생명을 구했을지도 모른다.

슈바이처는 이렇게 말했다.

"인간의 삶의 목적은 다른 사람을 도우려는 동정과 의지를 보여주고 봉사하는 데 있다."

이런 동기가 그를 아프리카의 외딴 오두막으로 이끌었으리라. 어떤 동기가 여러분의 마음을 사로잡고 있는가? 그것이 여러분을 어디로 데려갈 것인가? 어떤 동기든 그것에 따라 결정하는 일은 여러분 일생에서 가장 짜릿하고 가치 있는 여행의 시작일 것이다.

스스로 계획을 수립한다

일단 동기가 분명해지면 진지하게 행동을 이끌어줄 실행 계획을 세워야 한다. 구체적인 목표와 언제, 어떻게 그 목표를 달성할 것인지 적어놓을 필요가 있다. 진전사항을 도표화하고 도움을 줄 사람을 구하며 필요할 경우 진로를 바꾸는 한편 과업을 성취했을 때는 축하할 필요가 있다.

원점에서 시작할 때도 있다

덱스터와 버디 예거는 아이들이 자유기업시스템을 이해하고 참여하는 데 도움을 주기 위해 여름캠프를 열기로 했다. 그들은 한 번도 캠프를 기획하거나 운영해 본 적이 없었지만 가족의 도움으로 계획을 수립했다. 덱스터는 "우리는 실수를 범하는 줄 알았어요. 어쨌든 아이디어를 실행했고 매일 우리의 목표에 근접했지요."라고 말했다

다른 사람의 계획에 참여할 때도 있다

앨과 프랜 해밀턴은 흑인 학생들을 위한 장학기금에 관심을 보였다. 앨은 이렇게 회상했다.

"우리는 '두뇌는 헛되이 낭비해서는 안 된다.'라는 그 단체의 슬로건이 마음에 들었어요. 우리도 그 낭비를 끝내도록 도와주자고 결심했죠. 지난 7~8년 동안 우리는 루 롤스와 함께 흑인 학생을 위한 장학기금을 모으고자 장시간 계속되는 자선 TV쇼를 개최해 왔습니다. 또 우리는 이웃과 친구들에게 그 필요성을 알리고 그들도 동참하도록 하려고 매년 우리 집을 개방해 대규모 만찬을 개최합니다. 지난 2~3년간 5만 달러 기금을 조성했죠. 우수한 흑인 남녀 학생들이 대학을 졸업하는 것을 볼 때마다 그들의 성공에 우리가 조금이나마 기여했다는 생각에 가슴이 뿌듯합니다."

첫 아내와 사별하고 아들 벤의 고통을 겪은 브라이언 헤로시언은 그러한 고통을 종식하는 일을 시작했다. 5년 동안 브라이언과 데이드레 헤로시언은 청각장애자 재단을 위한 기금 조성가로 활약했다. 지금도 그들은

청각 장애자들을 위해 일하고 있다. 브라이언이 말했다.

"가족이 고통을 당하고 있을 때 사람들은 내게 '곧 좋은 일이 있을 거야.'라고 말했어요. 그때는 그런 말이 별로 도움이 되지 않았어요. 사실 나는 '아내의 죽음과 아들의 지독한 고통 앞에서 무슨 좋은 일이 생기겠는가.'라고 그들을 향해 고함치고 싶었어요! 나는 그런 연민은 고난의 한복판에 빠져 있는 사람에게 별로 도움이 되지 않는다고 생각합니다. 그런데 되돌아보니 그들의 말이 옳았다는 생각이 들어요. 우리가 고통을 당할 때 한 가지 좋은 점은 다른 사람의 고통에 민감하게 반응할 수 있다는 것입니다."

1984년 이래 Amway와 Amway의 ABO들은 부활절 자선행사를 위해 960만 달러의 기금을 모았다. 이 돈은 ABO들이 자선만찬, 경매, 가두판매, 복권판매, 마라톤식 볼링경기, 개인의 기부 등으로 조성한 것이다. Amway의 컴패션 정신을 이해하고 실천하는 ABO들은 이 운동을 조직해 실행했고 목적 달성을 위해 시간과 돈을 제공했다. 그 결과 우리 회사는 부활절 자선행사를 위한 범국민 참여 방송 대행진의 '백만 달러 클럽' 프로그램을 후원한 5개 회사 중 하나가 되었다.

짐과 낸시 도넌은 학대 피해아동을 위해 지속적으로 활동할 계획을 세웠다. 짐이 회상했다.

"아이들을 위한 집이 많이 필요했어요. 그래서 우리는 자선 볼링경기를 계획해 볼링선수들이 쓰러뜨리는 핀마다 후원자가 돈을 기부하도록 했습니다."

낸시가 덧붙였다.

"첫 크리스마스 때 우리는 모든 아이가 크리스마스트리 아래에 있는 자기 선물을 꼭 갖기를 원했어요. 그래서 아이들에게 원하는 선물 목록을 작성하게 했고 그것을 네트워크 21에 있는 우리 친구들과 관심이 있는 친구나 이웃에게 전해주었지요."

짐도 거들었다.

"우리는 계획하고 구체적인 실천 방안을 수립했습니다. 그다음에는 일에 착수했어요!"

계획을 완수하기 위해 열심히 노력한다

남을 돕는 일을 직접 떠맡는 것은 위험한 일일 수도 있다. 실은 다른 사람에게 그 일을 맡기는 것이 훨씬 쉽다. 고통받는 사람들의 삶에 관여하는 것은 모든 여유 시간, 돈, 열정을 다 빼앗기는 일이다. 다른 사람이 꿈을 실현하는 것을 보려면 자신의 꿈을 이루기 위해 쏟는 것과 똑같은 고된 노력과 의지가 필요하다.

잰 서번은 여가시간에 자원해서 보조 교사로 일하고 있다. 잰의 설명을 들어보자.

"학교 예산을 대폭 삭감하는 바람에 한 교실의 학생 수가 늘어나 교사의 부담이 배로 증가했습니다. 아이들에게 필요한 교육을 제공하려면 교사들이 효과적으로 업무를 수행하도록 우리가 도움을 주어야 합니다."

스튜어트 멘 박사는 수면장애로 고생하는 사람들을 위한 연구에 자원봉사할 시간을 얻기 위해 사업을 시작했다.

"의사들은 보통 자기 몫의 환자들을 돌보는 데도 시간이 부족합니다.

연구할 시간 여유는 없고 실험도구를 사거나 연구 조교를 고용할 여유 자금도 없습니다. 내가 사업을 시작한 이유가 여기에 있지요. 의과대학에 진학한 이래 나는 불면증에 시달리는 사람들을 돕겠다는 아이디어를 생각해 왔어요. 그 목적을 위해 나는 조금이라도 남는 시간이 있으면 연구하고, 글을 쓰고, 책을 읽고, 실험하는 데 보냈습니다."

프랭크 모랄레스 부부는 "다른 사람을 돕지 않으면 행복해질 수 없다."라고 말했다. 프랭크의 아내 바바라는 한 가지 목표 아래 사업을 성공으로 이끌었다. 즉, 그들은 지역사회 사람들을 돕기 위해 남는 시간과 돈을 몽땅 사용했다. 1963년 그들은 캘리포니아주 다이아몬드바로 이사했고 이후 프랭크는 그 지역의 주택소유자협회 회장으로 일하는 한편 YMCA도 설립했다. 또한 그는 명예시장으로 추대되었으며 13년 동안 월넛 밸리 학군의 교육위원회 이사장으로 봉사했다.

그는 수천 시간을 자원봉사에 보냈고 도움을 요청하는 사람들의 발걸음은 끊이지 않았다. 프랭크는 그것이 힘든 일이었다고 인정했다.

"하지만 그 과정에서 즐거움도 있었어요. 아이들의 8학년과 12학년 수료식 때 내가 직접 수료증을 건네주었지요. 이런 일은 고향에서 도움의 손길을 내밀 때 따라오는 덤입니다. 정말 기분이 좋았어요. 나는 영웅이 되려는 게 아닙니다."

그는 웃으며 덧붙였다.

"그 일이 즐거워서 자원한 것뿐이죠. 그 일을 완수하고 나면 인생에서 중요한 어떤 것을 해냈다는 느낌이 듭니다."

볼링장 위에는 '자선 볼링게임, 오늘 저녁'이라는 표지판이 걸려 있었다. 볼링장 안에는 학대 피해아동에게 기금을 내기 위해 자원한 선수들이 각 레인마다 꽉 차 있었다. 공이 굴러가 핀을 쓰러뜨리면 떠들썩한 함성, 웃음, 발을 구르는 소리가 터져 나와 실내는 무척 소란스러웠다.

경기 중반쯤 짐과 낸시 도넌 부부가 에릭의 휠체어를 밀며 기분 좋고 떠들썩한 군중 속으로 들어왔다. 에릭은 그때 10대 소년이었으나 32킬로그램밖에 나가지 않았다. 에릭의 몸은 스텐 막대가 목부터 허리까지 받쳐주고 있었고 정기적인 발작으로 고통을 받았다. 또 뇌졸중 때문에 팔다리 근육이 거의 마비 상태였지만 에릭은 학대 피해아동을 위해 볼링을 하려고 그곳에 왔고 자기 몫을 할 생각이었다.

짐과 낸시도 볼링 신발을 신고 에릭의 의자를 밀며 볼링 레인으로 올라갔다. 볼링장을 가득 메운 군중의 시끄럽던 소리가 잠시 멎었다. 짐은 볼링공을 집어 들고 아들 옆에 무릎을 굽히고 앉았다. 에릭은 가늘고 떨리는 팔로 그 공을 들었다. 짐이 조용히 물었다.

"얘야, 준비됐니?"

"네, 준비됐어요."

에릭은 멀리 10개의 흰 핀이 세워진 긴 레인을 내려다보았다. 낸시는 에릭의 의자를 밀어 제자리에 두었고 짐은 아들의 손을 이끌었다. 에릭은 조심스럽게 목표를 겨냥하고 바닥 위로 살며시 공을 굴렸다. 그 공이 핀을 향해 서서히 굴러갈 때 그날 그 자리에 있던 사람들 중 기적이 일어나게 해달라고 기도하지 않은 사람은 아무도 없었을 것이다. 짐은 숨을 죽였고 낸시는 눈물을 글썽였다. 에릭도 숨을 죽이고 기다렸다.

"스트라이크!"

사람들은 입을 모아 외쳤고 에릭의 부모는 동시에 아들을 끌어안았다. 에릭은 "다른 여러 장애아들을 위해서예요."라며 아빠를 쳐다보고 마치 챔피언처럼 싱긋 웃었다. 그때 박수가 터져 나왔다. 웃고 함성을 지르던 사람들은 에릭이 말한 것처럼 '모든 장애아들을 위해!' 하고 외치며 주머니에서 돈을 꺼냈다. 짐이 말했다.

"그날 우리는 19만 달러를 모았습니다. 학대 피해아동을 위한 집 두 채의 첫 대출금을 낼 수 있는 금액이었지요. 하나는 두 살에서 네 살까지의 아이들을 위한 것이었어요. 고통을 끝내고 생명을 구해주기 위해서죠. 맥도널 더글러스에서 온 한 기부자는 4만 달러를 내놓기도 했습니다. 그렇지만 그날 밤 에릭이 우리 모두에게 준 선물에 비할 만한 것은 없었어요."

짐과 낸시, 에릭처럼 여러분과 나도 신념을 가지면 변화를 일으킬 수 있다. 그러면 삶은 변화할 것이다. 배고픈 자는 배불리 먹고, 벌거벗은 자는 입으며, 병들고 죽어가는 자는 안정을 찾도록 말이다.

15.
우리는 왜 우리 지구를 보존하고 보호해야 하는가

매튜 이필리는 밝은 북극 햇빛을 받으며 작은 의자에 앉아 자신이 조각하는 조그만 미색 곰을 꼼꼼히 관찰하고 있었다. 그의 검게 탄 단단한 피부는 북극지방의 태양과 추위와 메마른 바람을 몇 년 동안 견뎌왔음을 잘 보여주고 있었다. 매튜의 의자는 집 안으로 이어지는 계단 바로 옆에 있었다. 그의 조상들이 살던 집만큼 세련미는 없었지만 북극에 잘 어울리는 주택이었다. 동토의 추위를 막기 위해 이누이트인의 기술과 현대재료를 합작해서 만든 매튜의 집은 튼튼한 나무기둥 4개가 떠받치고 있었다. 사람이 납작 엎드려야 빠져나갈 수 있을 정도로 기둥이 낮아 곰은 들어갈 수 없었다. 합판 외장벽에 함석지붕을 얹은 그 집은 추위를 충분히 견디도록 단열 처리를 했고 실내는 나무를 때서 난방을 했다.

바깥에 나와 앉아 있는 것은 여름에만 누릴 수 있는 특권이었다. 겨울에는 기온이 너무 내려가서 옷을 겹겹이 입어야 하는 탓에 매튜는 조각 같은 섬세한 작업은 할 수 없었다. 검은 털과 회색 털이 섞인 맬러뮤트 개가 몸의 절반을 햇빛에 드러낸 채 그의 옆에서 자고 있었다. 이런 것이 알래스카 스타일의 여름 풍경이다. 매튜가 자신이 조각하는 곰을 관찰하며 혼잣말을 중얼거리자 개의 귀가 쫑긋했다. 야생 세계에서는 사람이나 동물 모두 서로에게 세심한 관심을 보이게 마련이다.

매튜는 5분 정도 조각 곰을 관찰한 후 칼을 꺼내 들었다. 구부러진 작은 칼날에 두꺼운 나무 손잡이를 댄 칼이었다. 그가 조심스럽게 칼집을 내자 곰의 입 모양이 약간 생겼다. 매튜는 잠시 멈추고 곰을 안아 자신이 한 일을 살펴보았다. 그런 다음 칼을 고쳐 잡고 입 모양이 제대로 될 때까지 칼집이 난 곳에 여러 번 칼날을 대 깊이 팠다. 이어 칼을 떼고는 만족스런 표정으로 털썩 주저앉았다. 완성한 것이다.

어찌 보면 그 곰은 작고 초라하고 세부 묘사가 부족한 서툰 작품 같았다. 실은 그런 단순한 작품이 아니었다. 그 작품에는 설명하기 어려운 강력한 무언가가 담겨 있었다. 선사시대 동굴벽화처럼 매튜의 작품은 동물의 진수를 그대로 보여주는 것 같았다. 매튜가 말했다.

"언젠가 조류도감을 본 적이 있어요. 그림이 마음에 들긴 했는데 뭔가가 잘못된 것 같았어요. 그림은 훌륭했고 세부 묘사도 뛰어났지만 영혼이 결여되어 있었지요."

그는 잠시 생각에 잠겼다가 덧붙였다.

"새의 영혼이 보이지 않았어요. 나는 동물의 혼을 보여주고 싶습니다."

매튜는 계속 말했다.

"이곳 사람들은 인간뿐 아니라 동물에게도 혼이 있다고 믿습니다. 우리는 지구와 지구상의 모든 피조물을 생명체라고 믿어요. 만일 쓸데없이 그들에게 해를 끼치면 창조주의 영혼을 해치는 셈이지요."

의자에서 일어난 그는 일흔한 해를 살아오는 동안 험난한 지형을 극복하면서 배운 최소한의 동작으로 움직였다. 조그만 그의 집 주위를 걸으면서 그가 북쪽을 가리켰다.

"우리는 이곳을 나나치아크라고 부릅니다. '아름다운 땅'이라는 의미죠."

매튜가 "저 멀리 안개 같은 것이 보이죠?"라고 물었다. 사방 80킬로미터 내의 세계는 그야말로 장관이었다. 그런데 지평선으로 눈을 돌리자 색깔이 점점 바뀌어갔다. 지평선 부근 공기는 약간 황색을 띠었는데 더 멀리 볼수록 짙은 푸른색으로 바뀌었다. 매튜가 설명했다.

"소위 말하는 스모그입니다. 공해지요. 공해가 어디서 왔는지 모르겠지만 내가 어릴 때는 분명 없었어요."

이곳에서 스모그를 보다니 그야말로 충격이 아닐 수 없었다.

이누이트 예술가 매튜 이필리는 자연에서 살며 중요한 사실을 그리고 있었다. 지구상의 가장 먼 고장, 우리가 사는 대도시의 공해나 먼지가 없는 최후의 성지로 여기던 그곳조차 환경보호가 필요하다는 사실을 그는 분명히 입증하고 있었다.

지구와 조화를 이루고 지구상의 생명을 존중하는 매튜의 생활 방식은 우리 모두에게 교훈을 준다. 물론 모두가 그처럼 살 수는 없다. 나는 모두가 자연으로 돌아가자는 것이 아니라 그의 가치관에서 몇 가지를 받아들이자는 것이다. 우리는 매튜에게 '모든 피조물은 하나님이 창조한 것이고 지구는 하나님이 내려준 선물'이라는 것을 배울 수 있다.

다음 세대의 성공과 기회는 우리가 다음 세대 사업가들을 위해 지구를 얼마나 잘 보호하는가에 달려 있다는 것을 알지 못하면서 성공 가능성이나 자유기업이 창출하는 기회를 말하는 것은 아무 의미가 없다. 자원이 없으면 부富도 없다. 매튜 이필리의 집에서도 볼 수 있는 공해는 우리가 저지르는 일이 지구 전체에 영향을 미친다는 점을 일깨워준다.

여러분은 어떤지 잘 모르겠지만 나는 환경보호를 둘러싼 문제가 굉장히 복잡하고 논쟁의 여지가 많다는 생각을 하고 있다. 내게 구체적인 해결 방안은 없다. 그렇지만 우리 회사가 하고 있는 일과 경험이 여러분에게 도움을 줄 것이라고 확신한다.

지구를 위한 우리 회사의 사명

Amway 성공의 일부는 우리가 전달하는 제품이 환경 친화적이라는 확신에 근거하고 있다. 우리는 고향의 환경을 오염시키고 지구환경에 해를 끼치거나 매튜 이필리가 사는 알래스카 지평선을 공해로 물들이는 제품은 전달하고 싶지 않다. 환경을 책임져야 한다는 생각을 잊지 않기 위해 우리는 다음과 같은 '환경헌장'을 작성했다.

Amway는 지구의 한정된 자원과 환경을 올바르게 사용하고 관리하는 것이 기업과 개인 모두의 책임이라고 믿는다. Amway는 전 세계 400만 명 이상의 ABO로 이뤄진 독자 판매망을 갖춘 유수한 소비재 제조업체로 건전한 환경보호를 추진할 자기 책무와 역할을 인식한다.

이 간단한 헌장은 지구환경을 위한 우리의 책임을 보여주는 Amway 신조다. 우리는 이것이 옳은 일이라고 믿는다. 물론 믿음만으로는 충분치 않다. 기독교에서 행동 없는 믿음은 죽은 것이라고 말하듯 행동이 따르지 않는 신조는 별 의미가 없다. 어디서부터 시작해야 할까? 어떻게 하면 신문 1면에 실린 절망적인 기사에 압도당하지 않을 수 있을까?

세계 도처에서 일어나는 문제를 살펴보면 사실 그것은 지역 문제에서 시작된다는 것을 알 수 있다. 시커먼 연기를 다른 국가의 공장 문제로만 여기면 단지 우울한 마음만 깊어질 따름이다. 그 문제에 대응해 여러분이 할 수 있는 일이 별로 없기 때문이다. 그렇지만 자신의 고장에서 일어나는 문제는 해결할 수 있다. 때로는 지역 문제 해결책이 지구 문제 해결의 일부이기도 하다. 매튜 이필리의 '환경 문제 대응'은 옳은 일을 하고 자신의 생활을 풍요롭게 해주는 것을 보존하기 위한 의지 아래 스스로 시작한 것이다.

나의 환경운동 역시 개인적 의지로 시작했다. Amway가 처음 시판한 제품은 액체 유기농 세제다. 이 세제에는 처음부터 자연분해 성분이 들어 있었고 인산염이나 용해제 등 환경오염을 유발하는 어떤 성분도 포함하지 않았다. 이 제품은 시대를 훨씬 앞선 것이었다. 왜 우리가 그런 제품을 개발하고 시판했을까? 환경단체의 압력을 받았을까? 그렇지 않다. 혹시 세부적인 환경헌장에 부응해야 했을까? 아니다. 그렇다면 정부의 강요가 있었는가? 아니다. 동기는 훨씬 간단하고 개인적인 것이었다.

제이와 내게는 평생 고향 미시간주 그랜드래피즈를 위해 공헌하겠다는 의지가 있었다. 우리 도시는 그랜드강을 중심으로 양분되어 있다. 그랜드래피즈라는 이름도 이 강에서 유래한 것이다. 에이다 근처의 많은 호수, 강, 시냇물은 Amway 세계본부의 풍경을 멋지게 연출해 주고 있다. 우리는 그 시냇물과 호수에서 수영도 하고 낚시도 하며 자랐다.

하지만 청년기에서 성인기로 넘어가는 시기에 우리는 몇 가지 환경 변화를 목격했고 그것은 상당히 걱정스러운 것이었다. 일부 시냇물과 강둑에 거품이 일기 시작했다. 그 거품은 보기에도 흉했고 냄새가 지독했을 뿐 아니라 물고기와 식물에 해를 끼쳤다. 어쨌든 이곳은 우리 동네였고 우리는 물과 물고기, 식물에 해를 끼치지 않고 강에 거품이 생기지 않게 할 제품을 개발했다. 우리는 우리가 그런 것처럼 우리의 손자, 그 손자의 손자가 아름답고 깨끗한 자연 그대로의 맑은 물과 함께 자라기를 원한다.

환경운동은 자기 고향의 환경을 보호하기 위해 어떤 행동을 취하는 각 개인으로부터 시작된다. 개개인의 작은 행동이 그 출발점이다. 이를테면 길거리에 떨어진 종이를 줍는 것부터 진정 우리가 해야 할 일이다. 이런 작은 일은 매우 중요하다. 우리 행동을 정화하기 전에는 커다란 문제를 논의할 수 없다. 우리 이웃을 깨끗이 하기 전에는 온 세계를 깨끗이 할 수 없다. 지구 정화는 우리가 지금 우리 동네에서 할 수 있는 일을 하면서 시작된다.

물론 주변의 작은 청소부터 시작한다고 해서 큰 환경 문제를 지지하지 않는다는 의미는 아니다. 당연히 그런 문제도 중요하다. 우리는 매일 내리는 결정을 신중히 고려해야 한다. 만일 환경에 해를 끼치지 않는 제품을 산다면 지구 환경에 긍정적인 기여를 하는 셈이다. 환경오염을 일으킬 수 있는 제품을 사용하지 않는 것은 곧 책임 있는 행동이다.

우리는 자연분해 세제를 만드는 것보다 훨씬 더 많은 일을 해왔다. 우리 회사 제품은 대부분 생분해성 제품이다. 특히 우리는 소비자의 사용량을 줄이기 위해 제품을 고농축한다. 우리 제품의 용기는 분해되기 때문에 사용 후 태우면 재가 된다. 플라스틱처럼 영원히 남지 않는다. 또우리는 동물실험을 하지 않는다. 오존층을 파괴하는 원재료도 사용하지않는다. 그리고 사무실에서 나오는 쓰레기는 재활용한다. 우리는 수송하는 상품의 충격 방지용으로 채워 넣던 엄청난 양의 스티로폼 대신 콩으로 만든 자연분해 포장재를 사용한다.

그렇다고 우리 회사가 거창하게 '녹색혁명'을 일으키려 하는 것은 아니며 단지 우리가 옳다고 생각하는 일을 하는 것뿐이다. 아무튼 회사 규모가 커질수록 우리의 환경 영향력도 커졌다. 1989년 유엔은 Amway에 유엔이 제정한 환경 프로그램 상을 수여했다. 유엔사무총장은 세계 환경의 날에 유엔본부에서 제이와 내게 그 상을 주었다. 사실대로 말하자면 나는 정말 깜짝 놀랐다. 우리가 그 상을 받은 두 번째 기업이기 때문이다.

사실 우리는 우리가 행한 일이 그렇게 특별한 것이라고 생각하지 않았다. 그저 올바른 일일 뿐이었다. 환경 문제 해결책은 대부분 간단하다. 즉, 사람들이 컴패션을 실천하면 된다. 어떤 특별한 노력이 필요한 게 아니라 약간의 신념만 있으면 된다. 우리 마을을 보살피려 하는 간단한 행동은 다른 사람들도 컴패션을 생각하는 행동을 하도록 영향력을 미친다. 컴패션을 실천하는 캐피털리스트는 사람들이 환경을 보호하도록 이끌 수 있다. 1990년 Amway는 유엔 환경 프로그램 주최 지구의 날 행사에서 주요 후원자 역할을 했다. 유엔은 지구환경에 관한 정보 입수와 자료 조사 등 유용한 목적을 위해 봉사하고 있다. 이 행사는 내 생애 동안 환경 문제 해결에 많은 진전이 있었다는 사실을 상기하게 해주었다.

지구가 직면한 문제

과연 어디서부터 착수해야 할까? 유엔은 지구환경과 관련해 여러 가지 중대한 문제를 확인했다. 나는 이 모든 문제에 관심이 있지만 손쉬운 해결책이 있는 것은 아니다. 그래서 그 해답을 찾기 위해 전 세계의 다양한 연구 프로젝트를 후원하고 있다. 다른 한편으로 우리 모두가 무엇이 문제인지 알아내는 것도 중요하다. 환경의 미래가 곧 컴패셔닛 캐피털리즘의 미래이기 때문이다.

숲의 황폐화

숲은 석유와 천연가스에 이어 세상에서 세 번째로 중요한 자원이다. 더 중요한 것은 숲이 지구 생명을 유지하는 데 큰 역할을 한다는 점이다. 숲은 수백만 종의 동물에게 서식처를 제공하고 토양 부식을 방지하며 기후 조정에 이바지한다. 그런데 안타깝게도 우리의 숲은 세계 각지에서 놀랄 만큼 빠른 속도로 사라지고 있다.

콜럼버스가 아메리카를 탐험하던 시절 숲의 면적은 123만 5,000평방마일이었다. 지금은 8만 5,000평방마일에 불과하다. 내 고향 주위에서 지난 100년간 10만 그루 이상의 나무를 매년 벌목했다. 지금은 적어도 그랜드래피즈에서는 이런 일이 줄어들었지만 문제는 여전히 심각한 상태로 남아 있다.

농지 저하

'녹색혁명'은 1963년부터 시작되었다. 과학으로 개발한 신품종 쌀과 기타 곡물로 전 세계 곡물 생산량은 140% 증가했다. 증산 아이디어는 옳았는지 모르지만 결과는 그다지 좋다고 볼 수 없다.

새로운 품종은 더 많은 물과 비료와 농약을 필요로 했다. 작물 수확은 50% 늘어났으나 비료 사용량은 자그마치 4,500%나 증가했다! 좋은 소식과 나쁜 소식이 한꺼번에 겹친 난관이었다. 곧 비료, 농약, 물이 땅을 망치기 시작했다. 지하수는 화학약품에 오염되었고 대량의 관수로 토지에는 염분이 많이 남았다.

동물 멸종

내 손자들은 팬더곰을 많이 걱정하지만 팬더곰 멸종이 우리 생활에 어떤 영향을 미치겠는가? 이름도 모르는 작은 곤충이 죽어 없어진다고 무슨 큰 일이 있겠는가?

더 중요한 문제는 생물 존재의 다양성이다. 왜냐하면 생물의 다양성이야말로 지구 생태계를 구축하는 기반이기 때문이다. 생물의 다양성은 우리에게 공기 정화, 지구 온도 유지, 쓰레기 재활용, 토양 영양분 생산, 질병 통제 같은 필수 '서비스'를 제공한다. 그리고 솔직히 말하면 생물의 다양성은 경제적 가치를 지니고 있다.

토양 침식

토양 침식이란 바람, 비, 그 밖에 다른 이유로 토양의 표토가 없어지는 현상을 말한다. 이러한 흙이 농업에 필수라는 것은 분명한 사실이다. 식량 생산에서 가장 중요한 것이 바로 이 표토다. 미국에서는 매년 40억 톤의 표토가 유실되고 있는데 이는 표토를 가득 채운 화물열차로 지구를 24바퀴나 에워쌀 수 있는 양이다.

산성비

산성비는 우리가 직면한 가장 논란이 많고 어려운 문제 중 하나다. 산성비는 산업공해가 공기 중을 떠다니다 빗물과 혼합한 결과다. 연구자들은 특히 동유럽에서 산성비가 심각한 결과를 몰고 올 수 있다고 말한다. 폴란드에서는 산성비 농도가 너무 강해 쇠로 만든 철로를 부식시키고 있다. 캐나다에서는 약 300개 호수의 산성도가 너무 높아 물고기가 더 이상 살 수 없을 지경이라고 한다. 그리스의 아테네에서는 고대 유물이 비가 올 때마다 얼음덩어리처럼 녹아내린다는 설도 있다.

나는 아직 이 문제가 얼마나 심각한지 확실히 모르지만 공개적으로 그 사실을 알아내려고 한다. 일단 사실을 알아내면 비용이 얼마나 들든 행동으로 옮겨야 한다.

오존층 파괴

과학자들은 아직도 사실을 수집해서 분석하고 있지만 오존층 파괴는 이미 기정사실로 되었다. 1988년 100명의 과학자로 이뤄진 국제특별조사반의 연구 결과 불과 20년 사이에 오존층이 3%나 고갈되었다는 것이 밝혀졌다. 그야말로 엄청난 파괴가 아닐 수 없다. 몇몇 대기업이 도덕적 용기를 내 오존층 파괴 중지 노력의 일환으로 CFC로 불리는 화학제품을 단계적으로 생산하지 않기로 결정했다. 우리 Amway는 이미 40년 전부터 CFC 가스를 없애기로 결정했다.

온실 효과

지구는 자연적 공기 조절 시스템을 갖추고 있다. 현재 기온은 화씨 55도로 이는 지구의 평균 온도인데 가령 금성은 화씨 858도다. 우리는 지구가 금성만큼 온도가 올라갈지도 모른다는 걱정을 할 필요는 없지만 지구 온도가 점차 상승하고 있다는 증거는 있다.

기온이 얼마나 빨리 상승하는지, 그 결과가 어떨지 정확히 아는 사람은 없으나 향후 50년간 화씨 2.7~2.8도 상승하리라는 예측이 나와 있다. 이러한 기온 상승을 온실 효과라고 부른다. 이는 태양열을 가둬두는 대기권 내에 가스가 축적되어 생기는 현상으로 이산화탄소가 주원인이다. 이 가스는 자동차, 공장 그리고 화석연료를 태우는 모든 기계류에서 나온다. 1800년 이래 대기권 내 이산화탄소 양은 25% 이상 증가했다. 1800년 이전에는 수천 년 동안 일정하게 유지되어 왔다.

사막 확산

'사막화 현상'이라 불리는 이 현상은 질 좋고 비옥한 토지가 바싹 마른 사막으로 바뀌는 것을 말한다. 사막화는 앞서 말한 토질 저하의 최종 과정이다. 사실 이것은 숲 황폐화, 염류화, 침식 등의 문제와 연관되어 있다. 1980년 유엔은 사막화 현상 때문에 농업 분야에서 연간 260억 달러의 손실을 보고 있다고 추정했다.

수질오염

먼저 좋은 소식부터 말하면 인간이 물을 사용하기 이전부터 있었던 똑같은 양의 물이 오늘날 지구에 그대로 있다는 점이다. 물의 양은 전혀 줄어들지 않았다. 나쁜 소식은 그 물의 많은 부분이 오염되었거나(염분이나 산업 오염물질로 인해) 사용이 불가능하거나(빙하나 지하에 갇혀서) 거의 복구 불가능한(전 세계 강물의 약 3분의 2가 홍수로 유출되어서) 상태라는 것이다.

지구상의 물 중 3%만 신선하다. 깨끗한 물을 보호하는 것은 중요한 일이다. 환경보호청은 미국 식용수에 700가지 이상의 화학성분이 있고 이 중 129가지에 독성이 있음을 밝혀냈다. 35개 주에서는 지하수에 독성 산업폐기물이 섞여 있다고 밝혔다.

물은 우리의 귀중한 자원 중 하나다. 사실 Amway 직원들은 물을 상당히 걱정하고 있고 1992년 제노바 세계 박람회에서 물을 주제로 한 전시관을 후원하기도 했다. 나의 동업자 제이 밴 앤델은 이 중요한 행사의 미국 공식 사절로 임명되었다. 그 주제관은 미국의 발전에 물이 얼마나 중요한지와 귀중한 수자원 보호의 필요성에 중점을 주었다.

유엔은 이들 환경 문제가 대파멸을 몰고 올 수 있다고 경고한다. 정말 그럴까? 지구 종말 시나리오는 얼마나 현실적일까? 컴패션을 실천하는 캐피털리스트가 되려는 결심 속에는 우리가 사는 세계를 배워야 할 책임도 포함되어 있다. 해결책에 기여하기 전 우리는 먼저 문제를 잘 이해해야 한다. 우리가 직면한 문제는 복잡하고 판단의 오류를 범하기 쉬운 것들이다.

지구가 직면한 사실 정보 수집

　우리에게는 스스로 사실을 알아낼 책임이 있다. 컴패션을 실천하는 캐피털리스트는 정보를 입수해 그 정보를 광범위하고 현명하게 읽는다. 또 비판적 정신을 기른다. 진정 비판적이라는 것은 사소한 일을 꼬치꼬치 캐는 것이 아니라 객관적 사실을 알고 해결하기 어려운 사항의 해결책을 탐구해 합리적인 판단을 내리는 일이다.

　그리고 컴패션을 실천하는 캐피털리스트는 개방적이다. 그들은 반대 의견에도 귀를 기울이며 어떤 특정 단체에 충성하는 것이 아니라 진실에 충실히 임한다. 우리에게는 개별적인 생각이 있고 그것을 활용할 필요가 있다.

　건강한 회의론을 개발하는 법을 터득하는 것은 좋은 출발이다. 통계에 관한 한 특히 그렇다. 한 대학생이 "통계학이 왜 필요할까요?"라고 묻고는 재빨리 "통계학자를 위해서죠!" 하고 말했다. 이 짤막한 농담의 이면에는 위험한 진실이 숨어 있다. 신문, 잡지, TV 기자와 논평가는 모두 통계치를 제시하는 데 능숙하다. 우리는 어떤 것을 인정 혹은 부인하는 데 숫자를 사용한다. 그러나 조심하라. 그들은 통계학을 두고 "통계학은 비키니 수영복과 같다."라고 말한다. 이는 통계가 보여주는 것이 흥미롭긴 하지만 정말 중요한 것은 통계 뒤에 숨어 있는 부분이라는 의미다. 질문하라. 숫자 이면의 진실을 보라. 통계 수치보다 사실이 더 많은 것을 말해준다.

　사실을 확인하려 할 때 사람들에게 캐묻는 것을 두려워하지 마라. 만일 그들이 사실을 알면서도 모른다고 말한다면 그들이 입을 열게 하라.

반대로 여러분이 어떤 문제를 잘 모른다면 알 때까지 심한 논평을 해서는 안 된다.

일단 사실을 입수하겠다는 마음을 먹으면 파헤쳐야 할 것이 무수히 많다. 컴패션을 추구하는 캐피털리스트는 무지한 상태를 용납하지 않는다. 무지는 위험하다. 무지는 문제를 무시하는 것이다.

컴패션을 실천하는 캐피털리스트가 해결하길 기다리는 문제가 아주 많다. 우리는 그런 문제에 관심을 기울여야 한다. 결국 우리의 미래는 문제해결에 달려 있다. 앞서 말했듯 우리는 자기가 속한 지역의 문제를 해결하겠다는 개인적 의지를 다지는 것부터 출발해야 한다.

문제가 많긴 해도 세상은 여전히 아름다운 곳이다. 하나님은 우리가 아직 발견하지 못한 많은 자원으로 세상을 만들었다. 인간에게도 많은 결점이 있겠지만 우리는 수백 년 동안 장점과 활기를 보여 왔다. 희망과 가능성으로 미래를 낙관적으로 볼 이유는 아직 많이 있다.

행동강령 설정

지구상에서 인간과 환경에 필요한 것을 좀 더 알았으므로 이제 그 필요를 충족해 줄 우리 자신의 개별 계획을 수립해야 한다. 여기에서 컴패션에 기반한 행동을 위한 계획을 수립할 때 취할 수 있는 몇 가지 단계를 제시하고자 한다.

1. 여러분의 고향(또는 이웃)에서 당신의 컴패션을 유발하는 사람이나 환경을 한 가지만 선택한다. 예를 들면 세계 기아 문제가 아니라 여러분이 아는 굶주린 한 가족, 전세계인 문맹이 아니라 여러분이 가르칠 수 있는 학생 한 명, 화석연료 고갈 문제가 아니라 여러분의 집에서 재활용할 수 있는 것, 수자원 부족이 아니라 가정에서 수돗물을 아껴 쓰는 것 등에 관심을 기울인다.

2. 환경과 사람에게 필요한 일을 충족해 주기 위해 여러분이 하고 싶은 일을 정확히 결정한다.
   - **굶주린 한 가족:** 임시로 비상식량을 제공한다. 다른 식량제공기관이나 비상구호기관에 연락한다. 직장을 구하도록 도움을 준다. 의료, 교육, 교통 문제에 필요한 점은 없는지 살펴본다.
   - **여러분이 가르칠 수 있는 학생 한 명:** 집 근처 학교에 개인교습 자원봉사 프로그램이 있는지 알아본다. 여러분이 나눠줄 수 있는 시간을 결정한다. 일단 가르칠 학생을 맡았으면 끝까지 성실하게 가르친다.
   - **가정에서 재활용하기:** 재활용을 설명하는 소책자나 기사를 찾는다. 가족과 함께 이 정보를 공유한다. 여러분이 사는 지역에서 실시하는 재활용 프로그램의 모든 것을 알아둔다. 차고에 재활용 통을 따로 구비한다. 쓰레기 분리수거 작업에 협조하거나 정기적으로 재활용센터에 재활용품을 갖다 준다.
   - **가정에서 물 절약하기:** 지난간 수도 사용료 영수증을 모은다. 지금까지 사용한 물의 양을 알아본다. 가족 모두에게 물을 절약할 것을 부탁한다. 물과 관련된 가전제품 모두에 물 절약 장치를 설치한다. 가족의 새로운 물 사용법을 위해 목표를 정한다. 가령 목욕시간 단축, 인도나 차고 입구에 호스로 물 뿌리는 것 자제, 세탁이나 설거지 시간과 방법, 다음 수도 사용료 조사와 목표 달성 시 축하 등을 목표로 정하고 실천한다.

3. 여러분이 취할 단계별 행동 계획을 기록한다(위의 예 참고).
4. 새로운 조치를 실시할 때마다 시간과 장소를 적어둔다.
5. 실제 행동으로 옮긴 조치는 삭제한다.
6. 성공을 축하한다(여러분을 도운 사람도 포함).
7. 다음번에 더 잘하기 위해 실패한 것에서 교훈을 얻는다.
8. 환경과 인간에게 필요한 새로운 사항을 정해 처음부터 다시 시작한다.

컴패션은 집에서부터 시작한다

만일 위의 예가 너무 기초적인 것이라면 용서해 주기 바란다. 나는 우리 모두가 고통과 낭비를 종식하기 위해 얼마나 더 많은 것을 할 수 있는지 알고 있다. 그렇지만 나는 문제해결은 집에서부터 시작된다고 본다. 일단 우리 지역의 인간적이고 환경적인 문제를 처리하기 위한 조치를 실시하면 그것을 세계 전체로 확대하기 위해 목표를 늘릴 수 있다.

컴패션은 한 번에 조금씩 시작한다

또한 나는 여러분이 가난한 사람에게 먹을 것을 주거나 학생을 가르치는 것, 물을 아껴 쓰고 신문·유리·금속 쓰레기를 재활용하는 것보다 훨씬 더 큰일을 할 수 있다는 것도 안다. 그러나 작은 일부터 시작해야 큰일도 할 수 있는 법이다.

우리가 해야 할 위대한 일은 아주 많다. 우리는 넓은 의미의 컴패션에 기반한 캐피털리즘도 실천해야 한다. 빈곤은 여러 가지 환경 문제의 주 원인이다. 가난하고 비효율적인 정부 규제 역시 원인 중 하나다. 자유시장과 환경보호운동은 병행해서 실천할 수 있다. 가능하면 우리는 자립하려 하는 사람들에게 동기를 찾아주어야 한다. 유엔환경개발 국제위원회는 1987년 빈곤이 상업화만큼 자연을 파괴할 수 있다고 말했다.

잘사는 나라에는 선택의 여지가 많다. 반면 그렇지 않은 나라에서는 개발업자뿐 아니라 가난한 사람들도 식량을 재배하고 가축을 기르고 아이들을 먹이기 위해 아마존의 열대림을 벌거벗기고 있다. 결과가 파멸적이어도 그들로서는 어쩔 수 없다는 것을 우리는 잘 알고 있다. 당장 배가 고픈데 먼 훗날까지 어떻게 생각하는가.

컴패션을 실천하는 캐피털리스트는 더 많은 사람이 자립할 수 있도록 진정한 희망을 제공한다. 미국과 외국에서 경제적 자립 가능성이 늘어날 것이라는 전망은 우리의 상상과 결의에 그치고 있다. 우리는 기업가정신을 북돋우고 환경 문제 앞에서 지역적 해결책을 모색하도록 모든 방법을 강구해야 한다.

예를 들어 컨트롤 서바이벌 엔터프라이즈는 원주민이 협동조합을 조직해 열대우림에서 수확한 작물을 파는 것을 돕는 단체다. 이 단체는 열대식물과 나무에서 딴 과일, 땅콩류, 유지 등을 판매해 그 돈을 원주민에게 돌려준다. 첫해에 거의 50만 달러에 달하는 상품을 팔았고 두 번째 해에는 수백만 달러어치 팔았다. 이 단체 덕분에 브라질 땅콩처럼 환경 보존에 필요한 열대우림 작물이 목재보다 더 큰 금전적 가치를 얻게 되었다.

열대우림의 협동조합 같은 지역적 해결책은 대대적인 정부 주도 프로그램보다 훨씬 효과적이다. 지역에 맞는 해결은 문제의 근원에까지 접근한다. 가난하고 배고픈 국민에게 환경 규제를 가하는 크고 비대한 관료 체제 대신 국민 스스로 자구책을 마련하는 동시에 생계를 해결하도록 하기 때문이다.

나는 사업 경험에서 동기(인센티브)가 가장 막강한 힘이라는 것을 알았다. 우리가 옳은 일을 할 동기를 광범위하게 제공하면 사람들은 그 일을 해낸다. 나는 사람들이 진정 지구와 그 피조물에 해를 끼치고 싶어 한다고 믿지 않는다. 물론 탐욕스러운 사람도 있고 단순한 멍청이들도 있을 것이다. 그러나 대부분의 경우 기회와 동기만 주어지면 사람들은 책임 있는 행동을 한다.

금전적 동기는 매우 강력하다. 물론 그것만이 유일한 동기는 아니다.

인정받는 것도 강력한 동기이며 이상주의 그 자체도 대가가 될 수 있다. 또 이웃과 지구를 위해 무언가를 한다는 만족감은 커다란 동기가 된다. 이타주의는 종종 사회복지 사업가를 낳는다.

인센티브는 가끔 약간의 경쟁심이 가미된 이타주의일 때도 있다. 아이오와주에 사는 콜린 메이어스의 예를 들어보자. 1979년 그곳 고등학교 교사 몇 명이 누가 전기요금과 수도요금을 가장 적게 내는지 내기를 했다. 메이어스는 1년 동안 60%나 절약했다. 그는 절전형 냉장고를 새로 샀고 집의 단열 처리를 강화했으며 창문 틈새를 메웠다. 또 단열재를 사용한 현관문을 달았고 낡고 열효율이 떨어지는 난로를 새것으로 교체했으며 효율이 높은 온수난방을 설치했다. 여기에다 전기 조리기를 가스 조리기로 바꿨다. 약간의 동기가 메이어스에게 커다란 발전을 가져온 것이다!

우리 회사는 일반 시민의 환경보호 활동에 보답하기 위한 기준을 설정했다. 시카고 공원 지역의 재활용 프로그램 책임자 프레드 화이트의 예를 들어보자. 어느 날 화이트는 재활용 플라스틱으로 만든 '목재' 관련 기사를 읽었다. 그는 '낡은 놀이터를 이 재료로 지으면 어떨까?' 하는 생각을 했다. 플라스틱 목재에 관한 그의 관심은 '플라스틱으로 꾸미는 공원'이라는 거시적 프로그램으로 발전했다.

'팝POP'이라 불리는 이 프로그램에서는 버려진 플라스틱 용기를 수거해 건물용 대들보로 만든다. 시카고 시민은 플라스틱 쓰레기를 시카고 전역에 있는 263개 수거 지역으로 가져간다. 1989년 이래 거의 모든 시민이 톤 단위로 플라스틱 쓰레기를 모으고 있다. 900톤 이상 수거해 시카고 내 663개 공원의 절반 이상을 이 건축 재료로 교체했다. 매립했을 엄청난 양의 쓰레기가 이렇게 바뀐 것이다. 화이트는 이렇게 말했다.

"처음에는 비용이 더 많이 들었어요. 하지만 이 재료가 목재보다 30~40배 이상 더 견고하니 장기적으로는 오히려 비용을 절약하는 셈이지요."

더구나 보수비가 훨씬 덜 들고 낙서도 방지하는 부수적인 이점도 있었다.

야외활동을 무척 좋아하는 데이비드 키드는 얼마 전부터 카누를 시작했는데 무엇보다 강 양편에 늘어선 나무의 자연미에 홀딱 반했다. 그는 모든 자연의 아름다움이 중요한 역할을 한다는 것을 깨달았다. 그때 키드는 수백만 그루의 나무를 사서 심는 단체를 결성하기로 결심했다.

"나무는 환경의 진공청소기 같습니다. 나뭇잎 하나하나가 더러운 공기를 빨아들이고 깨끗한 공기를 내뿜지요."

그는 2년생 묘목 하나에 10센트씩 살 수 있다는 것을 알았다. 그러나 수백만 그루의 묘목을 사려면 키드가 가진 돈으로는 부족했다. 그는 지역의 로터리클럽과 다른 단체에 도움을 요청했다. 이들의 도움으로 묘목을 사들인 그는 나무를 심겠다고 약속하는 사람이면 누구에게나 나눠주었다.

오늘날 오하이오주 스타크 카운티에 본부를 둔 키드의 American Free Tree Program은 오하이오주 최대의 민영 자원 프로젝트다. 나무 심기 자원자들은 벌써 82만 6,000그루 이상의 나무를 심었다. 1990년 10월 키드는 부시 대통령이 수여하는 테디 루스벨트 환경 보존상을 받았다. 키드는 자랑스럽게 말했다.

"우리는 우리 곁에서 일어나고 있는 문제의 방향을 바꿀 수 있다는 메시지를 전국에 전할 필요가 있습니다. 왜냐하면 환경이란 단순히 하나의 문제로 끝나는 것이 아니기 때문입니다. 여기는 바로 우리가 사는 곳입니다."

델라웨어주 루이스에 있는 케이프 핸로펜 고등학교의 생물과 해양학

교사 짐 앨더먼은 학생들이 환경보호를 직접 체험하도록 도와왔다. 학생들은 환경에 민감한 지역인 대서양과 인랜드 베이스 근처에 살고 있었다. 지난 몇 년 동안 학생들은 해변 토양 유실을 막기 위해 4.8킬로미터 이상 잔디 언덕을 조성했다. 또 급격히 사라지는 도요새에게 인랜드 베이스 지역이 보다 알맞은 서식처가 되도록 노력했다.

학생들의 노력 덕분에 델라웨어는 멸종 위기에 처한 도요새에게 훨씬 좋은 환경으로 바뀌어갔다. 학생들은 하천을 하나 정해 오염 여부를 감시했고 프라임 후크 야생동물 보호구역까지 산책로를 조성했으며 갯벌 속 박테리아 표본을 추출해 분석했다. 앨더먼은 자랑스럽게 말했다.

"이 프로젝트는 학생들이 우리가 환경 파괴 위험이 큰 곳에 살고 있다는 점을 이해하는 데 실질적인 도움을 주었습니다."

나는 이런 사람들의 이야기를 들으면 자랑스럽고 희망적이라는 생각을 한다. 그렇지만 올바른 선택을 하는 것이 항상 쉬운 일은 아니다. 우리 회사도 우리의 선택으로 상당히 고전한 적이 있다. 때론 훌륭한 시민이 되기 위해 값비싼 대가를 치르기도 한다. 여러분이 얼마나 '환경에 우호적인지' 자랑하고 싶다면 여러분은 기꺼이 그 대가를 치러야 한다.

우리가 수상한 유엔 환경 프로그램 상은 우리에게 몇 가지 자기반성을 하는 계기가 되었다. 우리는 아직도 우리가 환경에 해를 끼칠 가능성이 있는 제품을 파는 것은 아닌지 스스로 다시 한 번 점검했다. 그렇게 많지는 않았다. 다만 부식성이 있는 배수관 청소제 같은 몇몇 제품이 환경에 피해를 줄 가능성이 있었다. 우리는 그 제품의 생산을 즉각 중단했다. 이 결정 하나만으로도 우리는 수백만 달러의 손해를 보았지만 그것은 옳은 결단이었다. 또한 우리는 쓰레기를 줄이고 재활용을 권장하기 위해 포장 방법의 일부도 바꾸기로 결정했다.

나는 모두에게 정직하고 싶다. 가끔은 지구를 위한 결정 때문에 많은 금전적 손실을 보기도 한다. 이 결단으로 얻는 유일한 단기적 보상은 깨끗한 양심일 것이다. 그리고 당분간은 소비자 주머니에서 돈이 나와야 한다. 아무튼 사람들이 그것을 어떻게 보든 장기적으로는 올바른 결정이었음을 알게 되리라고 본다. 장기적으로는 자원을 보존하고 더 부유해지며 다음 세대에게 기회를 더 많이 주는 귀중한 유산으로 이어진다.

1989년 뉴욕에서 열린 유엔총회 주회의장에서 Amway 환경재단은 Amway 소장품 중 당대 이누이트인의 작품만 모은 전시회를 주최했다. 우리는 그 전시회에 '북극지방의 명작'라는 이름을 붙였다. 그것은 알래스카, 캐나다, 러시아 등 북쪽 끝에 사는 매튜 이필리 같은 이누이트인 화가들을 위한 전시회였다. 상당한 인기를 모은 그 전시회 작품은 곰, 물개, 고래, 순록, 올빼미, 해마 등 모든 동물의 아름답고 강한 이미지를 잘 나타내고 있었다. 이들 동물은 이누이트인의 사냥감이었지만 꼭 필요할 때만 사냥하고 그 외에는 항상 존경과 관심의 대상이었다.

이누이트인에게 동물은 동물이라기보다 존경과 경외심으로 대하는 이웃사촌 같은 존재다. 그들의 작품에서는 이 점을 쉽게 찾아볼 수 있고 나는 그 때문에 전시회가 성황을 이뤘다고 본다.

이 전시회는 1989년 이래 순회 전시를 했는데 나는 1992년 6월 브라질의 리우데자네이루로 가서 지구 정상회담에 맞춰 이 전시회를 개최했다. 예전처럼 준비 상황을 점검하기 위해 나는 좀 일찍 도착했다. 전시회를 아직 공식 개막하지 않아 전시장을 혼자 둘러보던 나는 조그만 받침대 위에 있는 하얀 아기 곰을 보았다. 매튜 이필리를 떠올리게 하는 작품이었다. 이 곰은 매튜의 것처럼 미색은 아니었고 흰색과 회색 대리석으로 만든 캐나다 케이프 도싯 출신 이누이트인 카카 에시나의 작품이었다. 그것은 매튜의 곰처럼 생기로 가득 차 있었고 머리를 한쪽으로 숙이며 "이봐, 날 좀 봐!"라고 말하는 것 같았다. 입은 매튜가 그의 곰을 만들 때처럼 조심스럽게 벌어져 있었다. 단순하지만 믿기 어려울 정도로 표정이 살아 있었다. 그 조각은 곰을 철저히 이해하고 풍부하게 사랑하는 마음을 바탕으로 만들어졌음을 고스란히 드러냈다. 매튜 이필리처럼 카카 에시나도 그의 이웃사촌과 그곳에 사는 모든 생명체를 잘 알고 있었다.

나는 '극지방의 명작' 프로그램 첫머리 머리말을 만들었는데 그것은 이렇게 시작했다.

"이누이트인은 그들의 역사와 작품으로 점점 더 환경 파괴 결과를 우려하고 있음을 보여주고 있다. 환경은 자연 질서와 조화를 이뤄 존재하는 것이 가능하고 또 꼭 그래야만 한다. 이 모범적인 자연과의 공존에는 그래서 더 특별한 의미가 있다. 이누이트인은 지구에서 가장 지독하고 어려운 여건 속에서 수천 년을 견디며 살아왔다. 그들은 단지 생존만 한 것이 아니라 이 전시회가 보여주듯 풍부한 예술 유산도 남겼다."

내가 사는 지역, 국가, 세계도 이누이트인들처럼 수천 년 동안 생존해 갔으면 하는 것이 내 꿈이다. 그런 일이 일어나려면 매튜 이필리가 자기 이웃을 이해하는 것처럼 우리도 이웃을 알고 있어야 한다. 우리는 그들을 속속들이 알고 잘 돌봐야 한다. 우리 개개인은 모두 많은 일을 할 수 있다. 그 일은 바로 우리 가정에서부터 시작해야 한다.

나아가 우리는 모두 옳은 일을 하는 사람들에게 동기Incentive와 기회를 제공하는 데 힘을 쏟아야 한다. 정부와 다른 단체에서 우리 일을 대신 해

줄 것이라고 기대해서는 안 된다. 각자 자신의 개인적 책임을 다해야 한다. 우리 모두 이 모든 일을 잘 지키면 매튜 이필리의 손자들은 파란 하늘만 볼 수 있으리라. 그리고 우리는 모두 대다수 사람들이 거의 간과해 버린 사실, 즉 지구와 그 생명체는 하나님이 주신 살아 있는 신성한 선물임을 깨달을 것이다.

16.
우리가 다른 사람들을 돕기 위해 손을 내밀면
무슨 일이 일어나는가

신조16

우리는 다른 사람들을 돕기 위해 우리의 시간, 돈, 경험을 나눌 때 우리 자신을 성취와 번영으로 이끄는 사랑이 완성된다고 믿는다.

그러므로 선한 일을 하는 데 지칠 때마다 컴패션 법칙을 기억하라. 장기적으로 당신이 주는 모든 시간, 돈, 에너지는 선물이 되어 당신에게 이익으로 돌아올 것이다.

테디 스톨라드는 열 살 난 밉살스러운 애였다. 세수도 하지 않고 머리도 빗지 않았으며 옷은 언제나 꾀죄죄했다. 테디가 없는 데서, 심지어 면전에서도 아이들은 그를 '냄새 나는 녀석'이라고 불렀다. 테디는 톰슨 선생님이 맡은 5학년 반에서 가장 보기 흉한 아이였다. 선생님이 부르면 테디는 책상 위로 고개를 숙이고 중얼대거나 멍하니 허공을 응시했다.

톰슨 선생님은 모든 남녀 학생을 똑같이 대하려고 노력했으나 테디를 좋아하기란 참 어려웠다. 톰슨 선생님은 테디를 부르기가 싫었고 테디의 시험지를 채점할 때는 자신도 모르게 틀렸다는 빨간 표시가 다른 아이들보다 더 크고 진해졌다. 지금 톰슨 선생님은 이렇게 말한다.

"나는 그 애를 좀 더 알았어야 했고 테디의 학적부를 더 세심하게 살펴 봤어야 했어요."

1학년: 장래성이 보임. 가정에서 어떤 갈등이 있고 그것 때문에 큰 영향을 받은 것처럼 보임.
2학년: 능력은 있으나 산만함. 어머니 중병. 가정에서 부모에게 거의 도움을 받지 못하는 상태임.
3학년: 올해 어머니 사망. 명석하지만 집중력이 떨어짐. 아버지에게 전화로 연락했으나 답신 없음.
4학년: 느리지만 예의바르게 행동함. 어머니 생각에 가끔 울기도 함. 아버지는 아이에게 완전히 무관심함.

5학년 크리스마스 축하파티 때 아이들은 트리 장식을 만들었고 색색으로 예쁘게 포장한 선물이 선생님 책상 위에 가득 쌓였다. 모든 학생이 선물을 보기 위해 선생님 주위로 모여들었다. 선생님은 선물 더미 맨 밑에서 테디 스톨라드가 보낸 선물을 발견하고 깜짝 놀랐다. 다른 선물은 모두 금색 은박지와 예쁜 리본으로 포장했지만 테디의 것은 보통의 갈색종이에 스카치테이프와 끈으로 엉성하게 묶여 있었다. '톰슨 선생님께, 테디로부터.'라고 크레용으로 쓴 서툰 글씨가 보였다.

선생님이 선물을 뜯자 번쩍거리는 인조 다이아몬드 팔찌와 싸구려 향수가 한 병 나왔다. 팔찌에 박혀 있어야 할 보석은 절반이나 빠져 있었고 향수도 병 바닥에 약간 남아 있었다. 그걸 본 여자아이들은 킥킥거리며 웃었고 남자아이들은 코웃음을 쳤다. 선생님은 손을 들어 아이들에게 조용히 하라고 지시했다. 아이들이 지켜보는 가운데 선생님은 손목에 팔찌를 차고 향수도 약간 뿌렸다. 선생님은 "냄새 참 좋지?" 하며 아이들을 보았다. 선생님의 의도를 눈치 챈 아이들은 한꺼번에 "와와!" 하며 큰 소리로 환호했다.

파티가 끝나고 부모들이 아이들을 데리고 간 후 선생님은 아직도 테디가 책상에 앉아 자신을 쳐다보고 있다는 것을 알았다. 테디는 미소를 띠고 있었다. 선생님은 "테디?"라고 부르며 속으로 집이 먼데 왜 아직 가지 않고 있는지 궁금해 했다. 테디는 책상에서 천천히 일어나 선생님 쪽으로 다가오더니 조그맣게 속삭였다.

"엄마 팔찌를 차고 있으니 정말 예뻐 보여요. 그리고 향수를 뿌리니 정말 엄마 냄새랑 똑같아요."

갑자기 톰슨 선생님은 쓰다 남은 그 두 물건이 테디가 가장 소중히 여기는 것이라는 사실을 깨달았다. 그녀는 눈물이 나오려는 것을 간신히 참으며 테디에게 말했다.

"테디야, 선물 고마워. 정말 내 마음에 꼭 들었단다."

테디는 "그런 말씀 하지 않아도 괜찮아요."라고 하더니 잠시 미소를 지은 채 선생님을 바라보았다. 그리고는 말없이 웃옷을 집어 들고는 황급히 교실을 나갔다.

테디의 이야기가 여기서 끝나는 것은 아니다. 이 장의 마지막에 톰슨 선생님이 조그만 컴패션을 실천해 테디와 자신을 위해 어떤 일을 했는지 밝히겠다.

우리는 자신에게 이런 질문을 해볼 수 있다. 왜 톰슨 선생님이나 다른 사람이 이런 문제에 컴패션을 느껴야 하는가? 왜 선생님은 테디의 선물을 보고 학생들과 함께 비웃지 않았는가? 왜 선생님은 그 볼품없는 팔찌를 차고 쓰다 남은 향수를 뿌렸는가? 왜 손을 들어 아이들의 조롱 섞인 웃음을 멈추게 하고 그들에게 테디의 선물을 칭찬하라는 신호를 보냈는가?

다행히 바로 그 순간 톰슨 선생님이 테디에게 절실히 필요한 것이 있음을 깨달았던 것이다. 그녀가 두 가지 반응 중 하나를 선택한 시간은 불과 몇 초에 지나지 않았다. 하나는 아이에게 생기를 불어넣는 일이고 다른 하나는 그 아이를 비웃는 일이다. 그 순간은 테디의 미래만 걸린 게 아니었다. 톰슨 선생님의 결정은 두 사람에게 오랫동안 영향을 미칠 것이었다.

만일 선생님이 테디를 비웃었거나 맨 아래에 있는 테디의 선물을 그대로 두었다면 테디(또는 톰슨 선생님)에게 어떤 일이 일어났을까? 선생님이 테디의 선물을 다른 아이들 것보다 위에 두고 칭찬했다면 테디(그리고 선생님)에게 어떤 일이 일어났을까? 가명을 쓰기는 했지만 이 이야기는 실화다. 선생님의 진심 어린 현명한 행동은 테디와 톰슨 선생님의 삶을 영원히 바꿔놓았다.

바로 지금 여러분과 나도 비슷한 상황에 놓여 있다. 뻔한 이야기를 자꾸 되풀이해서 미안하지만 우리는 위험하고 문제가 많은 시대에 살고 있다. 테디처럼 우리 이웃과 세상 사람들도 무언가를 절실히 필요로 한다. 스스로를 돕기 위해 외부 도움이 필요한 사람도 있고 그냥 도움이 필요한 사람도 있다. 우리가 어떻게 반응해야 할까? 우리가 어떤 선택을 하든 그 결정은 도움이 필요한 사람뿐 아니라 우리 자신에게도 영향을 미친다.

아무런 감정과 양심도 없는 캐피털리즘을 실천하는 것은 부자든 빈자든 모두에게 끔찍한 고통을 안겨준다. 반면 도움이 필요한 곳에 다가가 욕구를 충족해 주는 컴패셔닛 캐피털리스트는 주는 사람과 받는 사람 모두의 삶에 긍정적인 영향을 미친다. 우리는 받는 것이 얼마나 좋은지 알고 있지만 때로 그 반대도 얼마나 좋은지 잊을 때가 있다. 열심히 일하고 자신의 시간과 돈, 경험을 너그럽게 나눠주는 사람은 자신이 준 것의 몇 배를 되돌려 받는다. 예수님은 이렇게 말했다.

"가능한 한 많은 씨를 뿌려라. 그러면 큰 수확을 얻을 것이다."

이것은 모든 세대 사람들의 마음에 새겨진 오래된 격언이다. 그리고 이것은 크리스챤들에게만 국한된 것이 아니다. 모든 주요 종교에는 이러한 이상이 다 포함되어 있다. 불교, 힌두교, 이슬람교, 유대교 등도 모두 '신은 기꺼이 주는 사람을 사랑하고 아낀다.'라는 사상을 지지한다. 미국의 전설, 동화, 영화, 심지어 TV드라마도 '주는 자는 받는다.'라는 사실을 강조한다. 대중문화조차 '나간 것은 되돌아온다.'고 주장하고 있다.

우리는 매일 수백 가지 방법으로 테디 스톨라드가 톰슨 선생님에게 준 것과 똑같은 두 가지 선택을 접한다. 우리의 선택은 곤궁에 빠진 사람과 우리 둘 다에게 심각한 결과를 초래할 수 있다. 예수님은 우리가 이 점을 쉽게 이해하도록 하기 위해 유명한 '지혜' 관련 일화를 들려주었다.

어떤 부자가 여행을 떠나기 전 첫 번째 하인에게는 금 다섯 달란트를, 두 번째 하인에게는 금 두 달란트를, 세 번째 하인에게는 금 한 달란트를 주면서 마음껏 활용해 보라고 했다. 첫 번째 하인은 물건을 사서 팔아 다섯 달란트를 두 배로 늘렸다. 두 번째 하인도 두 달란트를 모두 투자해 배로 늘렸다. 하지만 세 번째 하인은 위험을 감수하기가 두렵고 다른 사람과 자신의 능력을 믿지 못해 한 달란트를 땅속에 파묻어놓고 주인이 돌아오기를 기다렸다. 여행에서 돌아온 부자는 앞의 두 하인에게는 선물을 잘 키운 보상으로 큰 상을 내렸다.

"잘했다, 착하고 충성된 종아. 작은 일에 충성하는 너희가 더 많은 것을 갖게 하리라. 이 주인과 기쁨을 함께하라."

세 번째 하인은 아직도 손에 한 달란트의 금을 꼭 쥐고 덜덜 떨면서 주인 앞에 나타나 말했다.

"저는 겁이 나서 주인님의 금을 땅속에 숨겨 놓았습니다. 바로 이것입니다."

그 부자는 믿음직스럽지 못한 그 하인에게 화가 났다. 부자는 그에게서 금을 빼앗아 위험을 무릅쓴 나머지 두 사람에게 주라고 명령했다.

이 냉소적인 우화는 수백 년 동안 많은 사람을 괴롭혔다. 예수님은 우리가 삶에서 가지고 있는 것이 무엇이든 우리 것이 아니라고 말했다. 인생의 모든 것은 우리에게 주어진 선물이다. 얼마 동안 그것을 지키도록 (또는 빌려 쓰도록) 부여받은 것에 불과하다.

하나님은 우리가 이 선물을 현명하게 투자하고 배로 늘려가기를 바란다. 그 선물이 작든 크든 우리에게는 재능을 사용해 그것을 훌륭히 보살필 소명이 있다. 나아가 예수님은 우리가 그 소명을 책임져야 한다고 경고한다. 이는 수익을 올리거나 선물을 주는 것 같은 책임을 말한다. 충분한 양의 씨앗을 뿌리면 수확도 풍성해진다. 아무것도 심지 않으면 결핍, 굶주림, 죽음으로 이어질 수밖에 없다.

이제 여러분은 내가 캐피털리즘이야말로 세상 사람들의 가장 위대한 경제적 희망임을 믿는다는 사실을 알았을 것이다. 또한 나는 컴패션 법칙을 준수하고 컴패셔닛 캐피털리즘을 실천하는 일이 희망을 실현하는 유일한 길이라는 것도 믿는다. 나 혼자만 이렇게 믿는 것은 아니다.

캐피털리즘의 단점보다 장점을 옹호하는 데 익숙한 많은 보수주의자도 자유기업시스템 내의 도덕 문제를 거론할 필요가 있다는 데 동의한다. 우리 회사는 이 문제에도 관심이 있다. 우리 역시 자유기업시스템에 맹목적 찬사를 보내는 것을 삼가야 함을 알고 있다. 캐피털리즘은 완벽하지 않다. 우리는 부를 잘못 믿거나 희생이 따르는 경쟁을 숭배해서는 안 된다. 공정하게 치르는 경쟁과 책임 있게 획득한 부는 사회에 이득을 준다. 그러나 만일 우리가 컴패션 법칙을 잊으면 이 많은 캐피털리즘의 혜택은 남용되고 말 것이다. 우리가 컴패션을 실천할 때 우리 역시 그와 같은 대접을 받는다. 우리가 컴패션을 실천하지 않으면 우리 모두 고통받을 가능성이 크다.

200년 전 애덤 스미스로부터 시작된 자유기업시스템은 완벽하게 완성된 제도가 아니다. 캐피털리즘은 변하고 발전하고 향상해야 한다. 정원의 장미처럼 시들고 죽은 가지를 잘라내고 새 가지가 자라 향기롭고 화려한 꽃봉오리가 만개하게 해야 한다.

캐피털리즘은 세계 각국에서 다양하게 피어나고 있다. 일본이나 필리핀의 캐피털리스트는 소련, 폴란드, 헝가리 등의 새로운 캐피털리스트와 다르게 행동한다. 중국 산업지대에서 애쓰는 캐피털리스트와 칠레나 페루의 산악지대 캐피털리스트가 하는 일은 다르다. 서로 이웃한 멕시코, 캐나다, 미국의 캐피털리스트도 각기 다른 다양한 형태의 캐피털리즘을 실천한다.

하지만 어떤 종류를 실행하든 나는 캐피털리즘에 우리 모두를 올바른 곳으로 인도한다고 믿을 만한 원칙이 있다고 확신한다. 그 원칙은 바로 컴패션이다. 여러분이 어디에 사는지, 여러분의 국가에서 자유기업시스템을 어떻게 운용하는지는 문제가 되지 않는다. 만일 우리가 경제적 무질서와 절망으로부터 세상 사람들을 구하려고 한다면 우리는 모두 스스로 컴패셔닛 캐피털리즘을 발견(또는 재발견)해야 한다.

우리는 세상의 천연자원과 인적자원과 머리 위의 공기와 발아래에 있는 바다, 숲, 사막 그리고 그 속에서 살아가는 모든 것에 컴패션을 느껴야 한다. 우리가 개발하고 시판하는 상품, 우리가 건축하거나 임대하는 시설에서도 컴패션을 고려해야 한다. 고용주는 직원에게, 직원은 고용주에게 서로 컴패션을 느껴야 한다. 컴패션은 우리가 포장, 가격, 광고를 계획할 때도 고려해야 한다. 우리는 모두 이윤, 임금과 보너스, 시간, 재능을 사용할 때 컴패션이 우리를 인도하게 해야 한다.

사도 바울은 우리가 보다 더 컴패셔닛 캐피털리즘으로 향하도록 여행 지침을 제공했다. 이것은 믿음과 이념에 관계없이 모든 사람에게 해당한다. 바울은 먼저 당시 소아시아 중앙에 위치한 로마 통치령이자 현재 터키 땅이 된 갈라디아 사람들에게 편지를 써서 전했다. 200년 후 만화 주인공 스누피는 자기 주인 찰리 브라운이 저녁식사에 맞춰 개를 데리고 가기 위해 눈길을 헤칠 때 이 말을 인용한다. 스누피는 "우리 좋은 일에 쉽게 지치지 말자. 만일 여기서 지쳐 포기하지 않으면 날이 풀렸을 때 꼭 보상을 받게 될 거야."라고 말한다.

사도 바울과 스누피는 똑같은 생각을 하고 있다. 즉, 이들은 컴패션 법칙인 '좋은 일을 하라.'는 메시지를 전달한다. 열심히 노력하라! 그러면 보상받을 것이다!

선행을 하라

지난 수백 년 동안 자유기업시스템의 혜택을 누려온 우리는 역사상 다른 어느 국민보다 시간과 돈에 관대하다는 것을 보여주고 있다. 예를 들어 작년 한 해만 해도 약 800만 명의 자원봉사자가 있었다. 자원봉사자한 명이 평균 매주 4.7시간을 봉사했는데 합하면 195억 시간이다.

자원봉사자의 지위가 경험 많고 열성적인 수백만의 퇴직자 덕분에 강화되었다고는 하지만 자원봉사자 평균 연령은 35~49세다. 안정적인수입이 있는 사람만 자원봉사를 하는 것은 아니다. 전체 자원봉사자의 25%가 연봉 2만 달러 이하의 가계 소득을 벌고 있다.

컴패셔닛 캐피털리스트들은 돈에 너그럽다는 사실도 밝혀졌다. 1987년 미국인이 좋은 일에 기부한 돈은 768억 달러에 달한다. 이 숫자는 자선단체에 기부한 개인 기부자 총수입의 2%에 불과하지만 미국 전체 가정의 75%가 1년에 평균 790달러를 기부한다. 〈이코노미스트〉는 "가난한 사람은 부자보다 자기 수입에 비해 더 많은 돈을 기부하고 있다. 놀라운 사실은 부자와 가난한 사람 모두 중산층보다 훨씬 더 관대하다는 점이다."라고 보도했다.

나는 좋은 일을 하려고 시간과 돈, 정력, 아이디어를 주는 방법을 선도하는 컴패셔닛 캐피털리스트들을 자랑스럽게 여기고 또 그들에게 감사한다. 앞서 여러 예를 들었지만 그것은 극히 일부에 불과하다. 아직도 이책에 소개하고 싶은 사람들이 아주 많다.

그렇다고 내가 여러분이 사업이나 사업 이외의 일에서 좋은 일을 하는것이 무엇을 의미하는지 정의하려는 것은 아니다. 좋은 일을 한다는 것이 무얼 의미하는지는 여러분 스스로 정의해야 한다. 프랜시스 베이컨은 "자선에는 지나침이라는 것이 없다."라고 말했다. 인생은 우리가 좋은 일을 찾아 그 일을 하는 데 삶을 충분히 활용하라고 요구한다. 앞 장에서 나는 이 목표를 두 가지 질문으로 나눴다. 하나는 사람들이 스스로를 돕도록 하기 위해 우리가 어떤 일을 하는가이고, 다른 하나는 스스로를 도울 수 없는 사람을 돕기 위해 우리가 어떤 일을 하는가이다.

나는 경기회복을 위해 많은 회사가 온갖 노력을 기울이고 있음을 알고 있다. 이윤이 하락하고 원가는 상승한다는 것도 알고 있다. 향후 경제 전망이 밝지 않은 지금 관대해지는 것이 쉽지 않다는 것도 안다. 하지만 아직도 우리를 이끌어주는 많은 회사가 있고 그들이 후원하는 동기에 우리가 동의하든 하지 않든 우리는 그들의 관대하고 사려 깊은 정신을 알아야 할 필요가 있다. 그들의 예는 다시 한번 컴패션 법칙을 보여준다. 관대하게 베푸는 일은 사업에도 좋은 영향을 미친다.

우리 사업가들은 환경이 어떻든 믿기 어려울 만큼 많은 기회를 누린다. 고통의 최일선에 서서 옳은 길을 위해 일생을 바치는 모든 사회사업가는 우리의 도움을 필요로 한다. 그리고 내가 아는 모든 관대한 사람은 기업 책임자든 개인 기부자든 손을 내밀어 도움을 청하고 그만큼 꼭꼭 눌러도 넘쳐흐를 정도로 보상을 받았다. 바로 지금 우리는 컴패션 법칙을 기억해야 한다.

여러분은 씨앗을 충분히 뿌리면 수확이 많다는 사실을 믿는가? 그러면 지금 씨를 뿌리기 시작하라. 여러분이 믿는 대의와 그것을 후원하기 위한 희생을 찾아보라. 생산적이고 믿음직스러운 사회사업가나 봉사단체를 찾아 함께하라. 무엇을 하든 철저하고 관대하게 일을 처리하라. 장기적으로 여러분은 분명 가장 많은 수확을 얻을 것이다!

열심히 노력하라

여러분은 컴패셔닛 캐피털리스트들이 정한 '열심히 일하는' 평균 기준에 어떻게 부합할 수 있는가? 만일 전형적인 자원봉사자가 다른 사람을 돕는 일에 일주일에 평균 4.7시간을 쓴다면 우리는 얼마나 많은 시간을 할애해야 하는가? 만일 보통 가족이 그들 총수입의 2%를 자선활동에 기부한다면 우리는 얼마를 내야 하는가? 우리는 어떤 목적에 시간과 돈을 제공하는가? 그 목적을 글로 기록하고 있는가? 일주일에 몇 시간 정도 자원봉사하기를 원하는가? 돈을 얼마나 내고 싶은가? 우리 외에는 아무도 이 목적을 설정하고 계속 수행해 갈 수 없다.

여러분이 스스로를 관대하고 믿을 만한 안내자로 간주하기 전에는 아무도 여러분에게 얼마만큼의 시간과 돈을 제공해야 한다고 말해줄 수 없다. 우리 회사는 여기에 분명한 기준을 세웠다. 보통은 매달 말 사업이나 청구서를 핑계로 십일조의 일부 또는 전부를 다른 곳에 쓴다. 우리는 가끔 형식적인 선물을 주거나 지역 자선단체에 명목상의 기부를 하는 것 외에 아무것도 나눠주지 않는 자신을 발견한다. 그러나 헬렌이 내게 가르쳐주었듯 여러분이 십일조를 열심히 하고 금액이 얼마든 계속 실천해 갈 때 그것이 얼마나 확대되어 되돌아오는지 발견하면 놀라는 한편 흐뭇해질 것이다.

성공적인 기업가이자 의지가 굳으며 컴패셔닛 캐피털리스트인 데이빗 서번은 이렇게 말했다.

"하나님은 분명히 말씀하셨다. 생산할 능력을 부여받은 사람에게는 그렇지 않은 사람을 보살펴야 할 의무가 있다."

총수입의 10%를 내는 십일조에 관해 데이빗은 다음과 같이 설명했다.

"내가 번 돈의 10%는 내 것이 아니다. 그것은 하나님의 것이다. 하나님에게서 10%를 빼앗아 저주받은 100%로 살기보다 축복받은 90%로 살아가는 편이 낫다."

나는 이처럼 단호한 의견을 밝히는 데이빗을 존경한다. 그는 '저주받은' 부분을 자세히 언급하지 않았지만 스스로 굳건하게 모범을 보였고 그의 행동은 내게 많은 생각을 하게 했다. 데이빗과 잰 서번을 비롯해 컴패셔닛 캐피털리즘을 확고하게 실천해 온 내 친구들은 대부분 두려움 때문에 시간과 돈을 기부한 것이 아니다. 그들은 그 행동이 즐겁고 기뻐서 혹은 장기적으로 그 행동이 많은 보상을 안겨주어서 그 일을 하는 것이다. 우리가 자신과 이웃의 꿈을 실현하기 위해 열심히 일할 때는 그 일이 힘든 줄을 전혀 모른다.

노력하지 않으면 여러분이나 내가 인생에서 이룰 수 있는 것은 아무것도 없다. 나는 자기 자신을 믿는 사람과 이야기할 때 언제나 놀란다. 그들에게는 원대한 꿈이 있고 그 꿈을 성취하기 위한 계획도 있지만 그것이 노력 없이 이뤄질 것이라고 생각하지는 않는다.

열심히 노력하려면 시간이 필요하다. 여러분이 성공적으로 컴패셔닛 캐피털리스트가 되고 싶다면 오랫동안 일해야 한다. 학생일 때도 시간을 잘 관리하면 좋은 일에 바칠 시간과 돈을 가질 수 있다. 성공적인 사람은 시간의 가치를 알고 그것을 신중하게 사용한다. 그들은 저녁시간을 TV

를 보며 다 보내거나 아침에 늦잠을 자지 않는다. 그들은 생산에 필요한 시간을 남겨두기 때문에 더욱더 생산적이다. 여러분이 성공할 생각이 아니라면 굳이 일찍 일어나거나 늦게까지 일하지 않아도 된다.

만일 내가 일주일에 40시간을 일하고 여러분이 일주일에 80시간을 일한다면 여러분이 나보다 훨씬 더 돈을 많이 벌고 기부도 많이 한다고 해서 왜 내가 놀라겠는가? 이것이 바로 컴패셔닛 캐피털리즘의 동기 중 하나다. 일을 더 많이 하면 돈을 더 많이 벌 기회를 누린다. 일을 많이 하면 저축도 더 많이 하고 사업 확장에 투자하거나 가난한 사람에게 쓸 돈도 더 많이 생긴다.

장시간의 노력과 계획 달성은 동일한 것이다. 노벨경제학상 수상자 밀턴 프리드먼은 "공짜 점심은 없다."고 말했다. 이는 지름길이란 없다는 말과 상통한다. 성공은 공짜로 얻어지는 것이 아니다. 성공은 노력해야 얻어진다. 노력이란 성공을 위해 치러야 하는 정당한 대가를 말한다.

열심히 노력하기 위해서는 인내가 필요하다. 인내한다는 것은 어떤 행동 경로를 꾸준히 계속하는 것을 뜻한다. 의지력이 없는 천재는 있을 수 없다. NBA 스타가 된다는 것은 여러분이 농구공을 잡을 만한 나이 때부터 계속 농구 코트에서 살다시피 하며 연습해야 한다는 것을 의미한다. 피아니스트가 된다는 것은 피아노 의자에 기어 올라갈 정도로 자랐을 때부터 매일 몇 시간씩 화음을 공부하고 피아노를 쳐야 한다는 것을 의미한다. 마찬가지로 성공한 컴패셔닛 캐피털리스트가 되기 위해서는 꾸준히 실천하는 의지력을 길러야 한다.

성공한 사람들은 실패도 많이 겪었다. 제이와 나도 마찬가지다. 그러나 우리는 포기하지 않았고 여러분도 포기해서는 안 된다. 아마도 우리는 고집이 셌는지도 모른다. 고집과 인내는 밀접한 관련이 있다. 좋은 의미의 인내는 참을성이라 불리지만 나쁜 의미에서는 완고함이라 불린다. 완고함은 당나귀의 특성이며 참을성은 성자의 특성이다. 이 둘을 혼동해서는 안 된다. 우리의 '완고함' 때문에 가치 있는 목표를 포기하지 않도록 하자. 우리는 완고함이 어리석음으로 타락하지 않도록 하는 동시에 꾸준히 성공을 추구해야 한다. 성공은 하루아침에 이뤄지지 않는다. 결국 인내심만이 우리의 목표를 달성하게 해준다.

열심히 일하려면 수양이 필요하다. 16세기의 한 작가는 이렇게 말했다. "나는 나 자신을 통제하는 법을 알고 있으니 사실상 왕이다."

자기 수양은 열정적인 컴패셔닛 캐피털리스트에게 상당히 중요한 자질이다. 자기 수양을 한다는 것은 자기 삶을 스스로 조정할 수 있다는 의미다.

나는 '수양'이라는 단어가 들어가는 말로 충고하면 폭넓은 호응을 받지 못한다는 점을 인정한다. 하지만 그 말이 꼭 들어가야 한다. 왜냐하면 그것은 다른 사람이 우리에게 해주는 것이 아니라 자기 스스로 하는 수양을 의미하기 때문이다. 이 두 가지는 전혀 다르다.

자기 수양을 하면 할수록 다른 사람의 통제 대상이 될 가능성은 줄어든다. 자기 수양이 완전히 이뤄진 사회에서는 새로운 법률이 필요 없다. 그런데 대부분의 사람에게는 자기 수양이 부족한 탓에 새로운 법이 계속 필요해진다. 자기 수양이 된 기업가는 스스로 규칙을 정한다. 수양을 한 생활양식은 우리가 지금까지 말해온 여러 가지 목표를 향해 나아갈 수 있음을 의미한다. 자기 수양으로 우리는 자유를 발견한다. 우리가 자신을 통제하지 못하면 누군가 다른 사람이 우리 삶을 통제할 것이다. 우리는 양자택일을 해야 한다.

열심히 일한다는 것은 장기적인 안목을 유지하는 것을 말한다. 열심히 일한다는 것이 맹목적으로 죽을 때까지 일하라는 의미는 아니다. 우리는 실현할 수도 없고 실현해서도 안 되는 꿈의 노예가 되어 인생을 탕진하지 말아야 한다. 항상 깨어 있어야 한다. 장기적인 전망을 가져라. 그 과정에서 우리가 추구하던 이상이 바뀔 때도 있다.

우리는 장기적인 안목을 유지하기 위해, 우리가 성공 혹은 실패하고 있는지 알기 위해, 언제 꿈을 포기하고 다른 꿈을 추구해야 하는지 알기 위해, 솔직하고 고통스러운 몇 가지 질문을 던지고 대답도 해봐야 한다. 나는 지금 하고 있는 일을 좋아하는가? 그 일을 잘 해내고 있는가? 내게 계획이 있고 그 계획을 완수하기 위해 열심히 노력하는가? 성공 가능성은 얼마나 되는가? 내 분야의 최신 정보를 충분히 입수하고 있는가? 내 기술이 향상되고 있는가? 나와 함께 일하는 사람을 관대하게 대하는가?

샌프란시스코 자이언트 야구팀 투수 데이브 드래베키는 암수술로 팔의 주요 근육 절반을 제거한 후에도 성공적으로 팀에 복귀할 꿈을 꾸었다. 수개월 동안 고통스러운 치료를 받은 뒤 그는 8이닝 동안 공을 던져 신시내티의 레즈팀을 4 대 3으로 물리쳤다. 데이브가 꿈을 실현하는 순간 모든 사람이 환호를 보냈다. 그러나 경기 승리 후 5일 만에 비극이 찾아왔다. 몬트리올 경기장에서 공을 던지다가 6회에 팔이 부러진 것이다. 이 젊은 운동선수는 고통과 실망으로 좌절했다. 성공적인 복귀라는 꿈을 이룰 수 없었기 때문이다. 설상가상으로 수개월 동안 방사선 치료를 받은 다음 세균 감염 때문에 할 수 없이 팔을 절단해야 했다.

하나의 꿈이 좌절되자 데이브는 또 다른 꿈을 꿨다. 실망에도 불구하고 데이브는 지난 꿈을 제쳐두고 새로운 꿈을 시작하려는 용기와 지혜를 발휘했다. 여러분의 꿈은 무엇인가? 컴패셔닝 캐피털리즘은 여러분을 어디로 인도하고 있는가? 좋은 일을 하라! 그리고 그 일을 열심히 실천하라! 그러면 분명 보상받을 것이다!

컴패셔닝 캐피털리즘은 우리의 복지를 보장하는 데 도움을 준다!

여러 면에서 컴패션은 우리의 자유와 미래를 보장해 준다. 어떻게? 그것은 간단하다. 만일 내가 컴패션으로 여러분을 대한다면 여러분도 똑같은 식으로 나를 대할 가능성이 높다. 만일 내가 탐욕스럽고 권력을 휘두르고 특권을 행사하며 부를 얻기 위해 온갖 방법을 가리지 않는다면, 다시 말해 내가 여러분의 자유를 제한한다면 여러분이 나를 존경하리라고 기대할 수 있겠는가? 컴패션이 없으면 내 행동은 탐욕만 키울 뿐이다.

만약 내가 여러분에게 컴패션을 실천하면서 자유의 범위를 확대해 준다면? 만일 내가 누리는 것과 똑같은 권리와 특혜를 여러분에게 보장한다면? 혹은 그 이상을 해준다면? 실질적으로 내가 여러분의 권리와 특권을 촉진한다면? 이 경우 여러분의 행복을 위하는 컴패션에 기초한 내 관심은 여러분의 성공 잠재력뿐 아니라 내 성공 잠재력을 보장하는 데도 도움을 준다.

컴패션은 주는 사람이나 받는 사람 모두에게 혜택을 준다. "다른 사람이 당신에게 해주기를 원하는 대로 다른 사람에게 행하라."는 황금률은 컴패션 법칙을 달리 표현한 말이다. 이것은 종교적 의미를 내포하면서도 상당히 실질적인 충고다. 컴패션은 정신적 이득을 낳을 뿐 아니라 물질적 이득도 안겨준다.

위스콘신주 출신의 전직 교사 존 핸드릭슨과 그의 아내 팻은 Amway 사업에서 크게 성공했다. 시간과 돈을 관대하게 사용한 것이 그들이 성공한 핵심 요인이었다. 팻이 말했다.

　"때로는 너그럽다는 것이 현명하지 않을 수도 있습니다. 예를 들면 존이 미네소타에서 고등학교 교사였을 때 밴드부를 담당했는데 학생들이 그를 무척 따랐지요. 존의 리더십 덕분에 밴드부는 그 지역 경연대회에 나가기만 하면 우승을 했어요. 하지만 그가 아무리 열심히 밴드부를 이끌어도 그의 노력에 준하는 합당한 대가는 주어지지 않았어요. 결국 그는 밴드부 계약을 거절했는데 교장선생님까지도 그의 새 출발을 축하해 주더군요. 존이 그 밴드부를 계속 맡을 수도 있었죠. 그건 그 지역 사람들에게는 좋은 일이었겠지만 우리 집 경제 사정은 엉망이 되었을 거예요. Amway 사업 덕분에 우리는 이제 원하는 대로 너그러운 행동을 할 수 있고 우리가 믿는 사람과 돕고 싶은 일에 공헌도 하게 되었습니다."

　존이 이렇게 덧붙였다.

　"최근 우리는 영국을 다녀왔어요. 이제 막 사업을 시작한 사람들과 만나기 위해서였죠. 이 여행에 수천 달러의 경비가 들었고 남을 너그럽게 대하기 위해서가 아니라 언젠가 여행이 우리에게 많은 보상을 가져다줄 것이라는 희망에서 갔다 온 것입니다. 도움을 베푸는 사람에게는 모두 동기가 있게 마련이죠. 어떤 사람은 시간과 돈을 주는 것이 이상적이라고 허세를 부리는데 나는 꼭 그렇게 생각하지는 않아요. 물론 도움이 필요한 사람을 돕기는 하지만 우리 자신의 필요를 충족하기 위해서도 나눠주는 겁니다. 팻과 나는 우리가 더 많은 시간과 돈을 줄수록 더 많은 보상을 받는다는 것을 경험으로 압니다."

컴패셔닛 캐피털리즘은 양심의 가책을 완화한다

여러분은 어린 시절 얼마나 양심적이었는지 기억하는가? 뭔가 잘못을 저질렀을 때는 죄책감으로 기를 펴지 못했을 것이다. 아이들은 숨길 줄을 모른다. 양심의 힘이 강하기 때문이다.

그러나 나이가 들면서 우리는 양심을 잃어버린다. 물론 양심이 완전히 사라지는 것은 아니다. 양심을 멀리 내다버린 어른도 있다. 이들은 가장 무서운 유형이다. 우리는 대부분 양심의 일부만 없어졌을 뿐 여전히 양심의 소리를 듣고 있다. 오래전 셰익스피어는 자신의 작품에서 양심의 고통을 받는 사람들을 위해 이렇게 말했다.

> 내 양심은 천 개의 혀를 가지고 있어.
> 그 혀마다 각기 다른 이야기를 하지.
> 그 이야기는 모두 나를 악당이라고 저주하네.

아마 여러분의 양심은 다른 사람의 고통 앞에서 아무런 동요를 느끼지 않을 수도 있다. 그 문제에는 우리도 어쩔 도리가 없다고 생각한다. 컴패션을 실천하는 것은 여러분의 양심 속에서 은밀히 태어나고 형성된다. 아무도 여러분을 위해 양심을 만들어줄 수는 없다.

만일 내가 양심의 가책을 전혀 느끼지 않는다면, 내 주위의 고통을 보고도 아무런 느낌도 받지 않는다면, 그 자체가 나를 괴롭힐 것이다. 양심의 고통은 좋은 신호다. 양심의 고통을 느낄 때 우리는 다른 사람에게 주의를 기울인다. 적어도 우리가 고통을 느낀다면 그것은 살아 있다는 표시다. 양심의 가책은 어둡고 폭풍우가 몰아치는 밤에도 우리를 집으로 인도해 주는 나침반과 같다. 불안정한 양심이라도 있으면 내적 평화가 사라진다. 내면의 수천 개 소리가 우리를 저주한다. 컴패션에 기초한 마음과 평화로운 양심은 이루 말할 수 없는 가치를 지닌다. 컴패셔닛 캐피털리즘은 마음속 평화를 추구하는 일이다.

컴패셔닛 캐피털리즘은 우리 마음의 중심을 잡게 도와준다

우리가 내적 의지 없이 '옳은 일'을 하려고 하면 제대로 이뤄지지 않는다. 단지 의무나 귀찮은 일로 여길 뿐이다. 이것은 더 이상 컴패션이 아니다. 이 경우 일주일도 지나지 않아 지쳐버리고 곧 스스로를 미워하게 된다. 먼저 내적인 작업을 하라. 하루쯤 직장을 쉬고 여러분이 사는 도시의 거리를 걸어보라. 곤란에 빠진 이웃의 모습을 살펴보라. 아이들 눈에 어린 슬픔과 고통을 보라. 여러분의 열정이 커질 때까지 그들이 필요로 하는 것을 느껴보라. 슬퍼하고 화도 내면서 계속 걸어가 보라. 그러면 여러분은 자신이 하는 일을 사랑하게 된다. 나아가 가슴속에 뜨거운 것이 차올라 성공하든 실패하든 여러분의 양심은 평화를 찾는다.

걱정할 필요는 없다. 컴패션은 급작스럽게 치밀어 오르는 감정이 아니다. 컴패션을 마음에 품은 캐피털리스트들은 사건, 문제, 특히 사람에게 열정적이다. 그들은 살아 있는 세상, 즉 그들이 강한 느낌으로 대하는 세상을 본다. 이 느낌은 성숙하고 사물을 제대로 아는 양심에서 나온다. 다시 말해 컴패션이 부족하면 어떤 실질적인 결과가 나타날지 알고 있다. 컴패션은 지성적이지만 그것은 감정을 수반한다. 여러분의 내면에서 어떤 것을 느끼지 않으면 열정적일 수 없다.

컴패셔닛 캐피털리즘은 항상 행동으로 이어진다!

컴패션은 감상 차원을 넘어선 2단계를 필요로 한다. 즉, 여러분은 내적 사명감을 실천에 옮겨야 한다. 우리가 앞서 말한 것도 컴패션의 행동 부분이다. 컴패션은 단지 따스한 감정이 아니라 어떤 일을 실제로 행하는 것을 의미한다.

행동은 내적 확신을 입증하는 것을 말한다. 행동을 취할 때 우리는 컴패션을 현실화할 뿐 아니라 그것을 강하게 만든다. 행동이 없으면 우리는 단지 그럴싸한 도덕 애호가에 불과하다.

컴패셔닛 캐피털리즘은 우리가 변하게 도와준다

어떤 종류의 고통이든 그것을 없애려고 행동할 때 여러분의 인생은 어떤 것을 중요하게 여기기 시작한다. 여러분은 행동으로 이 세상에 흔적을 남긴다. "세월이라는 모래 바닥에 남는 자국은 그저 앉아 있을 때 생기는 것이 아니다."라는 말이 있다. 우리가 신발에 모래가 들어가는 것을 두려워하면 발자국을 남길 가능성은 없다.

여러분이 행동을 취하고 앞으로 나아가면 사태를 바꿀 수 있다. 여러분의 행로가 곧기만 한 것은 아닐지도 모른다. 사실 사람들은 대부분 우회도로를 택하고 때로는 길을 잃어버린다. 왔던 길을 두 번씩이나 되돌아가기도 하고 가끔 앉아 쉬기도 한다. 하지만 행동하면 여러분은 자부심을 가지고 자랑스럽게 되돌아볼 수 있는 행동의 발자취를 남길 수 있다. 여러분은 만족스럽게 "나는 뭔가 중요한 일을 했다."라고 말할 수 있다.

컴패셔닛 캐피털리즘은 아무도 소외시키지 않는다

나는 정치적 신념이 강하다. 그렇지만 Amway는 기업이고 우리 회사는 정치의식이 다양한 사람들을 언제든 환영한다. 여러분의 사업체도 이런 태도를 견지해야 한다. 지지하는 정당이나 신념에 관계없이 우리 회사에 오는 모든 사람은 존중받고 인정받을 권리를 누린다. 언제나 특정 정당, 특정 후보자, 특정 해결책만 배타적으로 지지하는 사람들도 있다. 좋은 기업은 자유로운 표현을 위한 공개 토론을 제공한다. 컴패셔닛 캐피털리즘은 모든 사람에게 자신의 정치적 신념에 따라 살 권리가 있음을 주장하며, 인기 없는 견해나 그런 견해를 보이는 사람도 동등하게 경청 대상이 될 권리가 있다고 믿는다.

종교도 마찬가지다. 우리가 자유기업시스템와 이 시스템을 가능하게 한 전통을 찬양할 때는 미국과 캐나다에서 동시에 종교적 독립과 자유의 역사를 찬양하는 셈이다. 두 나라는 주로 종교적 자유를 찾아 온 사람들이 설립했다. 모든 사람의 종교적 자유를 옹호하거나 포용하지 않고는 컴패셔닛 캐피털리즘을 포용할 수 없다. 존중받지 않는 종교적 믿음(또는 믿음 결여)이란 없다. 나는 각자의 종교적 소신을 존중한다. 나는 여러분이 어떤 종교를 믿든 혹은 믿지 않든 보호받을 권리를 위해 열심히 싸울 것이다. 그것은 컴패셔닛 캐피털리즘의 기본 신조로 이를 결코 잊어서는 안 된다.

현재의 컴패션은 미래의 우리를 보살피는 일이다

스스로를 도울 수 없는 사람을 돕는 데는 이기적인 측면도 있다. 그런 봉사는 우리 자신의 이익에 보탬이 되기도 하니 말이다. 만일 우리가 도움의 손길을 뻗지 않은 채 그들이 계속 고통받도록 내버려두면 우리의 안락한 생활도 바뀔 것이다.

나는 결코 지난 몇 년간 대도시 빈민가에서 벌어진 폭동과 약탈이 옳다고 인정할 마음이 없다. 하지만 우리는 이 위대한 국가에 살고 있는 많은 형제자매가 더 이상 스스로를 도울 길이 없다고 생각한다는 괴로운 사실을 인정해야 한다. 그들은 굶주리고 있고 집과 직장도 없다. 교육 기회도 적고 아이들을 위한 보건 위생도 제대로 누리지 못하고 있다. 특히 그들은 권리를 박탈당한 듯 느끼며 권력과 특권을 누릴 가능성으로부터 단절되어 있다고 여긴다. 그들의 인생은 비참하고 고통 외에는 아이들에게 물려줄 유산이 없다.

만일 그들이 폭군이 되어 무리를 이끈다 해도 이해하지 못할 사람이 누가 있겠는가? 왜 그들이 격노하며 복수를 꿈꾸는지 모를 사람이 누가 있겠는가? 어느 날 폭력과 유혈 사태를 일으킨들 누가 그들을 비난할 수 있겠는가? 바로 지금 자원을 가진 우리가 갖지 못한 사람들과 관대하게 나눠가져야 한다.

컴패셔닛 캐피털리즘은 평생 지속되는 모험이다

아무도 여러분에게 어디서부터 어떻게 시작하라고 말할 수 없다. 다만 보살피는 작은 행동 하나가 시작이라는 것만 기억하라. 어떤 것이든 그 조그만 행동으로 여러분은 보상받을 것이다. 그 보상은 여러분이 더 크고 더 좋은 일을 계속하게 하는 자극제로 작용한다. 컴패션은 쉽게 전염된다. 일단 여러분이 시작하면 여러분의 인생은 영원히 바뀐다. 어떤 작은 행동이 여러분에게 기쁨을 주는가? 어떤 동기가 여러분의 마음을 움직이는가? 어떤 사람이 여러분에게 자극을 주는 일을 하고 있고 여러분은 그를 돕기 위해 무엇을 할 수 있는가?

톰슨 선생님의 5학년 반 크리스마스 파티에서 테디 스톨라드와 선생님 사이에는 새로운 유대가 맺어졌다. 테디의 낡은 팔찌를 차고 싸구려 향수를 뿌린 톰슨 선생님은 이 작은 아이의 인생이 바뀌도록 최선을 다해 돕겠다고 결심했다. 갑자기 선생님은 테디에게서 지금까지 한 번도 보지 못한 가능성을 발견했다. 그녀는 테디가 어떤 사람이 될 것인지 마음속에 그려보고 그 꿈이 이뤄지는 것을 보기 위해 노력했다.

방과 후 테디와 선생님은 거의 매일 함께 공부했다. 선생님은 테디가 똑바로 깨끗하게 글씨를 쓸 수 있을 때까지 테디의 떨리는 손을 바로잡아주었다. 철자법과 숫자도 가르쳤다. 선생님이 글을 읽어주고 테디는 따라 읽었다. 노래, 시, 짧은 이야기도 외웠고 서로 외운 것을 말해주기도 했다. 톰슨 선생님은 테디의 시험지를 빨간 볼펜 대신 별표와 감탄사 표시로 장식했다. 또 적절한 기회가 생길 때마다 개인적으로 또는 반 아이들 앞에서 테디를 칭찬해 주었다.

그해가 끝나갈 무렵 테디 스톨라드는 괄목할 만한 향상을 보였다. 테디는 톰슨 선생님 반 아이들을 거의 다 따라잡았고 성적도 상위권에 진입했다. 어느 날 오후 작별인사를 할 때 선생님은 테디의 손을 잡고 말했다.

"테디야, 넌 해냈어. 정말 자랑스럽구나."

테디가 대답했다.

"제가 한 게 아니에요, 선생님. 우리 함께 해낸 거예요."

선생님은 테디의 말을 듣고 감동했다. 여름 동안 테디의 아버지가 직장을 잃어 다른 곳으로 이사하게 되자 톰슨 선생님은 서둘러 테디의 학적부에 이런 말을 적어놓았다.

이제 컴패션 법칙이 실제로 효과가 있는지 테디 스톨라드와 선생님의 삶을 살펴보자. 우리가 다른 사람을 위해 시간, 돈, 노력을 투자할 때 얻는 것은 무엇인가? 우리가 컴패션을 실천할 때 우리에게 정말로 영원히 보상이 돌아오는가? 톰슨 선생님은 7년 동안이나 테디의 소식을 듣지 못했다. 매년 크리스마스 날 5학년 아이들이 선생님의 선물을 보기 위해 모여들 때마다 톰슨 선생님은 테디 스톨라드의 낡은 팔찌와 쓰다 남은 향수 얘기를 들려주었다. 그리고 해마다 테디를 위한 그녀의 노력이 헛되지 않았나 궁금하게 여겼다.

그러던 어느 날 선생님은 멀리 떨어진 도시에서 온 테디의 짤막한 편지를 받았다. 그녀는 아직도 테디가 쓴 글씨를 알아볼 수 있었다.

"톰슨 선생님께, 이 소식을 선생님께 제일 먼저 전하고 싶습니다. 제가 고등학교를 2등으로 졸업하게 되었어요. 감사합니다. 선생님, 우리가 해냈어요! 사랑하는 테디 스톨라드로부터."

4년 후 또 편지가 왔다.

"톰슨 선생님께, 제가 올해 졸업생 대표로 고별 연설을 하게 되었어요. 선생님께 제일 먼저 알리고 싶었습니다. 대학 공부가 쉽진 않았지만 우리는 해냈어요. 사랑하는 테디 스톨라드로부터."

그리고 4년 후 마지막 편지가 왔다.

"톰슨 선생님께, 오늘부터 저는 의학박사 시어도어(테디)스톨라드입니다. 어때요? 선생님께 이 소식을 제일 먼저 알려드리고 싶었어요. 그리고 다음 달 27일 결혼합니다. 선생님이 오셔서 어머니가 살아 계셨다면 앉았을 자리에 앉아주셨으면 좋겠어요. 아버지는 작년에 돌아가셨어요. 지금 제게는 선생님이 유일한 가족입니다. 사랑하는 테디 스톨라드로부터."

컴패셔닛 캐피털리즘을 다룬 책을 톰슨 선생님과 테디 스톨라드 이야기로 끝맺는 것을 이상하게 생각하는가? 사실 이 이야기를 친구에게 처음 들었을 때 나는 컴패셔닛 캐피털리스트로서 이것을 우리의 소명을 명확히 밝혀주는 단순한 일화 정도로만 생각했다. 우리는 매일 결정해야 한다. 사람들과 지구가 필요로 하는 것을 지나쳐버리고 이익만 추구할 것인가, 아니면 도중에 이들을 도울 수 있을 만큼 충분한 시간을 낼 것인가?

톰슨 선생님도 테디를 도울 기회를 거의 지나쳐갈 뻔했다. 일상생활에 바빴기 때문이다. 테디는 마치 패배자 같았고 그를 위해 따로 시간과 열정을 쏟는 것은 낭비처럼 보였다. 어쨌든 톰슨 선생님은 그를 도왔고 그녀의 컴패션으로 궁극적인 보상을 받게 되었다. 즉, 그녀의 동정 어린 행동은 누군가가 스스로를 돕도록 만들었다. 여러분도 성공적인 캐피털리스트가 되고 싶은가? 여러분은 진정 오랫동안 계속될 진실한 평생 수익을 원하는가? 그렇다면 평생에 걸쳐 컴패션을 가슴에 품고 여러분의 여행을 한 걸음, 한 걸음 나아가라.

Compassionate Capitalism 컴패셔닛 캐피털리즘
더불어 사는 자본주의

1판 1쇄 찍음 2021년 1월 1일
1판 7쇄 찍음 2024년 11월 10일

지 은 이 리치 디보스
옮 긴 이 김일두_ 심원보_조은의
펴 낸 이 배동선
             마케팅부/최진균
펴 낸 곳 아름다운사회
출판등록 2008년 1월 15일
등록번호 제2008-1738호
주   소 서울시 강동구 양재대로 89길 54 202호(성내동) (우: 05403)
대표전화 (02)479-0023
팩   스 (02)479-0537
E-mail assabooks@naver.com

ISBN : 978-89-5793-201-8 03320

값 16,700원

잘못된 책은 교환해 드립니다.